복지혼합

복지혼합

초판 1쇄 발행 2011년 10월 28일
초판 2쇄 발행 2015년 9월 11일

지 은 이 | 마틴 포웰 Martin Powell 외
옮 긴 이 | 김기태
펴 낸 이 | 박정희

기획편집 | 권혁기, 이주연, 최미현, 양송희
마 케 팅 | 김범수, 이광택
관 리 | 유승호, 양소연, 김성은
디 자 인 | 하주연, 이지선, 김윤희
웹서비스 | 이지은, 양채연, 이동민, 윤지혜

펴 낸 곳 | 사회복지전문출판 나눔의집
등록번호 | 제25100-1998-000031호
등록일자 | 1998년 7월 30일

서울시 금천구 디지털로9길 68, 1105호(가산동, 대륭포스트타워 5차)
대표전화 | 1688-4604 **팩스** | 02-2624-4240
홈페이지 | www.ncbook.co.kr / www.issuensight.com

ISBN: 978-89-5810-244-1(94330)

책값은 뒤표지에 있습니다.
잘못된 도서는 구입하신 서점에서 교환해 드립니다.

이 책은 관훈클럽신영연구기금의 도움을 받아 저술·출판되었습니다.

복지혼합

마틴 포웰 *Martin Powell* 외 지음 | 김기태 옮김

사회복지
전문출판 나눔의집

이 책의 21쪽에서 소개하듯이, '복지혼합mixed economy of welfare', '복지다원주의wel-
fare pluralism'와 '복지의 사회적 분화the social division of welfare'는 매우 중요하지만 사
회정책 분야에서 상대적으로 간과된 개념이다. 복지혼합과 복지다원주의 개념을
통해 우리는 국가와 시장, 자원voluntary, 비공식 분야가 사회복지에 미치는 영향
을 분석한다. 여기서 국가의 역할은 강조할 필요가 있다. 국가는 복지를 직접 제
공하는 것뿐 아니라, 재정이나 규제를 통해서도 복지에 영향을 미친다. 예컨대
국가는 재정을 통해 민간이나 비공식 분야에서 복지서비스를 구매한다. 규제를
통해 노동자의 고용을 보호하거나 복지서비스의 기준을 설정한다. 또 '복지의 사
회적 분화'를 통해 국가복지와 기업복지, 그리고 조세복지를 나눠서 분석한다.
여기서 조세복지의 예에는 개인의 연금 기여금에 대한 세제혜택 등이 있다.

이렇게 국가와 시장, 자원, 비공식 분야가 뒤섞인 '복지혼합'은 시간과 공간에
따라 다양한 모습을 나타낸다(1장 참고). 다음에 다시 간략하게 정리하겠지만,
복지혼합은 영국과 한국에서도 각각 양상이 다르다. 물론 복지혼합이라는 용어
가 한국에서는 덜 알려졌겠지만, 현상만 놓고 보면 오히려 영국보다 한국에서 더
복잡한 것일지도 모른다. 왜냐하면 영국인들은 사회복지라고 하면 흔히 국가를
연상하지만, 한국에서는 가족이 사회복지에서 더 많은 역할을 맡기 때문이다. 최
근 두 나라에서 복지혼합의 변화 양상도 다르다. 한국에서는 정부가 사회복지 관
련 지출을 늘리려고 하는 반면, 영국에서는 반대로 지출을 줄이려고 하고 있다.

동아시아와 한국의 복지제도에 대한 영어권의 연구는 여럿 있다(Hwang,
2006; Kim, 2008; Kim, 2009; Kwon & Holliday, 2007; Mishra 외, 2004; Peng,
2009, 2011; Social Policy and Society, 2006; Woo, 2004 참고). 그러나 이 가운데

복지혼합이나 복지의 사회적 분화에 대해 연구한 경우는 드물다. 동아시아 국가에서 이런 접근이 매우 적합해 보이지만, 안타깝게도 이런 접근은 흔치 않다.

동아시아와 한국의 복지제도의 특징을 보면, 복지혼합이나 복지의 사회적 분화와 매우 밀접하게 연관된 점을 관찰할 수 있다. 권순만과 할리데이(Kwon & Holliday, 2007)는 생산적 복지자본주의론을 제시했는데, 이에 따르면 국가는 정부의 책임을 회피하면서 가족과 같은 민간자원의 역할을 강조했다. 동아시아에서 가족이 전통적으로 맡아온 구실을 생각하면 이런 정책의 맥락을 파악할 수 있다. 이에 따라 동아시아에서는 성숙한 복지국가보다는 복지사회가 등장하게 됐다.

한국만 한정해서 보면, 여러 학자들이 한국의 전통적인 복지제도의 성격을 자유주의적, 잔여적, 선택적인 것으로 규정했다. 사회복지에 대한 낮은 공공지출 수준과 시장에 대한 높은 의존성이 그 근거가 됐다. 한국의 많은 복지제도를 보면, 준정부기관이 집행하는, 기여에 기반을 둔 제도들이나 사회보험이 주축을 이룬다. 권혁주(Kwon, 2009)는 한국의 복지제도가 사회적 위험을 공동으로 부담하고 사회보험 가입을 의무화하려는 경향에도 불구하고 여전히 한계가 있다고 지적한다. 예를 들어, 3대 사회보험은 보편적 제도라고 알려져 있지만 실제로는 봉급생활자의 60% 정도만 가입했을 뿐이다. 펭(Peng, 2009, 2011)은 정부가 교육과 보건의료 분야에서 지출을 늘린다고 하지만, 여전히 한국에서는 가족이 상당한 지출을 하고 있다고 설명했다. 이를테면, 건강보험의 기여금 수준이 높다. 또한 보건의료 영역에서 민간보험 부담이나 의료기관에 대한 직접 지불액수도 경제협력개발기구OECD 회원국 가운데 가장 높은 수준이다.

권순만과 할리데이(Kwon & Holliday, 2007)는 민간 전달체계에 대한 높은 의존도를 꼽기도 했다. 진체 병원 가운데 오직 10%만 공공병원이었고, 국공립대학의 비율도 전체 대학 가운데 14%에 불과했다. 그나마 국공립기관에서도 등록금이나 치료비 수준은 그리 낮지 않았다. 그러나 허드슨과 쿠너(Hudson & Kühner, 2009)는 한국의 교육지출에 대한 지극한 정성은 한국 복지국가를 이해하는 데 있어서 가장 주목할 만한 특징이라고 강조하기도 했다.

둘째, 펭(Peng, 2009, 2011)에 따르면, 한국은 가족 중심의, 특히 남성가장 중심의 복지체제의 대표적인 예에 해당한다. 이 체제에서는 복지와 관련한 책임을 가족이 떠안고 있다. 남부 유럽의 이탈리아와 스페인도 비슷한 유형에 속한다. 권혁주(2009)는 한국의 복지국가의 핵심적인 성격으로 유교적 가족주의를 제시했다. 사회복지와 서비스 전달의 공간으로서 가족이 떠안은 역할에 주목한 의견이었다.

셋째, 송호근(2003)은 개발형 국가인 한국에서 형성된 기업복지는 서구 기업에서 노동자들에게 주는 부가혜택fringe benefits과 닮았다고 설명했다. 특히 재벌기업의 직원들은 법으로 정해진 15개 혜택부터 많게는 45개에 이르는 기업 부가혜택을 받기도 했다. 이를테면, 주택대출 지원이나 직원 자녀 장학금 혜택 혹은 회사 소유의 콘도 사용권 등이 있다. 이런 혜택은 회사에 따라, 개인에 따라 제각각이다. 그렇지만 사회보호가 가장 덜 필요한 사람들이 이런 혜택을 가장 많이 누린다는 점에서 역진적인 성격을 지닌다. 한국의 재벌기업에서 기업의 복지혜택은 평균적으로 월급의 3분의 1 수준에 이르렀다. 중소기업의 노동자들이 받을 수 있는 혜택은 훨씬 적었다. 물론 전체 규모를 합하면 액수가 적지는 않았다. 1980년대 말 기준으로 보면, 대기업에서 복지혜택으로 지출하는 비용은 전체 인건비의 5분의 1 수준이었다. 이런 복지혜택을 적어도 하나 이상 받는 노동자는 전체 노동자의 5분의 1 정도였다. 마지막으로 펭(Peng, 2009)은 한국의 노동정책의 주요 특징을 고용보호에 뒀다. 허드슨과 쿠너(Hudson & Kühner, 2009)는 한국 노동시장의 상당한 고용보장 수준은 한국에 대한 연구에서 종종 간과된 부분이라고 지적하기도 했다.

최근 변화들, 복지혼합과
복지의 사회적 분화의 차원에서

아직 복지혼합과 복지의 사회적 분화가 익숙한 개념은 아니지만, 이러한 관점에서 최근 한국사회의 변화를 잘 관찰할 수 있다. 많은 학자들은 한국의 사회정책의 '역설'을 지적하곤 한다. 예를 들어, 경제위기를 겪을 때 사회복지 영역이 팽창했던 점이나 '생산주의를 극복'하거나 '개발주의적 복지국가를 극복'하는 움직임 (Kim, 2008; Song, 2003; Kwon & Holliday, 2007 참고)이 그렇다. 송호근(Song, 2003)은 세계화를 거치면서 한국에서는 '국가'가 재탄생하게 됐는데, 예상치 않게도 세계화와 발맞추어 복지가 팽창했기 때문이라고 설명했다. 서구에서 오랜 시간 자리 잡은 복지국가가 국경을 뛰어넘는 세계화 속에서 압박을 받는 사이, 한국에서는 국가가 공공복지의 수호자로 등장하기 시작했다. 김성원(Kim, 2009)의 설명을 들어보면, 1990년대 말 한국이 복지국가를 형성하기 시작할 즈음, 서구는 복지국가의 황금기를 지나 전 지구적 자본주의global capitalism의 시대로 진입했다. 당시 서구는 복지국가를 통제하거나 재조정했다.

한국에서의 총 복지지출은 다른 산업화한 국가들에 견줘 매우 낮은 수준이었다. 매우 빠른 성장세에도 불구하고, 한국의 복지지출이 OECD 평균에 이르려면 상당한 시간이 걸릴 것으로 보인다. 한국 정부가 내놓은 '비전 2030'을 보면, 한국의 복지지출이 OECD 평균에 이르는 시기는 2030년으로 예상됐다(Peng, 2011).

펭(Peng, 2009)은 한국의 사회정책이 1990년대 이후 변화하고 있지만, 여전히 가족주의와 개발주의가 가장 주요한 특징이라고 설명했다. 김성원(Kim, 2009)은 한국의 복지개혁이 규제완화를 통해 이뤄졌는데, 그 결과 영리법인이나 비영리법인 등 다양한 서비스 공급 기관들이 복지 영역에서 등장하기 시작했다고 설명했다. 이를테면, 보육 분야에서 정부는 바우처제도를 적용하면서 시장 원리를 도입하기 시작했다.

김연명(Kim, 2008)은 시민사회가 이끄는 복지정치welfare politics의 등장에 주목했다. 한국의 사회서비스가 가지는 잔여적인 성격을 보면 두 가지 점을 확인할 수 있는데, 첫째는 한국사회의 상대적으로 젊은 인구 구성이고, 둘째는 아시아의 전형적인, 가족 구성원 사이의 강한 결속이다. 그러나 1990년대를 지나면서 선택적인 사회서비스를 지탱했던 이와 같은 기반은 급격하게 무너지기 시작했다. 그 이유는 인구분포의 급격한 변화였다. 권순만과 할리데이(Kwon & Holliday, 2007)는 가족 중심의 복지가 막을 내리기 시작하면서 기업복지도 퇴조하기 시작했다고 분석했다. 권혁주(Kwon, 2009)에 따르면, 약자를 수발하는 일은 여전히 가족의 책임이지만, 사회적 지출이 늘면서 기업복지는 점차 퇴조하기 시작하고 있다. 기업들이 더 이상 직원들에 대한 주요한 복지 제공자 역할을 하지 않고 있다. 허드슨과 쿠너(Hundson & Kühner, 2009)는 한국이 이상적인 생산적 복지 유형에서 점차 보호적인 복지 유형으로 이동하면서, 이제는 복지가 생산적 기능이나 보호적 기능이 모두 적은 편인 그리스, 아일랜드, 스위스, 이탈리아와 같은 유형에 속한다고 설명했다. 그러나 펭(Peng, 2011)은 국제통화기금IMF의 구제금융 조건에 맞춰 김대중 정부는 노사정 삼자 합의를 통해 고용 분야의 규제를 완화하는 대신 복지국가를 확장할 수 있게 됐다고 풀이했다.

김진욱(Kim, 2005)은 한국의 복지혼합을 분석한 흔치 않은 연구자 가운데 한 명이다. 그는 한국 복지혼합의 지출 구조를 분석한 뒤, 한국에서 복지혼합의 양상이 뚜렷이 나타났고, 특히 비국가 영역의 역할이 매우 중요하다고 설명했다. 또 사회복지 분야에서 국가의 직·간접적인 역할이 늘어나면서 한국의 복지혼합은 공공이 주도하는 유형으로 바뀌고 있다고 결론을 내렸다.

펭(Peng, 2009, 2011)은 한국에서 분명히 복지제도가 늘어나고 사회보험이 보편화했지만 여전히 한국의 복지혼합은 자유주의적이고 비공식 분야에 의존하는 경향이 있다고 주장했다. 더욱이 한국의 복지혼합은 변화했다. 예를 들어 근대 한국의 사회보장제도는 직장을 중심으로 하는 사회보험제도와 고용보호 관련 법제들을 중심으로 이뤄졌는데, 이런 내용을 보면 한국은 에스핑-안데르센이 구분한 복지국가 유형 가운데 보수주의적 복지체제에 해당될 수 있다. 그런데 이

두 가지 특징은 1980년대 이후 크게 변화했다. 펭은 '보호 다이아몬드'[1]라는 개념을 빌려와서 한국의 아동 및 노인 보호의 정치, 사회, 경제적 효과를 분석했다. 그는 한국에서는 정치, 사회, 경제적 변화에 따라 사회정책의 개혁이 이뤄지면서 1990년대 이후 '보호 다이아몬드'의 모양이 계속 변화했다고 주장했다. 무엇보다 국가가 사회적 보호 서비스를 제공·규제하거나 재원을 마련하는 데 점점 더 큰 역할을 맡았다. 시장도 '보호 다이아몬드'의 틀 안에서 아동이나 노인을 보호하는 데 더 많은 구실을 하게 됐다. 가족 역시 사회복지와 취약계층에 대한 보호에서 중요한 역할을 하고 있다. 그러나 국가와 시장의 역할이 커지면서 가족의 책임은 점차 줄어들었고, 앞으로도 위축될 것으로 보인다. 마지막으로, 지역사회에 대한 기대가 점차 높아질 것으로 예상됐다. 지역사회에게 기대되는 역할이란, 시민단체NGO와 자원기관을 동원하고 사회복지와 사회보호서비스를 복지수혜자들에게 전달하는 것을 가리킨다. 종합하면, 한국의 보호 다이아몬드의 모양은 변화했다. 가족과 시장의 역할이 크던 모양에서 점차 부담이 다른 분야에서도 보다 균형 있게 나눠지게 됐다. 펭(Peng, 2011)은 '좋은 면(보호를 제공하는 국가)'과 '나쁜 면(노동시장에서 심화되는 고용 불안정)'과 '특이한 면(아동보호서비스의 증가)'으로 최근 경향을 나누어 설명했다.

　이런 연구들이 복지혼합에 대한 유용한 설명을 제공하는 것이 사실이지만, '보호 다이아몬드'식의 설명은 '1차원적인' 분석일 뿐이어서 서비스 공급과 규제, 재정 분야를 제대로 구분하지 못한 한계가 있다(〈표 1-2〉 참고). 또 규제와 같은 문제에 대해서는 충분히 세부적인 설명을 하지 못하고 있다. 더욱이 복지의 사회적 분화에 대한 언급은 거의 없는 상황이다. 한국이 기업복지에 대한 의존에서 벗어나 복지의 주체를 다양화하는 경향이 관찰되고 있음에도 말이다.

---

1 보호 다이아몬드란 샤흐라 라바지Shahra Ravazi 유엔사회개발연구소 연구조정관이 지난 2007년 발표한 논문 "The political and social economy of care in a development context"에서 제시한 개념이다. 이를테면 아동보호에 대해 국가, 시장, 가족 등이 맡는 역할을 시각적으로 드러내서 보호를 둘러싼 정치, 경제적인 맥락을 알기 쉽게 파악하도록 했다(옮긴이).

영국과 한국

과거 영국 토니 블레어 수상 집권기의 '신노동당'으로 흔히 대표되는 '제3의 길' 노선(Giddens, 1998; Powell, 1999)은 한국의 복지정책과도 유사한 것으로 보인다. 특히 효율과 평등 사이에서 동적이고 진보적인 균형을 유지하겠다는 생산적 복지(Mishra 외, 2004)의 지향은 '제3의 길'과 놀라울 정도로 비슷하다.

    김성원(Kim, 2009)은 김대중 정권의 '생산적 복지', 노무현 정권의 '사회투자 국가론'이나 이명박 정권의 '능동적 복지'가 결국 토니 블레어의 '제3의 길'과 대동소이하다고 풀이했다. 그러나 한국 정부가 채택한 노선과 블레어가 선택한 길 사이의 차이 역시 분명했다. 제3의 길이 포스트 산업시대, 포스트 계급주의post-classism, 포스트 가족주의post familism 등으로 대별되는 변화의 시기에 복지국가를 재구성하려는 전략인 반면, 후발주자인 한국의 정부들은 복지국가를 형성하기 위한 전략을 구사했다. 한상진과 맥케이브(Hahn & McCabe, 2006)는 '제3섹터' 즉 자원 영역의 관점에서 제3의 길 개념을 재정의했다. 이들에 따르면, 제3의 길은 국가가 주도한 사회 인구학적 이데올로기인 '제1의 길'과 시장이 주도한 신자유주의적, 보수주의적 노선인 '제2의 길'과 구별된다. 이들은 김대중 전 대통령의 '생산적 복지' 노선이 신자유주의적인 경향과 닮았지만, 한국의 제3섹터가 '제3의 길'을 적용하는 데 있어서, 유럽의 민주주의가 그러했듯이, 국가나 민간 기업보다 더 결정적인 역할을 했다고 주장했다. 더욱이, 1997년 금융위기 이후에 제3섹터의 많은 단체들이 사회적 일자리를 창출하기 위해 노력했다. 예를 들어, 2003년 이후 170여 개 시민단체들이 전국 각지에서 지역자활센터를 열고 일자리를 창출하기 위해 활동을 벌였다.

    최근 몇 년 사이 금융위기는 영국을 뒤흔들었고, 2010년 선거에서 신노동당은 선거에서 패배했다. 그 결과 데이비드 캐머런이 이끄는 보수당과 자유민주당의 연립정권이 탄생했다. 복지혼합과 복지의 사회적 분화의 측면에서 새 연립정권은 정부 부채를 줄이기 위해 공공지출을 줄이고, '큰 정부'를 '큰 사회'로 대체하려 하고 있다(Bochel, 2011). 이에 따라 국가의 기능이 줄어들게 되고, 복지서비스의 전달, 재정, 규제가 줄줄이 변화를 거치게 됐다. 연립정권은 노동당이 늘려놓은 공공지출을 줄이려 하고 있다. 그러나 사회서비스의 공급 주체를 다양화하려는 노동당의 정책만큼은 연립정권도 계승하고 있다. 즉, 정부가 지원한 돈으로 민간이나 제3섹터의 기관이 서비스 전달을 맡는 방식이다. 규제가 앞으로 어떻게 바뀔지는 아직 명확하지 않다. 그러나 정부는 노동당 정권 당시 몇 가지 실패한 규제 관련 정책은 더 이상 추진하지 않을 계획이다(11장 참고). 복지의 사회적 분화 측면에서 어떤 변화가 있었는지는 파악하기 더욱 어렵다. 그러나 많은 기업들이 기업에 부담이 많고 노동자에게는 혜택이 많은 최종급여형 연금제도를 바꾸거나 없애는 추세다.

위와 같은 현상들을 종합하면, 우리는 복지혼합이라는 3차원적인 접근을 통해 영국과 한국의 복지현실을 유용하게 분석할 수 있다.

2011년 8월
마틴 포웰

Bochel, H.(ed)(2011). *The Conservative Party and Social Policy.* Bristol: Policy Press.

Hahn, S., & McCabe, A.(2006). Welfare-to-work and the emerging third sector in South Korea: Korea's third way. *International Journal of Social Welfare, 15,* 314~320.

Hudson, J., & Kühner, S.(2009). Towards productive welfare? A comparative analysis of 23 OECD countries. *Journal of European Social Policy, 19,* 34.

Hwang, G.(2006). *Pathways to State Welfare in Korea: Interests, Ideas and Institutions.* Aldershot: Ashgate.

Kim, J. W.(2005). Dynamics of the welfare mix in the Republic of Korea: An expenditure study between 1990 and 2001. *International Social Security Review, 58(4),* 3~26.

Kim, S. W.(2009). Social Changes and Welfare Reform in South Korea: In the Context of the Late-coming Welfare State. *International Journal of Japanese Sociology, 18,* 16~32.

Kim, Y. M.(2008). Beyond East Asian Welfare Productivism in South Korea. *Policy & Politics, 36,* 109~125.

Kwon S., & Holliday, I.(2007). The Korean welfare state: a paradox of expansion in an era of globalisation and economic crisis. *International Journal of Social Welfare, 16,* 242~248.

Kwon, H.(2009). Korea: rescaling the Developmental Welfare State?. In P. Alcock, & G. Craig(eds), *International Social Policy*(pp. 231~246). Basingstoke: Palgrave Macmillan.

Mishra, R. et al.(eds)(2004). *Modernizing the Korean Welfare State.* New Brunswick, NJ: Transaction Publishers.

Peng, I.(2009). The Political and Social Economy of Care in the Republic of Korea. *Gender and Development Programme Paper Number 6.* Geneva: UNRISD.

Peng, I.(forthcoming)(2011). The Good, the Bad and the Confusing: The Political Economy of Social Care Expansion in South Korea. *Development & Change, 42(4).*

Social Policy and Society(2006). *Themed Section on South Korea, 5(3).*

Song, H. K.(2003). The Birth of a Welfare State in Korea: The Unfinished Symphony of Democratization and Globalization. *Journal of East Asian Studies, 3(3),* 405~432.

Woo, M.(2004). *The Politics of Social Welfare in South Korea.* Lanham, Maryland: University of America Press.

■ 일러두기

1. 이 책은 다음의 책을 완역한 것이다. Martin Powell et al., *Understanding the Mixed Economy of Welfare*, The Policy Press, 2007.
2. 인명과 지명 및 외래어는 관례로 굳어진 것을 빼고 국립국어원의 외래어 표기법과 용례를 따랐다.
3. 각주에는 '지은이 주'와 '옮긴이 주'가 있다. 지은이 주는 *, **, *** ……으로 표시했으며, 옮긴이 주는 1, 2, 3 ……으로 표시했으며, 본문의 해당 쪽수 아래에 배치했다. 옮긴이 주에는 본문의 내용을 이해하는 데 필요한 배경지식 등을 소개해놓았다.
4. 단행본에는 겹낫표(『 』)를, 정기간행물, 신문 등에는 꺾은 괄호(〈 〉)를 사용했다.
5. 특별한 예외가 없는 한 mixed economy, mixed economy of welfare, welfare mix, welfare pluralism은 '복지혼합'으로 통일해서 번역하였다(자세한 내용은 옮긴이의 글 참고).
6. care는 맥락에 따라 '보호' 혹은 '돌봄'으로 번역하였다.

CHAPTER 1

복지혼합과
복지의 사회적 분화

| 마틴 포웰 *Martin Powell* |

개요

이 장은 복지혼합mixed economy of welfare, MEW과 복지의 사회적 분화social division of welfare, SDW를 소개한다. 복지혼합과 복지의 사회적 분화는 시간과 공간에 따라 매우 다양한 양상을 보이고 있다는 점을 강조한다. 또 복지혼합의 요소인 국가, 시장, 자원복지와 비공식복지를 살펴본다. 또 복지의 사회적 분화의 요소인 법적 복지, 기업복지, 재정복지를 개괄한다. 많은 연구자들이 새로운 복지혼합을 1차원적인 관점에서 보고 있지만, 재정과 규제 부분을 함께 감안해 복지혼합에 입체적으로 접근하는 것이 매우 중요하다.

주요 용어

복지혼합, 복지다원주의, 복지의 사회적 분화, 복지서비스 전달provision, 재정, 규제

서론

복지혼합mixed economy of welfare 혹은 복지다원주의welfare pluralism는 상대적으로 간과되지만 사회정책에서 매우 중요한 부분이다. 존슨(Johnson, 1999: 22)은 두 용어가 같은 의미를 가지고 있어서 용어를 서로 바꾸어 쓸 수 있다고 설명했다. 그의 설명을 들어보면, 영국에서 복지다원주의는 1978년에 나온 울펜든 보고서[1]에서 자원조직voluntary organisation의 미래에 대해 다루면서 소개됐다. 이 개념은 그 뒤일반적으로 쓰이기 시작했다. 반면 복지혼합이라는 개념은 상대적으로 최근에쓰이기 시작했다. 복지혼합에 대해 상당한 연구(Hadley & Hatch, 1981; Hatch & Mocroft, 1983; Beresford & Croft, 1984; Johnson, 1987; Pinker, 1992; Lund, 1993)가 있었고, 비교 연구(예를 들어, Evers & Wintersberger, 1990; Hantrais 외, 1992; Evers & Svetlik, 1993)도 있었지만 복지혼합의 개념에 대해서는 이견이 많다. 이책에서는 좀 더 폭넓은 관점을 가지고, 복지혼합의 전통적인 영역인 국가와 시장, 자원 분야, 비공식 분야 뿐만 아니라 복지의 사회적 분화에 따른 법적, 기업, 재정분야까지 살펴볼 것이다.

내프(Knapp, 1989: 225~226)는 영국인 대다수에게 복지라는 용어는 국가가공급하는 서비스와 동의어라고 밝혔다. 보건의료를 말하자면, 대부분의 영국 사람들은 곧 국가보건서비스National Health Service(이하 NHS)를 떠올린다. 마찬가지로 사회보호와 지방정부의 사회서비스국social services departments[2]도 같은 것으로

---

1 울펜든 보고서는 지난 1978년 당시 래딩대학교 부총장이었던 존 울펜든 등 15명의 저명한 학자가 동성애와 성매매 문제의 합법성 등을 검토하기 위해 3년 동안의 연구 끝에 내놓은 결과다. 보고서의 영향으로 성범죄법이 개정됐으며, 법에 따라 21세 이상에 한해 남성의 동성연애가 합법화됐다. 이전에 남성의 동성연애는 불법이었다. 여성의 동성연애는 당초 범죄로 규정되지도 않아서 논의 대상이 아니었다.
2 지역정부 안에서 사회서비스 전달을 전담하고 있는 조직을 지칭. 영국 정부는 지난 1970년 '지방정부 사회사업법'을 제정한 뒤, 지방정부 내의 복지, 보건, 아동 관련 부서의 기능을 통합해 사회서비스국을 마련했다.

여겨지고, 교육은 곧 지역의 종합학교로 연결된다. 이와 같이 사람들의 일반적인 시각은 매우 단순하다. 그러나 실제로는 복지의 전달과 재정, 법제와 관련해 매우 다양한 기구와 제도가 마련되어 있다. 복지의 부분적인 모습보다 전체적인 현황을 파악하기 위해서는 사회정책의 '잊혀진 차원들'을 살펴볼 필요가 있다.

더욱 놀라운 일이 있다. 많은 사회정책 전문 서적에서도 이 부분을 빼먹고 있다. 복지혼합이나 복지다원주의, 복지의 사회적 분화 같은 용어는 일부 개론서에서 나타나지도 않는다(예를 들어 Alcock 외, 2000; Alcock, 2003). 또 다른 개론서는 짧막하게만 언급했다(예를 들어, Page & Silburn, 1999, Alcock 외, 2003, Baldock 외, 2003; Blakemore, 2003; Ellison & Pierson, 2003; 그 외에 Alcock 외, 2002; Spicker, 1988, 1995 참고). 래벌레트와 프랫Lavalette & Pratt은 초판(1997)에서 준시장quasi-market과 복지혼합에 한 장을 할애했지만, 개정판(2001)에서는 이 내용을 뺐다. 위의 책 가운데 일부는 복지혼합의 일부 구성요소에 대해서는 매우 집중적으로 다루긴 했다. 예를 들어, 앨콕(2000)과 앨콕과 동료들(2003)의 연구에서는 국가와 시장, 자원, 비공식복지 분야에 대해 여러 장에 걸쳐 다루었다. 페이지와 실번Page & Silburn도 복지 분야 가운데 자원과 비공식, 상업, 기업복지에 대해 여러 장에서 다루었다. 다른 사회정책이론 관련 책들을 보면, 자원 분야 등 일부 분야에 대한 논의가 있지만, 복지혼합이나 복지의 사회적 분화, 복지다원주의 같은 용어는 책 끝의 색인에 포함되지 않았다. 포더(Forder, 1974), 존스와 동료들(Johns 외, 1983), 포더와 동료들(Forder 외, 1984), 피츠패트릭(Fitzpatrick, 2001), 말린과 동료들(Malin 외, 2002) 등의 책이 그런 예다. 힐과 브램리(Hill & Bramley, 1986)의 책을 보면, 민영화와 같은 주제는 다루면서도, 복지혼합과 복지의 사회적 분화의 문제는 각각 한 쪽에서만 언급됐다.

일부 책(Finlayson, 1994; Gladstone, 1995; Page & Silburn, 1999)에서는 복지혼합을 여러 번 언급했다. 또 다른 연구(Johnson, 1999; Ascoli & Ranci, 2002; Gough 외, 2004)에서는 지역에 따른 차이를 연구했다. 복지혼합의 요소를 다룬 책들도 있다. 자원 분야(Brenton, 1985; Kendall & Knapp, 1996)나 시장(Papadakis & Taylor-Gooby, 1987; Johnson, 1995; Drakeford, 2000), 지역과 비공식 분야(예를 들어 Deakin, 2001; Taylor, 2003; 예를 들어 Land, 1978; Rose, 1981; Ungerson(1987)은 젠더gender적인 측면을 다루었다) 등을 연구했다. 복지의 사회적 분화나 기업복지, 재정 분야를 다룬 책(Mann, 1989; 1992)은 적었다. 복지혼합을 다룬 흔치 않은 예가 존슨(Johnson, 1987)의 선구적인 저작이고 그밖에도 몇 개의 연구가 있다(Mayo, 1994; Rao, 1996; Johnson, 1999). 그렇지만, 위의 저작들도 여러 복지 분야를 따로 떼어내 설명해서 각 분야의 상호관계에 대한 설명을 하지 않았다(예를 들어, 여러 분야에 대한 설명이 각각 다른 논의의 흐름이나 다른 장 속에 따로 배치돼 있다). 또 앞선 연구들은 서비스와 재화의 전달에 초점을 주로 맞추면서 재정과 규제라는 추가적인 측면에는 소홀했다. 다시 말해, 전체 숲보다는 나무 하나씩에 초점을 맞췄다. 퍼즐의 조각들은 묘사됐지만, 전체 그림을 보기 위해 조각을 모으는 시도는 거의 없었다는 뜻이다. 개념으로서의 복지혼합은 간과됐다. 복지의 사회적 분화는 특히 더 무시됐다. 따라서 학생들의 과제물에서 복지혼합과 복지의 사회적 분화의 개념이 정확히 구분되지 않은 점을 보는 것이 그리 놀라운 일도 아니다.

이 책은 복지혼합(국가, 시장, 자원, 비공식 복지)과 복지의 사회적 분화(법적, 재정, 기업 복지)를 탐구한다. 이 책은 많은 부분에서 복지혼합의 요소에 초점을 맞추지만, 또한 두 가지 주요한 논점도 강조하고자 한다. 첫째, 현재 영국의 복지혼합이 복지제도를 조직하는 유일하거나 최상의 방법이 아니라는 점이다. 그리고 그런 혼합은 시간과 공간에 따라 다양하다는 것이다. 전체 사회정책은 현재 복지국가정책보다 폭이 훨씬 넓고, 따라서 복지혼합은 시간과 제도, 공간에 따라 매우 다르다는 것은 주지의 사실이다. 예를 들어, '고전적 복지 국가'(대체로 1940년대부터 1970년대까지: Powell & Hewitt, 2002 참고)를 국가주의적étatiste 관점에서 보는 경향이 있다. 그러나 특정한 시기와 장소에서는 시장과 자원, 비공식 분야가 더 중요할지도 모른다. 1945년 이전까지는 국가보다 다른 분야가 더 중요했고, 최근 몇 년간 국가를 제외한 다른 분야의 중요성은 다시 커지는 경향을 나타내고 있다. 1945년 이후 건강과 교육 등 서비스를 국가가 전달하는 것이 일종의 규범이 되었다면, 주택 분야는 상대적으로 시장에 속했다. 영국을 보면, 주택 분야에서 국가가 주도적인 역할을 맡았는데, 이는 자원과 상업 기구가 더 중요한 구실을 했던 다른 국가들에 견주면 이례적이다. 예를 들어, 영국에서 시영주택council housing은 한때 전체 주택의 3분의 1을 차지했지만, 미국의 복지주택welfare housing은 전체 주택의 2%만 차지하는 등 국가는 언제나 주택시장에서 잔여적인 기능만 했을 뿐이다. 이같이 비교 연구에서도 복지혼합은 각 나라의 복지체제welfare regime를 연구하는 데 있어 핵심적인 분야지만, 아직 이에 대한 연구는 적었다(Esping-Andersen, 1990, 1999; Powell & Barrientos, 2004 참고).

두 번째, 복지서비스 전달을 중심에 두고 복지혼합을 연구하는 것이 중요하지만, 이런 '1차원적' 분석을 넘어 재정과 규제 등 다른 차원을 연구하는 것도 필요하다. 국가가 자원을 소유하거나 전달하는 것이 국가 개입의 유일한 방법도 아니고, 또 최선의 방법일 필요도 없다. 이용자가 상품과 서비스를 무료로 혹은 할인된 가격에 접근할 수 있도록 하기 위해 국가는 정부를 제외한 다른non-state 공급자에게 자금을 조달하거나 보조금을 지불할 수 있다. 시설보호residential care의 비용을 전부 혹은 일부 정부가 조달할 수도 있다. 홈리스 같은 집단에 서비스를 제공하는 많은 자선단체들도 중앙 혹은 지방정부의 자금 지원을 받는다. 국가는 관련 기관을 직접 소유하거나 자금 지원을 하지 않더라도, 가격이나 복지서비스 등에 대한 기준을 규제하는 방식으로 개입할 수도 있다. 예를 들어, 민간거주 시설은 감사를 받을 수 있다. 오랫동안 영국 정부는 임대료 제한정책을 통해서 부동산 소유자가 부과할 수 있는 임대료 상한선을 설정했다. 따라서 복지혼합의 전체 그림은 국가의 서비스 공급, 재정, 규제를 포함하는 '3차원적' 연구를 통해 그려질 수 있다.

사회정책과 복지혼합

일부 연구에서는 복지혼합과 복지다원주의라는 용어의 서술적인 의미와 당위적인 의미를 구분하고 있다(Beresford & Croft, 1984). 서술적이거나 중립적인 의미에서는 복지혼합에는 4가지 요소가 있다고 흔히 본다. 당위적인 의미에서는 '국가 역할의 축소' 같은, 복지혼합의 변화를 둘러싼 입장이 드러난다. 두 의미의 차이를 구분하는 이유는 복지혼합의 요소들을 동등한 위상으로 보느냐는 문제를 놓고 생각이 엇갈리기 때문이다. 예를 들어 로즈와 쉬라토리(Rose & Shiratoir, 1986)는 총복지는 국가, 시장, 자원, 비공식 자원의 합이라고 주장한다. 그들은 이런 요소들을 합한 복지혼합은 나라마다 다른 양상을 나타낸다고 본다. 따라서 한 사회의 복지가 국가를 통해서만 생산된다는, 복지의 국가주의적_{étatiste} 정의는 잘못됐다고 밝히고 있다. 반면, 미쉬라(Mishra, 1990: 110~114)는 총복지의 초점은 단순히 '부분의 합계'가 아니라고 주장한다. 복지혼합에서 '혼합'이라는 변수를 간과해서는 안 되고, 각각의 요소들은 "기능적으로 동등한 것으로 간주해서도 안 된다"(Mishra, 1990: 110). 왜냐하면, 각 요소들은 다른 원리에 따르고 다른 영역에 속해 있기 때문이다. 복지의 수단과 목적을 구분하는 일은 중요하다. 예를 들어, 국가가 맡던 보호 기능이 비공식 보호로 이동하면, 결국 가정에서 여성이 보호 기능을 떠안게 되어 젠더불평등은 심화되고, 시민의 수급권은 무시된다. 왜냐하면 국가의 보호와 달리 비공식 보호에 대해서는 개인들은 서비스를 받을 '권리'를 주장할 수 없기 때문이다. 따라서 복지혼합 요소 사이의 이동은 "거실에서 가구 배치를 뒤바꾸는"(Mishra, 1990: 112) 것 이상의 문제다. 에스핑-안데르센(Esping-Andersen, 1999: 36)도 복지를 떠받치는 기둥들이 기능적으로 동등하기 때문에 서로 대체 가능하다는 주장은 매우 위험한 가정이라고 밝혔다.

당위적 의미의 복지혼합에 따르면, 복지 이데올로기가 다르면 이에 따라 선호하는 복지혼합 유형도 다르게 된다. 대체로 좌파들은 복지 영역에서 국가의 적극적인 역할을 선호하는 한편, 시장에 내주는 몫은 매우 적거나 없다(예를 들어 Titmuss, 1963, 1968; Beresford & Croft, 1984). 가장 큰 이유는 평등의 문제 때문이다. 이들은 국가만이 복지급여와 서비스의 공평한 분배를 보장한다고 본다. 시장, 자원, 비공식 분야가 적극적인 역할을 하게 되면 불평등도 심화된다. 마찬가지로, 좌파들은 기업복지 혹은 재정복지보다는 법적 복지statutory welfare를 더 선호하는데, 왜냐하면 기업/재정복지가 역진적이라는 일반적인 인식 때문이다. 반면, 우파들은 국가보다는 시장, 자원, 비공식 영역을 통한 해법을 더 선호하는 경향이 있다. 이들은 복지국가보다는 복지사회welfare society를 옹호한다(예를 들어, Marsland, 1996). 셀던(Seldon, 1996)은 국가가 통제했던 '잃어버린 1세기'를 거친 뒤 복지는 다시 민간 영역에 되돌아가야 한다고 주장한다. 이유는 경제적 효율과 도덕성 때문이다. 국가는 비효율적인 생산자이고 국가가 집중적으로 복지의 책임을 떠안게 되면 국민들은 복지에 과도하게 의존하게 된다. 우파는 기업복지와 재정복지에 대해서는 상대적으로 우호적이다. 그러나 일부 시장신봉자들은 은행대출 이자에 대한 소득공제와 같은 재정적 방법에 대해서도 시장을 왜곡한다며 반대한다.

복지혼합과 복지의 사회적 분화의 서술적인 측면에서, 일부 영국의 역사학자와 사회정책학자들은 비-국가적non-state 복지의 중요성을 강조한다(이 책의 2장 참고). 해리스(Harris, 1992)에 따르면, 2차 대전 이후 영국 의회는 유럽에서, 또 당연히 근대 사회에서, 가장 통일적이고 중앙집권적이고 관료적이고 또 '공적인' 복지제도를 만들어냈다. 그러나 100년 전의 학자라면 영국에서 정반대의 상황을 관찰하고 미래에도 그러리라고 예상했을 것이다. 영국의 사회복지는 대륙의 이웃 국가들의, 특히 제정독일의, 강제적이고 국가주의적인 제도에 견줘 매우 지방분권적이고, 서투르고, 자원영역이 주도적이고, 사적intimate이었다. 당시 시점에서는 영국의 제도가 미래에도 그러할 것이라고 예상됐다. 루이스(Lewis, 1995: 3)에 따르면, 복지국가의 성격을 다시 생각해보는 것이 중요하다. 근대 복지국가의 역사를 단순히 국가 개입이 확대되는 과정으로 보는 것보다, 오히려 영국에서는 복지혼합이 항상 존재했던 나라로 보는 것이 더 정확하다는 것이다. 왜냐하면, 영국에서는 자원 분야와 가족, 시장이 시기에 따라 다른 역할을 맡아왔기 때문이다. 고전적 복지국가 모델에서 복지다원주의의 위치는 여전히 불분명했다(예를 들어, Brenton, 1985; Pinker, 1992; Finlayson, 1994, Hewitt & Powell, 1998, Powell & Hewitt, 1998).

복지의 역사에 대한 휘그whig주의적 설명은 국가 개입이 불가피하게 확대됐다는 것(예를 들어, Finlayson, 1994; Green, 1996)인데, 이에 대한 반론도 있다. 테인(Thane, 1996: 277)은 "낙관적인 1950년대나 1960년대에는 휘그주의적 관점이 한때 복지국가에 대한 지배적인 패러다임이었지만…1970년대 이후부터는 이런 식의 설명에 동의하는 역사학자를 찾기는 어렵다"고 주장했다. 그의 주장은 타당하다. 왜냐하면 1979년 보수당 정권이 들어선 이후, 정부는 복지영역에 더 많이 개입해야 한다고 여기지 않았기 때문이다. 그러나 많은 학자들은 암묵적으로든 명시적으로든 국가 개입의 확대를 바람직한 것으로 여긴다. 이런 맥락에서 핀레이슨(Finlayson, 1994)은 국가를 제외한 민간기구들welfare agencies이 복지서비스의 전달을 '매개할 능력이 없다'는 주장과 '매개해서는 안 된다'는 주장을 명확히 구분한다. 다시 말해, 국가의 적절한 역할에 대한 논쟁은 좌우가 전통적으로 이견을 보이면서 다소 당위적인 성격을 나타낸다.

한편, 국가 간 비교 연구를 보면, 복지혼합의 서술적 의미와 일맥상통하는 설명을 들을 수 있다. 단순히 국가의 복지서비스 공급만을 분석하면 복지 전반에 걸친 전체의 그림을 그려낼 수 없다는 것이다. 에스핑-안데르센(Esping-Andersen, 1999: 33~34)은 사회정책과 복지국가, 복지체제는 같은 것이 아니라고 주장한다(Powell & Hewitt, 2002 참고). 그에 따르면, 복지국가 없이 사회정책은 존재할 수 있지만, 반대는 성립하지 않는다. 사회정책은 복지국가에 앞서 존재했다. 복지국가만을 연구하는 것은 복지의 무수한 다른 분야들을 설명되지 않은 채 남겨두게 된다. 닐 길버트와 바바라 길버트Neil Gilbert & Barbara Gilbert는 '직접적 공공지출 모델direct public expenditure model'은 전체 복지에서 매우 중요한 부분이지만, 국가 역할만 지나치게 강조하면 협소한 틀에 갇혀 복지혜택과 수혜자에 대한 왜곡된 시각을 가지게 될 수 있다고 지적했다. 클라인(Klein, 1985)은 정부가 공공지출을 국민총생산의 25% 미만 수준으로 줄이기로 결정한 한 국가를 가정해보자고 제안한다. 이 국가에서는 사회보장제도나 NHS 대신, 모든 회사가 종업원들과 그들의 가족을 위한 보험에 가입하도록 강제한다. 또 고속도로를 닦는 대신, 민간기업에게 세제혜택을 줘 유료고속도로를 건설하도록 한다. 실업을 예방하기 위해 고용 보조금을 주는 대신, 회사가 노동자를 해고하지 못하도록 하는 법안을 통과시킨다. 공해를 방지하기 위해 나랏돈을 쓰는 대신, 기업들이 오염시킨 공기와 강을 정화하도록 강제한다. 이렇게 되면 전통적인 공공지출 통계 방식으로는 이 국가의 사회복지지출은 전혀 없는 셈이 된다. 클라인은 이런 국가는 물론 하나의 가상이지만, 실제로 위에서 든 예들은 각각 일본과 프랑스, 이탈리아와 스웨덴의 정책이라고 설명한다.

다른 비교 연구는 대놓고 드러내지는 않지만 서술적이라기보다 당위적이다. 윌렌스키와 르보(Wilensky & Lebeaux, 1965), 티트머스(Titmuss, 1974)와 에스핑-안데르센(Esping-Andersen, 1990) 등은 저마다 다른 복지모델이나 체제를 제시했다. 윌렌스키와 르보(Wilensky & Lebeaux, 1965)는 복지를 잔여적 모델과 제도적 모델로 구분한 뒤, 미국을 후진적인 혹은 소극적인 복지국가로 묘사했다. 티트머스(Titmuss, 1974) 역시 사회정책의 세 가지 모델 — 잔여적, 산업성취적, 제도적 모델 — 로 제시했다. 잔여적 모델은 하나의 전제에 근거하는데, 그 전제는 개인의 욕구가 적절하게 충족되기 위한 두 가지 자연스러운 경로가 시장과 가족이라는 것이다. 오직 이 두 가지가 작동하지 못할 때 사회복지제도가 기능을 하게 되며 그 기간도 일시적이라는 것이다.

에스핑-안데르센(Esping-Andersen, 1990)은 티트머스의 견해를 가져와 자유주의, 보수주의, 사회민주주의 체제로 구성되는 '복지자본주의의 세 가지 세계'에 관한 설명으로 발전시킨다(이 책의 9장을 보라). 이 체제들을 가르는 기준은 복지국가가 개인들에게 제공하는 사회권의 정도이며, 더 많은 사회권을 누리는 개인은 시장으로부터 탈상품화decommodification한다. 탈상품화란 개인이 시장에 의존하지 않고도 생계를 유지할 수 있을 때 나타난다. 자신의 연구에 대한 비판에 답하며, 에스핑-안데르센(1999: 12)은 그가 초기 저작에서는 사회복지서비스 전달에서 공공과 시장의 혼합에 따라 복지체제를 규정했다고 설명했다. 그러나 후기 저작에서는 1980년대의 사회복지서비스를 제공하는 공공과 민간의 상호작용에 초점을 맞췄다고 밝혔다. 새로운 정의에 따르면, 복지는 국가와 시장, 가족 주체가 생산하고 배분하는데, 복지체제는 이러한 생산과 배분이 결합되고, 상호의존적으로 이루어지는 방식이라는 것이다. 여기서 국가와 시장, 가족은 각각 위기관리risk management에 대한 세 가지 극단적으로 다른 원리를 가진다[각주에서 에스핑-안데르센은 이 세 가지 외에 '제3섹터'인 자원 분야와 비공식 분야의 복지전달체계가 덧붙여져야 한다고 밝히고 있다. 다시 말해, 복지를 구성하는 '삼각형'은 이제 하나의 섹터를 덧붙여 마름모꼴로 인식되어야 한다는 것이다(Esping-Andersen, 1999: 33~35)]. 자유주의적, 사회민주주의적, 보수주의적 체제는 각각 시장과 국가, 가족이 복지영역을 주도하는 체제다(Esping-Andersen, 1999: 85).

복지의 사회적 분화

복지의 사회적 분화라는 개념은 리처드 티트머스의 1956년 강의에서 소개됐고, 이는 "사회행정 분야에서 영향력 있는 연구 가운데 하나로서, 아마도 가장 영향력 있는 연구(Spicker, 1983: 182)"로 평가받았다. 또한 학문 분과로서 사회정책학 발전의 '분수령'으로도 일컬어진다(Spicker, 1995: 121). 이 개념은 복지국가는 부유층에 대한 과도한 과세와 빈곤층에 대한 무차별적이고 지나친 수혜를 낳는다는 일부의 주장에 대한 대응으로 나온 것이었다. 티트머스(Titmuss, 1963)는 복지혜택은 상대적으로 익숙한 '사회서비스' 외에도 재정적이고 기업을 통한 방식fiscal and occupational mechanism으로도 전달된다고 지적했다. 재정복지는 은행대출 이자에 대한 소득공제 같은 세제를 통한 복지혜택을 말하며, 점차 민간연금이나 건강보험까지도 포함하게 됐다. 기업복지는 고용에 대한 '부가혜택fringe benefits'을 말하는데, 예를 들어 연금 보조금, 건강보험, 대출, 회사에서 지급해 주는 차량 등이 이에 해당된다. 티트머스는 재정복지와 기업복지는 고소득자에게 더 많은 혜택을 주기 때문에 본질적으로 역진적 성격을 분명히 가진다고 주장했다. 다시 말해, 과도한 재분배에 대한 비판론자들은 '좁은 의미'의 복지국가에 집중한 나머지, 역진적인 성격을 가진 재정복지와 기업복지를 포함한 복지의 전체 그림을 간과했다는 것이 티트머스의 주장이다.

그러나 복지의 사회적 분화 개념은 지금까지 사회정책 분석 연구에서 자주 등장하지는 않았다(Sinfield, 1978; Spicker, 1983, 1988, 1995; Mann, 1992; Walker, 1997 참고). 스파이커(Spicker, 1995: 121)는 티트머스의 학문적 성취를 가리켜 "이렇게 독창적인 글이 그렇게 적게 논의됐다는 점이 특이하다"고 밝혔다. 또 만(Mann, 1992: 13)은 신필드(1978)를 제외한 대부분의 학자들이 티트머스의 이론 가운데 사회적 분화를 진지하게 연구하기를 주저했다고 설명했다(만의 말은 복지 혼합에 대한 학자들의 무관심에도 마찬가지로 적용될 수 있겠다). 국가/법적 복지, 재정복지, 기업복지는 이 책의 3, 7, 8장의 주제이므로, 여기서는 간략하게 언급만 하겠다.

법적 복지statutory welfare

법적 복지는 공적으로 제공되는 상품과 서비스를 가리킨다. 신필드(Sinfield, 1978)의 제안을 따른다면, 사회복지를 공공복지라 일컫는 것이 더 나을 수도 있겠다. 이는 '숨은 복지국가hidden welfare state'[3] 영역과 반대되는, 복지국가의 가시적인 영역이다.

---

3 '숨은 복지국가'라는 말은 미국 윌리엄앤드메리 대학의 크리스토퍼 하워드 교수가 쓴 표현. 그에 따르면, '보이는' 사회복지국가는 빈곤층을 대상으로 혜택을 주지만, '숨은 복지국가'는 조세정책 등을 통해 부유층에게 역진적인 혜택을 준다.

기업복지occupational welfare

존슨(Johnson, 1999: 134)은 티트머스가 1956년 기업복지 개념을 소개했지만, 그 뒤로 이 개념이 학계의 주목을 많이 받지는 못했다(Mann, 1989; Shalev, 1996)고 설명했다. 기업복지는 사람들의 직업과 연관된다. 다른 이름으로는 임금을 제외한 부가혜택 혹은 법인복지로 불릴 수도 있다. 기업복지의 가장 잘 알려진 예는 기업연금이다.

재정복지fiscal welfare

기업복지와 같이, 사회정책에서 조세문제에 대한 연구도 많지 않았다(Sandford 외, 1980). 재정복지는 세제를 통한 혜택 또는 부담을 말한다. 정부는 조세감면을 통해 실질적으로 상품 가격을 내림으로써 국민들이 더 많은 상품을 소비하도록 유도할 수 있다(예를 들어 민간의 의료보험과 민간연금에 대한 조세감면이나, 자기 집 소유자에 대한 양도소득세 면제). 한편, 국가는 세금을 올려서 흡연이나 음주, 자가용 운전 같은 '바람직하지 않은' 소비를 줄이려고 노력할 수 있다.

복지혼합의 요소들

복지혼합의 요소들은 이 책의 3장에서 6장까지 논의될 것이다. 따라서 여기서는 간단히 개요만 소개한다.

국가복지state welfare

복지혼합의 모든 요소 가운데 '복지국가'와 분명히 연관되는 '국가'적인 요소다. 좌파들의 다수가 '시장의 실패'와 함께 국가의 공급 역할을 강조하면서 '공공서비스'는 '공공'의 성격을 가져야 한다고 주장한다(예를 들어 Johnson, 1987, 1999; Whitfield, 1992). 그러나 이러한 설명은 국가가 중앙정부나 지방정부 단위에서 기능할지, 혹은 국가가 생산, 재원조달, 규제 어느 쪽으로 기능할지에 대해 충분한 설명을 하지는 못하고 있다(이 책의 11장에서 상세히 다루게 된다).

시장복지market welfare

반대로, 시장론자들(예를 들어, Marsland, 1996; Seldon, 1996)은 '국가의 실패'를 강조한다. 그들은 시장이 국가보다 효율적이라고 주장한다. 그러나 이런 입장은 준시장quasi-markets이나 바우처를 통한 복지서비스의 민간 위탁, 그리고 복지국가의 주요 분야에 대한 민영화와 같은 일련의 정책에서 나타나는 문제점은 숨긴다.

자원복지voluntary welfare

복지혼합 관련 서적에서는 자원복지라는 표현이 가장 일반적이지만, 종종 독립적이고 비영리적인 시민단체NGO나, 사회적 경제economie sociale[4], 그림자 정부shadow state, 혹은 단순히 '제3섹터'라고도 불린다(Johnson, 1999; Deakin, 2001). 이 분야는 '헐렁하고 느슨한 괴물loose and baggy monster'[5]로 불리기도 하지만, 보통 박애적이거나 혹은 상호적인 분야로 나뉜다. 박애적인 분야는 수직적/위계적hierarchial이거나 부유층으로부터 빈곤층에게 향하는 자선과 연결된다. 상호적인 부분은 수평적이고 자조적인 활동을 뜻한다. 상호적 분야 혹은 시민사회를 통해 복지문제를 해결하고자 하는 시도에 대한 관심이 다시 살아나기도 했다(Deakin, 2001; Taylor, 2003). 크게 보아 좌파 쪽에서는 허스트(Hirst, 1994)가 결사체 민주주의associative democracy를 제안했고, 기든스(Giddens, 1998)는 시민사회에 뿌리내린 복지의 확장을 주장했다. 필드(Field, 2000)는 인증 받은 복지 공급기관을

---

4 불어권에서 쓰이는 용어로, 시장경제 밖의 공간에서 사회의 통제를 받는 경제 영역을 지칭하는 표현. 벨기에 리에주 대학에는 이를 연구하는 사회적 경제 센터Centre d' Economie Sociale가 있다.

5 영국 런던 정경대 마틴 내프Martin Knapp 교수와 켄트대학 제레미 켄덜Jeremy Kendall 교수의 공저인 『헐렁하고 느슨한 괴물』(1995)에서 따온 표현.

통한 수탁연금제도_stakeholder pensions_를 내놓았다. 우파 쪽에서는 그린(Green, 1996)이 국가에 의해 파괴된 과거의 상호공제조직_mutual organisation_을 재건하자고 제안했다.

비공식복지_informal welfare_

수평적이고 상호적인 해법을 지지하는 이들은 좌우파를 망라하지만, 일반적으로 비공식복지 — 가족과 친구, 이웃의 지지를 의미 — 를 옹호하는 집단은 대체로 우파가 많다. 이런 관점은 페미니스트들의 비판을 받았는데, 왜냐하면 페미니스트들은 '전통적' 가족과 '남성생계부양자모델'이 '복지의 성적 분할'을 낳는다고 보기 때문이다. 웅거손(Ungerson, 1987)은 개인적인 경험과 풍부한 질적 인터뷰를 통해 "정책은 개인적"이라는 점을 명쾌하게 제시했다. 웅거손은 티트머스가 지역보호에 대해 쓴 매우 설득력 있는 글에서도 공식적인 복지제도와 상관없이 가족을 수발하는 사람들이나 여성에 대해 언급하지 않았다고 지적했다. 웅거손은 랜드(Land, 1978)의 책을 포함해 페미니스트 입장에서 쓴 저술들이 늘어났지만, 핀치와 그로브스의 1980년 저술이 하나의 분수령이었다고 주장했다. 핀치와 그로브스(Finch & Groves, 1980: 494)는 "사실 지역사회보호는 가족의 보호와 같고, 또 사실 가족의 보호는 여성에 의한 보호와 같다"고 설명했다.

복지혼합의 차원들

연구자들이 복지혼합에 대해 비록 짧게 논의하고, 복지의 사회적 분화에 대해서는 더 짧게 다루지만, 여기서는 그 토론마저도 한정되었다는 점을 지적하고자 한다. 지금까지의 논의들은 복지혼합이나 복지의 사회적 분화의 요소들의 역할과 차원을 명확히 제시하지 않은 채, 복지혼합의 변화만을 다루었기 때문에 1차원적이라는 한계를 가진다. 예를 들어, 베레스포드와 크로프트(Beresford & Croft,

1984)는 복지의 '자원들'을 강조하지만, 재정과 규제의 차원은 간과했다. 존슨 (Johnson, 1999: 22~25)은 복지국가들은 성격이 서로 뒤섞여 있지만, 각각의 내부에 네 가지 섹터 — 국가, 시장, 자원, 비공식 — 는 항상 존재해왔다고 설명했다. 핵심은 네 가지 섹터가 존재한다는 사실이 아니라, 네 가지 섹터가 나라별로, 시대별로, 서비스 사이에서, 서비스의 요소들 사이에서 어떻게 균형을 이루고 있느냐다.

그러나 '국가에서 시장으로' 복지 영역이 단편적으로 이동했다고만 파악하게 되면, 복지의 생산과 재정, 규제 차원의 차이점을 구별하기 힘들게 된다. 마찬가지로 그렇게 1차원적인 관점으로 보면 서비스에 대한 대금 청구, 도급, 준시장, 바우처 지급 같이 복지서비스가 시장으로 넘어가는 다양한 전술들을 이해하기도 어렵다(Knapp, 1989). 달리 말하면, 복지혼합에 관한 토론은 개념 정의에서부터 한계가 있고, 토론과 토론 사이가 연결되어 있지 않은 채 따로 분리되어 있다(이 부분은 11장에서 다룰 것이다).

1차원적인 설명은 복지서비스 전달이라는 하나의 주제에 초점을 맞춘다. 예를 들어, 워커(Walker, 1984: 20, 30)는 공공 영역에서 민간/자원 영역, 비공식 영역에 이르는 일련의 서비스 전달 과정만을 소개했다(그러나 그도 나중에 전달 뿐아니라, 규제의 중요성은 인식했다). 이런 관점에서는 국유화나 민영화는 복지혼합의 중요한 특징으로 간주될 수 있다. 예를 들어, 1948년에 병원들이 NHS에 편입되기 위해 국유화된 것은 민간서비스 전달에서 국가서비스 전달로의 변환을 의미한다. 반대로 보수당이 1980년 주택법에 명시된 '주택구입권'6에 따라 시영주택을 세입자들에게 매각한 것은 민영화와 연관됐다. 이런 관점은 결국 소유권이 중요하다는 가실로부터 비롯된다. 따라서 개인 주택의 공간은, 주택 공급을 위한 재원을 누가 조달했는지와 상관없이, 누가 소유했는지만을 기준으로 공공

---

6 영국 정부가 1980년대 추진했던 주택정책의 하나. 시영주택의 세입자에게 자신이 살고 있는 주택을 구입할 수 있도록 권장해서 수백만 채의 집이 개인소유가 됐다.

| 표 1-1 | 사회복지서비스 공급을 기준으로 한 1차원적인 복지혼합

국가	시장	자원 분야	비공식 분야

주택과는 다른 공간이 된다.

2차원적인 설명은 서비스 공급과 함께 재정도 살펴본다. 이런 관점에서는 '국가에서 시장으로' 이동하는 움직임도 다른 과정을 거치게 된다. 첫째 방식은 개인적인 자금 조달, 서비스에 대한 대가 지불 혹은 상품화가 결부된다. 예를 들어, 무료 서비스가 유료 서비스로 바뀌는 경우다. 둘째, 공기업이 준시장이나 내부시장internal market을 통해 경쟁을 강요받는 방식이다.[7] 셋째, 국가가 서비스 공급을 민간에게 맡기되(Powell, 2003), 재정 부담은 국가가 떠안아 이용자는 여전히 무료로 서비스에 접근할 수 있는 방식이다. 넷째, 생산과 재정 방식을 모두 바꾸는 것인데, 국가로부터 무료로 서비스를 받던 국민들은 시장에서 소비자가 되어 민간 생산자를 선택해 소비하는 것이다. 이와 같은 2차원적인 설명을 정리한 도표는 저지(Judge, 1982), 스파이커(Spiker, 1988), 내프(Knapp, 1989), 글레너스터(Glennerster, 2003)의 저작들에서 볼 수 있다.

저지(Judge, 1982)는 거칠지만 유용한 '복지혼합의 분류표'를 만들었는데, 내용을 보면 생산 방식(공공, 시장, 자원, 비공식)과 재정 조달 방식(공공, 민간-집합적, 민간-개인적, 혹은 비교환적no-exchange)을 구분했다.

---

7 민영화에 대한 대안적인 방안의 하나로 영국에서는 준시장 또는 내부시장이라는 방식이 도입되기도 했다. 공기업 내의 과도한 수직적 통합으로 중간재의 생산이 비효율적으로 될 경우나 공기업이 생산하는 공공서비스가 비효율적으로 생산될 경우에 그에 해당하는 내부시장을 열어줌으로써 경쟁을 도입하여 효율성을 높일 수 있도록 하는 방법이다. 내부시장의 특성으로는 한 가지 서비스의 산출을 위해 여러 공급자끼리 경쟁을 유도하는 것이다. 경쟁자로는 공기업, 비영리단체, 민간영리기업 등 여러 종류의 공급자가 공존할 수 있다. 이러한 서비스의 구매자는 정부가 되므로 국가가 이러한 서비스에 대한 재정을 담당한다고 할 수 있는데 구체적인 재정의 형태도 여러 가지가 있다(소병희, 『공공부문의 경제학』, 박영사, 2004: 42).

내프(Knapp, 1989; Wistow 외, 1994도 참고)는 생산 혹은 공급의 영역을 공공, 시장, 자원, 비공식의 네 가지로 나누었다. 자금 조달 혹은 수요 카테고리는 여섯 범주로 나누었는데, 강제된 집단적 수요, 강제되지 않거나 자발적인 집단적 수요, 법인 수요, 보상되지 않는 개인 소비, 보상되는 개인 소비, 개인 기부 등이다. 그는 이 두 차원을 묶어 24칸의 행렬을 만들었다. 예를 들어, NHS 병원은 공공 공급/강제된 집단적 수요의 칸에 포함된다.

스파이커(Spicker, 1988: 88; 1995: 116)는 2차원적인 표를 만들었는데, 생산(공공, 시장, 자원, 비공식)을 한축으로 하고, 나머지 한축은 재정(공공, 민간 법인, 민간 조합, 소비자에게 부과, 자발적 조직)으로 나누어 20개의 칸을 만들었다.

글레너스터(Glennerster, 2003: 7)는 누가 서비스를 제공하고 누가 그에 대한 대가를 지불하는지에 대해 분명히 선을 그었다. 공급 측면은 공공 분야(중앙정부, 공공트러스트, 지역정부)와 민간기관(영리, 비영리)과 민간 비공식 분야로 구성했다. 재정 조달 측면은 공공과 민간으로 나누었다. 예를 들어, 감옥은 상단 좌측에 위치하게 된다. 비록 몇몇 민영 감옥이 존재하긴 하지만, 대체로 감옥은 중앙정부가 전적으로 재정도 부담하고 운영도 맡는 몇 안 되는 이례적인 경우로 남아있기 때문이다(Glennerster, 2003: 8~9).

영국 공공정책연구소(IPPR, 2001)는 공공의 재원을 통해 보편적으로 공급되는 서비스의 필요성을 재확인하면서도 공공서비스의 재원과 공급 주체를 뚜렷이 구분했다. 목적과 수단을 가른 셈이다. 즉, 공공서비스의 필요성은 특정 전달체계 형식보다는 그 서비스의 결과와 가치에 의해 판단되어야 한다는 것이다. 영국 NHS의 구축 원리는 그 서비스가 무료이고 보편적이고 종합적이어야 한다는 것이지, 어떤 특정한 구조나 과정, 어떤 그룹의 종사자들을 통해서 전달되어야 한다는 것이 아니다. 연구소는 '민간은 좋고, 공공은 나쁘다'는 식의 민영화 지지자들과, 반대로 '공공은 좋고, 민간은 나쁘다'는 식의 전매 지지자들의 막무가내를 거부한다. 연구소는 공공경영을 가르는 네 가지 모델을 제시했는데, 네 가지는 지휘와 통제, 네트워크와 신뢰, 제공과 구입, 민영화와 규제다.

보건의료와 관련해, 솔터(Salter, 2004)는 국가와 민간 분야에 대해 공급과 재원의 두 측면으로 나누어 접근하는 것을 제안했다. 이에 따라 네 칸의 행렬이 만들어졌는데, 각 칸은 공공공급/공공재정, 공공공급/민간재정, 민간공급/공공재정 혹은 민간공급/민간재정, 그리고 공공과 민간의 공동공급과 재원 마련이다.

2차원적 설명의 가장 큰 문제는 경계가 애매해서 현상은 경계 너머로 서로 넘나든다는 점이다(Hill & Bramley, 1983: 136). 내프(Knapp, 1989: 228)의 섹터 정의에는 이견이 생기고, 각 섹터의 경계는 흐릿하다. 워커(Walker, 1984: 27~28)에 따르면, 사인주의privatism에 근거한 시장 원리가 공공사회서비스에 오래전부터 도입되었고, 복지의 자유시장의 요소가 복지서비스의 기초적 원리 속에 이미 흘러들어 왔다. 예를 들어, 보건의료 분야에서 공공과 민간의 경계는 이미 흐려졌고 그나마도 이동하고 있다(Keen 외, 2001: 77). 일반의general practioner[8]들은 때때로 NHS의 분명한 일부로 보이지만, 독립적인 계약자들이고, 국민계정상으로는 '법인화되지 않은 사업자unincorporated businesses'로 분류된다(Keen 외, 2001: 89; IPPR, 2001; Salter, 2004).

시간이 지나면서 이 같은 상황은 더 복잡해지고 있다고 다른 연구자들은 주장한다. 스파이커(Spicker, 1988: 86)는 국가가 재원을 제공하는 경우가 많다보니 국가와 민간 섹터를 의미 있게 나누기가 어렵게 됐다고 설명했다. 밀러(Miller, 2004: 62)에 따르면, 국가와 시장, 자원, 비공식 등 전통적인 네 개의 섹터 구분으로는 더 복잡해지고 세분화된 복지체계의 구조를 적절하게 설명하지 못한다.

규제regulation 혹은 결정decision이라는 또 하나의 차원을 첨가한 3차원적인 설명에서는 두 개의 버전이 있다. 버차트(Burchardt, 1997), 버차트와 동료들(Burchardt 외, 1999)과 힐즈(Hills, 2004) 등은 전달과 재정, 결정을 합한 3차원적인

---

8 영국에서 흔히 일반의는 general practioner라고 불리며, NHS 체계에서 국민들에게 주치의로서 일차적으로 진단 및 치료를 맡음. 우리나라로 굳이 치면 1차 의료기관 즉, 동네 의원에 있는, 전문의가 아닌 일반의에 해당함.

복지 모형을 제시했다. 여기서 세 번째 요소는 결정이다. 개인이 자신을 위해 서비스 공급자나 서비스의 양을 선택할 수 있을까? 아니면 국가가 개인들을 위해 이것들을 결정해야 하나? 이 요소를 유형별로 나누면 8개의 조합이 나오게 된다. 이를 도표로 나타내면 동심원의 모양으로 나타난다. 한쪽 극단에는 '순수 공공 섹터'가 있는데, 아동급여처럼 재정과 공급, 결정이 모두 공공에서 이루어지는 것이다. '순수 민간 섹터'는 사립학교처럼 민간이 공급하고 재원을 대고 결정도 하는 경우에 해당한다.

다른 사회정책학 연구에서는 선택 혹은 결정의 요소가 매우 중요하지만, 복지혼합 연구에서 선택 혹은 결정이 규제만큼 주요한 의미를 갖지는 않는다. 따라서 이 책에서는 공급과 재정, 규제를 중심으로 하는 일반적인 모형에 초점을 맞춘다(Johnson, 1999).

규제는 새로운 것이 아니다. 과거 로마시대에도 사회적인 목적을 가지고 가격이나 생산을 통제했다(Moran, 2003: 38). 다른 이론 분야와는 달리(예를 들어, Hood 외, 1999; Moran, 2003), 사회정책 관련 서적에서는 규제를 간과하는 경향이 있다(Bolderson, 1986; Powell & Hewitt, 2002 참고). 보건과 교육, 주택 같은 분야에서 감사와 규제의 역사는 꽤 긴데도 말이다. 모란(Moran, 2003: 41~42, 49~50)은 엄격한 빅토리아 여왕 시절의 무수한 규제를 지적하면서, 의료위원회 General Medical Council를 낳게 한 1858년의 의료법Medical Act 등 직업에 관한 규제 외에도 공장 감독관Factory Inspectors, 구빈법 위원Poor Law Commissioner, 교도소 감독관 the Prison Inspectorate, 정신 장애 위원회the Lunacy Commission, 보건총괄부the General Board of Health와 자선위원회the Charity Commission 등을 예로 들었다. 이를테면 임대료 규제는 복지국가보다 앞선다. 1957년 부분적으로 폐지된 임대차법은 복지국가 역사에 있어서 가장 격렬한 논쟁 중에 하나였다. 케인스주의 모델의 복지는 국영 산업의 직접 고용 형태가 아니라 고용에 관한 규제에 더 기반을 두고 있다. 크로스랜드Crosland의 수정주의 노선을 반영한 저작인 『사회주의의 미래The Future of Socialism』(1964)의 핵심 내용은 노동당 정부는 경제를 통제하기 위해 당헌 4조[9]에서 규정한 국유화가 필요하지 않다는 것이었다. 1960년대 말 노동당 정권의 사회 서비스장관을 역임한 리처드 크로스먼은 당시 장기입원병원에서 잇따라 문제가 불거져 나오자 감독기구로서 병원자문서비스the Hospital Advisory Service를 설립했다. 이같이 규제와 감독의 필요성이 대두되면서 복지체계에 대한 2차원적인 접근은 점차 설자리를 잃고 있다. 연구자들은 심지어 우리가 현재 '감사사회audit society(Power, 1997)'와 '규제국가(Hood 외, 1999; Majone, 1996; Moran, 2003)'에 살고 있다고 주장하고 있다. 후드(Hood, 1999: 3)는 규제가 "자주 사용되지만, 좀처럼 정교하게 정의되지 않은 용어"라고 설명했다. 정부의 민간 기업, 특히 민영화된 공익 시설에 대해 규제하듯이, 정부 스스로도 규제의 대상이 된다. 후드에 따르면, 기업들이 다양한 규제기관들 — 감사, 감독관, 허가 발급 기관, 공정거래당국 — 등의 감독을 받듯이, 공공기관들도 나름 정부 내부의 다양한 감사와 규제를 받는다.[10]

〈표 1-2〉는 내프(Knapp, 1989)나 글레너스터(Glennerster, 2003)의 2차원적인 설명을 간단하게 정리한 것이다. 재정 축에서 더 많은 항목이 있는 것이 정확하겠지만(Knapp, 1989), 이해를 돕기 위해 〈표 1-2〉에서 재정 분야는 공급분야와 같은 항목을 가지도록 했다. 따라서 16개의 칸이 생긴다. 이렇게 간단한 표는 몇 가지 점에서 한계를 가진다.

첫째, 때때로 한 현상을 어떤 칸 속에 넣기가 힘든데, 왜냐하면 경계가 애매

---

9 1918년에 채택된 영국 노동당의 당헌 4조는 노동자에게 공평한 분배를 보장하기 위해 생산수단을 국유화하는 내용을 담고 있었다. 1994년 토니 블레어를 당수로 선출한 노동당은 이듬해 당헌 4조에서 국유화 내용을 삭제한다.

10 책의 원문에서는 공공기관들도 세금 낭비 감시자, 품질 관리 경찰, 비리 척결자 등 규제담당자waste watchers, quality police, sleaze busters, and other 'regulators'를 마주하게 된다고 되어 있다. 다소 복잡한 이 말은 지난 1999년 런던 정경대 크리스토퍼 힐 교수 등이 쓴 『정부 내부의 규제: 세금 낭비 감시자, 품질 관리 경찰, 비리 척결자Regulation Inside Government: Waste-Watchers, Quality Police, Sleazebusters』라는 책의 제목에서 따온 표현이다. 영국 정부에 내부감사를 위한 조직 규모가 외부 기업 규제를 위한 것만큼이나 크다는 뜻으로 풀이된다.

| 표 1-2 | 3차원적인 복지혼합(공급과 재정, 규제)

		공급			
		국가	시장	자원	비공식
재정	국가	1a(많은 규제) 1b(적은 규제)	2a 2b	3a 3b	4a 4b
	시장	5a 5b	6a 6b	7a 7b	8a 8b
	자원	9a 9b	10a 10b	11a 11b	12a 12b
	비공식	13a 13b	14a 14b	15a 15b	16a 16b

하기 때문이다(Knapp, 1989 참고). 예를 들어, 일부 연구자들은 재단병원[11]은 여전히 국가에 속한다고 생각하고, 재단병원에서 치료받는 행위는 칸 1에 속한다고 주장한다. 그러나 다른 연구자들은 재단병원이 국가로부터 일종의 독립성을 가진 상호회사의 성격을 가지기 때문에 이곳에서 치료를 받는 것은 결국 칸 3에 해당된다고 주장한다.

둘째, 이 표로는 선택과 결정의 요소를 살펴볼 수가 없다. 예를 들어, 공공공급, 공공재원에 해당되는 1칸에서는 전통적인 NHS와 공기업의 중간재 수급에 경쟁원리를 도입한 준시장이 둘 다 포함된다. 또 만약 NHS 트러스트[12]가 국가나 공공기관으로 분류된다면(Glennerster, 2003), 이곳이 '지휘와 통제'보다는 경쟁적인 작동방식에 의해 운영됨에도 불구하고 1칸에 속하게 된다. 마찬가지로, 1칸은 병원 치료에 대한 제3자나 개인의 선택도 포함한다. 개인이 공공의 돈을 써

---

11 재단병원Foundation hospitals은 영국 NHS에 속한 병원의 한 종류다. 일반적인 NHS 병원보다 더 많은 재정적인 자유를 누린다.

12 NHS 트러스트National Health Service Trust는 영국 보건청의 통제에서 벗어나 NHS 집행국 지역사무소의 관할로 된 병원을 지칭한다. 이 기관은 자체적으로 이사회를 꾸리고 독자적인 사업계획을 꾸리지만, NHS의 일원으로 남는다는 점에서는 일반 사립병원과는 다르다.

서 공공병원에서 치료를 받기로 결정한다면 이는 온정적으로 개입하는 NHS의 관리인이 그 개인을 대신해 내린 결정과 같은 범주에 포함되는 결과로 표에서는 나타난다.

셋째, 규제의 차원은 공급이나 재정보다 더 많은 문제를 안고 있다. 공급 차원은 자원의 소유관계를 보고 개략적으로 파악될 수 있다. 예를 들어, 국가는 학교의 90% 정도를 소유하고 있고, 거주시설residential home의 50% 정도를 소유하고 있다. 마찬가지로, 재정은 자금 흐름의 차원에서 파악될 수 있다. 예를 들어 거주시설 수입 가운데 얼마나 국가로부터 오는지 보는 방법이 있다. 그러나 규제 차원은 파악하기 힘들다. 규제는 기본적으로 상대방의 행위를 스스로가 희망하는 방향으로 다스리는, 일정한 통제 혹은 권력과 연관된다. 보즈먼(Bozeman, 1987)은 일부 기관만 정부에 속하지만, 모든 기관은 공공의 성격을 가진다고 주장했다. 그는 한 기관의 '공공성'의 정도는 그 기관이 형식적으로 얼마나 공공의 성격을 가지냐가 아니라, 정치권력으로부터 얼마나 영향을 받느냐에 따라 규정될 수 있다고 설명했다. 그의 주장을 보면, 어떤 정부 기구는 다른 정부기구보다 공공적이고, 일부 상업적 기구는 다른 상업적 기구보다 공공적이다. 그리고 어떤 측면에서는 일부 상업적 기구는 일부 정부기구보다도 공적이다. 그가 경험적으로 '공공성'을 저울질하는 잣대는 정부 자원으로부터 조달되는 재원의 비율이다.

이런 설명은 분명히 한계가 있다. 통제가 자원의 투입량과 비례할 수 없기 때문이다. 간단히 말하자면, 우리의 3차원적인 접근은 각각 다른 종류의 통제 방식을 다룬다. 소유관계는 수직적인 지휘와 통제 구조와 연관성을 가진다. 재정 조달은 재정적인 통제로 연결된다. 또 규제는 정치권력과 연관된다. 어느 맥락에서든 한 종류의 통제가 다른 통제보다 더 강력한지 아닌지는 분명하게 말할 수 없다. 자원 영역의 일부 기구는 매우 높은 비중의 정부 재정 지원을 받지만, 정부가 이들을 통제할 수는 없다는 분석도 있다(예를 들어, Deakin, 2001; Ascoli & Ranci, 2002). 임대료 규제와 관련해 정부는 공공 분야보다 민간 분야에서 임대료 수준을 더 강하게 통제할 수 있었다.

넷째, 복지혼합체계를 3차원적으로 분석해 나타내는 표를 그릴 때, 규제의 축에서 다른 재정이나 공급 분야와 마찬가지의 항목을 사용해야 하는지는 확실하지 않다. 시장과 자원, 비공식 분야의 행위자가 규제의 주체가 되는 것을 상상하는 것은 쉽지 않다. 규제는 법적인 권위에 따라 정부가 설정하는 것이기 때문이다. 정부는, 예를 들어, 임대료 상한제와 같은 규제를 맡는 주체다. 그러나 정부로부터 일정한 독립을 보장받은 기구, 예를 들어 교육표준국the Office for Standards in Education이나 보건의료감사위원회the Commission for Healthcare Audit and Inspection 역시 여러 규제를 맡기도 한다. 이런 기관이 어느 정도 정부기관 혹은 공공기관이라고 할 수 있을지(예를 들어, Hood 외, 1999), 혹은 이런 기관들의 통제와 책임성이 직접적인지 아니면 간접적인 수준인지, 아니면 규제의 강도가 어느 정도인지 등에 대한 논란은 아직 정리되지 않았다. 더욱이, 복지 영역에서 직업군이 내부적으로 가지고 있는 규제도 빼놓을 수 없다. 이는 직업군의 권력(예를 들어, Wilding, 1982)과 연관성을 가지고 있고, 특히 보건의료 같은 분야에서는 더욱 분명하게 나타난다(예를 들어, Salter, 2004). 이를테면, 의료위원회General Medical Council와 왕립대학the Royal College은 보건의료 분야의 여러 현안에 대한 상당한 권한을 누리고 있다. 보건부 장관은 의료인 명부에서 특정 의사를 제명할 수 있는 권한이 없다. 보건의료 분야의 내부 규제 권한을 제한하려는 움직임은 브리스톨 왕립 병원이나 알더 헤이 병원 스캔들[13]과 해롤드 쉽먼 사건[14] 이후 계속 있었다. 그러나 의료계는 여전히 강력한 내부 규제 권한을 가지고 있다(예를 들어 Salter, 2004).

64개의 칸을 가진 3차원적 사각형 대신, <표 1-2>는 다소 거칠지만 단순하

---

13 영국 리버풀 알더 헤이 병원the Alder Hey Hospital과 브리스톨 왕립 병원the Bristol Royal Infirmary이 수술 중 사망한 수백 명의 어린이들의 심장 등 장기를 부모들의 허락을 받지 않은 채 보관하고 있다가 1999년에 발각돼 사회적인 파문을 일으켰다.
14 맨체스터의 일반의인 해롤드 쉽먼이 수백 명의 환자들에게 진통주사를 과다 투여해 사망에 이르게 한 사건. 영국 정부는 쉽먼이 1975년부터 이런 방식으로 최소한 215명의 환자를 살해했다고 2002년 공식 발표했다. 영국법원은 그를 종신형에 처했고, 그는 정부의 공식 발표가 나오기도 전에 감옥에서 목을 매 자살했다. 그의 살해 동기는 밝혀지지 않았다.

게 16개의 칸으로 나눈 뒤, 각 칸을 규제 수준이 높은 경우(a)와 낮은 경우(b)로 갈라 표시했다. 보즈먼Bozeman의 말을 빌리면, 모든 기관은 규제를 받는다. 또 조지 오웰George Orwell의 말을 빌리면, 어떤 기관들은 다른 기관보다 더 많은 규제를 받는다.[15] 예를 들어, 보완대체의학[16]은 6b칸에 자리 잡고, 임대료 통제는 6a에 있게 된다. 이 책의 11장에서는 이 표의 한 칸에서 유래해서 다른 칸으로 이동하는 영역들을 분석하면서 좀 더 동적인 맥락에서 전체 표를 다시 살펴보게 될 것이다.

결론

이 책에서는 복지혼합의 요소들 — 국가, 시장, 자원, 비공식 복지 — 과 복지의 사회적 분화 — 법적 복지, 재정복지, 기업복지 — 의 내용과 복지혼합과 복지의 사회적 분화가 시간과 공간에 따라 어떤 다양한 모습을 나타내는지를 더욱 자세하게 다룰 것이다. 이 장은 이 주제와 관련해 좀 더 폭넓게 거시적으로 분석하면서, 두 가지 논점을 제시했다. 첫째, 복지혼합과 복지의 사회적 분화는 사회정책학 분야에서 매우 중요하지만 간과된 분야라는 점이다. 간단히 말해, 복지국가에 관한 정책보다 사회정책의 영역이 더 넓다는 점이다. 둘째, 서비스 혹은 재화의 공급이라는 측면만을 보는 1차원적인 시각은 적절하지 않으며, 재정과 규제의 측면을 함께 고려한 입체적인 연구가 필요하다는 점이다.

---

15 조지 오웰의 1984년 소설 『동물농장』에서 등장하는 수퇘지인 나폴레옹이 "모든 동물은 평등하다. 그러나 어떤 동물은 다른 동물보다 더 평등하다"는 말을 저자가 따온 것.
16 서양의 일반적인 의학을 제외한 한의학이나 침술 등을 지칭한다. 이는 NHS에 포함되지 않기 때문에 시장에서 서비스가 제공된다.

요약

- 복지혼합과 복지의 사회적 분화는 중요하지만 상대적으로 간과됐다.
- 사회정책은 '복지국가'의 대상 영역을 넘어서며, 따라서 복지혼합(시장, 자원, 비공식 분야)과 복지의 사회적 분화(기업복지와 재정복지)가 제시하는 다른 요소들도 함께 살펴보는 것이 중요하다.
- 복지혼합과 복지의 사회적 분화 양상은 시대와 공간에 따라 다양하다.
- 서비스와 재화의 공급만을 중심으로 하는 '1차원적인 접근'의 한계를 넘어, 공급과 함께 재정과 규제도 함께 연구하는 입체적인 접근이 필요하다.

☑ 토론할 문제

- 왜 복지혼합과 복지의 사회적 분화는 사회정책학에서 잊혀지고 눈에 띄지 않는가?
- 당신의 가족에 영향을 미칠 복지혼합과 복지의 사회적 분화의 요소들에 대해 생각해보자.
- 국가는 국민들에게 모든 복지 재화와 서비스를 제공해야 하는가?

☑ 더 읽을 거리

존슨(Johnson, 1987)의 『전환기의 복지국가*The Welfare State in Transition*』는 오래된 책이지만 복지혼합에 대한 가장 종합적인 설명을 담고 있다. 핀레이슨(Finlayson, 1994)의 『영국의 시민, 국가와 사회복지 1830-1990*Citizen, State and Social Welfare in Britain 1830-1990*』는 통시적으로 복지혼합을 점검했다. 아스콜리와 란치(Ascoli & Ranci, 2002)의 『복지혼합의 딜레마*Dilemmas of the Welfare*』는 공시적 접근을 시도했다. 그밖에 웅거손(Ungerson, 1987)의 『정책은 개인적이다*Policy is Personal*』, 켄달과 내프(Kendall & Knapp, 1996)의 『영국의 자원 영역*The Voluntary Sector in the United Kingdom*』, 드레이크포드(Drakeford, 2000)의 『민영화와 사회정책*Privatization and Social Policy*』, 디킨(Deakin, 2001)의 『시민사회를 찾아서*In Search of Civil Society*』 등의 저작은 각각 복지혼합의 한 요소에 집중했다.

복지의 사회적 분화는 티트머스(Titmuss, 1963)의 『복지국가에 대한 에세이*Essays on the 'Welfare State'*』에서 처음 소개됐다. 신필드(Sinfield, 1978)가 〈사회정책 저널*Journal of Social Policy*〉에 실은 논문인 「복지의 사회적 분화 분석*Analyses in the social division of welfare*」이나 스파이커(Spicker, 1983)가 〈사회정책 연감*Yearbook of Social Policy*〉에 쓴 논문인 「티트머스의 "복지의 사회적 분화": 재평가*Titmuss's "Social division of welfare": a reappraisal*」도 복지의 사회적 분화를 다뤘다.

☑ 인터넷 자료

폴 스파이커Paul Spicker가 로버트 고든 대학에서 개설한 누리집**http://www2.rgu.ac.uk/publicpolicy/introduction/socadmin.htm, www2.rgu.ac.uk/publicpolicy/introduction/equality.htm**은 복지의 사회적 분화와 복지혼합에 대한 자료를 담고 있다.

역사 속의
복지혼합

| 존 스튜어트 *John Stewart* |

개요

최근까지, 특히 20세기에, 역사학자들이 복지 공급에 대해 국가의 역할을 과도하게 강조했다는 점을 우리는 알고 있다. 국가가 제공하는 복지 서비스가 매우 중요했고 또 지금도 중요하지만, 더 큰 그림을 보기 위해서는 그 너머를 볼 필요가 있다. 가족은 복지의 주요한 공급자였고 앞으로도 그럴 것이다. 시장의 역할 역시, 특히 지난 1975~2000년 사이에, 강조됐다. 시장은 복지서비스 공급에서 주요한 역할을 담당했다. 정부는 점점 더 정부의 역할을 보완하기 위해 자원voluntary/자선charitable 분야에 주목하고 있는 것으로 보인다. 그러나 자원과 자선 분야는 매우 다양한 기관들로 구성되어 있다는 점을 인식하는 것도 매우 중요하다. 그리고 지난 수백 년 사이에 국가와 자원/자선 영역의 관계가 매우 많이 변화했다는 점도 중요하다.

주요 용어

변화하는 기관들, 변화하는 관계, 이동하는 경계the moving frontier, 시민권citizenship, 시민사회

서론

상대적으로 최근까지 역사학자들이 복지서비스 공급에 대해 설명할 때는 주로 국가의 역할, 특히 중앙정부의 늘어나는 역할에 초점을 맞추는 경향이 있었다. 특히 '고전적 복지국가' — 1940년대 중반에서 1970년대 중반까지의 — 의 '황금시대'에 출판된 연구들은 종합적이고 보편적인 복지서비스는 사회권social rights에 대한 인식이 고양된 결과로 풀이했다. 또 사회복지서비스를 전달할 적합한 기구는 다름 아닌 국가라고 주장했다(예를 들어 Marshall, 1950). 이러한 설명에 따르면, 역사적인 변화는 단선적이고 '진보적progressive'이라서, 수급권entitlement이 하나의 시민권 — '사회적인' 시민권 — 이 되는 결과로 이어졌다. 이런 행복한 상황에 어떻게 이르게 됐는지를 설명하기 위해 '복지국가 에스컬레이터welfare state escalator'와 같은 여러 가지 비유가 사용되기도 했다(Finlayson, 1994: 3). 이런 식의 복지 역사 서술은 전쟁 이후 사회의 긍정적인 분위기를 알려주는 증거로서 나름 중요하다.

그러나 1970년대에 접어들어 사회경제적, 정치적 불안정을 거치면서 역사 저술에서 적어도 두 가지 이상의 변화가 나타났다. 첫째, 근대 복지서비스의 발전 과정이 끊임없이 개선이 이뤄지기만 했던 단순한 역사가 아니라는 점이 인식됐다. 둘째, 복지서비스가 다양한 기구와 기관들에 의해 전달돼 왔다는 인식도 퍼졌다. 즉, 복지혼합이 계속 존재해왔다는 뜻이다.

따라서 이제는 국가 뿐 아니라 시장과 가족('비공식' 분야), 자원/자선 단체들('제3섹터')도 주목을 받고 있다. 루이스(Lewis, 1999b: 249)가 강조하듯이, 영국의 역사학자들과 사회정책학자들이 유럽 국가와의 비교 연구를 좀 더 일찍 했더라면, 이러한 사실은 좀 더 분명하게 드러났을 것이다. 루이스의 주장을 통해, 우리는 복지혼합이 영국과 다른 복지체제에 공히 나타나는 특징이라는 점도 확인할 수 있다.

이 장에서는 복지전달체계의 역사적인 측면을 살펴본다. 독자들이 역사적인 관점에서 복지혼합을 바라볼 필요성을 인식하도록 돕는 것이 이 글의 목적이다. 여기서 두 가지 핵심 사항이 있다. 첫째는 복지서비스를 전달하는 기구와 기관들은 고정된 실체가 아니라는 점이다. 오히려 이들은 변화했고, 앞으로도 변화할 것이다. 둘째, 이런 기관들의 관계 역시 마찬가지로 변화했고, 변화할 수밖에 없다. 종종 사용되는 표현대로, 복지서비스를 공급하는 다양한 섹터들 사이의 '경계선은 이동한다moving frontier'(Finlayson, 1990). 각 섹터의 경계는 엄격하게 그어져 있지 않고, 사실 구멍이 숭숭 뚫려 있고, 겹치기도 한다. 따라서 우리는 복지혼합을 다루면서 역사적인 환경에 따라 형식과 내용이 고루 변화하는 복잡한 현상들을 다루게 된다.

이 장의 나머지는 다음과 같이 짜여 있다. 첫째, 우리는 복지혼합의 흐름을 생생하게 보여주기 위해 가상의 역사적인 사례(아래 상자글)를 사용할 것이다. 둘째, 국가와 가족, 시장, 자원/자선 분야를 복지와 관련해 상호관계 속에서 살펴볼 것이다. 셋째, 이런 복지혼합의 요소들 사이의 관계 변화도 탐구할 것이다. 넷째, 복지혼합의 역사적인 차원에 관해 몇 가지 맺는 말로 마무리할 것이다.

 역사적인 예

"수잔은 1, 2차 세계대전 사이의 시기에 부모님과 살고 있는 어린이입니다. 아버지는 일을 하고, 어머니는 주부입니다. 수잔네 집은 지방정부로부터 시세보다 저렴한 가격에 임대한 주택에서 살고 있습니다. 수잔은 지방교육청에서 운영하는 학교에 다닙니다. 수잔 아버지의 벌이가 상대적으로 적은 편이라, 수잔은 학교급식 지원을 받습니다. 집에서도 엄마가 밥을 해주니까, 식사는 학교와 집에서 모두 제공받을 수 있는 복지혜택이지요. 학교가 끝나면 수잔은 이웃집에 가서 아기를 봐줍니다. 공식적으로 노동시장에서 통계로 잡히는 경제활동은 아니지만, 수잔은 이를 통해 가계에 도움도 주고 약간의 용돈도 받을 수 있습니다. 수잔네 아빠는 자발적으로 상호부조병원보험에 가입했습니다. 그래서 수잔이 아파서 병원에 가야 하면, 수잔은 지역 자원병원에 갈 수 있습니다. 그래서 수잔은 가족과 국가(지방교육청을 통해), 시장

(아기를 봐주는 일과 아빠의 노동시장 참여를 통해), 자원 영역(아빠의 병원보험을 통해)으로부터 복지서비스를 받을 수 있습니다.

50년 뒤, 수잔의 손녀인 린다는 무상교육을 받습니다. 이제는 무상교육 기간도 길어지고 급식도 공짜입니다. 린다가 아프면 진단과 치료는 NHS에서 맡아서 해줍니다. 엄마와 아빠는 전후의 풍요 덕에 집을 살 수 있었지만 지금은 이혼했습니다. 결혼생활지도협회Marriage Guidance Council가 애를 썼지만 두 분은 갈라섰습니다. 협회는 2차 대전 이후에 생겨난 자원단체입니다. 린다는 엄마와 같이 사는데, 엄마는 생계를 위해 일을 합니다. 정부에서는 린다네 집에 아동급여를 줘서 경제적인 지원을 해줍니다. 아동급여는 수잔이 자라던 당시에는 없었던 것입니다. 할머니가 그랬던 것처럼, 린다도 이웃집 아기를 봐주고 가계에 도움을 줍니다. 다른 말로 하면 그녀는 노동시장에 참여합니다. 린다는 할머니가 그랬던 것처럼 복지혼합을 경험하고 있습니다. 하지만 복지혼합 요소 사이의 균형은 변화했습니다. 예를 들어, 수잔은 병원치료를 자원기관에서 받았지만, 린다의 보건 수요는 NHS에서 처리해줍니다. 두 사람 모두 가족으로부터 복지서비스를 — 특히 부모님의 돌봄을 — 받지만, '가족'의 구성도 바뀌었습니다."

수잔과 린다는 모두 가공인물이지만, 이런 경험은 실제로도 일반적이다. 이 이야기를 통해 역사 속 복지혼합의 모습과 시간의 흐름에 따른 복지혼합 구성요소의 변화를 볼 수 있다.

국가와 복지에 대한 역사적 고찰

19세기 영국에서 정부의 역할은 테인이 말하듯이, "확고하게 확립되고 분명하게 이해되는 얼개framework를 제공해서 그 안에서 사회가 운영될 수 있도록 하는 것"이었다(Thane, 1990: 1). 이것은 빅토리아 여왕 시대의 고전적인 자유주의의 초석이었다. 여기서 정부는 지도하는 역할보다는 사회의 능력을 고취하는enabling 역할을 맡는다. 이러한 세계관의 다른 측면에는 지방자치라는 아이디어가 있었다. 지방기관은, 공적이든 아니든, 압도적인 중앙정부의 확장에 맞선 보루로 기능할 것이라는 기대를 받았다. 이는 유럽 다른 국가의 통치 방식의 특징이기도 했다. 실제로 지방정부의 권한은 19세기 중반에 늘어났다. 결과적으로 당시에는 구빈법에 따른 빈민구제위원회boards of guardians와 지방정부가 빈곤구제나 공중보건 같은 복지서비스를 전달했다. 이러한 복지서비스에 드는 비용은 거의 대부분 중앙정부가 아니라 지방정부의 과세를 통해 충당됐다. 지방자치와 지역적 권리는 매우 엄격하게 지켜졌다.

그러나 19세기가 끝나기 전에 이러한 태도는 바뀌었다. 경제적, 군사적 경쟁이 고조되면서 국민 다수의 민생에 대한 우려도 점점 늘어났다. 지방정부가 복지서비스를 적절하고 공평한 방식으로 전달할 능력이 있는지에 대한 의문도 제기되기 시작했다. 이와 함께 중앙정부의 역할과 능력에 대한 긍정적인 시각도 늘어나기 시작했다. 결과적으로 사회문제는 이전에 유례가 없던 방식으로 '고위정치high politics'[1]의 관심사로 부각됐다. 해리스(Harris, 1990a: 64)가 지적하듯이, 이 결과는 "이전 역사에서 어느 기간에서도 유례를 볼 수 없는, 20세기의 시작과 함께 나타난 국가의 권력과 기능의 극적인 변화였다".

19세기 지방분권주의는 에드워드 국왕 시대에 논쟁을 낳았던 복지 개혁과 함께 점차 기울기 시작했다. 당시의 개혁은 종합과세를 통해 연금제도의 재원을 마련하고, 재분배의 효과를 낳는 온건한 재정정책의 집행 등을 내용으로 한다(Hay, 1983). 자유주의적 복지 개혁은 국가와 복지의 관계에 관한 모든 논의에서 매우 중요한 논점을 상기시킨다. 일부 사회복지서비스는 국가에 의해 재원이 마련되고 집행되지만, 다른 영역에서는 그 과정이 간접적이라는 점이다. 예를 들어, 에드워드 국왕 시대의 아동복지정책에서 결정적인 부분은 자원기관인 아동학대예방협회

---

1 국제정치학에서 쓰는 용어. 경제, 교육, 문화, 환경 분야의 정치를 저위정치low politics라고 부르는 반면, 군사, 안보 분야에 초점을 둔 정치를 고위정치라 한다.

the National Society for the Prevention of Cruelty to Children, NSPCC가 국가를 대리해서 활동할 수 있는 많은 권한을 누리게 됐다는 점이다(Stewart, 1995). 국가와 복지의 관계에 대한 모든 역사적인 (그리고 동시대의) 논의에서, 다음의 세 가지 요점을 확인하는 것은 매우 중요하다. 즉, 국가가 복지서비스의 직접 공급자로 기능하는지, 다른 기관에 재정 지원을 해주는지, 아니면 다른 기관이 정부를 대리할 수 있도록 허용하는지 여부다. 에드워드 국왕 시대에 자유주의적인 복지개혁안이 통과된 것은 국내 정치 분야에서 사회 개혁이 시작되고 있음을 알리는 신호탄이었다.

그러나 중앙정부가 주요한 사회복지서비스의 제공자로 본격적으로 등장한 것은 1945년 이후의 일이다. 이런 변화는 NHS의 탄생과 같은 정책을 통해 시작됐다. 복지국가의 고전적 시대에는 중앙정부의 역할이 컸다. 물론 이 글의 도입부에서 나왔던, 과거 복지의 역사를 다룬 저작들에서는 더욱 그런 관점을 가지고 있다.

이러한 합의에도 불구하고 전체 상황은 간단하지 않다. 오히려 더 복잡하다. 세 가지 이유 때문이다. 첫째, 해리스(Harris, 1990a: 90, 98)는 복지의 측면에서 수세기 만에 처음으로 2차 세계대전 동안에는 지방정부가 국가와 시민 사이의 매개자 역할을 수행할 수 없게 됐다고 지적했다. 그렇지만 전쟁 이후에 지방정부의 복지에 대한 책무는 다시 증가했다고 그는 지적했다. 특히 중등교육, 개인에 대한 사회서비스 분야에서 이런 현상은 도드라졌다. 지방정부가 제공하는 주택량은 지난 1975~2000년 사이에 급격히 줄었지만, 교육과 사회서비스에서 지방정부는 계속해서 주된 역할을 맡고 있다.

둘째, 20세기 중앙정부로 권한이 집중되는 현상을 감안한다고 하더라도, 영국은 '단일한 국가'였던 적이 없었다. 스코틀랜드와 웨일즈, 그리고 (1920년부터) 북아일랜드는 나름의 '복지자치welfare autonomy'를 유지했다. 이런 경향은 1997년 지방권한 이양[2] 이후 도드라졌다(Chaney & Drakeford, 2004; Stewart, 2004;

---

2 1997년 영국 스코틀랜드와 웨일즈가 각각 독자적인 의회를 설치하고 잉글랜드에서 독립하여 일정한 입법권을 가지기로 결정했다.

McLaughlin, 2005). 복지혼합과 복지혼합 요소들 사이의 관계는 따라서 역사적인 시기에 따라 다양할뿐더러, 동시대의 영국 안에서도 다양하다. 최근의 예를 들자면, 영국과 스코틀랜드는 국가가 재원을 대는 노인보호서비스를 보편적으로 제공할지 선별적으로 제공할지에 대해 다른 정책을 내놓았다. 스코틀랜드 행정부는 보편적 서비스 방식을 선택했고, 잉글랜드에서는 가족과 자원 영역이 노인보호서비스 공급에서 주도적인 역할을 맡도록 했다(Stewart, 2004: 5장).

셋째, 중앙정부는 결코 다른 주체들의 복지서비스 공급을 스스로가 대체하거나 대체하려고 시도하지 않는다. 가족과 시장과 자원/자선 섹터는 집합주의col-lectivism의 파고 속에서도 사라지지 않는다.

그럼에도 불구하고, 복지국가의 '고전적' 시기에는 복지서비스 전달과 가장 밀접하게 연관된 곳은 중앙정부였다. 이는 20세기의 결정적 변화 가운데에서도 핵심이었다. 물론 여전히 논란을 낳고 있긴 하지만, 고전적 복지국가는 '전후합의post-war consensus'를 기반으로 했다는 주장도 종종 제기된다. 당시 영국 사회에서는 공공이 재원을 조달하고 공공기관이 모든 국민에게 사회권으로서 사회복지서비스를 제공하는 종합적인 복지국가의 필요성에 대한 합의가 형성됐고, 주요 정당들도 이를 인식하고 있었다. 당시 케인스주의적인 경제 운용 정책도 고전적인 복지국가를 보완했다. 케인스주의적인 정책의 주요 목표는 완전고용의 유지였는데, 이는 당시 2차 세계대전에 앞서 실업이 낳은 인간적, 사회적, 정치적 비용을 감안할 때 매우 의미 있는 정책 목표였다.

NHS는 복지국가정책 가운데 가장 인기가 있었고, 여러 면에서 가장 대표적인 정책이기도 했다. 중앙집권화된 행정 구조와 유럽에서 가장 큰 피고용인 집단을 가진 NHS는 자원과 지역병원을 '국유화nationalizing'하면서 영국 보건의료의 모든 측면을 포괄했다. NHS의 근본이념은 종합과세를 통한 보편적이고 종합적인 서비스 제공이었다. 또한 종합과세로부터 재원이 마련되며 무료로 제공된다.

마지막 쟁점은 중요하다. 사회복지서비스의 재원은 종합과세를 통해 마련되기 때문에 보건의료는 결국 국민 전체가 지불한 결과라는 인식은 강화됐다. 따라서 국가는 모든 국민의 보건 수요를 충족하는 복지서비스 공급자로서 등장했다. 이에 따라 국민들은 사회적 시민권social citizenship의 차원에서 그런 서비스를 받게 됐다.

전후에 형성됐던 이런 사회적 합의는 1970년대에 무너져 내리기 시작했다. 한 가지 원인은 복지서비스의 재정과 전달에 있어서 국가의 역할에 대해 재검토가 이뤄진 것이었다. 잘 알려진 대로, 신우파New Right[3]는 '국가의 영역을 다시 좁히려고' 시도했다. 경제적인 관점에서 이런 시도가 관철되었는지는 별도의 문제다. 의심할 바 없는 태도의 변화가 있었는데, 1979~1997년 사이에 집권한 보수당 정부는 시장과 가족, 자원/자선 영역의 역할을 이전 보다 더 많이 강조했다. 당시 마가렛 대처 수상이 스스로를 '빅토리아 왕조 시대 가치'의 지지자라고 칭했을 때, 그가 단순히 자유시장경제의 신봉자라는 의미만을 내비친 것은 아니었다. 그는 폭넓은 의미에서 정부의 지도보다는 사회의 능력을 고취하는 국가의 역할을 칭송하는 것이었다. 이런 국가의 역할에 대해서는 이 장의 앞에서 이미 다룬 바 있다. 중앙정부에 대한 신노동당New Labor의 입장은 다소 애매모호하다. 중앙정부가 결정한 '정책목표'를 성취하는 데 있어 신노동당이 공공부문에 많은 역할을 맡기려는 성향이 있었기 때문이다. 그러나 복지혼합에서 국가를 제외한 다른 부분 역시 지지하려고 했던 것도 의심할 바 없는 사실이다. 따라서 신노동당이 재원 마련 부분은 아니라고 하더라도 복지서비스 전달 부분은 국가를 제외한 다른 분야에 역할을 넘기려고 했다는 점은 분명해 보인다. 신노동당은 '지휘와 통제' 방식의 복지국가 형식을 비판하면서 복지서비스의 권한을 지역으로 이양하려고 했는데, 역사적인 맥락 속에서 신노동당의 이런 기조는 상당한 반향을 낳는다.

핵심은 복지서비스 공급에 있어 국가의 역할은 변해왔다는 점이다. 그 변화는 정부에 대한, 특히 중앙정부에 대한 태도 변화가 원인이었다. 또 국가가 복지서

---

3 1980년대를 즈음해 영국의 마가렛 대처(1925~), 미국의 로널드 레이건(1911~2004) 행정부의 사상적 배경을 지칭한다. 복지국가론과 사상적인 대척점에 있으며, 상대적으로 시장의 역할과 시민권의 제한을 강조한다.

비스를 제공하는 방식도 변했다. 역사 속의 어느 시점에서는 국가가 직접 공급했고, 다른 시점에서는 정부가 간접적인 방식을 채택해, 다른 기관의 재원 마련이나 지원에 나서기도 했다. 거칠게 표현하자면, 우리는 19세기 개인주의와 지역주의로부터 시작했다. 20세기에는 집합주의의 발흥이 있었는데, 그 절정은 국가가 주요 복지서비스의 재원 마련과 전달까지 도맡은 1945년 이후의 복지국가라고 볼 수 있다. 20세기의 마지막 사반세기에는 국가의 직접적인 사회복지서비스 지원에서 벗어나 다시 가족과 시장, 자원/자선 섹터를 강조하는 방향으로 돌아섰다.

가족과 복지에 대한 역사적 고찰

가족은 상대적으로 불변의 사회제도로 보일 수 있다. 역사학자들도 핵가족제도가 하나의 형식으로서 영국에 상당히 오랜 동안 정착해왔다는 점에 동의한다. 국가와 자원 영역이 '가족의 실패'를 접하면 개입하려고 했었지만, 가족제도야말로 역사 속에서 자발적이든 아니든 복지서비스의 주요한 제공자였다. 가족이 제공하는 복지서비스는 복지정책의 핵심적인 측면을 떠받쳐왔고, 앞으로도 분명히 그럴 것이다. 예를 들어, 19세기 구빈법이 그리던 복지체제에서는 구호를 받으려는 사람은 스스로가 궁핍하고, 또 가족이 그를 도와줄 여력이 없다는 점을 입증해야 했다. 그러나 지난 300년 동안 가족에 대한 문화적, 사회적인 태도 뿐 아니라 인구구조에도 근본적인 변화가 있었다. 따라서 복지서비스 공급에서 가족의 역할을 이해하기 위해서는 이런 변화를 알아두는 것이 중요하다.

18세기 전체와 19세기 대부분의 기간에 영국은 다른 나라와 견줘 혼인율과 출생률은 높았고, 기대수명은 낮았다. 일반적으로 말하자면, 당시 사람들은 가족 중심의 주거생활을 했고, 현재와 견줘 확실히 젊은 사회였다. 이러한 상황은 19세기 중반 즈음에 변했다. 기대수명이 증가하기 시작했는데, 이와 관련해서 중요한 사실은 여성이 남성보다 오래 살기 시작했다는 점이다. 비슷한 시기에 가족

규모도 줄어들기 시작했다. 위의 변화들, 특히 가족규모의 축소로 사람들은 점차 자녀를 건강하고 교육을 잘 받은 아이로 키우는 것을 중요하게 인식하기 시작했다. 특히 경제 분야에서 경쟁과 구조조정을 체감하기 시작하면서 사람들은 자녀 양육을 더욱 중요하게 생각했다. 또 아이에게 '투자하는 것'은 민족과 제국의 미래에 투자하는 것이었다. 혹은 요즘 우리가 쓰는 상투적인 표현을 빌리자면, '인적 자본human capital'에 투자하는 것이 되었다. 이에 따라, 아동복지에 대해 가족과 국가가 각각 떠안아야 하는 상대적인 책임 문제가 부각되었다. 예를 들어, 20세기 초반에 학교급식의 정부지원을 지지하는 사람이었다면, 가족 단위의 내부 통합을 보장해주는 것과, 가족을 어느 한 시점에서 정부가 지원해야 한다는 필요성 사이에서 균형을 잡는 결정을 내려야 했을 것이다(Stuart, 1993).

복지서비스 공급의 역사에서 가족의 역할을 지나치게 낭만적으로 묘사하거나, 가족이 마치 기대된 역할을 모두 충족했던 것처럼 그려서는 안 된다. '친족 집단을 중심으로 복지서비스가 제공되는 황금시대'가 과거에 있었다는 인식도 흔히 있는데, 잘못된 생각이다. 몇 가지 이유 때문에, 가족이 항상 보호의 중심적인 역할을 떠안을 수 있었던 것은 아니다(Horden & Smith, 1998: 2). 예를 들어, 19세기 구빈법에 따라 형성된 작업장workhouse에서 가장 많은 비중을 차지하는 집단은 여성 노인들이었다. 앞서 지적했듯이, 여성은 이제 남성보다 오래 살게 됐고, 많은 여성들은 남편과 사별했다. 불행한 경우에는 자녀들보다 오래 살기도 했다. 구빈법은 당시 노년층에게 종종 유일하게 비빌 언덕이었다(Thane, 1978).

인구 구조의 변화는 20세기에도 계속됐다. 복지서비스 공급자로서의 가족제도에 대한 몇 가지 현안도 부상했다. 예를 들어, 2차 대전 이후 복지국가가 형성되던 시점부터 이미 노령화에 대한 우려의 목소리가 나왔다. 테인(Thane, 2000: 347)이 설명하듯이, "사람들은 노령화를 사회경제적인 문제로 인식했고, 노인층과 그들의 경제적 능력, 사회적 공헌에 대한 부정적인 인식이 팽배했다(2000: 347)." 게다가 최근 몇십 년 사이에는 1인 가구의 수도, 가구주들이 원했든 그렇지 않든, 늘어났다. 이런 현상은 경제적인 풍요와 사회문화적인 변화의 결과였다. 사람들은 이제 각자가 1인 가구를 꾸릴 수 있어야 한다. 혹은 꾸릴 수 있어야 한다고 기대된다. 이는 100년 전에는, 아니 50년 전에라도, 매우 이례적인 상황이었다. 여기서 한 가지 논쟁적인 이슈로 떠오르는 것 가운데 하나는 한부모가정, 특히 모자가정의 증가다. 이런 가구에 대해 제공되는 사회주택social housing과 같은 복지혜택이 과연 의도한 기능을 하고 있는지, 또 관련된 가족생활의 해체는 얼마나 심각한지 등의 문제도 함께 등장하게 된다.

　이러한 인구학적, 문화적 변화 때문에 가족과 복지서비스 제공과 관련한 몇 가지 질문이 제기된다. 요즘 상당한 사회복지지출이 필요한 예를 들어보자면, 어떻게 증가하는 노년층을 돌볼 수 있을까? 국가입장에서는 어떻게 이 재원을 마련할 수 있을까? 만약 시장 혹은 자원/자선 분야가 노년층을 돌본다면, 어떻게 시장의 실패나 불공평의 문제를 피해갈 수 있을까? 그리고 만약 가족이 노년층을 돌본다면, 여성의 노동시장 참여와 가계수입에 어떤 영향을 미치게 될까? (비공식복지 분야에서 보호자carer는 대부분 여성이라는 전제 하에서) 국가는 이런 보호자들이 노동시장으로부터 나와서 가족을 돌보게 하기 위해서 이들에게 대가를 지불해야 할까? 우리는 노년층의 돌봄 문제를 둘러싸고 영국 내부에서도 의견이 갈라지는 상황을 보고 있으며, 이는 인구 구조의 변화에 부분적인 원인이 있다는 점은 강조할만한 가치가 있다.

　아동과 관련해도 비슷한 질문이 제기된다. 오랜 동안, 영국의 사회정책은 대다수가 '남성생계부양자 모델'을 전제로 한 것이었다. 이 모델에서는 가정에서 남성이 가계수입을 책임지고, 여성은 아이를 돌보는 것으로 간주한다. 국가 사이의 차이점을 조명한 역사학적인 연구에서, 페데르센(Pedersen, 1993)은 이런 영국의 정책 때문에 20세기 초반기에 영국과 프랑스의 정책이 어떻게 달랐는지를 보여준다. 오랜 동안 인구 감소를 우려해온 프랑스는 가족을 대상으로 보조금을 지급했는데, 이런 정책은 영국에서는 없었다. 그러나 영국도 사회경제적이고 문화적인 변화가 생기면서 생각을 바꾸었고, 1940년대 중반에는 가족수당family allowance을 도입했다(Macnicol, 1980). 젊은 인구가 비례적으로 감소하는 경향은 더 많은 의미를 가진다. 미래에 대한 투자대상으로서 아동과 청년층을 강조하는 것은 우리가 이미 본 대로 새로운 현상은 아니다. 그럼에도 불구하고 신노동당의 아동 정책은 폭넓은 노동시장 참여를 독려하면서 동시에 '인적 자원'을 개발한다는 생각을 전제로 하고 있다. 이런 정책 기조의 결과로 나온 것이 취학전 교육pre-school nursery and education이다. 이 정책으로, 어떻게 가족과 사회가 서로 겹치는 책임 사이에서 균형점을 찾아야 하는가라는 오래된 논점이 다시 부각됐다.

위와 같은 논란에도 불구하고, 가족은 의심할 나위 없이 주요한 복지서비스 제공자의 역할을 해왔다. 최근 수십 년 사이에 신우파가 사회제도로서의 가족의 역할을 다시 강조하면서 논의에 새로운 차원이 열렸다. 루이스(Lewis, 1995: 12)에 따르면, 신우파의 많은 이론가들은 "부모의 책임을 강하게 옹호"하고, "국가에 고용된 전문가들이 복지 문제와 관련해 가족에 개입하기 시작하면서 가족의 역할이 줄어들게 됐다"고 보고 있다. 신우파의 관점은 가족은 간섭 없이 내버려둘 때 가장 잘 기능한다는 것이다. 이런 생각은, 19세기의 자유주의적인 경향으로 되돌아 와, 복지에 대한 개인과 가족의 책임을 다시 강조하려는 윤리적이고 이데올로기적인 입장이라고 볼 수 있다.

지금까지 내용의 핵심은 다음과 같다. '가족'은 내부의 보호와 성 역할, 가족 성원끼리의 관계 등과 관련된 수많은 가설들이 시대에 따라 바뀌는, 사회와 역사 속에서 구성된 제도다. 복지혼합의 다른 요소들과 마찬가지로, 가족은 따라서 정적이거나 불변의 대상일 수 없다.

시장과 복지에 대한 역사적 고찰

19세기 빅토리아 여왕 시대의 자유주의자들은 시장이 대부분의 시기에 대부분의 사람들의 복지 욕구에 부응할 수 있다고 생각했다. 이런 신념이 빈곤의 존재 자체를 부정한 것은 아니었다. 반대로, 빈곤은 사람들의 경제적 생활에서 하나의 현실로 인식됐다. 물론 빈곤의 악영향은 완화할 수 있는데, 그 방법으로는 절약이나 가족의 지원, 혹은 마지막 수단으로 빈곤층 개인을 대상으로 하는 자선 행위 등이 있다. 그러나 도덕적 실패로 생기는 비참한 극빈상태는 완화하는 정도를 넘어서 막아야 할 것으로 인식됐다. 극빈상태는 다른 사람 — 특히 빈민법의 재원을 대는 납세자들 — 에 대한 의존을 의미한다. 당시는 '자립'이 중요한 도덕적 가치였다. 그래서 신빈민법New Poor Law의 근본원칙은 어느 복지서비스 공급도 열등처우less eligibility의 원칙에 따라야 한다는 것이었다. 열등처우란, 극빈층에게 제공되는 복지 수혜는 최저임금 노동자의 수입보다는 적어야 한다는 원칙을 말한다. 마찬가지로, 구호를 받은 사람은 도덕적으로 재정립되어 자유시장에 참여할 수 있도록 준비가 되어야 한다. 이러한 '1834년의 원칙'[4]이 전후 복지사회에 어느 정도까지 살아남았는지는 살펴볼만한 가치가 있다.

19세기가 끝날 즈음에는 시장이 고전파 경제학자들이 주장하는 대로 작동하지 않는다는 인식이 팽배하기 시작했다. 실업과 같은 사회문제는 비단 실업자의 개인적인 문제만은 아니었다. 오히려, 시장의 실패와 불완전성이 실업이라는 결과를 낳을 수도 있다. 당시 역사적인 전환기에 '실업'이라는 단어가 근대적인 의미를 새로 얻게 되었다는 점은 중요한 의미가 있다(Harris, 1972). 고전파 정치경제학의 가장 신실한 신봉자마저도 1870년대부터는 국가가 제도적으로 교육 분야에 지원하는 것이 필요하다고 생각했다.

이러한 시장 실패는 20세기 초반에도 인식됐다. 그 결과 사회보험이나 공공직업안정소labor exchange[5] 제도 같은 자유당의 복지개혁이 있었다(Hay, 1983). 1차 세계대전 직후, 지방정부는 중앙정부의 지원을 받아 더 많은 사회주택을 공급

---

4 빈민법 개혁을 위해 1832년에 구성된 위원회는 2년 동안 1500개의 구빈구를 조사한 뒤 16권의 보고서 속에 열등처우, 작업장 입소자격조사workhouse test 등을 내용으로 하는 5개항의 원칙을 제시했다. 이것이 '1834년의 원칙'이라고 불리며, 같은 해에 나온 신빈민법의 주요 기조가 됐다.
5 영국 자유당이 1905년에 일종의 구직센터 기능을 담당하도록 설치한 기관. 노동교환소라고도 번역된다.

했다. 사회주택 공급은 부분적으로 사회 불안에 대한 두려움 때문이기도 했고, 시장이 적절한 질과 양의 주거공간을 제공해주지 않는다는, 정확한 상황인식의 결과이기도 했다(Harris, 2004: 16장). 경제위기로 점철된 1930년대에는 특히 보건 분야를 중심으로 정부의 '계획'이 일종의 유행처럼 번졌는데, 시장이 사회적 욕구를 해소하지 못해서 국가 역할에 대한 폭넓은 요구가 있었기 때문이었다(Marwick, 1964). 그동안 경제이론에서는 케인스가 경제운용을 위한 자신의 방법론을 그려냈다. 이런 경향은 자유시장자본주의의 파괴적 속성을 제어하려는 것이었지, 자유시장자본주의 자체를 바꾸려는 움직임은 아니었다. 우리는 이 시대 이후에 다시 시장의 끈덕진 부활을 보게 된다. 그럼에도 불구하고, 시장의 능력 ─ 시장이 복지와 안전을 제공할 수 있느냐 ─ 에 대한 회의는 전후 복구 과정에서도 계속 남았다. 당시 티트머스(Titmuss, 1967) 같은 사회과학자들의 저작에서는 복지 문제의 시장적 해결에 대한 단호한 반대 의견이 나타나 있다.

이런 시각에 대한 반론은 지난 20세기의 마지막 사반세기에 신우파에서 나왔다. 신우파는 국가로부터 복지를 분리하고자 했다. 이를 테면 국가가 제공하는 복지서비스 같은 공공적 독점은 본질적으로 비효율적일뿐더러 시장의 적절한 기능에도 영향을 미친다는 것이 이들의 생각이었다. 국가의 보편적 사회복지서비스의 결과로 생긴 '복지의존'은 개인과 가족, 사회의 책임의식을 잠식하게 된다. 자유시장은 제대로 작동하게 되면 대부분의 사회적 욕구를 충족시킬 만큼 충분한 부를 창출해낼 수 있고, 잔여적 국가복지는 안전망을 제공하면 된다. 핀레이슨이 지적하듯이, 신우파는 국가보다는 시장이 삶의 질을 높이기 위해 사회 전반의 기능을 향상시키는 역할을 한다는 점을 강조했다(Finlayson, 1994: 408, 420). 신우파의 대표적인 논자는 역사학자 코렐리 바넷Correlli Barnett이었다. 그는 1940년대 이후에 창조된 것은 '새로운 예루살렘'이 아니라, 복지의존이었고 또 영국의 경쟁력을 가로막는 장애물일 뿐이었다고 주장했다(Harris, 1990b 참고).

그렇다고 신우파가 시장 주도의 질서 속에서 개인이나 가족생활에 전혀 문제가 없다고 생각하는 것은 아니었다. 그러나 민간의료보험 같은 방법을 통해 시장은 마찬가지로 해법을 제시할 수 있다고 신우파는 생각했다. 실제로 1980년 대와 1990년대 보수당 정권은 이와 같은 해법을 권장했다(Le Grand & Vizard, 1998: 96~98). 또 앞서 본대로, 신우파는 가족을 복지의 주요한 제공자로 봤다. 또 최근에는 신우파가 자원 분야에 대해 관심을 기울이는 것에 주목해야 한다. 그러나 현재 신우파는 무엇보다 시장의 역할을 부각하고 있다는 점은 강조할 필 요가 있다.

시장에 대한 이런 관점은 좀 더 큰 역사적인 맥락에서 살펴볼 필요가 있다. 시 장의 효율성과 공정성을 두고 비판을 받을 때조차도 노동시장은 고용을 통해 최 고의 복지서비스를 공급한다는 인식이 있었다. 마찬가지로, 개인이 시장에서 복 지서비스를 살 능력과 권리를 두고 문제제기를 하는 진지한 도전은 전혀 없었다. 필요한 자원이 있는 개인은 언제나 교육과 보건의료, 주택, 연금이나 다른 형태 의 사회보장서비스를 사들일 수 있었다. 이런 생각은 20세기 초반 자유당의 복 지개혁론자들이나 1930년대 계획 중심 경제운용의 옹호자들, 그리고 1945~ 1951년 사이 노동당 정권에게도 유효하다. 그럼에도, 시장의 중심적 역할은 지 난 30년 사이에 다시 강조되고 있다. 복지의 다양한 영역에서 효율성을 높이기 위해 시장 원리가 도입되고 있다. 1980년대와 1990년대 NHS가 분명한 예다. 신 노동당은 더 광범위한 노동시장 참여를 강조했고, 국가가 복지서비스의 재원은 마련하되 전달체계는 민간회사에 맡기는 방식의 정책을 추구했다. 신노동당은 또 민간교육이나 민간보건의료를 없애려는 기미도 보이지 않았고, 사회보장이나 사회권을 통한 수급권보다, 부분적으로라도 소유권property ownership에 기반을 둔 연금 정책을 짜기도 했다. 물론 이런 부분들을 과장할 필요는 없지만, 우리는 현 재 집합주의자, 공공서비스의 정신, '고전적' 단계의 복지국가의 열정 등에서는 어 느 정도 벗어나 있다.

자원/자선 분야와 복지에 대한 역사적 고찰

앞서 우리는 19세기 국가의 역할은 사회가 운영될 수 있도록 전체적인 얼개를 제시하는 수준에 머물렀다는 점을 설명했다. 또 시장은 외부간섭이 없다면 대부분의 시기에 대부분의 사람들의 수요를 맞출 수 있다는 믿음도 당시에는 있었다. 마찬가지로 개인은 스스로가 선택한 것은 아닐지라도 어려움에 처할 수 있다는 인식도 있었다. 산업화와 도시화에 따른 사회적 피해자들이 뚜렷이 나타나는 시대였던 19세기 후반에는, 기독교 복음주의 같은 변수의 영향과 사회적 혼란에 대한 두려움으로 박애주의의 '승리'를 목격할 수 있었다(Prochaska, 1988: 41). 다양한 종류의 자원/자선 단체들은 상당한 액수의 돈을 모으고 쓰면서 살아남았다. 자선조직협회the Charity Organisation Society는 자선조직들의 구호 활동을 조정했던 것으로 유명하다. 협회의 목표는 구호를 받을만한 가치가 있는 빈민층, 즉 어려움에 처했지만 존중할만한 가치가 있는 사회구성원을 선별해서 지원한다는 것이다. 그래서 구호를 받을 가치가 없는 사람들 — 도덕적인 방종으로 존중받을 가치가 없다고 판단된 사람들 — 은 구빈법의 혹독한 대우를 받았다. 자선적인 기부와 구호는 빅토리아 여왕 시대의 세계관에서는 매우 중요한 사회구성원리였다. 시간과 돈을 기부하는 것은 '시민권'의 매우 중요한 일부였다. 이런 의무를 함께 지면서 시민으로써 인정받는 것은 앞서 다룬 '사회적인' 시민권'social' citizenship과는 다른 개념이다. 핀래이슨의 표현을 빌리면, 이는 "공헌의 시민권citizenship of contribution"이다(Finlayson, 1994: 4). 이와 같은 상황을 배경으로, 아래 다섯 개의 논점이 부각된다.

첫째, 자선적인 구호는 의심할 나위 없이 많은 사람에게 도움이 된다. 또 여성들이 정치에 참여할 수 있는 기회를 제공하기도 한다. 구빈법 개혁자인 루이자 트위닝Louisa Twining이 그러한 예였다(Deane, 1998). 그러나 19세기에는 자선적 구호의 한계 역시 명확했다. 빈곤층인 수혜자들은 자선적인 구호를 상류층이 생색내는 것으로 봤고, 구호 자체가 계급적 성격과 당시 사회적 태도를 반영했다. 더욱이 이런 구호는 성격상 지역별로 고르게 퍼지지도 않았다. 예를 들어 런던 일대의 자선병원들은 당대 런던 인구의 필요에 따른 것이 아니라, 오히려 중세 때부터 내려온 박애정신의 전통과 중세 기준의 인구 분포에 따라 활동했다. 자원/자선 조직의 많은 직원들은 훈련을 받지도 않았고 임금을 받지도 않았다. 따라서 선의가 있더라도 일하는 방식은 서툴러 보였다. 이런 상황 때문에 공평무사한 접근을 보장하기 위해서라도 국가가 훈련을 받은 직원을 통해 복지서비스를 제공해야 한다는 주장이 제기됐다.

둘째, 이 분야는 매우 이질적인 집단으로 구성됐다. 예를 들면 복지의 직접적인 공급자나 단일한 이슈를 가지고 운동을 하는 집단, 상호부조 기관, 아동보호와 같은 분야에서 국가와 함께 혹은 국가를 대신해서 업무를 수행하는 기관 등이 있었다. 또 역사적으로 자원병원, 1960년대에 등장한 아동빈곤행동the Child Poverty Action Group, 회원들에게 병원 치료를 해주는 병원갹출제도hospital contributory scheme, 민간기관인 아동학대예방협회the National Society for the Prevention of Cruelty to Children, NSPCC 등 다양한 집단이 자원/자선 영역에 속했다. 이 영역의 역사와 현재를 보면, 크게 자조적인 집단과 자선적인 집단을 구분하는 것이 중요하다. 자조적인 집단은 말 그대로 개인들이 모여 집단적인 노력을 통해 스스로의 복지수요를 충족하는 집단이고, 자선적인 집단은 특정 집단의 수혜자들에게 자선적인 구호활동을 펼치는 곳이다. 그러나 자원 분야에서 이 모든 참여집단을 묶는 공통점은 이들이 모두 공식적으로 국가로부터 독립되어 운영되고 있다는 점이다.

셋째, 자원/자선 분야의 구성은 시간이 흐르면서 많이 변하며, 새롭거나 종종 예상도 못한 주변 상황 변화에 적응을 할 수 있다는 주목할 만한 특징을 가지고 있다. 예를 들어, 자원병원voluntary hospital들은 NHS의 등장과 함께 모두 사라졌고 그 이전에도 수입 감소와 지방정부가 운영하는 병원과의 경쟁으로 위상이 흔들렸다. 그러나 킹즈 펀드the King's Fund — 원래 런던지역의 자원병원을 지원하기 위해 설립됐다 — 는 훈련과 연구 분야에서 NHS와 협력하는 방식으로 새로운 환경에 성공적으로 적응했다(Prochaska, 1992). 두 차례의 세계대전 사이의 기간에

'새로운 박애주의new philanthropy'가 대두되기도 했다. 이 이념의 첫 번째 특성은 전 문가주의professionalism로, 이 영역에서 두루 퍼진 것으로 인식되던 아마추어리즘 amateuism에 대한 일종의 대응이었다. 둘째, 자원기구들이 서로 그리고 정부와도 긴밀하게 협력하기 시작했다. 특히 정부와의 협력은, 자원/자선기구들이 이전에 일반적으로 자율을 고집하고 국가가 재원을 제공하는 복지에 대해 반대의 입장 에 섰던 것에 비하면 새로운 현상이다(Harris, 2004: 186~190). 약간 다른 관점에 서, 1960년대에 등장한 단체들은 주로 전후 복지국가의 실패 혹은 부적합한 기 능에 대해 관심을 기울인다. 예를 들어, 셸터Shelter는 홈리스의 문제를 주로 다루 려고 했다. 로우가 지적하듯이, 일부 자원기관들은 정부가 접근하기에는 부적절 한 문제를 다루기 위해서 만들어지기도 한다. 1947년에 결성된 결혼생활지도협 회Marriage Guidance Council가 그런 예다(Lowe, 2005: 247, 287).

넷째, 자원 영역은 복지혼합의 다른 분야에서 생기는 일로부터 자유로울 수 가 없다. 특히 국가의 복지 공급이 늘어나면 상당히 많은 영향을 받는다. 그러나 자원분야가 사라질 것이라고 지레짐작해서는 안 된다. 고전적인 복지국가 시대 에도 자원 분야는 살아남았다. 오히려 복지국가 자체가 자원/자선 활동의 새로 운 형태를 만들어냈다는 점을 알 수 있다. 또 복지국가 이전에 존재했던 기관들 도 상대적으로 규모는 줄어들어도 나름의 역할은 계속 떠맡았다. 예를 들어, 고 르스키와 동료들은 상호주의에 입각한 병원갹출제가 계속 유지돼 온 점을 부각 해서 보여줬다. NHS 시행 초기에, 병원갹출제의 회원은 약 300만 명 정도였다. 갹출제도는 대부분 특정한 작업장이나 지역에 뿌리 내린 것이었다. 갹출제의 회 원은 그들의 출자금에 대해 보건과 관련한 혜택을 받게 된다. 안과나 치과 등 다 양한 종류의 보건의료서비스에 대한 부과금이 도입되면서, 이 제도는 더욱 특별 한 의미를 지니게 됐다(Gorsky 외, 2005).

마지막으로, 지난 1975~2000년 사이에 자원과 국가 영역의 관계에 매우 중 요한 변화가 있었다. 시장원리와 '소비자선택'의 원리가 복지서비스 공급 분야에 소개된 것이 부분적인 원인이었다. 루이스(Lewis, 1999a: 260~261)가 지적한 대로, 1980년대와 1990년대의 영국 정부는 "의도적으로 국가의 복지서비스 공급에 대한 대안으로 자원영역의 역할을 증대하려고 했다." 그가 말하듯이, 이런 경향은 자원분야가 높은 수준의 독립을 누리던 19세기로 돌아간다는 것은 아니었다. 오히려 이는 자원분야와 국가 사이에 "완전히 새로운 관계"를 만드는 것으로, 여기서 정부는 "자원기관들의 활동 여지를 제한하는" 방식으로 재정적인 조건을 달게 된다. 그래서 1990년대에는 글레너스터(Glennerster, 2003: 14)가 관찰한대로, 자선적인 기부금은 줄어들었다. 그러나 자원기관의 역할은 '상당히 늘었'는데, "국가가 복지전달체계의 수단으로 자원조직을 이용"했기 때문이다. 그래서 1991년과 2001년 사이에 자선기관의 수입은 약 33% 늘었는데, 그 가운데 "정부로부터 받는 돈이 약 40% 증가했다." 신노동당은 자원분야와의 동반자적인 관계를 형성해야 한다고 주장했는데, 이는 앞선 보수당 정권이 자원분야를 '이용하려고 했던 것'과는 대조되는 것으로 보인다. 그러나 노동당의 접근은 원래 의도했던 것보다 문제가 많았던 것으로 입증됐다. 로우는 정부가 자원 영역에 권위적으로 접근하면서 '(동반자적인 관계를 유지하겠다는) 수사적인 논리를 무시했다'고 지적했다(Lewis, 2005; Lowe, 2005: 412~413).

복지혼합의 요소들 사이의 관계는 역사 속에서 변화한다

앞서 다룬 이슈들을 고려하면 다음 요점으로 자연스럽고 간단하게 귀결될 수 있다. 국가와 가족, 시장과 자원/자선 영역 사이에서 복지서비스의 공급과 관련한 관계는 고정되지 않았다는 점이다. 루이스(Lewis, 1990c)에 따르면 국가와 자원영역 사이의 관계는 세 가지 시기로 나누어 파악할 수 있다. 각각 '별개의 영역'인 시기(1900~1914)와 '보완적이거나 보충적'인 시기(1918~1980), 그리고 '대체 공급자'의 시기(1980년대 이후)다. 핀레이슨(Finlayson, 1990)도 20세기 국가와 자원 영역을 연구하면서 '이동하는 경계moving frontier'에 관해 말하는데, 이 표현은 우리가 여기서 다룬 모든 영역들 사이의 관계에 대해서도 마찬가지로 유추해서 적용할 수 있다. 그에 따르면, 경계는 단단하게 고정되어 있기보다는 구멍이 숭숭 뚫리고 종종 겹쳐 있을 뿐 아니라 시간이 지나면서 이동한다.

또 복지혼합의 다양한 요소들이 서로 배타적이거나 경합한다고 봐서도 안 된다. 예를 들어, 우리가 본대로, 20세기 이후 자원/자선 영역은 국가가 주도하는 활동과 발맞추어 나가고 있다고 보는 것이 좀 더 적절하다. 물론 이 관계의 의미도 앞으로 시간이 흐르면서 변화할 수 있지만 말이다. 핵심을 짚기 위해 약간 거칠게 표현하자면, 우리가 100년 전과 현재의 자원 영역/국가 관계를 비교한다면, 모든 측면에서 전혀 다른 대상을 비교하는 것이다. 우리가 '국가' 혹은 '자원 영역'이라고 이해하는 대상의 내용이 바뀌었기 때문에 둘 사이의 관계 역시 변화했다.

우리는 또 복지혼합의 내부 동력이 역사의 모든 시점에서 시민사회와 시민권 개념을 반영하면서 동시에 형성됐다는 점을 인식해야 한다. 또 그 동력은 인적, 사회적 자본의 형성에도 중요한 역할을 맡았다는 점도 알아둬야 한다. 따라서 일종의 '도덕적 의무'로 집합 행동이나 자선 활동을 강조하는 사회는, 시장개인주의를 강조하는 사회와 비교해서 사회적 자본social capital에 대한 다른 관점을 가지고 있다고 볼 수 있다.

또 혼합경제의 한 부분에서 생긴 활동은 다른 부분에 예기치 않은 결과를 낳을 수 있기 때문에 역사의 '의도하지 않은 결과물' 역시 주목할 가치가 있다. 역사적으로 분명한, 그리고 매우 적절한 예를 살펴보면, 복지의존을 줄이기 위해 특정 집단의 사람들이 노동시장으로 진출하도록 유도한다면 결국 다른 분야에서 국가의 개입 — 예를 들어 취학 전 아동보호 — 이 필요하게 된다.

이와 같이 복지혼합 요소들 사이의 관계는 복잡한데, 윌리엄 베버리지의 개인의 삶을 살펴보는 것도 이해를 돕는 한 방법이다. 해리스가 쓴 전기를 보면, 베버리지의 복지에 대한 시각은 그의 길고 동적인 인생에 걸쳐 변했다(Harris, 1997). 1940년대 베버리지의 삶을 보면, 우리는 먼저 2차 대전 이후 집합주의적 복지국가의 청사진을 그린 것으로 평가받는 1942년 보고서를 접하게 된다. 그러나 몇 년 뒤에 그는 자원 분야의 활동을 칭송하는 내용의 저작을 출판했다. 여기서 그는 권리뿐 아니라 의무를 함께 행하는 적극적인 국민과 자원복지 분야의 역할에 대한 신념을 드러냈다. '좋은 사회good society'에 이르기 위한 다차원적 접근을 통해 끌어낸 입장이었다. 베버리지는 자유시장자본주의의 몇 가지 측면에 대해서는 부정적이었다. 그러나 그는 사회주의자는 아니었다. 그는 자유당의 하원의원직을 잠시 역임했다. 그는 국가의 직접적인 통제보다, 주로 경제운용을 통해 달성된 완전고용에 주안점을 두고 국가복지에 관한 제안을 했다. 그는 또 사회와 복지에 대한 가족의 역할에 대해 매우 전통적인 시각을 가지고 있었다(Harris, 1997). 전후 복지국가의 초석을 놓은 거인 가운데 한 명이었던 베버지리의 삶을 보면, 우리는 복지 '혼합'에 대한 다양한 사고를 엿볼 수 있다.

결론

이 장에서 다룬 내용의 핵심은 다음과 같다. 첫째, 복지혼합은 언제나 존재해왔다. 둘째, 복지혼합의 요소로는, 현재 시점에서는, 국가, 가족, 시장과 자원/자선 영역이 있다. 셋째, 이 요소들은 각자 유용하게 기능하는 영역들이지만, 각 영역의 내용들은 시간의 흐름과 함께 변화해왔다. 예를 들어, 21세기에 자원/자선 영역의 구성요소는 100년 전의 구성요소와 다르다. 구성요소 사이의 역할이 같지도 않다. 국가의 문제도 복잡하다. 국가의 역할이 단순하지도 않았다. 복지서비스의 직접적인 전달사이기도 하고, 재정지원만 하기도 하고, 서비스 대상의 역량을 강화하기 위해 지원을 하기도 한다. 이 요소들 가운데 어떤 역할이 부각되느냐는 해당 시기의 역사적인 환경에 따라 결정됐다. 마지막으로, 앞의 요점들을 전제로 했을 때, 복지혼합 요소 사이의 관계 역시 시간이 흐르면서 환경에 맞추어 변화한다. 우리가 앞서 '수잔'과 '린다'의 가상적인 예(50~51쪽 상자글 참고)에

서 살펴보았듯이, 복지혼합은 항상 존재했고, 시공간에 따라 각각 다른 기능을
해왔다.

요약

- 복지혼합은 국가와 가족, 시장과 자원/자선 영역과 연관되어 항상 존재해왔다.
- 복지혼합의 각 요소가 복지서비스를 전달하는 역할과 정도는 시간의 흐름과
  함께 변화했다.
- 따라서, 각 요소들 사이의 관계는 역사적으로 변화했다.
- 복지혼합은 따라서 동적이고 변화하는 현상이다. 복지혼합의 양상은 따라서
  어느 시점에서든 그 시대의 환경에 따라 다르다.

- 당신의 삶에서 복지혼합이 어떻게 변화했는가? 조부모님이나 부모님의 삶에서는 또 어떻게 바뀌었나?
- 사회계층이나 성, 인종의 차이에 따른 복지혼합의 상이한 모습을 앞서 '수잔'과 '린다'의 이야기처럼 비교한다면, 어떻게 다를까?
- 현재의 복지혼합을 본다면, 윌리엄 베버리지는 무슨 생각을 할까?

☑ 더 읽을 거리

핀레이슨(Finlayson, 1994)의 『영국의 시민, 국가와 사회복지 1830~1990Citizen, State and Social Welfare in Britain 1930-1990』는 신구빈법 이전부터 대처리즘의 종결에 가까운 시점까지 복지혼합 요소들 사이에 나타난 역사적인 변화를 통찰력 있게 풀어냈다.
또 루이스(Lewis, 1999a)가 〈Voluntas〉에 쓴 논문인 「1990년대 영국 자원영역과 국가 사이의 관계 검토Reviewing the relationship between the voluntary sector and the state in Britain in the 1990s」나 『20세기 영국의 사회복지British Social Welfare in the Twentieth Century』에 수록된 「자원복지와 비공식복지Voluntary and informal welfare」(1999b), 〈사회정책과 사회Social Policy and Society〉에 실린 논문 「자원 영역에 대한 신노동당의 접근: 독립과 협력의 의미New Labour's approach to the voluntary sector: independence and the meaning of partnership」(2005)를 순서대로 보면 자원과 복지 영역 사이에 변화하는 관계에 대해 이해를 높일 수 있다.
로웨(Lowe, 2005)가 쓴 『1945년 이후 영국의 복지국가The Welfare State in Britain since 1945』는 전후 복지국가의 시초부터 현재에 이르기까지 발전과정을 흥미롭게 설명하고 있다. 이 장에서 다뤄진 것과 같은 문제들에 대해서도 다양한 사례를 제시한다.

☑ 인터넷 자료

런던 정경대 사회적 배제 분석센터the Centre for the Analysis of Social Exclusion의 누리집 http://sticerd.lse.ac.uk/case은 쓸 만한 온라인 저작들을 담고 있다. 복지혼합을 공부하는 학생들이라면 호기심을 둘만하다. 예를 들어, 레이첼 스미디스Rachel Smithies가 쓴 『1979년에서 1999년까지 영국 공공과 민간복지 활동Public and private welfare activity in *the United Kingdom, 1979 to 1999*』이 있다.

역사와 정책 관련 누리집**http://www.historyandpolicy.org**도 유용하다. 여기에서 역사 지식이 어떻게 현재의 정책 토론을 이해하는 데 도움이 되는지를 알 수 있다. 이 장의 내용과 관련해서는 마틴 고르스키Martin Gorsky의 『영국 병원의 거버넌스와 지역의 개입: 국가보건서비스 이전의 증거*Hospital governance and community involvement in Britain: evidence from before the National Health Service*』가 있다.

CHAPTER 3

국가복지

| 브라이언 런드 *Brian Lund* |

개요

국가의 성격에 대한 다양한 시각이 있는 것처럼, 사회복지서비스를 제공하는 국가의 역할도 논쟁의 대상이다. 1948년부터 1976년까지 존재했다고 일컬어지는 '고전적' 복지국가는, 국가가 '공공선'의 체화이고, 공공선은 중앙과 지방정부의 직접적인 복지서비스 공급을 통해 가장 잘 이룰 수 있다는 생각에 근거했다. 이런 생각은 1970년대 말에 도전을 받았다. 복지국가가 자유에 대한 위협이며 시장의 효율성을 가로막는 장벽이라는 의견이 제시됐기 때문이다. 이에 따라 지방정부는 복지서비스를 직접 전달하는 기능을 많이 잃었고, 복지서비스 전달 방법으로서 '준시장'이 등장했다. 그 다음에 나타난 신노동당의 전략은 서비스 공급의 방법은 다양하게 유지하되, 다양한 서비스 공급자들이 공익에 복무하도록 유도한다는 것이었다. 이를 위해 직접적인 재정 지원, 사회투자, 규제, 권리와 의무의 연계, 목표 설정, 성과지수, 세금 감면 등의 방법이 동원됐다.

주요 용어

국가, 공공선, 준시장, 사회투자, 지역 공동체neighbourhood, 사회통합social inclusion, 카탈락시catallaxy, 공동체주의communitarianism, 공익, 거버넌스

서론

근본적으로 국가란, 질서를 유지하기 위해 물리력을 적법하게 이용할 수 있는 권한은 독점되어야 한다는 주장을 현실에서 성공적으로 구현한 기관이다(Weber, 1979). 물리력을 독점하는 권력 — 사회복지 재정을 위해 필요한 과세의 근원이 되는 — 은, 국민의 '집단적인 의지'를 반영하도록 고안된 민주적인 절차를 통해 마련된다. 그러나 국가의 적법한 권력이 미칠 수 있는 영역에 대해서는 논쟁이 뒤따른다. 일부 학자들은 국가의 역할은 법과 질서를 지키고, 계약의 이행을 강제하고, 국방과 최소한의 수입을 제공하는 것에 국한되어야 한다고 주장한다(Hayek, 1960; 1976). 다른 이들은 국민의 복지 향상이나 수입의 재분배 같은, 더 폭넓은 역할을 지지한다(Rawls, 1971; Titmuss, 1971). 국가 기능에 대한 논쟁의 이면에는 국가 성격에 대한 다양한 해석이 있다. '최소 국가'를 지지하는 이들은 국가를 개인의 자유를 늘리기 위한 매개로 파악한다. 이들은 '사적' 영역과 '공적' 영역을 분명하게 나눈다. 대조적으로, 국가의 적극적인 역할을 지지하는 이들은 국가는 '공공선'의 체화이며, 공공선 안에서 국민들은 그들 공공의 목적을 발견할 수 있다고 본다(Offer, 2006). 따라서 그들에게 '사적' 영역과 '공적' 영역 사이에 뚜렷한 구분점이 없다.

신노동당은 국가의 역할을 확장했다. 재정지출은 1997년에는 국내총생산의 41.4%였는데, 2004년에는 43.6%로 높아졌다(OECD, 2005). 그러나 신노동당은 중앙이나 지방정부의 직접적인 복지서비스 공급 방식보다는, 개인과 기관들이 정부의 목적에 부합한 방향으로 복지서비스를 전달하도록 유도하려고 했다. 1장에 나온 〈표 1-2〉의 16칸을 보면, 중앙정부와 복지서비스 전달 기관 사이에서 일어날 수 있는 상호작용을 볼 수 있다. 3장에서는 16칸 가운데 몇 칸을 골라 그 관계가 어떻게 변화했는지를 살펴본다.

국가재정/국가공급: 중앙정부

국가가 복지서비스의 재원을 대는 '국가재정state finance' 유형에서는 공급의 주체도 중앙정부인 경우가 있다. 그러나 1948년부터 1976년 사이에 존재했던 '고전적' 복지국가에서도 사회보장과 보건의료서비스 정도만이 '국가재정/중앙정부의 직접 공급' 범주에 포함될 수 있는 예다.

사회보장

신노동당은 사회보장의 증진을 위해 국가가 직접 소득 이전을 하던 '고전적 복지국가' 방식을 지양했다. 신노동당의 새로운 사회보호social protection 전략에는 많은 요소가 있다(77쪽 상자글 참고). 신노동당의 목표는 사회보장을 제공할 때 국가의 직접적인 역할을 줄이는 것이다. 예를 들어 연금정책의 목표는, 연금수령자에 대한 정부 재정 지출을 2025년까지 10%를 줄이고, 2050년까지 42%를 줄인다는 것이다(Secretary of State for Social Security & Minister for Welfare Reform, 1998). 영국 정부의 '핵심 집행부' — 재무부, 내각사무처the Cabinet Office와 수상실로 구성 — 는 이와 같은 굵직한 정책 방향을 세우고 다시 세부적인 목표를 마련하면 이에 따라 사회보호를 위한 다양한 방법들이 제시된다. 영국 재무부의 2004년 중기재정계획에는 노동연금부의 다음과 같은 목표를 포함하고 있다.

> 2020년까지 아동빈곤을 퇴치하기 위한 방법으로, 재무부와 연계하여 상대적으로 저소득층에 속하는 가구의 아동 수를 1998~1999년과 2010~2011년 사이의 기간에 절반으로 줄인다(재무부, 2004: 1).

이러한 목표는 신노동당의 전략을 평가하는 시금석이 될 수 있다. 상대적인 기준에서 봤을 때 — 가족 구성의 차이점을 감안하고, 주거비용을 제외하고 중위소득 60% 이하의 수입을 가진 가구를 기준으로 잡았을 때 — 빈곤아동의 비율은 비근로가구workless households의 감소 등(Babb 외, 2005)에 따라 1996~1997년 33%에서 2004~2005년에 27%로 줄었다(노동연금부, 2006: 53). 그러나 아동빈 곤을 줄이는 것은 신노동당의 유일한 빈곤 관련 정책 목표였다. 연금수령자의 빈 곤율은 1996~1997년 28%에서 2004~2005년 17%로 줄었지만(노동연금부, 2006: 92), 아동이 없는 근로연령대 인구의 빈곤율은 늘어났다(Brewer 외, 2006).

신노동당의 사회보호 전략

• 현금으로 직접 제공되는 자산조사급여는 기존의 보편적 급여를 보완한다. 기본 적인 국가연금을 개선하기 위해 연금수령자를 대상으로 제공되는 세액공제가 그 예다.
• 근로소득을 보완해서, 예를 들면, 근로세액공제 같은 제도로, 구직에 대한 유인 을 제공한다.
• 상업적 연금에 대한 규제. 예를 들어, 영리적 금융서비스 회사가 운영하는 수탁연 금제도는 회사가 이윤을 위해 청구하는 금액에 한도를 정하고, 회원의 이해를 위 해 운영되어야 한다.
• 임금 규제. 예를 들어, 1998년에 제정된 최저임금법에 따르면 고용주가 최저임금 수준을 지불하지 않는 것은 위법이다.
• 근로 규정의 적용. 신노동당의 근로연계복지 프로그램에서는 구직 의무를 실업자 들에게 부과한다.
• 정보의 전달. '활성화, 교육, 정보activation, education, information' 프로그램(노동연 금부, 2004: v)의 하나로, 연금 가입자는 미래 연금 수령액 예상치를 받아볼 수 있다. 국민들은 이런 예상치에 따라 미래를 준비할 수 있다.
• 정부 책임 다시 정의하기. 예를 들어 영국 국세청과 재무부의 녹서Green Paper(2002: 2)는 '표준적인 은퇴 연령이라는 개념은 세제에서 사라질 것'이라고 선언했다. 은퇴 가 더 이상 국가가 즉각 나서서 복지서비스를 제공해야 할 정도로 특별한 사건이 아니라는 뜻이다.

보건의료

국민들의 최저 수입을 보장하려고 하는 사회보장제도와 달리, NHS는 최적의 기준을 보편적으로 제공한다는 목적을 가지고 있었다. 노동당의 거물 정치가 베번 Bevan[1]이 웨일즈 지역의 트레드거Tredeger[2]에서 요강이 떨어지면 런던 국회의사당 건물에까지 소리가 울려 퍼진다고 말했을 때, 그가 말하고자 했던 것은 보건의료 분야에서 전국적으로 공평한 기준을 마련하는 것은 의회에 대한 행정부의 의무이며, 이런 공평성을 통해서만 모든 국민이 높은 수준의 의료서비스를 보장받을 수 있다는 것이었다. 그는 "모두를 위해 최대한 통일적인 기준을 마련해야 한다. 전국적인 서비스를 통해서만 국가는 모든 국민이 어디에 가든 동등하게 좋은 의료서비스를 받을 수 있도록 할 수 있다"고 말했다(Bevan, 1946, Thane의 책에서 인용, 1996: 29). 그러나 NHS의 대가는 보건의료 전문가 집단에 상당한 독점적인 권한을 주는 것을 의미했다. 전문의료집단은 복지에 대한 국민들의 욕구를 해석하면서 자신들이 개별 의료과목에서 누리는 개별적인 특권에 부합되는 방식으로 자원 분배의 결정 과정에 강력한 영향을 미쳤다.

전문적/관료적 보건의료 전달체계는 준시장이 소개되던 1980년대 후반까지도 자리를 잡지 못했다. NHS는 구매자와 공급자로 나뉘어 있었는데, 보건의료 서비스의 공급자들은 기금보유 일반의general practitioner fund-holders[3]나 보건 당국 같은 구매자들과의 계약을 따내기 위해 서로 경쟁했다. 당시 야당이던 신노동당은 이런 식의 분리를 비판했다. 모든 환자들이 기금보유 일반의에 소속되어 있는 것이 아니라서 결국 NHS가 둘로 나뉘어 있다는 것이 노동당의 주장이었다. 그래

---

1 영국 웨일즈 출신의 노동당 정치가(1897~1960). 광부 출신으로 노조지도자로 부상한 뒤, 중앙정계에 진출했다. 1945년 노동당의 총선 승리 이후 건강부 장관이 되어 당시 NHS의 출범을 주도했다. 전후 노동당 내부에서도 좌파 성향을 대변한 거물 정치가였다.
2 베번의 고향
3 기금보유 일반의는, 보건 당국이 대신하여 2차 병원보호서비스를 구입해 주는 비기금보유 일반의와는 달리, 등록환자를 위해 일련의 병원서비스 구입계약을 직접 체결하는 등 예산을 통제할 수 있는 권한을 가진다.

서 상업적인 기관들이 공급자로 나서면서 결국 '표면적으로는 아니더라도 은밀하게 민영화back-door privatisation'가 이뤄지고 있다고 신노동당은 비판했다. 신노동당은 집권기에 NHS의 준시장제도를 손봤다. 구매자와 공급자 사이에 부드럽고, 긴밀한, 네트워크로 연결된 계약을 통해 양자 간의 '동반자적'인 관계를 만들겠다는 취지였다(Bovaird, 2004; Fyfe, 2005). 중앙정부는 성과지수와 목표 설정을 통해 전체 제도의 모양새를 만들었다. 일반의의 기금보유방식은 더 규모가 큰 1차의료 트러스트Primary Care Trust로 대체됐다. 1차의료 트러스트는 2차 진료를 의뢰하고, 방문간호사health visitor[4], 조산사, 지역사회간호사 등을 직접 고용한다. 그러나 첫 번째 집권기가 끝나가면서 신노동당의 '퇴장' 정책(아래 상자글 참고)이 당의 이른바 근대화 프로그램에서 등장하기 시작했다(Newman & Vidler, 2006). 2004년에 토니 블레어 총리는 "공공서비스를 추동하면서 완전히 새로운 동력을 자리매김하게끔 하려고 한다. 운영자가 아니라 환자, 부모, 학생과 법을 준수하는 사용자가 이끄는 공공서비스다"라고 말했다(Blair, 2004). 신노동당의 2005

퇴장, 목소리와 신뢰

『퇴장, 목소리와 신뢰Exit, Voice and Loyalty』(1972)에서 저자인 허쉬먼Hirschman은 소비자가 기관의 행태에 영향을 미칠 수 있는 방법을 퇴장과 목소리로 나눴다. '퇴장'에서는 소비자는 원래 사용하던 기관을 버리고 다른 기관을 선택해서 원래 기관은 결국 사업을 접도록 한다. '목소리'에서 소비자는 서비스가 개선될 것이라는 희망을 가지고 서비스 질에 대해 기관 운영진에 불만을 전달한다. 시간이 지나면서 기관이 소비자의 신뢰를 얻게 되면, 소비자들은 자신들의 '목소리'가 반영되기까지 시간을 주기 때문에 '퇴장' 정책을 보류하게 된다.

---

4 간호사 자격을 가지고 있지만, 간호복을 입거나 의료장비를 들고 다니지는 않고 가정을 방문해 건강 교육과 지도를 담당하는 직업군을 말한다.

년 선언은 "일반의가 수술을 의뢰하도록 한 환자는 2008년 말까지 NHS의 의료적, 재정적 기준에 따라 수술을 할 수 있는 병원 가운데 어떤 곳이든 선택할 수 있게 된다"고 밝혔다.

2005년 총선을 거친 뒤, 경쟁의 완곡한 표현인 '경합할 수 있음contestablity'이라는 말이 신노동당이 NHS를 언급할 때 등장하기 시작했다. 일반의들은 기존 기금보유 대신 새로운 개념인 '진료기반 의뢰practice-based commissioning'를 하게 됐고, '독립치료센터independent treatment centres'가 더 많이 생겨나고, 기금이 치료를 잘 하는 의료기관으로 몰려들면서 서비스 공급자에 대한 과세제도도 마련됐다(보건부, 2006). 새로운 준시장이 들어서기 시작했다. 마치 국가가 의복을 제공하되, 옷은 각자 주문생산되는 식이다. 여기서 NHS 재단병원은 매우 중요한 역할을 맡게 된다. 2003년 보건과 사회보호에 관한 법률Health and Social Care Act로, 협동조합이나 상호부조의 전통적 모델을 따와서 만든 독립적인 공공 복리 기관인 NHS 재단 병원 혹은 트러스트NHS Foundation Hospitals or Trusts들이 건립됐다. 이 병원이나 트러스트의 대표는 트러스트에 기여한 회원들에 의해 선출된다. 그리고 트러스트는 NHS의 '지휘와 통제'로부터 벗어나 상당한 독립을 누린다. 트러스트는 법적인 효력을 가진 계약에 따라 다양한 서비스 구매자들로부터 환자들을 의뢰받게 된다.

국가재정/국가공급: 지방정부

지방정부를 '국가'로 분류하는 것은 이제 일반적이다. 지방정부가 보통선거를 통해 구성되고, 지방정부의 법적인 의무는 지역의 '공공선'이며, 지역에 조세를 부과할 수 있는 권력을 가지고 있기 때문이다. 그러나 지방정부는 중앙정부에 대해 오랜 동안 독립을 유지해온 전통이 있고, 지방정부의 역사는 중앙과의 고통스러운 갈등의 역사를 담고 있다. 가장 최근의 사례로는 1980년대 '지역 사회주의'와

'시장 자유주의' 사이의 갈등이 있었는데, 신노동당의 몇몇 저명한 장관들이 이 갈등을 통해 정치적인 경험을 쌓기도 했다(Boddy & Fudge, 1984).

'고전적'인 복지국가에서 지방정부는 직접적인 복지서비스를 전달하는 데 폭넓은 역할을 맡았다. 고전적인 복지국가는 취학전 교육이나 대학 수준의 폴리테크닉까지 모든 단계의 교육을 제공했고, 600만 채 이상의 시영주택을 소유했고, 개인 사회서비스와 방문 보건의료서비스를 제공했다. 이러한 공급을 통해 지방정부는 상당한 자치를 누렸다(Griffith, 1966). 그러나 지난 25년 동안 지방정부는 직접 공급의 기능을 상당 부분 잃었다. 블레어는 다음과 같이 밝혔다.

> 모든 것을 계획하고 제공하던, 전방위적인 지방정부의 시대는 지나갔다.
> 지방정부가 일부 서비스를 제공하지만, 그들 특유의 지도적인 역할은 이
> 제 지역의 다양한 이해당사자들의 기능을 조직하고 결합하는 일이다
> (Blair, 1998: 13).

더욱이, 지방정부의 역할로 남은 일부마저도 더 폭넓은 중앙의 지도를 받게 됐다. 1999년 지방정부법Local Government Act은 보수당이 도입했던 경쟁입찰제도를 대체하면서, 모든 지방정부는 "경제성과 효율성, 효과성을 조합해 사회복지서비스 기능이 계속해서 향상되도록 하기 위한 제도정비를 해야 한다"고 규정했다(지방정부법, 1999: 3.1장). 또 지방정부법은 "최상의 가치"들이 측정될 수 있도록 성과목표와 기준을 설정할 수 있는 권한을 중앙정부에게 줬다. 지방정부의 서비스 공급은 이제 중앙정부가 정한 목표와 성과지수에 따라 평가를 받게 됐다. 따라서 지방정부는 중앙이 정한 목표와 성과지수를 다양한 행정 목표에 반영했고, 폭넓은 성과측정에도 쓰게 됐다(82쪽 상자글 참고).

일부 학자들은 이렇게 세부적인 개입은 지방의 민주주의를 잠식해버릴 수 있다고 우려한다. 지방정부는 '정책은 없고 집행만 있는 지역policy-free zone'이라는 지적(Maile & Hoggett, 2001: 512)을 받거나, 대형 소매상의 지점으로 비유(Stoker, 2004: 107)되기도 했다. 영국 감사위원회the Audit Commission는 중앙정부의 까다로운 개입을 두고 "시영주택은 좀 더 정확히 말하면 '국립'주택"이라고 주장하기도 했다.

국가재정/시장공급

시장에서는 수요와 공급의 원리에 따라 서비스가 전달된다. 민영화는 시장이 작동하기 위한 필요조건인 반면, 시장이 모든 서비스를 공급하게 되면 주주에게 분배될 수 있는 이익을 추구하는 공급자들끼리는 경쟁을 벌이게 된다. 소비자는 복지서비스에 대한 시장가격을 지불하지만, 국가는 세금감면이나 직접 보조금을 통해 소비자를 보조할 수 있다.

1950년대 보수당은 기존의 세금감면 혜택을 확대하거나 새로운 세금감면 혜택을 도입하는 식으로 복지서비스 분야에서 시장의 역할을 확대하려 했다. 또 만약에 개인이 인증 기업연금에 가입하거나 1998년에 도입된 연금제도에 따라 민간연금에 가입하면, 국가2차연금State Second Pension에 가입하지 않아도 되도록 허용했다.[5] 연금 분야에서 이러한 세제는 '복지혼합'을 구성했고, 또 '복지의 사회적 분화'를 반영했지만, "연금수령자의 매우 불평등한 소득 재분배"라는 문제를 낳았다(영국 연금위원회Pensions Commission, 2005: 2). 비록 은행대출 이자에 대한 소득공제와 같은 일부 조세지출tax expenditure[6]은 사라졌지만, '재정적 복지국가'는 폭넓게 남아있다. 국세청Inland Revenue(2005)은 2004~2005년에 걸친 1년 동안 조세지출 — 세금감면으로 사라진 세수 — 가 610억 파운드[7]에 이를 것으로 추정했다. 그러나 이런 추정은 조심스럽게 살펴봐야 한다. 재무부가 회계 절차에서 약간 의문스럽게도 다양한 세금혜택을 조세지출에 포함시켰는데, 이 가운데 대부분이 조세지출보다는 국가의 직접적인 지출에 더 가깝기 때문이다. 주택급여housing benefit는 소비자가 민간 주택을 구입할 수 있도록 국가가 직접 지급하는 예에 해당된다. 『주택백서: 정부의 제안The White Paper Housing: The Government's Proposals』(환

---

5 이를 적용예외contracting out 제도라고 일컫는다. (189쪽 각주 참고)

6 세제감면 등으로 정부가 받아야 할 세금을 받지 않는 액수를 일컫는다. 정부가 조세를 통해 걷은 재원을 바탕으로 직접 지원해 주는 예산지출과 대칭되는 개념. 조세지출의 개념은 미국 재무부 차관보였던 서리Stanley S. Surrey에 의해 고안됐다.

7 2011년 6월 환율 기준으로 환산하면 약 107조원에 해당하는 금액

경부, 1987)은 모든 임대료 — 지방정부, 주택조합, 개인 소유의 모든 주택에 대해 — 를 시장 가격 수준으로 올리고, 자산조사에 따라 주택급여를 지급하여 저소득 가구가 인상된 임대료를 낼 수 있도록 하겠다는 정부의 복안을 담고 있다. 이에 따라 주택급여는 집주인이 지방정부든 개인이든 임차인이 시장 수준의 임대료를 지불할 수 있도록 수급권entitlement으로 보장되는 듯 했다. 그러나 결국 민간 주택의 임대료만 시장 가격만큼 충분히 오르도록 허용됐다. 따라서 오늘날 임대 시장에는 두 개의 서로 다른 영역이 남아 있다. 두 영역은 시장 가격 수준의 임대료를 청구하는 개인주택과 시장 가격 이하의 임대료를 부과하는 사회주택이다.

국가재정/자원공급

지방정부가 직접 제공하던 사회복지서비스는 국가의 지원을 받는 상업적인 공급 형태로 바뀌었다. 또 비영리적이고, 선거를 통해 선출되지도 않고, 단일한 목적을 가진 기관들로 구성된 자원 영역에서도 지방정부의 역할을 대체했다. 브라이스 (Bryce, 2005)는 이러한 비영리 기관들의 두 가지 특징으로 '인지적 사회 자산cognitive social asset' — 그들의 사회적 목표 — 과 그리고 국가와 맺는 '지시자-대행인' 관계를 꼽았다. 국가가 이런 비영리 기관과 상호 작동하는 방식은 주택 분야가 가장 잘 보여준다. 지난 10년 동안, 지방정부 소유의 주택은 주택구입권Right to Buy 정책에 따라 개인보다 자원영역으로 더 많이 넘어갔다. 신노동당의 NHS와 교육 개혁의 매개물들 — 트러스트 재단이나 트러스트 학교, 도시학교city academy — 은 주택협회housing association[8]와 대단히 흡사하다는 점을 고려하면서, 여기서는 지방정부 소유 주택이 자원기관에 이전되는 과정을 상세히 살펴보겠다.

지방정부는 주택협회에 지방정부 소유 주택을 1980년대 후반부터 넘겨주기

---

8 민간 비영리 공공주택 공급 단체

시작했다. 남부의 전원 지역에서는 지방정부가 사회주택이 감소하는 것을 막고, 지방정부 재정지출에 대한 규제를 회피하기 위한 방편으로 주택협회에 주택을 넘겨주기 시작했다. 주택협회 소유 주택의 세입자에게는 거주 주택을 사들일 권리가 없었고, 주택협회는 차입에 대한 정부의 규제를 받지도 않았기 때문이다. 신노동당의 집권 시기에도 이 정책은 살만한 주택을 만들겠다는 당시의 정책 목표와 궤를 같이 했다. 신노동당은 2010년까지 모든 사회주택의 상태를 특정한 기준에 부합하도록 개선하겠다고 밝혔기 때문이다. 주택 이전이 이루지고 주택협회가 사회주택을 대거 짓기 시작하면서, 사회주택의 소유 현황도 크게 바뀌었다. 1980년대 초반에 지방정부는 잉글랜드의 사회주택 가운데 95%를 공급했다. 2004년에는 354개 지방정부가 233만5000채를 소유했고, '등록된 사회주택 사업자registered social landlords' 2000개 — 대부분이 주택협회였다 — 가 166만5000채를 가진 것으로 나타났다. 2005년에는 민간 개발업자도 저렴한 가격의 주택을 지을 때 정부의 보조금을 신청할 수 있게 됐다. 사회주택의 공급에서 '복지혼합'의 영역이 넓어진 셈이다.

사회주택 분야는 현재 가장 다원적인 복지 영역이며, 다른 복지 분야에서 복지혼합이 부상하기에 앞서 주요한 전례가 되고 있다. 주택 소유권이 이전되는 과정에서 중앙정부 규제에도 상당한 변화가 생겼다. 자원 영역이 지방정부의 영역으로 확장하기 시작하면서, 중앙정부도 자원 영역에 영향을 미치기 시작했다. '등록된 사회주택 사업자'의 자원은 지역주택위원회Regional Housing Boards가 분배했는데, 위원회는 주로 중앙정부의 관료들이 주도했다. 개별 임대료 수준은 전국적으로 적용되는 공식에 의해 결정됐고, 감사위원회가 주택협회를 감사했다. 주택협회의 일상적인 업무도 중앙에서 정한 성과지수와 목표에 맞게 진행되도록 감독을 받았다. 맬파스(Malpass, 2000: 259)가 지적하듯이, 주택협회는 "중앙정부의 대행기관에서 크게 벗어나지 않고, 자원요소는 실제로 권력을 가진 집단이 누군지를 가리는 앞가림에 불과해 그다지 중요하지 않을 뿐더러 크게 보아 상징적인 중요성만을 가진다."

국가재정/비공식적 '지역 공동체' 공급

지역에 중심을 둔 보수당의 복지 프로그램을 검토한 신노동당은 보수당의 정책이 지역에 책임을 부과하지 않아서 비효율적이었다는 결론을 내렸다(SEU, 1998: 4). 이러한 진단은 새로운 정책인 지역 공동체를 위한 뉴딜New Deal for Communities에 반영됐다. 1998년에 시작된 이 정책은 지역의 사회적 네트워크의 집단적인 가치와, 여러 네트워크들이 상부상조하려는 움직임 같은 사회적 자본을 배양하는 데 집중했다. 뉴딜은 정책결정 과정에서 사회적 자본을 만들어 내기 위해 지역의 개입이 필요하다고 강조했는데, 이는 새로운 수준의 거버넌스 — 다름 아닌 지역 공동체 — 를 창출하기 위한 시도였다. 지역 공동체를 위한 뉴딜 정책의 성과에 대한 정보는 아직 부족하다. 그러나 초기 공식적인 평가에서는 많은 우려가 있었다. 새 정책으로 인한 사회적인 비용은 "주요한 지역사회 일꾼들의 소진burn-out, 지역사회 내부의 긴장, 새 정책으로 고용된 인력과 기관들의 시간과 자원"이었다(ODPM, 2003: 1). 지역 공동체라는 사회적 자원을 사용하려는 국가의 시도는 한 지역의 사회적 자본이 매우 다양하다보니 실패할 수 있었다. 그럼에도 불구하고, 지역 공동체를 활용한다는 생각은 신노동당의 사회정책의 핵심이었다. 지역 공동체에 대한 투자와 함께 지역 공동체의 참여를 이끌었을 때 좋은 결과가 나올 것이라는 기대가 있었기 때문이다. 신노동당은 2005년 선언에서 지역의 현안에 사용할 수 있는 공동체기금, 여가시설과 같은 공동체 자산을 소유할 수 있는 권한, 반사회적인 행동에 대해 지역 공동체가 행동을 취할 수 있는 권한 등 지역 차원의 거버넌스를 위해 지역 공동체에 더 많은 권한을 넘겨주겠다고 약속했다.

시장재정/국가공급

중앙과 지방정부의 지출에 필요한 자본과 수입은 과세와 민간으로부터의 차입으로 조달된다. 1970년대부터 영국은 국제통화기금IMF을 통해서만 자금 인출이 가능했고, 노동당은 '필요한 지출은 세금을 올려 충당하는tax and spend' 정책을 유지했다. 신노동당도 공공부문 차입조건the Public Sector Borrowing Requirement에 대한 신중한 접근을 하게 됐다. 차입조건에는 다음과 같은 두 가지 원칙이 있었다.

> **황금률**Golden Rule _ 경기순환 속에서도 정부는 평균적으로 투자를 제외한 경상지출을 늘리기 위한 목적으로는 차입을 해서는 안 된다. 이 원칙에 따라, 경상수지는 경기순환에서도 항상 흑자여야 한다.
>
> **지속가능한 투자의 룰** _ 정부 순국가채무의 국내총생산 대비 비율은 경기순환 속에서도 안정적이고 신중한 수준으로 유지돼야 한다(재무부, 2005: 1).

이런 원칙은 물론 재무부 장관이 재량껏 조치를 취할 수 있는 여지를 많이 남겨두지만, 장기적으로는 재무부 장관의 경제 운용이 금융기관들의 신뢰를 받기 위해서 정부의 차입에는 제한을 두게 된다. 지방정부가 기능을 자원 영역으로 이전한 이유 가운데 하나도 자원 영역의 차입은 공공부문 차입조건에 걸리지 않기 때문이다. 민간자본 활용방안Private Finance Initiative(이하 PFI)도 차입 제한 원칙을 피하는 또 하나의 방식이다.

PFI는 다양한 사업계획을 포함하지만, 기본적인 개념은 민간 공급자가 공공기관과 계약을 맺어 학교와 병원, 주택 등과 같은 시설을 짓고 운영한다는 것이다. 민간 회사가 재원을 조달하기 때문에, 자본지출이나 사업에 따른 비용이 공공부문 차입요건에 걸리지 않는다. 공공기관은 해당 시설의 성격에 따라 보통 30년 정도 사용권을 민간회사에 넘겨준다. 이런 방안은 국가-공공의 복잡한 관계를 반영한다. 민간 투자를 유치해서 만들어진 시설은 민간에서 운영하지만, 공급 목적을 뚜렷하게 실행하기 위해 국가는 재정적인 보증을 해준다. 따라서 PFI는 국가재정/민간공급의 사례로 분류될 수 있다.

PFI로 국가는 편리하게도 '일단 살아보고 돈은 나중에 낼live now and pay later' 수 있게 됐다. 또 '공공-민간' 협력의 길이 열렸고, 공공부문에 더 많은 경영 유형을 도입할 수 있는 기회가 마련됐다. 2003년에만 PFI로 계약한 액수가 67억 파운드에 이를 정도로 이 방안은 대규모 투자 계획에 재원을 조달하는 주요한 방식으로 등장했다(Emmerson 외, 2004). PFI 계약은 PFI 시설의 관리를 민간부문에 맡기고 민간자원의 활용을 우선적으로 요구하기 때문에, 이 방안은 장기적인 사회서비스 거버넌스에 중요한 의미를 가진다.

국가와 소득재분배

국가의 주된 특징으로는 강제적으로 과세하고 이렇게 마련한 재원을 특정한 목적에 사용할 수 있는 권한을 들 수 있다. 자원을 늘리고 또 사용하면서, 국가는 실질소득을 재분배할 수 있는 권한을 가진다. 일부 학자에 따르면, 이런 재분배 역할 — 사회적으로 불이익을 받은 계층에 수혜를 주면서 사회정의의 실현에 목적을 두는 — 은 국가가 직접 서비스를 제공하는지 여부보다 더 중요하다(Rawls, 1971). 1960년대 이후, 정부는 세금과 각종 급여제도로 인한 재분배 효과를 추정해보려고 시도했다. 가계는 균등화한 '최초' 소득에 따라 5분위, 혹은 10분위로 나누어졌다. 균등화한 '최초' 소득equivalised 'initial' income이란 고용이나 투자 등 시장과의 거래를 통해 벌어들인 가구 소득을 다시 개별 가구의 가족 구성까지 고려해서 산출해낸 값이다. 현금급여는 총 소득에 포함되고, 직접세액은 가처분소득에서 제외된다. 가처분소득에서 다시 간접세액를 덜어내면 세후소득이 된다. 또 교육이나 보건의료와 같은 현물 급여의 가치를 포함하면 '최종소득'이 산출된다. 신노동당 집권기에 재분배 과정의 모든 단계에서 불평등은 1997년 보수당 집권 당시의 수준이 그대로 유지됐다(Jones, 2006). 즉, 신노동당의 '사회투자' 국가는 불평등 문제에는 아직 아무런 영향을 미치지 못했다.

신노동당/새로운 국가?

래넬리(Ranelagh, 1991: ix)는 마가렛 대처가 처음 당수를 맡은 뒤 보수연구센터 the Conservative Research Center를 방문한 모습을 다음과 같이 묘사했다.

> "… 새 당수는 그의 서류가방에 손을 넣더니 책을 한 권 꺼내들었다. 프리드리히 폰 하이에크의 『자유헌정론The Constitution of Liberty』이었다. 그는 그 책을 우리 모두가 볼 수 있도록 들어보였다. 우리 실용주의자들의 시선이 모아졌다. "이것이 우리가 믿는 것입니다." 그는 단호하게 말을 한 뒤, 책을 탁자에 내리쳤다."

　　하이에크의 저술을 읽으면 대처와 메이저 총리 시대의 정책을 이해할 수 있는 정보를 얻게 된다. 그러나 신노동당의 이데올로기와 합치되는 저작은 없다. 물론 신노동당은 '실용적'이고(Shaw, 2004), 시기에 따라 '이해관계자 사회shareholder society'나 '공동체주의communitarianism', '제3의 길', '사회적 배제'와 같은 다양한 캐치프레이즈를 사용하기도 했다(Hindmoor, 2005). 그러나 본질적으로는 신노동당은 무엇이 선거의 승리에 작용하는지에 주된 관심을 뒀다(Stoker, 2004). 비록 신노동당의 다양한 요소들이 차원 높은 종합을 이루지는 못했지만 — 신노동당의 이론적 지도자인 기든스Giddens와 에치오니Etzioni는 규범적인 질서를 내세우는 정치학자가 아니고, 경향을 읽어내는 데 관심을 갖는 사회학자다(Hale, 2004) — 정책들을 뒤섞은blend 정도로는 보일만 했다.

사회통합

사회통합은 결과의 평등이 아니라, 기회의 평등 원리에 기초해 통합적 사회를 건설하기 위한 인적, 사회적 자본의 재분배에 관련된 개념이다. 사회투자를 통해 사회통합을 고취하는 것은 2004년 모든 정부 부처를 위한 중기재정계획에서 제1목표로 기록됐다.

- "잉글랜드에서 저개발된 20%의 지역과 나머지 지역의 아동들의 발달 성취도 사이의 불균등한 정도를 줄인다(교육기술부 · 재무부, 2004: 11)."
- "사망률을 2010년까지 크게 줄인다. 75세 이하 인구가 심장병과 뇌졸중 등 발작으로 인한 질병으로 사망할 확률을 적어도 40%를 줄인다. 보건의료와 빈곤 지수가 가장 최하인 20% 지역과 나머지 지역 사이의 관련 질병 사망률 사이의 차이를 최소한 40% 줄인다(보건부 · 재무부, 2004: 11)."
- "사회적 배제 문제를 해결하고, 지역 공동체를 개편한다. 특히 빈곤지역과 다른 지역 사이의 보건의료, 교육, 범죄, 실업, 주택, 삶의 여건의 차이를 2010년까지 측정가능한 수준의 개선을 통해 좁히고…(부수상실 · 재무부, 2004: 17)."

의무와 권리

영국에서는 과거에 권리를 지나치게 강조하는 경향이 있었다. 그래서 노동당도 결국 희소한 자원에 대한 법적인 수급권을 새로 내놓는 것을 주저했다. 따라서 일부 수급권은 사라지기도 했다. 예를 들어, 한 가옥의 상태가 일정 기준에 미달하고 해당 가구의 소득도 일정 수준에 미치지 못할 때 요구할 수 있었던 주택개량보조금은 없어졌다. 정부의 주요 부처로 구성된 '핵심 집행부'가 마련한 목표와 성과지수가 이렇게 사라진 권리들을 부분적으로 대체했다. 예를 들어 부수상실the Office of the Deputy Prime Minister은 2010년까지 취약계층이 소유한 민간 소유 주택의 70%를 개량하겠다고 목표를 설정했는데, 이 정책목표가 주택개량보조금을 대신했다. 정부의 목표와 성과지수를 보면, 시민들이 국가에 요구할 수 있는 수준을 확인할 수 있다. 이런 권리에는 공동체주의적인 신념에 따라 복지서비스 수급자의 의무도 함께 따라붙게 된다. 공동체주의적인 신념이란, 국가는 아래 상자글에 나타난 것과 같은 비문명적인 행위를 거부하고, '조건부 복지conditional welfare'를 통해서만 시민의 덕목이 사회적으로 뿌리내릴 수 있다는 것이다.

 신노동당: 권리에 따라붙는 의무의 예

- 장애인도 장애급여incapacity benefit[9]와 같은 수준의 혜택을 받기 위해서는 구직활동을 하도록 요구받는다. 영국 노동연금부가 낸 '복지를 위한 뉴딜: 근로의 고취'A New Deal for Welfare: Empowering People to Work(2005)에 포함된 제안에 따른 것이다.
- '슈어스타트 모성 보조금Sure Start maternity grant'을 받기 위해서는 수령희망자가 건강과 아기의 전반적인 복지 여건에 대한 상담을 받았다는 사실을 입증해야 한다. 또 만약 아기가 태어나기 전에 보조금을 신청했다면, 산모가 스스로의 건강에 대한 상담을 받은 사실도 입증해야 한다. 수령 희망 서류의 이면에는 그러한 상담을 받았다는 보건의료 전문가의 서명이 반드시 있어야 한다.
- 2002년 홈리스법Homelessness Act은 홈리스의 거주공간을 제공받을 수 있는 권리를 제한하는 조항을 담고 있다. "그가 혹은 그의 가족이 지방정부가 제공하는 주거공간의 세입자가 되기에 부적절한 정도로 심각하게 수용할 수 없는 행위를 저질렀다면(조항 2C)" 권리는 제한된다.

---

9 질병으로 인해 근로를 할 수 없게 된 사람이 받게 되는 급여를 지칭한다. 1995년 4월에 도입됐다. 장애급여를 받기 위해서는 자가평가own occupation test나 개별능력평가personal capability assessment 같은 검증 가능한 방법을 통해 근로능력이 없다는 점을 입증해야 한다.

공급의 다양성

만약 영국 행정부의 '핵심 집행부'가 목적을 내세우고, 이러한 목적이 구체적인 목표로 설정되어 집행을 맡은 대리기관에 적절하게 전달된다면, 복지전달체계의 형식 — 중앙정부, 지방정부, 영리회사 혹은 비영리 자원 기관 가운데 그 무엇이든 — 은 중요하지 않다. 물론, 다양한 서비스 제공자를 국가의 '커다란 텐트big tent'에 모두 포함하면 국가의 목적은 더 쉽게 성취될지도 모른다. 그러나 '공공의 이익'은 공공 소유가 아니더라도 보장될 수 있다. 핵심은 '기사knightly'와 같은 공공선의 동기를 어떻게 '악당knave'과 같은 사익과 조화롭게 결합하느냐이다(Le Grand, 2003). 내각사무처(Cabinet Office, 1999)가 제시하는 기준에 따라 핵심적인 목표에 이르는 효과성을 따지게 됐는데, 이 효과성이 곧 복지전달에 참여하는 기관을 선별하는 주요 기준이 되고 있다.

결론

신노동당의 정책 기조 — 사회통합, 권리와 의무의 연계, 공급자의 다양성 — 는 1906~1914년 자유당 개혁에 영향을 미친 신자유주의New Liberalism[10]와 뚜렷한 유사점이 있다. "영국에서 19세기와 20세기 초반에 가장 주요한 철학(Panagakou, 2005: 1)"이었던 영국 이상주의British Idealism에 근거해 신자유주의는 의무는 권리와 함께 가야한다는 점을 강조했다. 따라서 권리는 공공의 목적을 타인과 공유해야만 보장되고, 따라서 공공의 목적에 도달하는 과정에서 의무와 따로 떨어뜨러 생각할 수 없다는 것이 신자유주의자들의 주장이다. 공공선에 대한 강조는 또한 복지서비스 전달을 맡은 대리기관들의 역할에 대한 처방에도 영향을 미친다. 자원 기관들, 특히 사람들이 서비스를 서로 주고받는 상호부조조직mutuals을 통

---

10 20세기말 대처리즘이나 레이거니즘을 포괄하는 신자유주의neo-liberalism와는 다른 개념이다.

해 시민들은 서로에 대한 상호의존성을 내면화할 수 있게 된다. 국가는 상호의존성의 구현체이다. 국가의 역할은, 사회주의자들이 원하는 결과의 평등을 확대하는 것이 아니라, 인적, 사회자본 투자를 통한 사회통합을 위해 '제약들을 제약하는 것hinder hindrances'이다(Green, 1881: 73).

신자유주의와 같이, 신노동당도 국가를 제도의 특정한 조합이 아니라, 다양한 복지 전달자를 매개로 사회투자를 통해 공공선을 추구하는 과정으로 제시했다. 이는 기능이 제한된 국가 개념이 아니다. 오히려 규제를 가할 수 있는 권력을 통해 자원을 모으고 분배하는 능력을 가지고 '시민권 담론'을 공표하면서 시민사회의 모든 수준에 고루 영향을 미치는 포괄적인 국가 개념이다.

이런 국가 개념을 현대 복지전달체계에 적용하는 데는 두 가지 문제점이 있다. 일부 학자들은 복지혼합에서 작동하는 '새로운 공공영역의 관리주의new public sector managerialism'의 능력에 대해 회의적으로 말한다. 이러한 의견은 종종 거버넌스 이론 쪽에서 나온다. 거버넌스 이론에 따르면, 권력은 중앙정부에서 외부적으로는 '지구적' 힘으로, 내부에서는 지방의 공급 네트워크로 빠져나간다고 본다. 여기서 지방의 공급 네트워크의 '분화된 정치조직체differentiated polity'의 활동은 중앙정부가 통제하기 힘들다고 이들은 본다(Rhodes, 1997). 지구화를 논하는 쪽에서는 국제적인 자본의 흐름과 무역 자유화로 중앙정부는 국가의 경쟁력을 강화하기 위해 공공지출을 줄이고 노동시장에 대한 규제를 완화하도록 강요받는다고 본다. 따라서 개별 국가들은 지구화의 추동력에 순응하도록 강제되면서 모두 복지국가를 줄이는 방향으로 수렴하는 현상이 나타난다. 그러나 최근 연구(Castles, 2004; Navarro 외, 2004; Schettkat, 2005)를 보면, 이런 가설에 대한 의문이 제기된다. 이른바 지구화가 이루어지는 기간 동안 복지국가는 성장했고, 축소로 수렴하기보다 국가 단위의 정치적인 영향력이 강하게 남아 있기 때문이다.

또 국가 내부 기능에 대한 거버넌스 이론의 주장을 보면, 국가가 직접 노를 젓기보다는 방향타만 잡는 역할을 하면서, 집행은 사회복지서비스 전달 대리기관에 의탁하게 되는데 정작 기관들은 공공의 이익을 희석할 수 있다고 본다. 예를 들어, 주택협회는 정부가 설정한 성과지수를 충족하는 데 집중하다보니 임대료 미납금을 줄이려 하고 세입자의 반사회적인 행동을 줄이기 위해 세입자를 쫓아내고 있다는 주장이 있다. 주택협회는 문제를 결국 다른 복지서비스 전달 기관에 떠넘기는 셈이다(Sprigings, 2002). 그러나 이런 주장은 정부의 권력을 과소평가하는 경향이 있다. 정부는 재정을 쥐고 서비스 전달 기관을 대상으로 목표와 성과지수를 설정하고, 감사를 하면서 상의하달 방식으로 권력을 집행한다. 또 관리주의는 하나의 기술로, 이를 테면 노를 젓는 사람들을 하나의 목적으로 이끌기 위해 방향타를 잡는 것처럼(Osborne & Gaebler, 1993), 하나의 수단으로 볼 수 있다. 따라서 중앙정부는 어느 목적에도 사용할 수 있다. 핀레이슨(Finlayson, 2003: 112)은 다음과 같이 지적했다. "분명히 평가방법들은 한 기관의 문화와 가치를 바꿀 수 있다. 그러나 어느 쪽으로 변화를 이끌지는 결정할 수 없다. 변화의 방향은 정치적인 결정에 따른다." 여기서 '목표문화target culture'에 대한 비판을 '정해진 목표the chosen target'에 대한 비판과 혼동해서는 안 된다. 만약 정부의 '핵심 집행부'가 세입자를 퇴거하는 주택협회에 문제가 있다고 본다면, 정부는 새로운 목표를 설정하고 그 목표를 달성하지 못하는 주택협회에 재정적인 불이익을 줄 수 있다. 공공의 이익에 대해 강한 지향을 가진 국가라면 폭넓은 목표와 성과지수의 묶음을 내놓고, 이 기준에 따라 기관들을 살펴보면서 성과가 적은 '악당'들에 재정적 제재를 가할 수 있다.

둘째, 선택과 경쟁의 원리와 공공의 이익 사이에서 어떻게 조화를 이룰 수 있느냐는 문제가 있다. 블레어는 국가를 공공선과 동일시하게 되면 개인 소비자의 선택은 제한돼야 하지만, 유권자들은 개인 선택을 점점 더 많이 기대하고 있다는 점을 인정했다(Hindmoor, 2005). 공공의 이익에 맞춰 중앙정부에서 결정한 목표는 상의하달식으로 성과를 낳지만, 이런 방식은 자원 영역이 자발적으로 정한 다양한 사회적인 목적과 부합하지 않는다. 또 시장에서 경쟁의 결과로 생기는 개인 선택의 결과와도 맞지 않는다(Driver, 2005). 한편, 시장에서 행한 개인의 결정은 공공의 이익을 잠식할 수도 있다. 예를 들어, 환자들이 병원을 선택할 수 있게 되면서 집단적인 이익은 줄어들게 되는데, 특정 지역주민을 상대로 하는 병원이 다른 병원보다 좋은 서비스를 제공하면 결국 더 많은 정보를 가진 환자들은 자신이 이용하던 병원을 떠나게 되기 때문이다(Hirschman, 1972). 더욱이 내부시장internal market 제도로 공동의 목적을 이루기 위한 의료 기관 사이의 협력적 활동은 제한되고, 의료 기관이 성과를 극대화하기 위해 저위험군의 환자들만 받는 등 '실속만을 챙길' 가능성도 높아진다. 이런 식의 '실속 챙기기' 딜레마는 지난 2005년 영국 교육기술부가 낸 '모두를 위한 높은 기준과 더 나은 학교: 학부모와 학생을 위한 더 많은 선택 백서'를 둘러싼 논쟁에서도 나타났다. 백서에서 정부는 학교들이 — 이후에 '트러스트 학교'로 명명된 — 자체적으로 학생선발 정책을 짤 수 있도록 하면서 학교 자치권한을 더 주려고 했다. 학교들의 학생선발 권한은 1998년에 제정된 학교 기준과 얼개와 관한 법률School Standards and Framework Act의 학교의 학생선발 시행지침the School Admissions Code of Practice에 따르도록 했다. 그러나 2006년 정부의 교육정책을 살펴보기 위해 의회에서 구성한 교육기술특별위원회는 학교의 학생선발권에 엄격한 규제가 따라붙지 않는다면, 학교들은 학생이 속한 가정의 소득수준이나 개인적인 능력만을 기준으로 학생을 선발할 수 있다는 우려의 목소리를 냈다. 복지다원주의와 공공이익의 옹호자들이 각각 내놓은 제안 사이에서 균형을 잡는 일은, 결국 복지서비스 공급에서 국가의 역할을 둘러싼 논쟁의 핵심이다. 하이에크(Hayek, 1976)는 시장이 카탈락시catallaxy[11]를 창출한다고 간주했다. 카탈락시는 집단적인 목적이나 공공선 혹은 사회 정의의 개념이 없이도 생겨나는 자연스러운 질서를 말한다. 그러나 정부가 만약 공공의 이익을 고양하려고 한다면, 복지다원주의에 개입하는 지시자-대행인 관계로 나타날 것이고, 결국 국가는 강하게 규제를 가하게 될 것이다. 이는 근본적으로 복지서

---

11 오스트리아의 사상가인 하이에크가 시장 혹은 시장 속에 만들어진 특유의 질서를 지칭해서 쓴 말. 원래 '적을 친구로 만든다'라는 뜻이다. 하이에크는 시장이야말로 정치, 사회, 문화 등 여러 분야에 걸쳐 개인들의 다양한 욕구와 갈등을 자발적으로 조정한다고 봤다. 시장은 욕구를 차별하지 않으므로 그 안에서 적은 존재하지 않는다는 것이 하이에크의 설명이다.

비스를 직접 전달하는 국가의 모습이며, 먼 길을 돌아가 '고전적 복지국가'가 보여준 주요한 특징이기도 하다.

요약

- 국가의 성격에 대한 다른 시각으로 생기는 토론과 함께, 사회복지서비스 전달에 있어 국가의 역할도 논쟁거리이다.
- 중앙정부와 복지서비스 전달기관 사이의 상호관계는 다양하다. '고전적' 복지국가에서, 복지영역 ― 사회보장, 보건의료, 교육, 주택과 개인사회서비스 ― 은 각각 국가와 복지서비스 전달기관 사이의 다른 상호관계를 반영한다.
- 지난 25년 사이에 준시장이 창출되어 사회복지서비스를 전달했고, 지방정부는 복지전달 기능을 상당수 잃었다.
- 중앙정부는 복지시스템에서 직접 '노를 젓는' 역할보다는 '방향타를 잡는' 역할을 점차 더 맡고 있다.
- '사회투자' 국가는 복지서비스 공급을 필요로 하는 긴급상황을 방지하는 데 주안점을 두고 있다.
- 신노동당의 새로운 복지 '해법'은 정부를 통하지 않은 복지서비스 공급을 장려하고, 시민사회의 책임을 증대하고, 시민들이 소비자처럼 서비스 공급 경로를 선택할 수 있도록 한다.
- 국가는 직접적으로 복지서비스를 공급하는 대신 재정 지원, 세금 감면, 규제, 목표와 성과지수 설정 등의 방법을 통해 사회적인 목적을 달성하려고 한다.

☑ 토론할 문제

- 학교는 '퇴장' 아니면 '목소리' 와 '신뢰' 의 방법으로 개선돼야 하는가?
- 지방정부가 복지서비스 전달을 맡아야 할 이유가 있는가?
- '선택' 과 '사회통합' 은 상호 모순되는 목표인가?
- '지역사회 공동체' 정부가 어떤 복지서비스를 제공할 수 있을까?

☑ 더 읽을 거리

1999년 웨일즈와 스코틀랜드, 북아일랜드에서 의회가 만들어지면서 영국은 더 많은 권한이 지방으로 이양됐다. 맥이언과 패리(McEwen & Parry, 2005)가 『복지의 지역정치*Territorial Politics of Welfare*』에 쓴 논문인 「지방권한이양과 영국복지국가의 유지*Devolution and the preservation of the United Kingdom welfare state*」는 지방권한이양의 의미를 설명했다.

헤이(Hay, 2006) 등이 쓴 『국가: 이론과 이슈들*The State: Theories and Issues*』은 사회복지에 적용될 수 있는 다양한 이론을 제시한다.

오스본과 개블러(Osborne & Gaebler, 1993)가 쓴 『정부의 재발명: 어떻게 기업가정신이 공공영역을 바꾸었나*Reinventing Government: How the Entrepreneurial Spirit is Transforming the Public Sector*』는 신노동당의 구조개혁의 근거를 제공했다.

힐즈와 스튜어트(Hills & Stewart, 2005)의 『더 평등한 사회?*A More Equal Society?*』는 신노동당의 빈곤, 불평등, 사회적 배제 관련 전략이 미친 영향을 점검했다.

CHAPTER 4

민간복지

| 마크 드레이크포드 *Mark Drakeford* |

개요

영국에서는 항상 공공과 민간 기관 모두 복지서비스를 제공해왔다. 그러나 지난 20세기와 현재에 이르기까지 복지서비스 전달의 역사를 살펴보면 매우 중요한 변화가 있었는데, 소유나 재정, 규제 등의 측면에서 복지서비스 공급 주체 사이의 균형점이 이동했다는 것이다. 이 장에서는 1980년대 대처의 보수당 시절의 민영화privatisation와 시장화marketisation의 발흥을 살펴보고, 신노동당이 보수당의 정책을 어떻게 수용했는지 점검한다. 또 국가가 맡던 복지의 책인이 어떻게 공공영역 밖으로 이동해 새로운 공급 주체인 개인과 전통적인 민간 회사에게 넘어갔는지를 추적한다. 이를 통해, 소유와 재원, 규제 등 핵심 문제들 사이에 복잡한 상호작용이 일어나면서 공익을 증진하려는 여러 주장들이 어떻게 나타나고 경합했는지를 살펴본다.

주요 용어

민영화, 시장화, 상품화commodification, 소유권, 책임, 선택, 소비자중심주의consumerism, 평등, 재정, 이윤, 규제, 조사, 복지혼합

서론

이 장에서는 민영화와 시장화가 사회복지서비스 공급에 실제로 어떻게 영향을 미쳤는지 다룬다. 정부는 과거에는 복지혼합에서 상업적인 부분을 한낱 주변적인 부분으로만 생각했다. 그러나 복지서비스 공급이 날로 다양화하면서 이 부분은 점점 중요하게 인식되고 있다. 이러한 변화는 공공서비스 지원 회사인 트라이벌 Tribal사 대표인 헨리 피트먼Henry Pitman의 예를 통해 쉽게 볼 수 있다. 트라이벌사는 2000년까지는 존재하지도 않았지만, 2005년까지 종업원 2,000명에 연매출 2억 3000만 파운드를 기록하는 회사로 성장했다. 이 회사 매출의 대부분은 공공서비스의 전달을 위해 정부가 지불한 액수다. 〈파이낸셜 타임즈〉의 1면에 난 '국가 영역에서 민간 지분 증가세(2005년 4월)'라는 기사에서 피트먼은 다음과 같이 변화를 설명했다.

> 1980년대와 1990년대에 많은 아웃소싱이 있었지만, 대부분 육체노동과 관련된 것이었습니다. 예를 들어 세탁, 식당 서빙, 거리 청소, 쓰레기통 치우기 등 사람들이 하찮게 여기는 것들이었죠.
> 그러나 지난 몇 년 사이, 아웃소싱은 핵심 분야들로 옮겨졌습니다. 학교와 제대로 기능 못하는 지역교육관청, 독립치료센터들입니다. 이제는 금단의 영역은 없습니다. 민간영역의 가능성은 엄청납니다.

실제로 얼마나 엄청난지는, 정보와 아웃소싱 분석업체인 케이블Kable사가 2005년 보고서에서 보여줬다. 보고서를 보면, 2007~2008년 1년 사이에 민간과 자원 기관들은 영국의 공공서비스의 18%를 전달했다. 3년 사이에 80%가 증가한 수치다(Kable, 2005). 티민스(Timmins, 2005)도 시장 분석 회사인 랭 앤 비송 Laing & Bisson의 자료를 통해 사회복지 분야에서 나타나는 이런 변화를 조명했다. 자료를 보면, 2005년까지 모든 성인과 아동의 개인 사회서비스 가운데 56%가 민간과 자원 영역을 통해 전달됐다. 1997년에 견주면 40%가 증가한 것이다. 1장 〈표 1-1〉에서 본 소유 유형을 기준으로, 이 글은 분명히 국가 영역 외부, 특히 시장에서 제공되는 복지서비스에 집중하고 있다. 물론, 소유는 이 책에서 다루는 복지다원주의의 3차원 가운데 하나에 불과하다. 이 장의 끝부분에서는 소유와 재정, 규제 사이의 입체적인 상호작용도 역시 살펴볼 것이다.

시장 서비스 공급이 점점 큰 비중을 차지하면서, 이러한 측면을 적절하게 검토하고 비판적으로 살펴봐야 할 필요도 크다. 민영화로 자산의 소유권은 공공에서 민간으로 이동하고 있으며, 이에 따라 관련된 책임도 공공에서 민간 영역으로 재배치되고 있다[이 부분에 대한 상세한 설명을 보려면 랜드(Land, 2004)의 연구를 참고하라]. 여기서는 신노동당이 두 번에 걸친 집권기에 이 문제에 어떻게 접근했는지를 논의한다. 블레어 정권이 물려받았던, 대처와 메이저 총리 시기의 신자유주의적인 실험의 유산도 살펴본다.

민영화의 아이디어

만약 민영화가 대처 시절의 대단한 '새로운 발상' 가운데 하나였다면, 이 발상은 1980년대가 접어든 한참 뒤에야 나타난 것으로 볼 수 있다. 가스와 전기, 수도와 같은 대형 시설을 파는 것에 대해 대처 정부는 실용적일뿐더러 철학적인 목적에 따른 것이라고 매우 적극적으로 반복해서 강조했다. 이러한 주장의 배경에는 슘페터Schumpter나 하이에크Hayek 같은 학자들이 오랜 동안 발전시켜온 이론이 있었는데, 영국에서는 적어도 이전에는 큰 영향을 주지는 않았다. 슘페터는 공공영역의 소유에 견줘 개인소유가 가지고 있다고 간주되는 본질적인 장점, 이를테면 이기심이 사업 성과를 높인다거나 자신의 자산은 더 신중하게 관리하는 점을 강조했다. 하이에크는 서비스 공급에서 국가의 독점에 견줘 시장의 기능이 탁월하다고 강조했다. 이런 접근에서는 혁신이나 기업가 정신, 비용 절감 같은 혜택을 나열했고, 민영화론자의 설교 속에는 항상 대응성responsiveness, 효율성, 선택, 품질 같은 말들이 포함됐다.

1980년대 영국에서 민영화에 점차 속도가 붙는 것과 동시에, 같은 방향의 또 하나의 사조는 국가의 좀 더 폭넓은 '후퇴rolling back'를 강조했다. 이 생각에 따르면, 사회와 경제 문제를 해결해야 하는 책임은 국가 뿐 아니라 개별 국민들이 모두 떠안아야 하는 것이었다. 논의를 본격적으로 시작하기에 앞서 이런 주장들의 이데올로기적인 근본을 조감하는 것은 중요하다. 1장에서 설명했듯이, 공공과 민간 영역 사이의 이동은 응접실에서 가구를 옮기는 것 이상의 의미를 가진다. 직접공급과 재원, 규제 등의 차원에서 변화가 어떻게 이루어지더라도 변화의 의미는 복잡하다. 민간복지는 필연적이고 본질적으로 이데올로기적인 요소를 가지고 있다. 이데올로기적인 가치는 복지의 결과로까지 이어지는 인과적인 연결고리를 가지기 때문에, 단순히 복지서비스 전달체계 형식의 변화만을 의미하지 않는다. 정치적인 토론에서 나오는 약간 거친 표현을 써서 설명하자면, 1980년대 실업은 보통 실업자 스스로의 책임으로 간주됐다. 실업자는 눈높이를 낮춰서 낮은 임금을 인정하거나 일자리를 얻기 위해 이를 악물고 노력해야 했다. 또 살 집을 찾는 젊은이들은 지방정부가 제공하는 것이 아니라, 시장이 공급하는 수준에 맞추어 눈을 낮춰야 했다. 공공복지는 나름의 이데올로기를 가지고 있는데, 의사와 교사, 주택담당복지사housing officer 등 서비스 제공자는 개인적인 이득보다는 공공서비스 정신에 투철해야 한다는 믿음을 가지고 있었다[이런 생각에 도전하는 설명은 르그랑(Le Grand, 2003)을 보라].

민영화와 사회복지

민영화가 이루어지는 과정을 설명하다보면 이 정책의 경제적인 기원을 강조하게 된다. 앞서 폭넓은 연구가 있었듯이(Drakeford, 2000), 민영화는 소유권 이전, 시장의 창출, 책임의 재배치라는 세 가지 요소를 가지고 있는데, 이 세 가지는 사회정책의 영역에 직접적인 영향을 미친다.

첫째, 소유권의 문제에서, 보수당 정권의 '주택구입권Right to Buy' 정책은 공공에서 민간으로 자산이 가장 직접적으로 이동한 예다. 주택구입권 정책은 시영주택의 세입자가 자신이 살고 있는 주택을 사들이도록 국가가 적극적으로 권유한 정책이다. 1장에서 지적했듯이, 이런 소유권 이전이 없었으면 영국에서 공공과 민간분야 사이의 균형은 사실 거의 변화 없이 유지됐을 것이다. 1980년대에는 소유의 새로운 형식이 등장했는데, 국가의 사회복지 관련 자산이 새로운 중개기관인, 자립형self-governing(혹은 보조금으로 운영되는) 학교나 병원으로 이전되기 시작했다. 이와 같은 반자치적인semi-autonomous 기관들에서는, 병원트러스트처럼 전적으로 지명된 회원으로만 구성되는 경우도 있고, 학교처럼 지명되거나 선출된 회원이 혼합된 경우도 있다. 이런 병원이나 학교는 국가로부터 건물이나 다른 자산을 넘겨받았다. 동시에 기관의 중요한 이슈, 이를 테면 투자나 미래 서비스의 개발 등을 결정하는 책임도 기관의 손으로 넘어왔다.

둘째, 시장 창출의 문제를 보면, 사회복지 영역의 변화는 아마도 다른 분야보다 더 뚜렷하고, 이론적인 관점에서 보자면 더 흥미롭다. 정부는 가스와 전기 같은 상품의, 시장에서의 위치를 조정했다. 소비자들이 이제는 경쟁시장에서 공급자를 선택할 수 있도록 했다. 가스와 전기가 마치 삶은 콩 요리나 추잉검을 사듯이 소비될 수 있다는 것이다. 그러나 교육과 보건의료, 사회복지 분야에서는 충분히 경쟁적인 시장을 창출하는 것은 가능하지 않았다. 이런 영역에서는 준시장quasi-market(Bartlett 외, 1998)이 개발됐다. 준시장은 보건의료 분야의 내부시장에서 병원처럼 기존의 서비스 공급자들이 서로 경쟁하거나, 소유권이 자유화되어 새로 등장한 공급자들이 경쟁하는 두 가지 방식을 취한다. 교육시장이 분명한 예다. 보수당 정부는 1990년대 초반에 도시기술대학city technology college을 기존의 학교제도에 경쟁 요소를 불어넣은 예로 대대적인 홍보를 했다. 당시 정권은 이전까지 국가의 영역으로 인식되던 교육 분야에 민간 서비스 제공자가 진출할 수 있는 권리를 부여하는 방식으로 준시장을 만들어냈다. 신노동당도 집권 3기에 정치적인 논란에도 불구하고 이 정책을 계승했다. 당시 토니 블레어는 특성화학교specialist schools, 종교재단학교faith school와 도시학교city academics를 통해 교육시장을 자유화하겠다는 의지를 보였다.

개인 사회서비스 분야에서는 지방정부local council가 서비스를 직접 전달하다가 외부에서 서비스를 사들이는 것으로 역할을 바꿨다. 이제 지방정부가 사회서비스 사용자를 대신해서 서비스를 구매할 수 있는 시장이 만들어져야 했다. 민영화 옹호론자들은 이전에 국가가 서비스를 공급하던 획일적인 방식보다 더 세련되고, 빠르고, 싸고, 좋은 서비스를 구매할 수 있는 기회가 열렸다고 주장한다.

셋째, 신자유주의적인 시장화의 세 번째 영역인 개인의 책임과 관련해, 사회복지서비스의 개인 사용자에게 미친 영향은 두 가지다. 첫째, 민간이 제공하는 상품이나 서비스는 항상 그리고 필연적으로 국가가 제공하는 것보다 더 나은 경향이 있다(예를 들어 Green, 1993; Marsland, 1996). 둘째, 새로 자유화된 복지서비스가 더 낫다는 점을 소비자와 공급자들에게 모두 인식시키기 위해서는 새로운 방법이 필요하다. 새로운 서비스를 접하는 사용자는 특히 새로운 환경에 맞추어 행동하도록 해야 한다. 그래서 채택된 방법은 '당근과 채찍'이었다. 국가서비스에서 민간서비스로 넘어가게 하기 위해 경제적 여건이나 주변 환경이 좋은 사용자들에게는 경제적인 유인이라는 당근을 흔들어보였다. 개인 주택 소유자에게 주는 대출이자에 대한 조세감면 혜택은 의미 있는 보조금이 됐다. 특히 시영주택에 살던 세입자가 지방정부로부터 집을 사들이는 경우라면 집값도 저렴할뿐더러 세제혜택까지 받게 됐다. 또 민간건강보험 가입에 조세감면 혜택을 주자, 민간보험 가입자 수가 기록적으로 증가했다(Baggott, 1994). 그러나 교육 분야에서 사립학교보조금지원제도the Assisted Places Scheme[1]는 유례가 없을 정도로 많은, 상대적으로 빈곤한 가정의 학생들이 공립학교로 가는, 의도와 반대되는 결과를 낳기도 했다(Edwards & Whitty, 1997).

이러한 기회를 활용할만한 자원이 없는 이들을 위해 정부는 두 번째 전술인 '채찍'을 휘두르는 데, 이 전술은 좀 더 눈에 잘 띈다. 민영화 옹호론자들이나 시장론자들은 복지국가가 경제적인 침체를 불러왔고, 사람들이 복지에 의존하면서 도덕적인 문제가 생긴다고 봤다. 국가의 서비스 공급은 사회문제의 해결을 돕는 것이 아니라 오히려 사회문제를 늘린 것으로 간주됐다. 특히 이런 신념에 따르면, 누군가 국가의 사회서비스를 받게 되면 도덕적으로, 사회적으로, 경제적으로 불명예스러운 것이 된다. 따라서 해결책은 국가복지에 길들여져 있는 사람들에 대한 복지를 거둬들이는 것이었다. 홈리스문제에 대한 해답은 홈리스들이 영구시설에 거주할 수 있는 권리를 없애는 것이었다(Kemp, 1992). 불평이 많은 젊은 이들의 문제도 그들을 교육과 복지혜택으로부터 완전히 그리고 영구히 제외시키는 것으로 해결될 수 있었다(Hayden, 1997).

소유와 재정, 책임의 재배치 등 민영화에 얽힌 요소들이 상호작용했던 예가, 정부가 잠시 시도했지만 실패했던, 유아원 비용 바우처제도였다. 부모들은 현금에 준하는 바우처를 발급받아서 필요에 따라 국가든, 자원이든, 민간이든, 적절한 유아원을 찾아야 했다. 그러나 스스로의 돈으로 바우처에 대한 부가 비용을 댈 수 있는 사람만이 혜택을 모두 볼 수 있어서, 바우처제도는 상대적으로 잘사는 사람을 위한 보조금제도가 되어 버렸다. 티트머스가 재정적 복지제도의 한계를 지적했듯이 말이다. 자원 영역은 지역의 교육 수요에 대응하기 위해 오래 노력을 해왔지만, 바우처제도가 훼방꾼이 되어 버렸다. 국립유아원들이 이전에는 정부 계획에 따라 전달되던 재원들을 이제는 바우처로 받기 위해 유아들의 입원 기

---

1 저소득층 자녀 가운데 성적이 우수한 학생에 한해서 등록금이 비싼 독립학교에 입학할 때, 해당 경비를 정부에서 대신 충당해 주는 제도. 영국 보수당이 추진한 정책이었으나, 실제로 이 혜택을 받은 학생들 가운데 빈곤층 출신이 많지 않았고, 엘리트주의적인 정책이라는 비판을 받기도 했다.

준을 바꿔버렸기 때문이다. 상대적으로 정보가 적고 재원 마련도 부족하고 열악한 사립유아원들은 우왕좌왕하면서 잡일만 늘어나게 됐다(Drakeford, 2000).

이런 상황에서 개인들에게 민영화 문제는 새로운 의미를 가지게 됐다. 국가 기능의 '후퇴' 때문에, 혼자서는 대처하기 어려운 책임을 개인이 많이 지게 됐다. 베버리지 이후에 국가는 사회문제의 해결을 집단의 의무로 생각하고 해결하려고 했다. 그러나 이제는 사회문제의 정의가 바뀌었다. 사회문제는 이에 대처하는 능력이 가장 미숙한 사람들에게 속한 문제로 인식됐다. 이런 현상은 이들을 제외한 사회 전체 뿐 아니라, 그들 스스로에게도 좋은 결과라고 신자유주의자들은 생각했다.

지난 1980년대 신자유주의식 사고가 영국의 사회복지서비스 분야에 미친 이데올로기적, 실질적 영향은 지대했다. 이런 사조는 대처 수상 시절에 절정이었는데, 그 영향은 상당히 오래 지속됐다. 메이저 수상 시절에 복지서비스의 주된 동력은 협력이 아니라 경쟁이었다. 버틀러(Butler, 1993: 56)는 당시의 변화를 "베번과 베버리지가 건설한 복지서비스 구조를 마침내 깨뜨린 것"이라고 표현했다. 이런 근본적인 정책 변화는 복지서비스 분야에서 신자유주의의 의제를 확장했고, 실번(Silburn, 1992)이 말한 '위험한 민영화privatisation of risk'를 강화해 나갔다. 이 유산은 뒤이은 신노동당의 어깨에 내려앉았다.

신노동당 집권 1기

만약 1980년대 보수당의 시대가 충분히 이데올로기적이었기 때문에 '대처리즘'이라는 한마디로 요약될 수 있다면, 신노동당은 극단적으로 다른 접근을 했다. 이들은 어떠한 지도적인 이데올로기가 없다는 것을 긍정적인 덕목으로 삼으려고 했다. 새 수상은 1997년 6월 2일 런던 중심가 허름한 주택가를 총선 이후 첫 연설 장소로 선택했는데, 이 이벤트를 '교리'를 가진 정부 형태를 거부한다는 의미로 썼다. 그는 "접근이 다를 것이다. 우리는 무엇이 작동되는지를 찾아낼 것이고, 성공을 지지하고, 실패를 멈출 것이다. 우리는 다국적기업으로부터 지역단체까지 누구든 상품을 전달해주기만 한다면 지원할 것이다"라고 말했다. 이는 "무엇이 작동하고 무엇이 작동하지 않는지를 엄밀히 살피는, 실용적인" 정부가 되기 위한 것이었다. 신노동당의 집권 초기 몇 달 동안, 실용주의는 사회복지서비스를 개선하기 위한 방법으로 경쟁을 제거하려고 하는 것으로 보였다. 보건 분야에서, 내각은 새로운 접근을 다음과 같이 요약했다(보건성, 1997). "정부는 내부시장을 해체하고 있다. 경쟁의 자리 대신, NHS가 환자를 위해 함께 일할 것이다." 새 행정부가 "함께 일하는 것"을 묘사하게 위해 쓴 표현은 '동반partnership'이었다. 그러나 새로운 사회복지시장모델이 따로 제시된 것도 아니어서, 보건 분야를 제외하고는 보수당의 제도는 대부분 그대로 유지되거나 원래 노선을 잇는 수준에서만 수정됐다. 교육 분야가 가장 주목할 만한 예였다. 노동당의 많은 핵심 인사들은 사립학교를 영속적인 엘리트집단이 특권을 사들이는 수단으로 보고 혐오했다. 이런 신념은 노동당에서 오랜 동안 뚜렷한 교리 가운데 하나였다(예를 들어 Tawney, 1921; Crosland, 1961). 그러나 이제 이런 태도는 묻어버려야 할 '오랜 편견'으로 취급받게 됐다(교육고용부, 1998).

페이지(Page, 2001: 531)가 쓴 대로, 신노동당의 '시장에 대한 이데올로기적인 헌신'이 곧 전면에 등장했다. 포웰(Powell, 2000: 54)은 신노동당의 노선이 "이전 노동당과의 연속성보다, 보수당과의 연속성이 훨씬 크다"라고 결론을 내렸다.

존과 민간 복지

존은 아내와 두 아이와 함께 삽니다. 그의 집은 '주택구입권 계획Right to Buy Scheme'에 따라 산 것입니다. 집값은 지난 15년 사이에 물가상승 수준 이상으로 많이 올랐습니다. 신이 있는지 없는지 인간은 알 수 없다고 그는 생각하지만, 아이들은 성공회에서 운영하는 지역 초등학교에 보냈습니다. 그의 첫 아들은 새로 생긴 도시기술대학의 교장과 면접을 본 후, 대학을 다니게 됐습니다. 면접에서 아들은 꾸준히 출석을 하고 공부도 열심히 할 것이고 가족도 도와줄 것이라며 교장을 설득했습니다. 존의 아내는 출근길에 큰 아들을 태워줍니다. 학교가 집에서 멀리 떨어져 있습니다. 존의 어머니는 민간에서 운영하는 시설보호주택residential care home에서 사는데, 지방정부가 비용을 대줍니다. 존은 어머니가 추가 서비스를 받을 수 있도록 지방정부에 재원 부담금을 냅니다. 과거에는 이런 서비스도 지방정부가 제공했지만, 이제는 별도의 부담금 액수가 앞선 해에 미리 결정되고 이듬해에 부과됩니다. 지난해에는 존의 어머니가 엉덩이 부분 조직의 교체 수술을 급히 받아야 했습니다. 존은 일반의의 도움을 받아 200마일 정도 떨어진 재단병원을 알아냈습니다. 그곳에서 수술을 조속히 해줄 수 있다고 했습니다. 어머니는 지역병원에서 수술을 받고 싶어 했지만, 재단병원까지 가기로 했습니다. 존의 아내가 직장에서 휴가를 내서 어머니를 모시고 가서 건강해지실 때까지 같이 머물 수 있었기 때문입니다. 병원에서 식사 주문 방식이 복잡하다보니 잘못된 저녁 식사가 배달됐는데, 존의 어머니는 그 음식을 좋아하지 않았습니다. 어머니는 며느리에게 불평을 했고, 존의 아내는 환자지원연락사무소the Patient Advocacy Liaison Officer 직원에게 이야기를 전했습니다. 식사 주문 방식이 변하지는 않았지만, 병원은 존의 어머니의 주문을 남은 입원 기간 동안 주의 깊게 신경 썼습니다.

블레어의 집권 2기

블레어 정권이 노동당의 전통적인 뿌리로부터 크게 벗어난 정권이라고 할지라도, 민영화나 시장화를 지지하는 정책을 채택하는 데 어느 정도 한계는 두게 마련이다. 개인 소유의 본질적인 장점을 지지하는 목소리는 영국의 노동당 정치인들 사이에서는, 당 안에서야 새로운 인사들이 다양한 목소리를 낸다고 하더라도, 상대적으로 적게 나오기 마련이다. 그러나 신노동당 2기가 2001년 6월에 시작되면서, 신자유주의적인 주장 하나가 노동당의 의제 가운데 하나로 강하게 부상했다. 국민들은 사회복지서비스 가운데 하나를 스스로 선택하기를 원하고 있고,

오래된 공공 분야의 독점을 깨야만 국민들의 선택권이 보장될 수 있었다. 당시 보건부 장관이던 존 리드John Reid 박사는 2003년 연설 전체 시간을 이 주제에 썼다. 그는 당시 정부의 입장을 다음과 같이 요약했다.

> 세대를 거치면서 사람들의 기대는 높아지고 소득도 오르고 있습니다. 이에 따라 사람들은 자신과 가족들이 받는 처우에 대해 더 많은 권한과 융통성을 누려야 한다고 요구할 것입니다. 요컨대, 사람들은 스스로와 가족을 위한 선택을 원할 것입니다… 핵심 문제는 사람들이 선택을 할 수 있느냐 혹은 해야 하느냐가 아니라, 정부가 NHS 바깥뿐 아니라, NHS 안에서도 국민의 선택이 가능하도록 보장해 줄 수 있느냐입니다.

리드 박사는 이 선택의 문제를 특정 정책과 결부시켰다. 다름 아닌 재단병원Foundation Hospital*의 설립이었는데, 2기 블레어 내각의 특징을 규정하는 정책이기도 했다. 이러한 병원의 개념은 2기 신노동당의 선거공약에는 포함되지 않았다. 그 용어는 2002년 당시 보건부 장관이던 앨런 밀번이 새로운 건강 네트워크New Health Network라는 단체를 대상으로 행한 연설에서 처음으로 등장했다(Milburn, 2002). 그는 성공적인 NHS 기관을 양성하기 위해서는 병원에 권한을 넘겨줘야 한다고 강조하면서, 'NHS가 국유화한 산업이었던 시절'은 이제 끝났다고 선언했다. 그 자리를 대신해서 재단병원이 "근본적으로 다른 종류의 NHS"의 개척자로 등장할 것이고, "국가가 운영하는 구조가 아닌, 가치Values에 기반을 둔 제도가 등장할 것이고, 공통의 기준과 공공서비스 정신의 지지를 받지만 더 많은 다양성과 권한 이양이 이루어지게 될 것"이라고 했다.

재단병원을 둘러싼 토론은 서비스 공급과 소유의 문제에 집중됐다. 의회에 제

---

* 블레어 정부의 가장 급진적인 조치 가운데 하나는 스코틀랜드와 북아일랜드, 웨일즈에 만들어진 새로운 정부에 많은 권력을 이양했던 것이다. 보건 분야는 이양된 책임 가운데 하나였다. 재단병원은 잉글랜드에서만 소개된 제도였고, 다른 곳에서는 다른 길을 선택했다.

출된 법안에 따라, 재단병원에는 여러 가지 권한이 주어졌는데, 내용을 보면 이윤을 남길 수 있고, NHS에 속하거나 속하지 않거나 따지지 않고 모든 기관과 거래를 할 수 있고(14조), 땅과 다른 자산을 사고팔 수 있고(18조), 상업적인 부속기관을 두거나 기존의 상업적인 회사와 결합할 수도 있으며(17조), 스스로가 정한 조건에 따라 직원을 채용할 수도 있다. 일단 건립이 되면, 새로운 재단트러스트는 NHS 소유였던 땅과 건물, 장비에 대한 소유권을 넘겨받게 된다.

신자유주의자들은 이 정책을 열정적으로 "국가가 병원의 소유를 포기했다"고 표현했다(Bosanquet & Kruger, 2003: 2). 그들은 "실질적인 측면에서" 이 변화는 내부시장의 복귀를 의미한다고 설명했다. 재단병원의 설립은 2008년까지 영국이 "유럽 국가 가운데 유일하게 모든 병원이 국가로부터 독립적으로 운영되는 나라가 됐다"는 것을 의미한다.

재단병원을 반대하는 쪽은 같은 이유로 비판한다. 환자들이 병원을 선택하는 여지가 넓어진 것이 아니라, 오히려 재단트러스트가 수지타산에 따라 돈이 되는 환자를 고르게 됐다. 보건의료와 같은 국가의 핵심 기능을 좀 더 제멋대로 해석할 수 있는 여지가 생겼다. 따라서 의료행위가 영국에서는 국가가 제공하는 의료보호가 아니라, 자산조사에 따른 사회적 보호로 바뀌게 되었다. 니덤(Needham, 2003: 7)이 지적했듯이, "재단병원이 설립되면서 지역에서 NHS의 요건에 대한 새로운 정의가 내려졌고, 결국 한때 NHS가 무상으로 제공하던 서비스가 유료로 전환됐다." 결국 가난하고, 아프고, 불리한 여건에 있는 개인은 새로운 보건의료공급자에게는 매력적이지 않은 소비자가 됐고, 이들은 결국 재단트러스트의 자격을 갖추지 못한 저렴한 의료서비스에만 의존하는 처지에 놓이게 됐다.

정부는 이 점에 동의하지 않았다. 리드 장관은 아래와 같이 반박했다.

> 일부에서는 빈곤층이 선택하길 원하지 않거나 선택할 수 없게 됐다고 주장한다. 나는 절대로 동의할 수 없다. 그런 주장은 빈곤층을 위해 생색을 내는 척하지만 결국 허튼소리다(Reid, 2003).

내각의 모든 장관들이 같은 의견을 가진 것은 아니었다. 당시 재무장관은 재단트러스트의 재정적 자유에 상당한 제한을 두기 위해 재무부의 권한을 행사했다. 병원은 환자 진료를 통해 이윤을 추구하거나 축적해서는 안 되고, 새로운 보험을 개발하거나 새로운 소유 모델을 고안할 수도 없다. 또 재단병원은 병원의 자산을 대가로 차입을 할 수 있는 권한도 없다. 이에 따라, 재단병원이 민간병원을 흉내 낼 수 있는 여지가 많이 줄어들었다. 이런 정책은 당연히 재단트러스트의 원성을 자아냈다. 2005년에 재단트러스트 네트워크는 트러스트가 치료할 수 있는 개인 환자 수 제한을 없애고, 1차 의료서비스를 제공할 수 있는 권한과 다른 트러스트를 인수할 수 있는 권한을 달라고 요구했다. 네트워크는 또 정부가 설정한 목표를 맞춰야 한다는 강제조항도 삭제하고, 차입에 대한 규제도 완화해 달라고 요구했다.

그밖에도 재단병원이 여성용 고급 옷가게나 액세서리 가게를 병원에 유치하는 등 영리를 추구하는 '데버넘 모델Debenhams[2] model'로 나아갈 수 있는 권한을 달라고 요구했다(Health Service Journal, 2005).

정부의 규제에 따라 재단트러스트는 감독자를 내부에 둬야 했다. 이는 노동당이 사회복지서비스에 접근하는 주된 방식이었다. 따라서 새로 생긴 재단트러스트는 지역의 트러스트회원 혹은 모니터Monitor[3]의 감독을 받아야 했다. 그렇지만 보건부로부터 따로 감독을 받지 않았다. 클라인(Klein, 2005: 58)은 신노동당 내각이 지역에 더 많은 권한을 주려고 했던 경향과 모니터의 감독 활동 사이에서 빚어진 갈등을 연구했는데, 이런 식의 갈등은 예를 들어 브래드포드 지역의 NHS 기금트러스트의 대표가 모니터가 지명한 인물로 교체되는 상황에서 빚어지기도 했다. 이 갈등은 시간이 지나면서 해소됐다. 클라인은 보건서비스 분야의 개혁이 "NHS에 반semi독립적인 병원들이 자금력을 갖추고 로비 활동"을 벌이게 할 수 있

---

2 영국의 대형 백화점 브랜드
3 NHS의 재단트러스트를 대상으로 하는 독립적인 규제기구

도록 했다고 결론짓고, 이는 신노동당 초기 개혁의 성취라는 것이 어느 수준이었는지를 보여준다고 설명했다(Klein, 2005: 58).

민영화: 병원 신탁의 예

사회복지서비스 민영화의 세 가지 주요 특징은 재단병원과 신탁 관련 정책에서 쉽게 발견할 수 있다. 일단 공공의 자산은 병원으로 넘어갔다. 가장 기본적인 논리는 보건의료 부분에서 시장을 창출하겠다는 것이었다. 환자는 새로운 선택권을 가지게 되고, 결정에 대한 책임도 지게 된다. 이 책임은 과거에는 국가가 개인을 대신해서 지던 것이었다. 이 개혁은 모든 영국 국민의 의료서비스를 대상으로 했던 것은 분명한 사실이다. 그러나 병원의 영리추구로 환자들이 실제 선택할 수 있는 여지는 좁아질 것으로 보인다. 현재 무상으로 받을 수 있는 치료도 미래에는 유료로 바뀌게 된다. 이 모델에서 공익은 복지혼합의 세 번째 축인 규제를 통해 강제될 수 있다. 그러나 규제감독기관은 원래의 취지와 무관하게, 정작 공공의 직접적인 통제의 역할은 하지 못한 채 유명무실했다.

민간 영역의 팽창: 병원진료

만약 재단병원을 통해 신노동당의 정책기조를 엿본다면, 당시 2기 신노동당의 생각 속에는 시장을 단순히 흉내 내는 수준이 아니라, 시장에 참여하겠다는 직접적인 의도가 있었다. 노동당의 이런 의도는 독립진단치료센터Independent Diagnostic and Treatment Centres의 예에서 볼 수 있다.

블레어 내각 1기가 끝나기 6개월 전인 2000년 10월, 보건부는 "NHS와 민간 영역의 관계가 처음으로 공식적인 단계에 들어섰다"고 자축했다(보건부, 2000).

2001년에 앨런 밀번 보건부 장관은 정부가 민간 영역과의 관계를 공식화할 뿐 아니라, 민간의료서비스 공급자들에게 이익이 되게 하기 위해 NHS를 우회하는 독립진단치료센터 제도를 만들겠다고 발표했다. 그는 영국 최대의 민간 보건의료서비스 업체인 부파BUPA와 협의를 진행하고 있었고, "국내나 해외의 다른 민간서비스 업체(보건부, 2001)"도 NHS에 속한 환자들을 치료해달라고 분명하게 요청했다.

2002년 밀번 장관은 실제로 그런 요청을 했다. 6월에 밀번 장관은 스위스의 안과학네트워크기관Ophthalmology Network organisation, 프랑스의 들뤼카 메디컬Deluca Medical, 독일의 메디신 넷Medicine Net, 저메딕Germedic과 스웨텐의 카피오Capio를 접촉했고, "정부의 명백한 목적은 선별적인 서비스를 다양하게 제공하도록 하는 것"이라는 점을 분명히 했다(보건부, 2002). 민간의료기관과 NHS 사이의 협약을 체결하면서, 밀번 장관은 민간의료서비스를 사용하기 위한 루비콘강을 건넜다고 선언했다(Powell, 2003: 735~736).

2003년 존 허튼 보건부 차관은 민간보건 관련 행사장에서 독립진단치료센터가 독립치료센터Independent Sector Treatment Centre로 이름을 바꾸고 외국과 국내 민간의료기관들이 참여하는 가운데 영국 26개 지역에서 문을 열 것이고, 정부는 이 프로그램에 5년 동안 20억 파운드를 쓸 것이라고 확인했다(Laing & Buisson, 2003).

2004년 내내 보건부는 이 정책의 세부사항을 작성하는 작업을 했다. 2곳의 센터가 문을 연다고 1월에 발표했고(보건부, 2004a), 2월에는 5개의 센터 개소에 대한 발표가 있었다(보건부, 2004b). 5월에 존 허튼 차관은 2003년에 발표한 것에 더해 8개 독립치료센터의 운영을 민간의료회사인 카피오 헬스케어Capio Healthcare에 의뢰하겠다고 밝혔다. 2004년 말까지 보건부는 NHS의 선별적인 시술 가운데 10%가 민간 영역에서 이루어질 것이라고 했다. 이미 독립치료센터는 1,000명이 넘는 직원을 고용한 상태였다. 이러한 수치 이면에는 고용법과 관련한 몇 가지 이슈가 있었는데, 의료인력이 공공 영역에서 민간 영역으로 이동하는 문제와 민간 분야에서 이윤을 창출하기 위해 직원들의 임금 등 고용여건을 낮추는 것이었다. 노동의 사회적 분화와 복지혼합 문제가 민간의 서비스 공급으로 대두됐다. 큰 규모의 민간 기업이 시설보호_{residential care} 시장에 열성적으로 다시 진출하지만(이 문제는 뒤에서 별도로 다룬다), 민간 부분이 흔히 그렇듯이 회사들은 직원들에게 상대적으로 열악한 고용조건에 적은 임금과 직업교육도 변변찮게 제공했다. 시장질서가 독립치료센터를 그냥 지나치지 않았다. 차이점이 있다면 정부가 독립치료센터의 건립과 조직에 직접 관여했다는 점이다.

2005년 초반에 보건부의 내부 보고서(보건부, 2005a)를 보면, 12만 명이 독립치료센터로부터 치료를 받았고, "치료에 이르기까지의 시간은 전통적인 NHS보다 8배 빨랐다." NHS를 지지하는 쪽에서는 이런 결과가 "의미가 없고" 왜곡되었다고 주장했다(British Medical Association, 2005). 공공과 민간이 함께 작동하지만 병원 평가를 하기 힘들게 하는 다양한 맥락 — 예를 들면 케이스 믹스_{case mix}[4] — 을 보건부가 무시했다고 비난했다. NHS의 중견 운영자들의 모임인 NHS연합_{the NHS Confederation}은 선별적인 치료를 민간 영역으로 유도하는 방식으로 제도가 집행되고, 독립센터가 증가하면서 NHS 병원들의 경쟁력이 위협받고 있다고 경고했다. 리드 박사의 반응은 무사태평한 것이었다. 그는 런던의 언론인 모임에 참석한 자리에서 그런 병원이 있다면 문을 닫아도 될 것이라고 말했다. 실제로 병원이 문을 닫는 결과는 현실정치에서는 일어날 수 없는 일이었다. 리드 박사의 후임인 신노동당 집권 3기 보건부 장관 패트리샤 휴잇 역시 집권 초기에 병원이 문을 닫을 가능성은 배제했다(Hewitt, 2005). 곧 휴잇 장관의 결재를 기다리는 서류함은 NHS연합의 예견을 증명하는 서류들로 가득 차게 됐다. 당시 기금트러스트들이 전례가 없는 적자를 기록하면서 수천 명의 직원을 해고했기 때문이다.

---

4 질병의 종류와 중증도에 따른 환자분류체계를 이용해서 측정한 환자의 구성상태를 지칭. 즉, 독립치료센터에서 치료에 이르기까지 시간이 짧은 이유가 치료가 쉬운 환자를 고른 결과일 수 있다는 뜻으로 풀이된다.

민간 영역의 팽창: 시설보호

이제 민간 영역의 시설보호 시장 진출을 다룬다. 영국은 이 부분에서 대부분의 유럽연합 국가들과 다른 길을 걸었다. 오직 프랑스만이 영국보다 규모는 작지만 비슷한 경로를 밟았다. 시설보호 시장은 사회복지 측면에서 민영화가 실제로 작동하는 방식을 잘 보여주기도 한다.

민간시설보호 시장은 1990년대 초반에 호황이었다. 노령화로 수요 증가가 확실했고, 공공 영역이 재정 지원을 보장했으며, 시설은 여전히 부족했기 때문에 민간업자들이 몰려들었다.

10년 뒤, 이 시장은 혼란을 겪었다. 호황기에 20여 개에 이르던 대형 요양소 가운데, 단 한곳, Care UK만이 살아남았다. 시장 분석 기관인 랭 앤 비송은 2003년 전체 수용시설이 1996년 절정기에 견줘 13% 정도 감소했다고 보고했다. 그러나 감소의 속도는 서서히 줄어들었고, 노령 인구 비율은 계속 늘어서 이 분야의 장기 전망은 어둡지 않은 측면도 있었다(Laing & Buisson, 2004).

2004년 하반기에는 시장에서 합병의 바람이 불었다. 〈파이낸셜 타임즈〉는 이를 "요양원 시장에서 사모펀드가 열띤 활동을 벌인다"라고 소개했다(Financial Times, 2004). 요양원은 지속적인 현금 흐름이 있고, 소유 자산이 다양하기 때문에 사모펀드에게 매력적인 투자처였다(Essex, 2004). "현금의 창출, 노령화로 인한 성장 잠재성, 채권시장의 우호적인 자금 지원 의사, 추가 합병의 전망(Smith, 2004a)"도 사모펀드에게 매력적인 요소였다. 더욱이, 스미스(2004b)가 설명하듯이, 국민 가운데 61%가 보건의료 분야에서 지방정부로부터 재원지원을 받는 상황(Laing & Buisson, 2004)에서, "보건의료 분야는 정부 혹은 대리기관이 결국 주민들의 요금을 지불해주는 경우가 많기 때문에 사모펀드에게는 매력적일 수밖에 없었다"라고 설명했다. 공공 분야에서 보호시설에 지원해 주는 재원이 상당했기 때문에, 정부는 국민들을 설득해서 미래 노후에 대해 각자의 자구책을 찾도록 설득하려고 했다. 존스톤(Johnstone, 2005: 1)은 정부가 직면한 도전을 설명했다.

그는 책의 서두부터 "일반인들은 자발적으로 미래 복지 비용을 잘 준비하지 못했다"며 "자발성에 의지한 계획은 성공할 가능성이 낮다"고 지적했다. 개인이 스스로 미래의 복지 수요를 감당하기 위해 자금을 준비할 수 있는 많은 방법으로는 장기요양보험long-term care insurance(이 보험을 제공했던 회사들은 2004년에 이 상품을 대부분 시장에서 철수하도록 했던 것은 사실이지만), 투자기반계획investment-based plans(마찬가지로 시장에서 실패했다), 연금이나 자산양도계획equity release plans[5] 등이 있다. 존스톤(Johnstone, 2005)이 지적하듯이, 정부가 금융서비스 분야를 규제하는 데 실패하면서 국민들은 이런 상품들을 불신하기 시작했고, 상품 가입도 줄었다. 복지혼합의 상호작용이 여기서 잘 드러나는 셈이다. 민간 분야의 공급과 관련한 규제 문제는 그 자체로서 연구할 필요성이 있다.

신노동당이 소유의 문제에 대해서는 잘 알지 못했더라도, 규제의 문제에 대해서는 확신을 가지고 있었다. 신노동당은 경제성과 효율성에 초점을 맞춘 보수당식의 감사와 조사 모델을 물려받았다.

신노동당이 품질과 자치, 다양성을 강조하면서, 여러 가지 이야기를 늘어놓았지만, 험프리(Humphrey, 2002: 468)가 지적했듯이, "중앙의 지휘와 통제는 실제로 강력해졌다." 신노동당이 "규제 수단을 매우 많이 늘렸"기 때문이었다(Humphrey, 2003: 5). 소유의 문제가 공공 영역의 외부에서 다뤄졌지만, 규제와 감사는 공익이 보장되도록 하기 위한 정부의 수단이었다.[**]

사회적 보호의 영역에서 민간 영역의 가파른 성장 때문에, 민영화에 가장 급진적이었던 대처 3기 내각도 시설보호에 대한 규제를 강화했다. 1990년 NHS와 지역보호법은 지방정부와 민간 보호시설 둘 다 사회서비스 관련 부처 산하에 마련

---

5 미국의 역모기지reverse mortgage와 유사한 제도. 보통 50세 이상의 노년층이 사후 혹은 요양원으로 이동할 때 집의 소유권 혹은 점유권을 넘겨주는 조건으로 일정한 액수 혹은 대출을 미리 받도록 하는 제도

** 물론, 규제 문제를 다룬 많은 연구들은 규제국가의 역할 증가와 관련한, 상대적으로 덜 중요한 요인들을 다루고 있다. 선거를 고려해서 인기 없는 기능을 다른 곳에 이양하는 '비난회피blame avoidance'가 예가 될 수 있다. 이 문제에 대한 일반적인 논의를 보려면 후드(Hood, 2002)의 저작을 참고.

된 반semi자치적인 감사기구Inspection Unit의 감사 대상이 되도록 규정했다. 그 뒤로 실제 규제의 패턴은 일련의 변화를 겪었다. 1995년 보수당 정부는 1990년에 마련된 제도를 검토했다. 규제를 단순화하고 줄이는 방법을 모색하기 위한 시도였다. 잉글랜드에서는 신노동당이 2000년 보호기준법Care Standards Act 제정을 계기로 복수의 사회보호조사위원회들을 통합하기로 결정했다(보건부, 2005b).

복지다원주의 시대에 위의 사실들이 규제의 역할에 관해 말해주는 바는 무엇일까? 사회복지에서 소유 패턴의 변화가 의미하는 바는 중앙정부로서는 규제가 점차 중요한 역할을 맡고 있지만, 실제로 규제를 민간서비스 업체에게 적용하는 것은 쉽지 않다는 점이다. 발록과 동료들(Balloch 외, 2004: 372)이 지적하듯이, "시장의 힘에 강력하게 영향을 받는 영역에서 규제를 통해 기준을 끌어올리는 것은 현재도 어렵고 앞으로도 어려울 것이다." 예를 들어, 시설보호에서 최소기준에 대한 규제를 집행하게 되면 결국 비용은 집주인이 스스로 떠안거나 혹은 거주자나 지방정부에게 떠넘기게 된다.

지난 20년 동안 발전한 규제와 감사 기법의 패턴에 대한 연구는 상당히 많다. 연구들의 일반적인 결론은, 논거가 각각 무엇이든, 규제는 의도한대로 복지서비스의 전달과 수준을 끌어올리는 데 실패했다는 점이다. 실패의 이유가 국가의 지루하고, 신뢰를 깨는 속성 때문(O'Neill, 2002)인지, 규제를 집행하는 정부 시도의 불완전성 때문(Moran, 2001)인지 어느 쪽이든지, 실패에 따른 불만은 널리 퍼져 있다.

소유권과 재정, 규제가 뒤섞인 칵테일의 성분비는 노인층을 위한 보호시설 분야에서만 뒤죽박죽인 것이 아니다. 조너던 거스리는 2004년 7월 〈파이낸셜 타임즈〉에 쓴 글에서 심각한 정신적인 장애를 앓고 있는 사람들을 위해 제공되는 민간시설서비스에 대해 긍정적으로 평가하면서도, "국가가 보건의료사업을 민간업체에 하청을 주기 때문에 정신장애인들이 사업의 자산 취급을 받게 됐다"고 썼다. 그는 또 다음과 같이 평가했다.

정신장애인들을 위한 시설을 운영하는 것의 장점은 지방정부가 사용료를 깎기가 쉽지 않다는 점이다. 정신상태의 종류가 워낙 많다보니 비용을 지불하는 지방정부는 장애인 한 명마다 사용료를 따로 협상해야 한다. 대조적으로, 노인을 위한 요양소는 개별 사용자당 사용료가 고정된 경향이 있어서, 마치 상품을 다루는 사업에 가깝다(Guthrie, 2004).

이런 배경에서, 정신건강이 독립치료센터의 병원서비스 가운데서 가장 빠르게 성장하는 분야라는 랭 앤 비송(2004)사의 보고서는 놀라운 일이 아니다. 정신건강 분야는 실질기준으로 2003년에 7%에 성장해, 시장 규모가 약 5억3700만 파운드에 이른다. 랭 앤 비송사의 보고를 보면, "NHS 대리기관들이 독립치료센터를 꾸준하게 구매했던 것이 주된 성장 요인이었다." 실제로 독립치료센터의 정신건강 매출의 67%는 NHS의 구매에 따른 것이었다. 공공정책의 방향은 랭 앤 비송사의 보고서 결론을 읽어보면 가늠할 수 있는데, 보고서는 "시장의 선두주자인 프라이아러티 헬스케어Priority Healthcare사는 2003년 국방부와 정신건강과 관련한 모든 서비스를 제공하는 내용으로 3년 계약을 맺으면서 새로운 지평을 열었다. 이는 정부 기관이 정신건강 서비스를 의뢰한 첫 번째 사례다"라고 설명했다.

이런 사실이 서비스 사용자에게 중요할까? 블레어 정부는 서비스 사용자들은 복지혼합의 작동에 대해서는 무관심하다고 믿고 있다. 문제는 누가 서비스를 소유하느냐가 아니고, 어떤 경로를 통해 서비스가 전달되느냐도 아니고, 결국 서비스의 품질이다. 당연히, 수백만 파운드나 되는 나랏돈을 솜씨 있게 다루는 문제나, 수천 명의 사람들이 민간 보호시설에서 경매에서처럼 거래되는 것도 일반 대중들에게 직접적으로 파급되는 문제는 아니다. 그러나 "보건의료 투자자를 위한 새로운 황금기"가 밝아오는 상황에서(Essex, 2004) 노년층을 위한 시설보호 문제가 신문 제목에 떠오르지 않은 경우도 드물었다. 예를 들어, 버밍엄에서는 시의회가 예산을 초과한 사회서비스 지출 가운데 2,800만 파운드를 벌충하기 위해 시가 소유하고 있는 29개의 요양원을 민영화하거나 폐쇄하는 안을 놓고 설문을 벌였다(Birmingham Evening Mail, 2005). 그리고 2005/2006년 회계연도의 하반기에 사회복지당국의 예산초과지출의 부작용이 생기면서, 보호시설을 닫으려는 지방정부들의 결정이 잇따르자 영국 전역이 술렁이기 시작했다. 데본_{Devon}에서는 자유민주당이 다수를 차지하는 지역의회가 보호시설을 줄이려고 하자, 이 지역에서 선출된 보수당 하원의원이 이 결정을 '역겨운 농담'이라고 혹평했다(Herald Express, 2005). 스토크 온 트렌트_{Stoke on Trent}에서는, 250명의 연금수령자, 간병인_{carer}, 노조원들이 보수당이 다수를 차지한 지역의회까지 행진한 뒤, 지역에서 아홉 곳의 보호시설을 폐쇄하는 내용을 담은 노년층계획_{the Older People's Strategy}에 대해 반대하는 5,000명의 연명서를 전달했다(The Sentinel, 2005). 더럼_{Durham}에서는 시의 집행부가 노인을 위한 지역정부의 직접 보호시설 지원을 끝내려고 하자, 지역 노동당 그룹의 수뇌부가 사퇴했다(Northern Echo, 2006). 노섬버랜드_{Northumberland}에서는, 지역의회의 중견 의원이 주변인에게 보호시설의 폐쇄와 관련한 내부정보를 누설했다가 직무정지의 징계를 받기도 했다(The Journal, 2006a).

요양서비스의 상품화에 대한 노인들의 가족이 보인 반응을 보면, 일반 시민들의 정서가 어떠한지 좀 더 직접적으로 알 수 있다. 94살의 어머니가 더럼의 요양원에서 사는 안젤라 볼럼_{Angela Bolam}씨는 요양원의 민영화에 대해 다음과 같이 말했다.

> 노인들의 요양원과 복지에 대해서 '최고의 가치'[6]라고 말하는 것을 보면, 지방정부가 이 일을 마치 거리청소나 벌초와 비슷한 것으로 보는 것 같습니다. 비용 절감에만 신경을 쓰네요(The Journal, 2006b).

---

6 당시 〈저널The Journal〉 기사를 보면, 더럼 지방정부는 지방정부 소유의 요양원을 폐쇄하는 안을 검토했다. 근거는 요양원의 노인들이 요양원보다 집에 머물기를 선호한다는 것이었다. 그러나 노인의 가족들은 지방정부의 폐쇄조치가 노인들의 건강을 위협할 수 있다고 비판했다. 여기서 말하는 '최고의 가치'란 전후 맥락을 통해 미루어 보건데, 지방정부가 말하는 노인의 선호도보다는 지방재정의 효율화, 공공 영역의 시장화를 가리키는 것으로 보인다.

일반인 가운데 일부에게는 소유권이 매우 중요한 문제일 수 있다. 이 문제와 관련해 1장의 내용을 다시 반복하자면, 위에서 제시한 국민들의 반응을 보면, 공공과 민간의 공급이 단순히 기능적으로 동등한 것이 아니고, 각각은 다른 원리에 근거했고, 이에 따라 다른 결과를 낳는다는 점을 이해할 수 있다.

 질과 공공복지

질은 13살의 딸과 함께 살고 있습니다. 남편은 질 모녀를 3년 전에 떠났습니다. 모녀는 B&B bed and breakfast의 방 한곳에서 여러 달을 보내면서, 당국에 집이 없다고 하소연했습니다. 정부는 질이 지칠 정도로 집요하게 사실 여부를 조사한 뒤, 도시 외곽지역에 시영아파트를 하나 마련해줬습니다. 그 지역은 범죄율도 높고, 아파트 관리와 수리도 잘 안 되는 동네였습니다. 질의 딸은 아빠가 떠날 즈음에 학력측정시험 key stage two tests을 봤는데 나쁜 점수를 받았습니다. 딸은 집에서 가장 가까운 학교인 '특성화학교specialist school'에 지원했는데, 편지로 불합격 통보를 받았습니다. 그녀의 성적이 학교에서 제공하는 특성화된 교육에 적응할 수 있을 만큼 충분하지 않다는 것이 이유였습니다. 질은 천주교도였기 때문에, 딸이 종교재단학교에 진학하기를 바랐습니다. 그러나 가톨릭 계열의 학교는 도시의 반대편에 있었습니다. 지방정부는 최근 신노동당 정부의 새로운 유연화 정책에 편승하여 학교로 가는 교통비를 더 이상 지원하지 않습니다. 질은 딸의 버스비를 낼만한 여력이 없었습니다. 대신, 딸은 지역의 다른 학교에 진학했습니다. 이 학교의 교사는 훌륭했고, 헌신적이었습니다. 그러나 등록 학생 수는 줄고 예산도 부족했습니다. 교육과정도 줄었고, 학생들의 과외활동도 학부모들이 비용을 감당할 수 있는 수준의 것들만 마련됐습니다. 질은 무릎 수술을 기다리고 있습니다. 그녀의 일반의는 낮은 평가를 받은 기금신탁 no-star trust의 대기자 명단에 그녀를 올려놓았습니다. 그녀가 집에서 가능한 가까운 병원에서 수술을 받아야 했기 때문입니다. 그녀는 먼 병원에서 더 빨리 수술을 받을 수도 있다는 것을 알고 있습니다. 그러나 교통비나 다른 부대비용을 감당할 여력이 없습니다. 또 딸을 집에 남겨두고 다른 곳을 갈 수도 없습니다.

질의 아버지는 진행성 알츠하이머병을 앓고 있습니다. 그는 민간요양원에서 잘 지내고 있었지만, 요양원에서는 병이 깊어지면서 더 이상 그를 돌볼 수 없다고 질에게 통보했습니다. 그는 다른 민간시설로 옮겼는데, 질은 이곳의 서비스 수준이 마음에 들지 않았습니다. 추가 서비스 제공에 드는 비용은 지방정부가 부담하는데 비용 부담을 지역보건청과 지방정부가 서로 떠넘겼습니다. 결국 질의 아버지는 추가 서비스를 받지 못했습니다. 질은 민원을 제출했습니다. 요양원에서는 안내 서류를 하나 보내왔는데, 오래된 내용만 있어서 쓸모가 없었습니다. 지방정부는 그를 '시민제안사무소the Citizen's Advice Bureau'에서 도움을 받아보라고 안내했습니다. 사무소의 자원봉사자는 다시 몇몇 기관을 소개했습니다. 추천 받은 기관을 몇 가지만 들자면 지역의료위원회, 사회서비스감독관the Social Services Inspectorate, 보호기준감독관the Care Standards Inspectorate, 보건증진위원회the Commission for Health Improvement 등등이었습니다. 질은 나중에 시간과 에너지가 있을 때, 의견을 알리기 위해 기관들을 돌아다녀야겠다고 생각했습니다.

결론

이 장에서는 지난 사반세기를 거슬러 시장화 문제가 영국의 사회복지정책에 미쳐온 영향을 살펴봤다. 신노동당의 정치인들은 이 문제를 대처주의자Thatcherites들과는 다른 관점에서 접근했겠지만, 사실 1980년대 민영화를 위해 보수당이 제기했던 주장의 상당수는 외관만 바꿔 1997년 이후 다시 등장했다. 2기 블레어 내각에서 개혁은 더 빨랐고 근원적이었다. 당시 상품화 경향에 맞춘 정책들로 이제 응급수술이 아닌 일반적인 대기 수술elective surgery은 민영화됐고, 민간 시설보호 서비스가 시장에 대거 나타났다. 이윤의 흐름과 시장의 움직임이 이제 보건과 사회보호 공급에서 매우 중요하게 부상했다. 1945년 이후의 복지서비스에서는 상상도 할 수 없는 일이었다.

　종합하면, 가장 크게 타격을 받은 것은 영국 복지국가의 기본 원칙인, 평등의 원칙이었다. 개인을 국민이 아닌 소비자로 보는 정부-개인 관계 모델에서는, 이미 우월적인 위치에 있으면서 시장의 주체로서 특권을 행사하는 개인들에게 필연적으로 더 많은 혜택이 돌아가게 된다. 부유하고, 정보가 많고 자신의 주장을 또렷하게 밝힐 수 있는 집단은 스스로를 위해 다른 집단보다 더 나은 보건의료, 교육, 사회복지서비스를 확보하기 위해 복지혜택을 활용할 수 있다. 사회복지에서 선택의 여지를 넓히면 혜택이 더 많다는 주장도 있다. 모한(Mohan, 2003)은 공공선에 대한 집합적인 인식과 취약계층의 이익을 먼저 배려한다는 원칙에 근거한 제도를 '평등주의적인 공공서비스egalitarian public services'라고 불렀다. 사회복지에서 선택의 여지가 넓어지면서 공공서비스가 흔들리게 되는 위험성은 상대적으로 적게 논의됐다. 그러나 이 위험은 현실적으로 존재하고 있고 해결돼야 할 문제다.

요약

- 지난 사반세기 동안 영국에서 자원 영역과 민간 영역의 사회복지서비스의 전달 기능은 크게 증가했다.
- 공공서비스의 민영화와 시장화는 대처 수상 재임기에 시작됐고, 신노동당의 집권기에도 약간 다른 방향이긴 했지만 계속됐다.
- 사회복지 현장에서 민영화는 다양한 형식을 취한다. 자산의 소유권이 국가에서 이해당사자나 지역주민들의 새로운 조직 — 예를 들어 학교운영기구나 기금트러스트 — 에 넘어가는 것을 의미할 수 있다. 또 재가보호나 시설보호와 같은 서비스를 국가가 직접 제공하는 것이 아니라, 민간영역이나 독립영역으로부터 사들이는 것을 의미할 수도 있다. 서비스의 재원 조달과 공급 사이의 상호작용은 복잡하며, 다양한 형식을 취할 수 있다.
- 민영화는 책임의 영역을 좁힌다. 국가는 이전보다 역할을 축소하면서 그 역할을 개인책임의 영역으로 떠넘긴다.
- 국가가 민간서비스 업체에 의탁하면, 규제와 감사는 서비스 사용자를 위한 최소한의 기준을 보장하는 데 있어 중요한 역할을 맡게 된다. 규제의 패턴은 지난 15년 사이에 규칙적으로 빠르게 바뀌었지만, 효력은 아직 검증되지 않았다.
- 책임이 공공에서 민간영역으로 이동하면서 몇 가지 긴장이 잠재되어 있다. 선택과 반응성, 효율성을 강조하는 주장은 근거리 지역 단위의 서비스를 선호하는 성향과 공존하기 힘들고, 더 많은 평등의 추구와도 양립하기 힘들다.

☑ 토론할 문제

- 무엇이 가장 효율적인 복지 시장을 만드나? 개인소유 혹은 경쟁, 혹은 선택? 선택의 대상이 되는 서비스 공급자는 누구든 상관없나?
- 국가는 직접 공급보다는 규제를 통해 복지서비스에서 최소기준을 강제할 수 있을까?
- 이윤과 공공서비스 가운데 무엇이 질 좋은 복지를 위한 최고의 동기를 제공할 수 있을까?

☑ 더 읽을 거리

바트렛(Bartlett, 1998) 등이 쓴 『사회정책의 혁명: 1990년대의 준시장 개혁*A Revolution in Social Policy: Quasi-market Reform in the 1990s*』은 1980년대와 1990년대 정책 변화를 빼어나게 요약했다. 정책 변화가 개별적인 사회복지서비스에 어떤 영향을 미치는지 점검했다. 드레이크포드(Drakeford, 2000)의 『민영화와 사회정책*Privatisation and Social Policy*』은 영국 사회정책에서 시장화와 민영화가 집행된 방식을 종합적으로 점검하면서 개인과 기관에 미친 영향도 살펴보았다.
랜드(Land, 2004)가 〈사회정책리뷰*Social Policy Review*〉에 쓴 논문인 「민영화, 민영화, 민영화: 1979년 이후 영국의 복지국가*Privatisation, privatisation, privatisation: the British welfare state since 1979*』는 1979년 이후 사회정책 분야에서 민영화가 적용된 과정을 간략하게 정리했다. 신노동당 집권 하에서의 진행 상황도 살펴봤다.

☑ 인터넷 자료[7]

주요 연구 기관의 누리집이 최근의 논의를 가장 잘 정리해 놓았다. 예를 들어, Catalyst포럼의 누리집http://www.catalystforum.org.uk은 중도좌파적인 시각을 담은 자료를 풍부하게 담고 있다. 보통 복지 전달을 민간이 떠안을 때 생기는 효용에 대해서 회의적이다. 정책연구센터http://www.cpc.org.uk는 이데올로기적으로 정반대편에 있는데, 국가의 영역을 축소하고 복지 현장에서 민간영역의 서비스를 선호하는 정책과 활동에 대해 우호적이다.

---

7 두 누리집 모두 폐쇄됐다. Catalyst 포럼은 지난 2006년 또 다른 진보적인 연구그룹인 Compass로 흡수 통합됐다. Compass의 누리집은 http://www.compassonline.org.uk이다.

CHAPTER 5

자원복지와
지역복지

| 피트 앨콕, 던컨 스콧 *Pete Alcock & Duncan Scott* |

개요

이 장에서는 영국 사회정책의 측면에서 자원복지와 지역복지의 의미를 논의한다. 또 자원·지역복지의 개념을 정리하고 윤곽을 그리면서 만나게 되는 문제점들과 이 영역이 다른 영역과 맺는 관계의 중요성을 짚어본다. 그리고 관련 정책이 발전해온 과정, 특히 지난 10년 사이의 변화를 논의한다. 또 이 영역의 규모와 형태를 세 가지 사례를 통해 제시한다. 마지막으로 21세기에 부상하고 있는 복지혼합의 맥락에서 이 영역의 미래를 그려본다.

주요 용어

자원복지와 지역복지, 시민사회, 공공서비스 전달, 시민성 회복civic renewal

서론

영국의 자선 영역과 지역 영역의 개념을 정의하다보면, 근대 영국 사회의 성격을 알 수 있다. 발전된 자본주의 국가에서 핵심적인 제도인 시장과 국가를 살펴보면, 또 하나의 측면을 확인하게 되는데, 다름 아닌 시민사회다. 물론 학자들이 지적하듯이, 사회적 관계와 사회적 제도의 어떤 조합을 시민사회라고 부를 수 있을지는 여전히 논쟁 혹은 토론의 여지를 남긴다(Deakin, 2001 참고). 이 토론은 새 세기에 들어서서 정치인들과 정책입안자들 사이에서 여전히 진행되고 있으며 중요하다(예를 들어, Jochum 외, 2005). 그러나 시민사회가 시장과 국가의 사이 혹은 떨어진 곳에 위치한다는 것에 대해서는 합의가 있어 보인다.

　시민사회가 포괄하는 관계들은 자원 영역과 지역 영역을 합한 것보다 넓다. 자원·지역 영역이 여기에 부분집합이다. 자원·지역 영역에 속하는 단체들과 이들의 활동은 시민사회에서 핵심적인 요소들이다. 이런 단체들은 국가의 일부가 아니고, 공식적인 위치가 있는 것도 아니다. 시장에 속하지도 않고, 교역과 이윤을 목적으로 존재하지도 않는다. (많은 자원단체들이 상품을 생산하고 사고팔긴 하지만) 개념을 정의하기 쉽지 않은 특징 때문에, 이 영역은 종종 잘못 거론되기도 한다(128쪽 상자글 참고).

　자선·지역 조직의 다양성의 폭이 넓고 또 넓어지고 있기 때문에, 이 분야를 복지혼합 안에서 하나의 '영역sector'이라고 개념을 잡는 것은 본질적으로 문제가 있다. 일부 학자들은 이 다양성 때문에 이 영역을 정의하거나 분류하는 것이 본질적으로 불가능하다고 주장하기도 한다. 그래서 이 영역은 종종 '헐렁하고 느슨한 괴물loose and baggy monster'이라고 불리기도 한다(Kendall & Knapp, 1996). 따라서 이 영역의 내생적인endogenous 정의를 찾는 것은 결국 성과가 없을 것이다. 따라서 128쪽 상자글에서 볼 수 있듯이, 외생적인 접근을 통해 정의된 개념이 일반적으로 채택된다는 점은 흥미롭다. 그래서 일부 학자들은 본질적인 특성을 찾기보다는 '긴장의 장tension field'에 주목한다. 긴장의 장이란, 〈그림 5-1〉에서 보듯

주요 용어

위치
- 법에 준거하지 않는 – 법에 의해 만들어지지 않은
- 비정부적 – 정부가 소유하거나 통제하지 않는
- 자선적 – 법적으로 인증 받은 자선행위를 할 수 있는 지위
- 독립적 – 자치적 혹은 스스로가 통제하는
- 제3영역 – 여러 영역 가운데 하나의 영역
- 제3의 길 – 국가와 민간의 이해 사이에 있는

핵심 목적
- 비영리 – 이윤을 이해당사자들에게 배분하지 않는
- 박애적 – 타인에게 도움을 베푸는
- 상호적/자조적 – 회원들에게 도움을 제공하는
- 공동체주의적 – 활동을 위한 집단적인 기본을 제공하는

크게 본다면?
- 사회적 자본 – 사회적 관계의 힘
- 시민사회 – 국가와 시장 외곽에서 적극적인 시민의 활동

이, 영역 사이의 관계를 보여주는 삼각형으로 제시된다.

　표를 보면, 자원·지역 영역은 다른 주요 3개 영역의 사이에서 있으면서 다른 영역과 중복되기도 한다. 어떤 자원단체는 분명히 자원·지역 영역의 삼각형의 가운데서 자리 잡고, 아마도 상당수의 다른 조직들은 다른 영역과의 경계선 근처에 있게 될 것이다. 따라서 같은 영역 안에서도 단체들 각각의 기능에는 차이가 클 수 있다. 이렇게 개념과 기능 사이의 긴장은 이론적으로 중요하지만, 정치적, 실용적으로도 의미가 있다. 특히 자원·지역단체에서 일하는 사람들이나 서비스 수혜자에게 더욱 그러하다. 이 영역을 분석하면서 우리는 이 같은 영역 사이의 분포와 그 안에서 생기는 긴장을 고려한다. 그런 긴장을 설명하다보면, 왜 〈그림 5-

| 그림 5-1 | 영역 사이의 관계

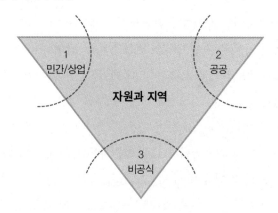

1>이 현상을 과도하게 단순하게 그린 것인지도 알 수 있다. 또 그림에서 1, 2, 3 영역에 속한 기관들도 성격이 고정된 것도 아니고, 추구하는 가치나 구조가 획일적인 것도 아니라서 영원히 한 영역에 머무를 것이라고 단정할 수 없다.

예를 들어, 상업적 영역(그림 5-1에서 1)에서 활동하고 있는 '빅이슈Big Issue[1]' 같은 사회적 기업은 단체 내부에서 모순적인 긴장을 겪어야 한다. 홈리스들을 위한 사회적인 임무와 잡지 판매를 통해 이윤을 남겨야 한다는 상업적인 필요 사이에서 조화를 이뤄야 하기 때문이다(Pharoah 외, 2004). 마찬가지로 에이지 컨선Age Concern[2]은 공공서비스를 전달하기 위해 국가와 계약을 맺는데(그림 5-1에서 2영역), 계약 서비스의 규모와 형태, 지속성에 따라 자금 흐름에 큰 영향을 받는다(Alcock 외, 2004). 또 지역의 보육기관이나 취학 전 교육기관은 비공식 영역과 겹치는데, 상대적으로 비공식적으로 이뤄지는 사회적인 상호관계(사람들이 여기서는 무료로 혹은 매우 적은 금전적인 대가로 시간과 기술 등을 서로 교환한다)가 합의·유지·논의되는 방식에 따라 성격이 크게 좌우되는 경향이 있다(Scott, 2003).

---

1 영국에서 주간지를 발행하는 사회적 기업. 홈리스들은 이 주간지를 75펜스에 사들인 다음, 이를 길거리 등에서 1파운드 50펜스에 판다. 이 기업은 홈리스가 자신의 힘으로 벌이를 하게끔 한다는 취지를 가지고 있다. 우리나라에서도 2010년 7월부터 한국판 〈빅이슈〉가 발행되기 시작했다.
2 영국 최대의 노인 관련 시민단체

자원·지역 영역은 위의 기관 모두를 포괄한다. 따라서 자원·지역 영역을 분석하려면 이 기관들 사이의 차이점과 긴장을 이해해야 한다. 이렇게 개념을 정의하기가 어렵지만, 학자들은 자원 영역의 범위를 국가 단위나 국제적인 단위에서 정의하고 그려보고 재보려고 시도했다. 영국에서는, 전국자원단체협의회the National Council for Voluntary organisation가 2년에 한 번씩 자원 영역에 대한 연감을 발행하는데, 가장 최근의 것이 윌딩Wilding 등이 발간한 것이다.[3] 연감은 자원 영역의 규모와 구조를 파악하기 위해 당국의 자료에 의존하는데, 주로 자선단체 감독위원회the Charity Commission와 법인등기소Companies House의 자료를 주로 사용한다. 따라서 규모가 크고 공식적인 기관들, 특히 자선단체들의 정보가 주로 실리는 경향이 있다. 지역 단위에서, 특히 비공식 영역과의 경계에서 활동하는 작은 단체들은 누락되기 쉽다. 그래도 연감의 자료는 여전히 주목할 만하고 중요하다. 2003/2004 회계연도에 자원 영역은 수입이 263억 파운드였고, 총자산은 701억 파운드, 그리고 임금노동자 60만 8000명을 고용했다고 연감은 밝히고 있다 (Wilding 외, 2006b: 3).

 자원과 지역 영역

자원·지역 영역VCS, voluntary and community sector이라는 표현은 다음과 같은 몇 가지 이유로 붙여졌다.

- 1997년 이후 정책 결정자들이 이 표현을 즐겨 썼다.
- 자원단체들이 자원적인 측면을 강조한다. 임금노동자를 고용하는 큰 규모의 공식적인 기관들도 회원들이 자원봉사를 할 때 아직 자원적인 원칙을 고수하고 있다.
- 지역단체들이 지역적인 측면을 강조한다. 대부분 자원과 지원 영역은 지역 단위에서 활동하고, 자원봉사자에 의존한다.

---

3 이 책이 발간되던 2007년에는 2006년 연감이 가장 최신판이었으나, 그 이후 전국자원단체협의회는 연감을 해마다 발간하기로 하고 2007년부터 해마다 결과물을 내놓았다. 2011년에도 3월에 연감이 발간됐다.

국제적인 수준에서는 미국 존스홉킨스대학의 연구가 가장 중요하다. 이 연구는 '비영리조직의 국제분류ICNPO, International Classification of Non-profit Organisations'를 개발했는데, 그 뒤로 여러 나라의 연구자들이 자국의 자원단체 현황을 파악할 때 기준으로 사용한다. 이 접근은 다음과 같은 네 개의 주제와 함께 '구조적·기능적 정의structural operational definition'를 사용한다.

- 공식성formality
- 독립성independence
- 비영리적 배분non-profit distribution
- 자원주의voluntarism

이런 기준에 따르면, 전국자원단체협의회의 연감은 자원 영역의 많은 단체를 제외해야 한다. 국가로부터 완전히 독립적이지 않은 단체나, 이득과 손실을 나타내는 계정을 가지고 기능하고 있는 조합, 그리고 작은 지역 단위 단체가 그런 예다.

이 같은 한계에도 불구하고, 존스홉킨스대학의 연구자들은 다음과 같이 12항목의 분류기준을 만들어놓았다.

비영리조직의 국제분류

- 문화와 재창조
- 교육과 연구
- 보건
- 사회서비스
  - 아동, 청년, 가족, 장애인, 노인(5)
  - 자조self-help: 다목적인 사회서비스(2)

- 지원support, 기준standards, 거버넌스(1)
 • 환경
 • 개발과 주택
 • 법제와 대변advocacy, 정치
 • 박애적인 매개와 자원주의적인 고양
 • 국제적인 활동
 • 종교
 • 사업과 직업단체, 노조
 • 기타
 (Kendall & Knapp, 1996: 269~273)

존스홉킨스대학의 연구와 다른 연구 및 토론에 대해 켄달(Kendall, 2003)이 정리 작업을 했는데, 그는 특히 자원단체와 국가의 관계, 그리고 주택과 사회보호, 환경 분야에서 자원단체의 구조와 기능에 주로 주목했다. 켄달의 연구는 자원 영역의 포괄적인 이해를 위한 밑바탕이 됐고, 복지혼합에서 자원 영역이 맡는 독특한 역할을 연구하는 사람들에게는 유용한 출발점이 되기도 했다. 그의 연구의 의미가 더욱 큰 이유는 자원·지역 영역은 사회정책학 분야에서 핵심을 차지하기 때문이다. 더욱이, 이런 단체들은 스스로가 정책 활동의 대상이 되기도 하고, 앞으로 보겠지만 정책 집행자로서의 역할도 맡는다. 복지혼합에서 자원·지역단체의 정책적인 역할은 매우 중요하다. 그리고 긴 역사를 가지고 있다.

전개

자원과 지역 영역이 국가의 복지 공급과 함께 발전해온 초기 역사는 스튜어트가 쓴 2장에서 다루었다(Lewis, 1995, 1999 참고). 스튜어트와 루이스가 분명히 설명하듯이, 국가와 자원 영역의 관계는 변화해왔다. 루이스는 이 관점에서 몇 가지 중요한 변환을 짚기도 했다. 페이비언 사회주의자인 웹Webb 부부도 국가와 자원 영역이 '평행선parallel bars'(두 영역이 따로지만 각각 상호보완적인 분야에서 기능하는 유형)에서 '연장식 슬라이딩 사다리extension ladder'(자원 활동이 국가의 기본적 서비스에 더해서 기능하는 유형) 형태로 이동하며 변화했다고 봤다. 복지국가 공급 모델의 설계자였던 베버리지도 이런 연장식 슬라이딩 사다리 모델에 따라 자원 활동의 중요성을 인식했다(Beveridge, 1948).

역사를 보면 과거와 현재에 자원 영역을 특징짓는 다양성과 차이점을 볼 수 있다. 특히, 박애주의와 상호부조정신의 차이점이 19세기 자원 영역의 뿌리를 거슬러 올라가면 드러난다. 예를 들어, 빈곤층을 대상으로 한 자선조직협회Charity Organisation Society의 복지서비스(Humphries, 1995)와, 실업의 위협에 처한 노동자들을 위해 보험 성격의 지원을 한 우애조합Friendly Society의 상호부조적인 접근 사이에는 분명한 차이점이 있다(Gosden, 1961).

20세기 말에 들어서는 국가와 자원 영역 사이의 관계에 또 하나의 굵직한 변화가 생겼고, 복지혼합에 대한 폭넓은 정치적·정책적인 논쟁을 낳았다. 이 부분은 이 책의 다른 장들에서 다루고 있다. 20세기의 변화는 자원 활동과 자원단체들이 정치적인 논쟁과 정책 집행에서 점차 중요한 의미를 띄고, 공공서비스의 전달과 개혁에 대한 여러 논쟁에서 주요한 논제로 대두되었다는 것을 의미한다. 이런 변화로 자원 영역을 지원하고, 자원 영역과 공공 영역의 관계를 증진하기 위한 새로운 정책들이 등장하기 시작했다.

예를 들어, 1990년대 초반 존 메이저 총리는 자원 활동을 촉진하기 위한 정부의 새로운 정책인 '차이 만들기Make a Difference'에 개인적인 지지를 보내기도 했다(Davis Smith, 2001 참고). 그러나 자원 영역에 가장 큰 영향을 미친 것은 복지서비스에 대한 경쟁 입찰과 외주 계약을 추진하려는 정부의 방침이었다.

당시 정부는 외주 계약을 공공서비스 전반에 걸쳐 복지서비스 계획과 전달의 기본으로 활용했고, 그 배경에는 책임성, 전달성, 돈의 가치와 같은 신공공관리

New Public Management의 주된 덕목이 자리 잡고 있었다(Ferlie 외, 1996). 그러나 자원 영역에 가장 큰 영향을 준 것은 아마도 1990년 지역보호법의 제정일 것이다. 이 법에 따라 지방정부의 사회서비스국들social service departments과 NHS 대리기관들은 지역의 보건과 사회보호서비스를 전달할 때 협업을 하되, 서비스의 전달은 공공이든, 민간이든, 자원이든 다양한 기관과 단체들에게 맡겨야 했다. 당시 정부의 구상은 정부기관들이 직접 서비스를 전달하는 것이 아니라, 특정한 서비스를 특정한 대상에게 특정한 기간 동안 공급하도록 다른 대리기관과 계약을 한다는 것이었다.

이에 따라 정부, 특히 지방정부와 자원단체들 사이에서 재원이 조달되는 성격이 크게 바뀌었다. 지원에서 규제와 감독으로의 변화였다. 20세기 전반에 걸쳐 대부분 자원단체에게 전달되는 정부의 돈은 보조금grants의 형식을 취했다. 보조금은 보통 일정한 기간 동안, 종종 1년 단위로 액수가 정해졌다. 보조금은 해당 자원단체의 활동을 지원하기 위한 것이었다. 그러나 보조금이 대상 활동을 특정하지는 않았고, 성과에 따라 조건부로 지급된 것도 아니었다. 그러나 보조금이 계약금으로 바뀌면서 변화가 생겼다. 계약금은 특정한 서비스의 공급을 조건으로 전달됐고, 서비스 전달이 일정한 형식을 취해야 한다는 조건이 따라붙었다. 계약은 구속력이 있는 합의였고, 공식적으로 집행해야 하는 법적인 지위를 가질 수 있었다. 일부는 이에 따라 자원 영역에서 새로운 '계약문화contract culture'가 성장하게 됐다고 비판했다(Russel & Scott, 1997; Bills & Glennerster, 1998).

국가와 자원 영역의 관계가 새로운 단계에 접어들자, 전국자원단체협의회 NCVO는 독립위원회(위원장 니컬러스 디킨Nicholas Deakin)를 만들고, 21세기 자원 영역의 역할을 검토했다. 위원회는 보고서에서 국가와의 관계는 민간 영역의 발전과 작동을 위해 대단히 중요하며, 정부와 계약해서 나오는 돈은 양자관계를 규정하는 중요한 특성이 되고 있다고 분석했다. 이런 맥락에서 위원회는 상호 관계를 공식화하고 정기적으로 만들면서 양쪽이 혜택을 보는 방안을 제시했다. 그 방법으로 양자가 협상을 통해 미래의 계약과 재원 조달의 기준이 되는 '협약concordat'

을 만드는 안 등이 제시됐다.

정책적 맥락

노동당이 복지혼합의 개념을 이전 어느 정권보다도 폭넓고 열정적으로 포용했다
는 점에 대해서는 이 책의 다른 모든 공저자들도 동의하리라고 본다. 토니 블레
어 수상도 '제3의 길Third Way'을 추구하고, 국가나 시장의 어느 한쪽에 과도하게
경도되는 것을 경계하면서 폭넓게 복지혼합의 개념을 채택했다(Blair, 1998). 노
동당의 '제3의 길'은 '시민성 회복civic renewal'을 고취하고, 사회관계에서 시민사회
의 측면을 공식적으로 포용하는 것을 핵심내용으로 하고 있다. 이런 태도는 최
소한 간접적으로라도 에치오니Etzioni 같은 미국의 공동체주의자들의 입장 혹은
사회관계를 고취하기 위해 '사회적 자본social capital'의 역할을 강조한 퍼트넘의 연
구(Putnam, 1993; 2000)를 배경으로 하고 있다. 디킨(Deakin, 2001)은 이런 논의
와 일반적인 시민사회에 대한 연구를 요약·정리하고 있다. 전국자원단체협의회
의 최근 연구는 자원 활동의 잠재적인 공헌을 이해하는 데 있어 사회자본의 중요
성을 연구했다(Jochum, 2003, Yates & Jochum, 2003).

　　위와 같은 정치적인 변화가 생기면서 정부는 자원 영역이 사회에서 일반적으
로 하는 역할과 공공서비스의 전달에서 떠안는 역할을 새롭게 인식하기 시작했
다. 블레어는 정부가 정책 계획을 짤 때 자원 영역의 활동을 고려하는 것이 중요
하다고 자주 언급했다. 전국자원단체협의회의 2004년 연차 총회에서 당시 고든
브라운 재무부 장관은 "지역에서 벌이는 자원 활동과 자선 행위 방식의 조용한
혁명을 통해, 제3의 영역은 시장과 국가에 어깨를 나란히 하는 수준으로 변화한
다"고 말했다. 이 말은 단순한 수사가 아니었다. 정부는 자원 영역을 지원하기
위해 제도적 정비와 자원 개발을 통해 상당한 기여를 했다.

　　내무부the Home Office의 '자원서비스국the Voluntary Services Unit'은 20세기 후반에

자원 영역에 대한 지원과 재원 조달을 맡아왔다. 1999년 자원서비스국은 '적극적 지역국Active Communities Unit'으로 이름을 바꾸고 재출범했다. 새 조직은 이전보다 더 많은 예산을 책정받아 자원 영역의 기반을 현대화하기 위해 재정을 집행했다. 내무부는 디킨 위원회의 제안을 받아, 자원 영역과 국가의 관계를 규정하기 위해 공식적인 협약을 마련하고 집행했다. 지방정부도 지역 자원 영역 대표자들과 협정을 잇달아 체결했다(Craig 외, 2002 참고). 그 뒤에 상시기관인 협약작업그룹 Compact Working Group이 설립됐다. 협약에 관련한 진전은 더 있었다. 국가와 자원 영역의 협력과 관련해 실행 지침과 지도안을 담은『재원 마련과 정부 조달Funding and Procurement』이 출판됐다(내무부, 2005a). 또 정부는『추가협약Compact Plus』을 내놓았는데, 이에 따르면 일부 자원단체를 선별해 카이트마크kitemark[4]를 주고, 이 단체들이 국가기관과 공식적인 협력 관계를 맺어 정부-자원 영역의 계약이 관리되도록 했다(내무부, 2005b). 이런 '계약문화' 안에서 협약안을 만들고 계약안을 만드는 과정은 대부분 긍정적인 영향을 미쳤다. 그렇지만, 자원·지역 영역에 대해 정부의 이해가 늘어나면서 감사도 늘었다. 정부는 최고의 가치를 강조하면서, 자원·지역 분야에 대한 재정 투입·산출을 더 엄격하게 관찰했다. 또 자선단체 범주를 4개에서 12개로 늘렸다. 감사원the National Audit Office도 자원 영역과 국가 영역이 거래를 하는 내용까지 감사하면서 역할이 많아졌다. 이와 같은 변화에 따라 모두 정부 규제의 증가와 규제의 망에 걸리는 민간단체의 수도 함께 늘어났다.

정부는 시민성 회복을 위해서도 조치를 취했는데, 2003년에 시민성 회복국 Civil Renewal Unit을 내무부에 설치하고,『시민성 회복의 확립』(내무부, 2003)이라는 정책보고서를 출판했다. 이 보고서에서는 지역사회의 역량 구축을 지원하기 위한 계획을 담았다. 이 계획의 핵심은 자원·지역 영역의 역량 강화다. 이 계획에 대한 내용과 시민성 회복과 적극적인 시민참여에 대한 토론 내용을 전국자원단체협의

---

4 영국 규격협회the British Standards Institution가 주는 일종의 품질 보증 표시. 이를 테면, 우리나라의 KS 마크에 해당된다.

회에서 자료로 내놓기도 했다(Jochum 외, 2005).

정부의 공공서비스 전달에 자원·지역 영역의 역할은 계속 넓어지고 있다. 시민성 회복의 측면에서도 자원·지역 영역의 새로운 역할은 계속 확장되고 있다. 새로운 세기의 초입에 자원-국가 관계의 성격 변화 때문에 정치와 정책 결정에 있어 자원 영역 관련 의제의 비중이 크게 증가했다. 내무부도 공공서비스합의서Public Service Agreement에서 이러한 사실을 공식적으로 인정하고, 2006년까지 지역사회의 참여를 5% 끌어올린다는 매우 구체적인 목표를 설정했다. 이런 정책 변화에 맞추어, 정부는 2002년 재정지출을 검토하면서 자원·지역 영역의 역할에 대해 '횡단 검토Cross Cutting Review'를 하기로 했다(재무부, 2002).

당시 폴 보아텡 재무부 차관이 지도하는 재무부 그룹이 횡단 검토를 진행했는데, 이 그룹은 다시 하부에 다섯 개의 작업그룹을 뒀다.

- 서비스 전달
- 사회적, 지역적 기업
- 역량
- 재원 조달 관계
- 협약의 진행

이어서 나온 지출종합검토the Comprehensive Spending Review 보고서에서, 자원 영역에 대한 부분은 다음과 같은 문장으로 시작됐다.

> 정부는 자원·지역 영역을 필요로 하는데, 이 영역은 강하고, 독립적이며 세계적인 수준의 공공서비스를 전달할 수 있는 역량을 가지고 있어야 한다. 이를 위해, 정부는 이 영역의 역량을 강화하고 지역에서 참여를 늘리기 위해 재정 집행을 늘릴 것이다(재무부, 2002: 30장).

보고서는 이에 따라 내무부 적극적 지역국ACU의 예산을 2002/2003 회계연도에 3천500만 파운드에서 2005/2006년에는 6천500만 파운드로 대폭 늘리고, 새로운 정책(아래 상자글 참고)을 내놓았다.

 횡단 검토

- 미래창조펀드Future builders investment fund의 도입. 3년에 걸쳐 1억 2500만 파운드가 조성된다. 효율적인 서비스 전달을 막는 장벽을 제거하고, 자원 영역을 현대화한다. 방법으로는 자원 영역 소유의 건물 등 자산의 매입 혹은 개발, 자원 영역의 지적재산권 같은 무형의 자산 매입, 보조금 혹은 대출 등 1회성 재정 지원.
- 자원 영역과의 협약과 지침의 준수. 이를 위해 각 정부 부처는 고위급 관료 한 명씩 자원 영역을 '지원하는' 책임을 맡도록 함.
- 자원 영역이 제공하는 부가가치의 극대화. 이를 위해 자원영역은 정책 수립과 집행과정에 참여.
- 정부의 모든 부처는 역량 구축을 위한 전략적 접근을 채택(재무부, 2002).

미래창조펀드는 전략적인 투자를 통해 민간 영역의 역량을 개발하겠다는 정부의 의지를 보여준다. 또 21세기의 초입 노동당 집권 아래 국가-민간 관계의 변화된 성격을 보여주는 뚜렷한 예이기도 하다. 이 펀드에 이어 또 하나의 새로운 정책인 '변화ChangeUp'가 발표됐다(내무부, 2004). 새 정책의 목적은 민간 영역 전문성 개발을 돕고, 지역 단위 단체들의 업무를 지원하는 것이었다. 이 사업을 위한 예산으로 역량 구축 지원 사업에 8000만 파운드가 잡혔고, 그 뒤 2006~2008년 2년 동안 7000만 파운드가 추가됐다. 이 사업은 Capacity Builders라는 업체가 주도했다(내무부, 2005c). 정부는 또 자원 단체들이 조언과 지도를 받을 수 있도록 수많은 '허브'를 개설했는데, 여기서는 다음 여섯 분야에 대한 서비스를 제공했다. 2년 동안 1650만 파운드의 예산이 투입됐다.

- 성과 향상
- 인력 개발
- 정보통신기술
- 거버넌스
- 자원·지역 영역에 대한 재원 조달
- 자원봉사자 모집과 훈련

성장하고 있는 자원 영역을 위한 정부의 노력에 대해서는 이제 의심의 여지가 없을 듯하다. 감사원은 2005년 '제3영역'에 대한 내무부의 업무를 중심으로 이 분야에 대한 감사를 진행했다(감사원, 2005). 감사원은 정부와 민간 영역이 관계를 개선하고, 민간 영역의 역량을 개발하기 위해 많은 노력을 했지만, 여전히 많은 전략적, 실천적인 문제점들이 남아있다고 지적했다. 감사원은 정책 집행과 개선을 위해 몇 가지 제언을 했고, 정부는 대부분 수용했다. 물론, 감사원의 결론은 민간 영역 내부에서 논쟁을 낳기도 했다.

그 뒤 국가-자원 영역의 관계를 맡는 정부 부처의 기구 개편도 있었다. 2006년 5월, 민간 영역을 맡는 주무 부처가 내무부에서 내각사무처the Cabinet Office로 바뀌었다. 내무부의 적극적 지역국은 제3영역실Office of the Third Sector로 이름을 바꾸고 이동했다.[5] 자원 영역의 재정정책은 자선기관에 대한 재정지원 업무와 함께 재무부에 남았지만, '자선·제3영역 재정국'이 새로 개설됐다. 재무부는 또 2007년 중기재정계획 작성 업무의 일환으로, 내각사무처와 함께 자원·지역 영역에 대한 공동검토 작업에 착수했다. 사회적 기업 관련 업무는 지역공동체·지방정부부 Department of Communities and Local Government에 새로 마련된 사회적 기업국Social Enterprise Unit으로 이관됐다. 조직 개편에도 불구하고, 각 부처의 업무에 걸리지 않는

---

5 제3영역실은 2010년에 들어 내각사무처 밑에 존속하되, 이름을 시민사회실Office for Civil Society로 바꿨다.

잔여 영역들은 여전히 존재했다.

정부의 관심과 정책 집행에도 불구하고 자원·지역 영역 관련 정책에는 문제가 남아 있다. 정부는 아직 자원 영역의 특성과 활동내용, 수요에 대한 이해가 짧아서, 자원 영역의 다양성에 충분하게 대응하지 못했기 때문이다.

서비스의 전달 혹은 향상을 위해 계약을 맺는 등 국가와 관계를 맺은 사회단체들에게, 내무부의 작업들, 이를 테면 협약, 미래창조기금Futurebuiders, 변화ChangeUp는 정부와 발전적인 관계를 만드는 데 잠재적으로 중요한 요소다. 그리고 복지혼합이 공공-자원 영역 관계를 포괄하고 있다는 증거이기도 하다. 그러나 국가와 공식적인 관계를 정기적으로 맺지 않는 단체들 — 자원·지역 분야에서 실제로 대부분을 차지하고 있는, 지역의 소규모 자조적인 단체들 — 에게 정부의 정책들은 그다지 의미가 없다.

자원 영역의 일부 단체들은 새로운 서비스 전달과 공공 재원 조달의 환경을 공개적으로 환영한다. 공공서비스 전달을 맡은 자원·지역단체들을 대상으로 안정적인 재원 조달을 보장해주는 자원단체재정지원책Voluntary Finance Initiative 같은 정책에 대한 지지자들이 그런 예다(Omerod 외, 2003: Association of Chief Executives of Voluntary Organisations, 2004). 자원 영역의 주요한 전국 모임인 전국자원단체협의회를 포함한 다른 쪽에서는 조금 더 신중한 태도를 보이고 있다. 전국자원단체협의회의 설문에서 3분의 2에 해당하는 응답자들은 자원 영역이 공공서비스 전달 체계로서 지나치게 강조되고 있다고 답했다(Brindle, 2005).

이와 대조되는 목소리도 있는데, 시민성 회복을 장려하기 위해 자원 영역을 지원하는 것에 대한 정부의 자화자찬이다(내무부, 2005). 자원 영역이 정부의 보조를 받아 복지서비스를 제공하면서 자원단체에 대한 일반인들의 신뢰가 잠식되고, 자원단체들이 높은 수준의 책임성과 사용자의 반응에 대한 민감성을 유지할 수 있는 능력이 저하될 수 있다는 주장도 있다(Paxton & Pearce, 2005). 이 능력은 자원·지역 영역의 핵심적인 요소다. 이를 통해 자원단체들은 시민성 회복과 지역사회의 통합을 위해 주요한 역할을 할 수 있지만, 실제로 단체들은 이 역할에 대해서는 정부로부터 상대적으로 적은 지원을 받았다.

정부의 새로운 정책은 많은 자원·지역단체들에 위협이 될 수도 있다. 우선 누락omission 때문인데, 정부의 협약 혹은 추가협약에 활동적으로 참가하지 않는 자원단체는 정책의 관심거리 혹은 지원 대상에서 제외될 수 있다. 둘째는 위임 때문인데, 시민단체가 자원 영역에서 하나의 일원으로 위치를 보장받기 위해서는 정부가 짠 구조와 지도에 따라 역할을 위임받아야 한다.

새로운 복지혼합에서 정부는 자원·지역 영역과 관계를 적극적으로 맺는 정책을 펴는 것이 중요하다. 그러나 '헐렁하고 느슨한 괴물'을 품는 것은 쉽지 않아 보인다.

묘사

자원·지역 영역 내부의 다양함은 매우 중요한 특징이다. 이를 과소평가할 수는 없는 노릇이다. 특히 복지혼합 정책을 펴면서 이 영역의 역할을 고민하는 정치인들이나 정책결정자들에게는 더욱 복잡한 문제다. 이 영역의 역할을 모색하려면 우선 이 영역의 개념을 정의하고 다른 영역과 구별을 해야 하고, 다른 영역과의 관계와 규제를 생각해야 한다. 또 계약과 협약을 고민해야 하고, 지원과 함께 영역 자체의 지속성을 고려해야 한다. 각각의 고민 속에 하나의 질문이 도사리고 있다. 무엇이 정책의 대상인가? 앞서 논의했듯이, 이 영역의 개념은 다른 영역과의 관계와 구별 속에서 상대적으로 정의된다. 또 이 영역의 경계를 그려내고 측정하기 위해서는 공식적인 통계나 국제적인 유형 분류 속에 암묵적으로 적용되는 개념정의에 의존하게 된다.

그러나 이런 식의 접근은 필연적으로 많은 자원·지역단체를 제외하게 된다. 그리고 실제로 많은 단체를 제외하고 있다. 전국자원단체협의회의 연감은 16만 9000개의 자선단체 관련 정보를 싣고 있다(Wilding 외, 2006b: 3). 그러나 다른 접근을 보면 그 수는 훨씬 많은 것으로 보인다. 예를 들어 웨스톨(Westall, 2005: 76~78)은 다음과 같이 제시하고 있다.

- 스포츠와 예술, 주택 분야를 포함한 광의의 비영리 영역에 22만 개 단체
- 10만 개 지역 단위 모임
- 60만~90만 개의 소규모 모임

정부가 정책을 펼 때나, 양적인 파악을 할 때라면 아무래도 규모가 크고 공식적으로 설립된 자원단체에 집중하게 된다. 규모가 큰 기관은 자선단체나 기업으로 등록되고, 공공 영역과 계약을 맺거나 재원을 지원받을 확률이 크다. 실제로 소수의 대형단체들은 재정적 능력만을 본다고 하더라도 자원 영역의 큰 지분을 차지한다. 예를 들어 각각 1억 파운드 이상의 예산을 가진 '거대 자선 단체' 14곳은 자원 영역 전체 수입의 10% 이상을 집행한다(Wilding 외, 2006b: 6~7). 영역 사이의 관계를 그린 〈그림 5-1〉을 보면, 이런 거대 단체들은 공공 영역과 접한 오른쪽 윗부분 영역에 자리 잡는다.

그러나 복지혼합에 실제로 상당한 공헌을 하는 단체들의 종류는 훨씬 더 많고, 구조와 문제들도 훨씬 더 다양하다. 여러 학자들은 자원 영역의 범위와 국가 정책에 대한 단체들의 경험, 국가-자원 영역 관계의 변화에 대한 질적인 연구를 수행했다(Russel 외, 1993; 1995: Russel & Scott, 1997; Scott 외, 2000; Alcock & Scott, 2005). 이들 연구를 통해 다음 세 가지 예가 제시될 수 있는데, 이를 통해 복지혼합의 주요 영역 사이의 경계에서 발생하는 정책과 실천적인 문제들이 부각된다.

사립유아원Tumble Tots **− 비공식 영역/자원 · 지역 영역**

날이 막 밝아오자, 한 젊은 엄마가 아기를 유모차에 담아 차에 실었다. 2분 후 다른 엄마가 같은 장면을 반복했다. 몇 분 뒤, 두 명의 여자는 유모차 없이 부산하게 걸어 돌아왔다. 한 시간이 지나자 길은 사람들로 북적였다. 초·중학교 학생은 부지런히 등교했다. 그리고 오전 9시 15분이 되자, 젊은 엄마들이 3~4살 아이들을 유치원에 보내기 위해 또 집을 나선다. 이런 이동은 일부 유치원생들이 자원, 비영리 지역센터 Community Centre에서 유료의 '사립유아원'으로 이동하면서 마무리된다. 복지혼합은 전체 사회제도의 하나인 육아부문에서도 이렇게 작동한다.

처음 등장한 엄마들은 유료로 아이를 봐주는 영아시설에 아기들을 보낸 것이다. 일부 영아시설들은 정부와 상관없이 운영되고, 일부는 지방정부 사회사업국의 감사와 지원, 규제의 대상이다. 초등학교에 들어가기 전에 가는 유치원pre-school은 보통 부모들(흔히 엄마들)이 구성한 위원회에서 전적으로 자발적인 질서에 근거해 운영한다. 위원회는 환경이 허락하는 수준에서 파트타임 직원을 고용하고, 엄마들이 당번제로 자원봉사를 한다. 사립유아원은 개인 업체가 소유하고 운영하는 영리시설이다 (Scott, 2003: 301).

위의 상자글에서 본 것 같은 상황은 미시적인 상호성과 자발적인 참여를 중심으로 한다. 영아시설들은 서로를 잘 알고, 개인적인 접촉을 통해 새로운 고객이나, 유치원과의 협조, 정부의 감사 등과 같은 정보를 교환한다. 유치원은 순수하게 자원기관부터 부모가 운영위원회에 참가하지만 직원은 고용하는 형태까지 다양하다. 유치원도 부모들의 자원봉사 당번제를 운영하거나, 재원을 마련하고, 지역 초등학교와 협조하고, 정부의 정책 변화에 맞추기 위해서는 공식적인 운영 원리가 필요하다.

유치원이 기능을 계속하려면 기관 차원에서 일이 계속 생겨나는데, 학부모들은 비공식적, 간접적인 방법을 통해, 혹은 약간의 공식적인 과정(게시판, 통지서, 연례 보고서)을 통해 참여한다. 빈곤 지역에서는 이러한 행정적인 부담은 직원이 맡는데, 이들은 '슈어스타트Sure Start' 같은 대리기관 소속이다. 그러나 잉글랜드 중부 지역의 중산층 어머니들은 유치원에서 상급학교로 넘어갈 때까지 아이들을 따라다니면서 뒷바라지하기도 한다.

　　교육기관이 여러 가지 업무를 감당하기 위해 비공식 자원과 공식 자원이 어느 정도 수준으로 결합되어야 하는지는 기관의 성격에 따라 다양하다. 이는 다음과 같은 변수들에 따라 결정된다. 주요 자원봉사자가 얼마나 지속적으로 일할 수 있는지, 또 시설 유지나 재원 마련이 얼마나 안정적으로 되는지, 지역의 관련 협회와의 관계나 정부 규제의 변화가 어떠한지 등이다. 정책이 갑자기 바뀌면 유치원을 유지하던 비공식적 관계에도 영향을 미치고, 의도하지 않은 결과를 낳기도 한다. 유치원은 지역 공동체의 사회자본을 공급할 수 있는 기반이 될 수도 있다. 젊은 엄마가 유치원에서 자녀를 위해 자원봉사를 하다가 아예 복지사가 되기로 마음을 먹을 수 있고, 유치원 위원회 위원들이 결속력을 강화해서 지역 단위의 훌륭한 일꾼들로 성장할 수도 있다. 그러나 정부의 규제가 강해지면 미약하게라도 유지되는 지역의 성장가능성과 바람직한 질서에는 위협이 될 수 있다.

 작은 감자 – 민간 영역/자원 · 지역 영역

작은 감자Small Potatoes는 1992년에 설립됐다. 이 회사는 전과자나 홈리스와 같이, 일자리를 찾기 힘든 집단의 문제에 상업적인 해결책을 제공한다는 취지를 가졌다. 작은 감자는 지역의 도매상으로부터 물건을 산 뒤, 200명의 사람들과 계약을 맺어 이들에게 지역의 시장이나 거리에서 물건을 팔도록 했다. 이 사업은 자선적인 신탁의 보증을 받는 유한회사였지만, 2차례에 걸쳐 조직의 성격이 바뀌었다. 첫째, 자선신탁 분야와 사업 분야를 분리했다. 둘째, 다른 사회적 기업과 결합했는데, 그 기업은 다양한 사회서비스 계약을 맺고, 지역에 보건의료 혹은 사회서비스를 전달하는 업무를 하는 곳이었다. 2004년 작은 감자의 매출은 500만 파운드였고, 140명의 직원과 자원봉사자가 신탁 관리자로서 일하고 있었다. 회사는 대도시의 재개발된 지역에 3층짜리 현대적이고 널찍한 건물에 자리 잡고 있으며, 주변에는 고급스러운 가게와 술집이 즐비했다. 중앙 홀에는 2개 층을 덮는 거대한 벽화가 걸려있는데, 수백 명의 개인과 기관 후원자들의 이름이 여기에 적혀 있었다.

이런 기관들이 직면한 가장 큰 도전은 사회적인 목적과 경제적인 목적을 융합하는 점일 것이다. 왜냐하면 작은 감자의 사업 영역도, 물건을 파는 이들도, 모두 이윤을 남겨야 하기 때문이다. 이곳에서 일을 하려면, 개인은 2년 단위의 영업권 계약을 맺어야 하고, 독립적인 상인으로서 채소를 파는 것 외에 회사의 지도와 훈련 프로그램에 참가해야 한다. 회사 안에서는 경제적 목표와 사회적 목표를 각각 맡은 책임자 사이에 계속되는 이견이 있다(Pharoah 외, 2004: 35). 사회적 목표를 담당한 책임자는 경제적 책임자에 대해 다음과 같이 말했다. "우리는 어려운 시간을 보냈습니다. 나는 다른 문화와 가치체계와 함께 일하기 위해 노력했습니다(Pharoah 외, 2004: 46)." 이런 문화적, 가치체계의 차이점은 작은 감자의 외부 관계에도 영향을 미쳤고, 위협하기도 했다. 이 회사의 한 책임자는 길거리에서 물건을 파는 이 회사 판매인들의 행태가 회사의 성공적인 이미지를 깰 수도 있는 위험이 상존했다고 말했다.

영아시설들의 비공식적인 네트워크와 유치원이 종종 상대적으로 종합적인 계획 없이 운영된다면, 작은 감자 같은 더 복잡하고 규모가 큰 회사는 더 공식적인 체계가 필요하다. 이런 사회적 기업은 훈련된 직원을 길러내고, 재원을 마련하기 위한 평판을 얻는 데 10년 정도의 시간이 걸릴 수 있다. 많은 사업들이 이 기간에 실패했다. 사회적 기업을 운영하기 위한 사회적, 재정적 기술은 흔히 알려진 것도 아니고, 쉽게 얻을 수 있는 것도 아니다. 더욱이 사회적 기업이 공식적인 형태를 갖춰도, 불확실한 여건에 대응하는 능력은 여전히 중요하다. '사회적 기업가'라는 흔한 표현은 단순히 합리적으로 민간과 자원 영역을 오가는 사람(말 그대로 매개자)이라는 뜻이 아니다. 민간 영역과 자원·지역 영역의 중간지대에서 사회적 기업가가 살아남기 위해서는 공식적인 계약과 협력에 익숙해야 하고 동시에 비공식적이고 경쟁적인 관행에도 적응하고, 비상상황에 대비할 수 있는 능력도 있어야 한다(Phroah 외, 2004: 70).

가족의 친구Family Friends - 공공 영역과 자원·민간 영역

"몸살에서 회복되고 일터로 돌아오니, 서류들이 제 책상에 있었습니다. 모두 합해 25페이지더군요. 보세요! 그들은 전략계획과 사업계획, 예산 등등 수없이 원하더군요. 이건 여러 서류들 가운데 하나에 불과했습니다. 그런데 우리는 겨우 3주밖에 시간이 없어요. 이 프로그램에 700만 파운드가 책정되어 있습니다. 이 돈은 갑자기 어디서 온 거죠? … 일은 쏟아집니다. 이게 자원 영역에서 우리가 잘못한 겁니다. 내가 보기엔, 전체 자원 영역을 되돌아보고 '이건 완전히 비현실적이야, 이건 바보 같아, 집어치워, 우리는 이걸 원한 게 아니었어'라고 말하는 게 훨씬 나을 거에요. 돈을 댄 사람들은 자기들이 하는 일을 다시 생각할 겁니다. 그렇지만 당신은 그렇게 하지 않겠죠. 당신은 사람들이 몰려들어서 서류를 꾸미고, 프로젝트를 만들어내도록 하겠죠(Scott 외, 2000: 50)."

'가족의 친구'는 5살 이하 자녀를 둔 가족의 복지를 증진한다는 취지로 설립된 자원단체다. 1990년대 말 정부가 가족 기능을 강조하면서 이 단체의 재원이 급격히 늘었고, 증가세는 유지됐다. 1999~2000년 회계연도 사이에 이 단체가 받은 사회서비스 보조금은 30%가 늘어서 13만 파운드가 됐다. 당시 교육부the Department of Education에서 온 보조금의 지원금 증가율도 비슷했다. 이 액수가 6명의 상근자와 3명의 파트타임 직원, 115명의 자원봉사자에게 떨어졌다. 공공 영역과의 계약이 갑자기 늘면서 이 단체가 겪었던 일은 이 단체의 간부와 인터뷰한 내용을 정리한 위의 상자글에서 엿볼 수 있다.

물론, 공공 영역-자원·지역 영역 사이의 계약에 대한 세부적인 사례 연구를 보면, 자원 영역의 반응은 복합적이다. 위에서 '가족의 친구' 간부의 부정적인 목소리에도 불구하고, 우리가 여러 연구 과정에서 접한 자원단체 상근자 가운데 다수는 공공 영역과의 계약에 대해 긍정적으로 답했다. 단체들이 몇 푼 안 되는 여러 가지 보조금을 받으려고 하는 대신, 명확한 기준에 따라 규모 있게 지원을 받게 되는 보조금을 통해 안정적 위치와 지위를 보장받을 수 있게 된다. 그렇지만 상황은 복합적이다. 같은 단체의 직원과 자원봉사자들 사이에서도 시각은 갈렸다. 예를 들어, 분명히 젊은 직원들은 실용적이고 자신의 경력에 도움이 되는 기준에 따라 일에 대한 동기와 열정이 생겨난다는 반응을 보였다. 그래서 정부와의 계약으로 자원봉사자들의 역할이 크게 줄어들어도(자원봉사자들은 계약과 관련한 결정권이 거의 없거나 아예 없었다), 많은 직원들은 차라리 더 바빠지는 것을 선호했다(예를 들어, Russell & Scott, 1997).

전망

자원·지역 영역의 규모와 다양성을 고려할 때, 이 영역을 복지혼합의 큰 지도 안에 그려 넣은 일은 필연적으로 불완전하고 부분적으로만 맞는 결과를 낳는다. 그렇다고 '선무당이 사람 잡는다'라고 말하려는 것은 아니다. 지난 10년 동안 계속된 자원·지역 영역에 대한 양적·질적 연구로 우리는 이 영역의 규모와 형태, 역할에 대해 더 많은 것을 알게 됐다. 동시에 우리가 얼마나 잘 모르고 있는지도 더 잘 알게 됐다(Kendall, 2003: 232).

자원·지역 영역 내부의 다양성과 차이점이 학술적인 이슈만은 아닐 것이다. 이는 21세기 영국에서 복지혼합을 지원하고 발전시키기 위해 현재 진행되고 있는 정치적인 토론과 정책 결정에 있어 매우 중요한 의미를 가진다. 앞서 논의했듯이, 정부는 자원·지역 영역의 역할에 대해 큰 기대를 품고, 상당한 액수를 투자하고 있다. 따라서 이 영역의 미래는 긍정적이고 역할은 넓어질 것이다. 그러나 실제로 이 분야가 가진 복잡성이나 정책이 집행되는 과정에서 나타난 긴장을 고려하면 자원·지역 영역의 미래는 오히려 서로 모순적인 기대로 가득 차 있다.

우선, 복지의 새로운 전개 국면 속에서 자원·지역 영역이 맡을 수 있는 역할에 대해서는 매우 다양한 기대가 있다. 한편에서는, 자원 활동과 자원적인 기풍이 시민성 회복과 시민사회의 재활성화에 기여할 것이라는 기대가 있다. 이런 생각은 퍼트넘(Putnam, 1993; 2000)의 입장에 기댄 것인데, 그는 자원 활동을 사회자본의 고취와 측정을 위한 핵심적인 요소로 봤다. 이런 시각은 '시민성 회복'을 확립하려는 내무부도 지지하고 있다(내무부, 2003). 그러나 정작 정부는 이를 위해 공공의 자원은 거의 투입하지 않고 있다. 그리고 특정 자원단체가 관심 영역을 넘어 사회구조의 개선에 일반적으로 기여하도록 하자는 문제의식도 거의 없는 상황이다.

정부의 투자 방향을 봐도 이런 문제의식과 다르다. 정부는 공공서비스 전달 업무를 맡는 자원단체를 위한 시설 확충이나 역량 강화, 실천기술의 향상 같은 특정한 분야에 한정해 지원을 하고 있다. 미래창조기금이나 변화, 협약 같은 정책으로 정부는 상당한 재정적, 정치적 자원 투자를 하고 있다. 이 정책들이 자원·지역 영역과 국민들에게 미친 영향을 평가하기는 아직 이르다. 그러나 감사원이 밝혔듯이, 많은 실천적 문제가 남아있고, 앞으로도 개선과 추가적인 활동이 필요한 상황이다(감사원, 2005).

이러한 정책 변화 속에서 자원·지역 영역의 미래는, 이런 폭넓은 그리고 일관된 기대에 부응하면서, 어떻게 실천적인 문제들을 해결하느냐에 달려 있다. 자원·지역단체들이 서로 관계를 어떻게 발전시킬지, 또 이웃한 공공, 민간, 비공식 영역과의 관계를 어떻게 풀어나갈지에 자원·지역 영역의 미래가 달려 있다. '제3의 길'이 무엇이든 간에, 현실적으로 정부는 영리기관을 불균형적으로 선호하는 경향을 뚜렷이 나타내고 있다. 특히 전통적으로 자원·지역단체들이 주로 역할을 맡던 보건의료 영역에서 그러하다. 그러나 정부의 실용적인 민영화 노선이 자원·복지단체들에 직접적으로 영향을 줄지는 아직 단정하기 이르다. 요약하면, 자원·지역 영역에는 내생적이고 외생적인 압력이 동시에 존재한다. '국가와 시장 사이'에서 자리 잡고 있는 자원활동의 독특한 위치는 앞으로 발전에 있어 매우 중요한 의미를 지닐 것이다.

결론

자원·지역 영역이 정치·경제·사회적 환경 변화를 수용해야 한다는 주장은 새롭지도 않고 독특하지도 않다. 그러나 자원·지역 영역 내부에는 (최소한 전국자원단체협의회 같은 주요 연합체 내부에서는) 하나의 우려가 있다. 더 세분화되고 까다로운 소비자의 요구에 맞춘 공공서비스가 늘어나는 현재 추세 때문에 많은 자원단체가 어려움에 처해 있다는 것이다. 이런 우려는 전국자원단체협의회가 21세기 자원 영역이 직면한 도전에 대해 쓴 아래의 글에서도 나타난다(Robb, 2005: 9).

> 공공이나 민간 영역 어느 쪽도 편안하거나 수익이 된다고 생각하지는 않
> 는 공간에서 우리는 새로운 합의만을 쥐고 남겨져야 하는 걸까? 제3영역
> 의 다양한 갈래들이 연대할 수 있는 공동의 대의명분을 찾아 스스로의 시
> 각과 가치를 공공, 시장 영역과 대등하게 자리매김할 수 있을까?

도전은 다른 영역 사이의 관계에서도 나타난다. 민간 영역과의 경계에서, 주택협회 같은 사회적 기업들은 상업적 경쟁력과 독립성, 책임성 사이에서 균형을 잡을 수 있는 능력을 배양하고 있다. 새로운 정치경제학이 제시한 어려운 도전이 널린 곳은 국가 영역과의 경계다. 크게 보면, 이는 공공정책 자체의 모순과 비일관성의 탓이 크다. 중앙정부는 수사적으로는 시민성 회복을 옹호하지만, 투자는 시민성 회복보다는 복지서비스 전달에 집중하고 있다. 또 중앙정부에서는 사회복지서비스의 공공전달체계의 흐름을 간결하게 하려고 하지만, 지방정부와 지방의 전달기관 내부에서는 이에 역행하는 흐름이 있고, 양쪽의 입장 차이는 벌어지고 있다. 이에 따라 복지 문제를 둘러싼 영역들 사이에는 문제들이 아직 남아 있다(Alcock 외, 2004).

또 중앙정부 내부와 다른 공공 영역에서도 공공복지의 복지혼합을 놓고 여전히 확신을 가지고 있지 않다. 그러나 복지혼합에 따라 이전에는 정부 혹은 지방

정부가 맡던 역할은 자원단체들에게 점점 더 많이 넘어가고 있다. 노동당이 다수를 차지하는 지방정부에서 그런 경향이 선명히 드러난다. 복지혼합의 지속적인 성장을 위해서는, 자원·지역 영역의 역량 강화와 조직적인 발전이 필요한 만큼, 공공 영역 내부에서 정치권의 변화와 정책 개혁이 필요하다. 앞서 논의했듯이, 지난 세기 자원 활동의 역사는 많은 부분 공공복지 분야에서 생기는 정치 혹은 정책 변화에 따라 전개됐다. 새로운 세기 자원·지역 영역의 미래는 끊임없이 변화하는 복지혼합의 미래상에 발맞추어 전개될 것이다.

요약

- 자원·지역 영역의 개념을 정의하고, 규모를 확인하는 것은 어렵다. 이에 대한 이견도 많다.
- 자원·지역 영역의 내부는 매우 다양하게 구성되어 있다. 많은 자원단체와 지역기구들이 각각 다른 역할과 구조를 가지고 있기 때문이다.
- 자원·지역 영역을 이해하기 위해서는 국가, 시장, 비공식 분야와의 관계를 이해해야 한다.
- 자원·지역 영역에 대한 정책은 최근에 많이, 빠르게 바뀌었고, 복지혼합 속에서 이 영역의 역할도 극적으로 증가하고 있다.
- 자원·지역 영역에 대한 정부의 지원도 증가했다. 이는 이 영역에 복합적인 영향을 줬는데, 단체의 성격에 따라 영향의 내용은 달랐다.

✔ 더 읽을 거리

자원과 지역복지 영역에 대한 정보를 담은 최고의 자료는 전국자원단체협의회the National Council for Voluntary organisation가 2년에 한 번씩 발간하는 연감(Wilding 외, 2006a, 2006b)이다. 영국의 자원과 지역복지 영역의 정책적 맥락을 가장 폭넓게 접근한 책은 켄달(Kendall, 2003)의 『자원 영역*The Voluntary Sector*』이다. 이 분야에 대한 다양한 관점과 현안들은 해리스와 로체스터(Harris & Rochester, 2001)의 『영국의 자원기관과 사회정책: 변화와 선택에 대한 관점*Voluntary Organisations and Social Policy in Britain: Perspectives on Change and Choice*』을 읽다보면 이해하기 쉽다. 팩스톤(Paxton, 2005) 등이 쓴 『공공서비스를 전달하는 자원 영역: 전달이냐 변형이냐?*The Voluntary Sector Delivering Public Services: Transfer or Transformation?*』는 공공서비스를 전달하는 지역 혹은 자원복지 기관을 둘러싼 토론을 명료하게 정리했다.

✔ 인터넷 자료

시민사회센터Centre for Civil Society의 누리집**http://www.lse.ac.uk/collections/ccs**은 영국에 관한 학술적인 정보와 함께, 개발도상국에 대한 비교 연구를 담고 있다.

자선원조재단Charities Aid Foundation의 누리집**http://www.cafonline.org**도 지역과 자원 영역에서 자선과 재정 문제에 대해 다룬다.

지역발전교환Community Development Exchange의 누리집**http://www.cdx.org.uk**에서는 지역 단위의 관행에 대한 정보를 볼 수 있다.

전국자원단체협의회National Council for Voluntary Organisations는 영국 자원 영역에서 정보교환과 정책 개발을 위해 활동하는 핵심적인 협조 기관이다**http://www.ncvo-vol.org.uk**.

자원영국Volunteering England은 자원 활동에 대한 연구, 정보, 정책 개발 기능을 맡는다 **http://www.volunteering.org.uk/**.

자원영역연구네트워크Voluntary Sector Studies Network는 자원과 지역 영역에 대한 주요한 학술적 연합 단체다**http://www.vssn.org.uk**.

CHAPTER 6

비공식복지

| 힐러리 아크세이, 캐롤린 글렌디닝 Hilary Arksey & Caroline Glendinning |

개요

가족, 친구, 이웃 등 비공식 네트워크는 복지의 중요한 자원이다. 이 장에서는 비공식복지의 한 유형을 살펴본다. 이 유형은 아프거나 장애를 가지고 있는 이들에게 가까운 친척과 친구들이 주로 무료로 주는 도움이다. 무료로 제공되는 보호의 규모에 대한 세부적인 자료가 제시될 것이다. 다음으로 1990년대 중반에 소개된, 보호자carer 정책을 소개하고 보호자의 여건 향상에 미친 영향을 짚어본다. 마지막으로, 이런 정책들의 전반적인 영향과 한계를 논의한다.

주요 용어

비공식 영역, 지역사회보호, 비공식돌봄, 보호자 관련 법제carer legislation, 보호자를 위한 국가전략National Strategy for Carers, 장애인 운동 disabled people's movement, 무료 자원으로서의 보호자carers as a free resource

서론

복지는 넓은 의미에서 매우 다양한 기관들과 개인이 제공하며, 대체로 복지국가가 재정을 마련하고 지원하는 서비스를 말한다. 자원단체는 정보와 조언, 그리고 직접적인 서비스의 주요한 전달자인데, 특히 처한 여건이 상대적으로 평범하지 않은 사람들에게 중요한 역할을 한다. 이런 단체는 종종 중앙정부나 지방정부로부터 재정지원을 받는다. 예를 들어, 자원단체는 장애인이나 노인, 그리고 이들을 보호하는 이들에게 서비스를 제공한다. 자원단체는 정책을 짜고 재원을 제공하는 사람들을 향해 장애인, 노인, 보호인의 이해를 대변한다. 많은 자원단체는 또 비슷한 처지에 있는 사람들끼리 만남을 주선하기도 하는데, 이를 통해 사람들은 정보와 공통의 경험을 공유할 수 있다.

그러나 비제도적 복지에서 더 중요한 자원은 친척과 친구, 이웃이 제공하는 도움이다. 이는 종종 '비공식적informal'이라고 부르는데, 도움이 공식적인 기관이 아닌, 개인 사이의 친밀한 관계의 다양한 유형에서 비롯되기 때문이다. 유형은 가족 관계이거나, 이웃이나 친구, 지역사회에서 생긴 상호적인 의무 관계, 혹은 비슷한 처지에 있는 사람끼리 자조나 다른 네트워크를 통해 서로 교환하는 지원의 형태일 수 있다. 이런 관계는 상호성reciprocity이라는 특징을 가지고 있다. 상호성이란, 현재의 도움이 과거에 받았거나 앞으로 받을 것으로 기대되는 도움에 대한 대가라는, 명시적 혹은 암시적 가정을 의미한다. 이런 상호성은 보호를 제공하는 관계의 기본적인 토대라 할 수 있다(Qureshi & Walker, 1989).

이런 상호적인 의무는 많은 경우에 아주 일반화되어 꼭 집어서 말하기가 어렵다. 예를 들어, 부모가 아이들을 키우면, 아이들은 커서 부모를 돌보는 식으로 보답하려고 한다. 핀치와 메이슨(Finch & Mason, 1993: 51)은 이런 간접적인 교환을 '일반화된 상호성'이라 말한 뒤, "보답이 언젠가는 있을 것이라는 기대가 있다"고 말했다. 어떤 이들은 공식적인 서비스보다는 친구나 가족과 도움을 주고받는 것을 선호할 것이다. 개인관계에서 '도리를 해야 한다'는 규범적인 믿음을 반영한 태도라고 볼 수 있다(Williams, 2004). 그래서 일부 맞벌이 부부들은 지방정부나 민간에서 운영하는 유치원보다는 아이의 조부모나 이모, 삼촌 혹은 다른 가까운 가정에 아이를 맡기는 것을 선호한다(Skinner & Finch, 2006). 마찬가지로, 노인들은 지방정부의 서비스를 받기보다는 배우자나 자녀로부터 일상생활의 도움이나 간병을 받기를 원할 수 있다.

　비공식복지는 가족이나 친구 등 가까운 관계에 뿌리내리고 있기 때문에, 설문이나 연구를 통해 규모와 대상을 구체적으로 짚어내기가 어렵다. 그러나 1970년대 이후에 연구자나 정책입안자들로부터 상당한 주목을 받은 비공식복지의 한 영역이 있다. 장애인, 만성적인 질환을 앓고 있는 사람 혹은 기력이 쇠한 노인층을 대상으로 한 가족, 친구, 이웃의 지원이다(Ungerson, 2003). 이를 보통 '비공식돌봄informal care'이라고 부른다.

　물론 장애인과 쇠약한 노인은 가까운 친척, 가족, 친구, 이웃이 비공식적인 차원에서 지원한다. 특히 지근거리에서 매우 집중적인 도움이 필요한 경우라면 더욱 그러하다(Walker, 1995; Pickard, 2001).

　1968년 리처드 티트머스Titmuss는 '지역사회보호community care'의 의미에 대해 의문을 제기했다. 그는 특히 정신건강에 문제가 있는 사람들이 적절한 대책도 없이 병원에서 지역사회로 내몰리는 상황을 우려하면서, 지역 단위의 공식적인 사회서비스가 확장돼야 한다고 주장했다. 이듬해에 페미니스트 연구자들은 환자와 장애인, 노인들을 대상으로 한 무급돌봄 규모를 산출했다(Oakley, 1974; Martin & Roberts, 1984; Baldwin & Twigg, 1991; Fine & Glendinng, 2005). 그들의 주장은, 지역사회보호 정책이 여성의 무급돌봄에 의존하며 이는 노동시장에서 여성의 불리한 지위를 강화한다는 것이다(Finch & Groves, 1983; Ungerson, 1987).

　연이은 정부들은 이런 비판에 대해 매우 느리게 반응했다. 1976년에 노약자보호수당the Invalid Care Allowance(지금은 보호자수당Carers Allowance)이 도입되었다. 새로운 제도는 가족을 돌보느라 소득이 없는 근로연령대의 남성 혹은 독신여성을 대상으로 했다. 기혼여성은 수급자격이 없었는데, 그녀들이 어떤 경우든 집에 머물 것이라는 이유 때문이었다. 이들은 1986년 유럽법원의 판례 이후에 수당을 받을 수 있게 됐다. 1988년 그리피스 보고서 '지역사회보호: 행동을 위한 의제Community Care: Agenda for action'는 비공식보호자를 지원할 필요성을 강조했다(Griffiths, 1988). 1989년 백서 '국민을 위한 보호Caring for People'에서는 보호자에 대한 지원의 수준을 끌어올리는 것을 정책의 두 번째 우선순위에 두었다(보건부, 1989). 이는 중요한 의미를 가진다. 백서의 제안은 이듬해 NHS와 지역사회보호에 관한 법 NHS and Community Care Act에 반영됐고, 장애인과 노인에 대한 보호에서 병원 등 기관 중심이 아니라 지역사회 중심의 보호를 장려한다는 목적을 담고 있다. 여기서 지역사회 중심의 보호란 실제로는 가정에서 가족이 제공하는 돌봄을 의미했다. 1990년대 이래 정부는 지역 단위의 보호를 장려했고, 비공식돌봄을 통한 복지는 정부 정책에 따라 점차 복지혼합 속으로 통합됐다.

국가의 복지시스템은 비공식돌봄 없이는 운영이 불가능하고(보건부, 2005), 비공식복지에 대한 수요는 앞으로도 감소하기 보다는 증가할 것으로 보인다(Pickard 외, 2000). 수명이 길어진다고 해서 노년층이 건강하다는 것을 의미하지는 않기 때문에(Kelly 외, 2000), 노인을 위한 추가적인 지원의 필요성은 늘어날 것으로 예상된다. 따라서 가족이나 친구의 비공식돌봄을 유지하고 장려하면 정부로서는 상당한 재정적 추가 부담 없이도 지역차원의 보호를 유지할 수 있는 방법이 될 수 있다(Parker & Clarke, 2002). 비공식돌봄을 국가가 대체할 때 예상되는 비용이 570억 파운드에 이를 것이라는 추산도 있다(Carers UK, 2002). 이는 NHS 전체 예산에 맞먹는 액수다. 이제 비공식 보호자들의 특징과 관련 수치를 간략하게 짚어보기로 하자.

보호자Carers - 그들은 누구인가?

지난 20년 동안, 가족이 — 특히 가족 안에서 여성이 — 장애인과 노인을 주로 수발했다(Qureshi & Walker, 1989; Maher & Green, 2002; Parker & Clarke, 2002). 최근 여성의 노동시장 진출이 늘어나고 있지만, 여전히 여성은 남성보다 가족을 위한 돌봄을 더 많이 제공하는 것으로 보인다.

무급돌봄의 규모는 몇몇 통계를 통해 추산되는데, 영국가계조사the British Household Panel Survey나 일반가계조사the General Household Survey, 2001년 인구센서스 등이 그 예이다. 일반가계조사의 분석을 보면, 영국에 680만 보호자carer가 있는 것으로 추산된다(Maher & Green, 2002). 그리고 거의 보호자 20명 중 1명(4%) 꼴로 주당 20시간 이상을 가족 등을 돌보는 데 할애하고 있다. 여성이 보호자 역할을 하는 비율(18%)이 남성(14%)보다 높고, 10명의 보호자 가운데 4명꼴로 남성이었다. 그러나 남성 가운데 3%만이 주당 20시간을 돌봄에 할애하는데 견줘, 여성의 비율은 5%였다.

2001년 인구센서스에서도 비공식돌봄 부분을 조사했다. 인구센서스는 표본조사를 하는 것이 아니라 전수조사를 하기 때문에 수치가 더 정확할 가능성이 높다(Hirst, 2005). 인구센서스를 통해서는 보호자 인구의 지리적 분포도 확인할 수 있다. 다음 상자글은 잉글랜드와 웨일즈 지역의 모든 연령대 주민의 돌봄제공을 요약한 것이다.

 2001년 4월 잉글랜드와 웨일즈 지역의 돌봄 제공

- 모든 연령에 걸쳐 520만 명의 보호자가 있으며, 인구 10명당 1명꼴이다. 이 가운데 17만 5000명은 5~17살 사이의 청소년이다.
- 65세 이하 인구 가운데 여성이 남성보다 보호자가 되는 경향이 높다. 65세 이상 연령대에서는 남성 보호자가 여성보다 더 많다.

- 전체 보호자 가운데서, 68%는 주당 19시간 이하의 시간을 노약자를 돌보는 데 할애하고 11%가 20~49시간을 할애한다. 21%는 50시간 이상을 할애한다. 16~17세가 다수를 차지하는 청소년 보호자 가운데 주당 50시간 이상을 쓰는 비율은 7%다.
- 16~74세 연령대에서, 주당 20~49시간을 노약자를 돌보는 데 쓰는 보호자 가운데 절반은 직업을 가지고 있다. 보호자가 아닌 인구 가운데는 직업을 가진 비율은 10명 가운데 6명꼴이었다. 50시간 이상을 돌봄에 할애하는 인구 가운데는 10명당 3명 정도만 일자리를 가지고 있다.
- 50대는 5명 가운데 1명 이상 꼴로 노약자를 돌보는 비율이 가장 높았다. 그 뒤 연령대별로 비율은 줄어들지만, 75세 이상 인구 가운데서도 상당수가 돌봄의 책임을 지고 있다.
- 많은 보호자가 건강이 좋지 않았다. 특히 노인층 보호자와 주당 50시간 이상을 돌봄에 할애하는 보호자들이 그랬다.
- 웨일즈에서는 전체 인구 가운데 보호자의 비율(11.7%)이 다른 어떤 잉글랜드 지역보다 높았다.
- 잉글랜드에서는 북동부의 비율(11%)이 가장 높았고, 그 다음으로는 북서부(10.8%), 런던과 남부지역(8.5%)순이었다.
- 여성 가운데서는 파키스탄계, 방글라데시계, 백인 영국계 집단 순으로 보호자인 확률이 높았고, 남성 가운데서는 인도계, 파키스탄계, 방글라데시계, 백인 영국계 집단 순이었다.

※ 자료: 통계청 홈페이지; Becker, 2004; Arksey 외, 2005; Buckner & Yeandle, 2005a; Young 외, 2005

보호자들은 매우 다양한 인구 집단이다. 버크너와 연들(Buckner & Yeandle, 2005b)은 영국 전역에서 150만 명의 보호자들이 65세 이상 인구라고 밝혔다. 이 가운데 35만 명은 75세 이상이었고, 90세 이상 보호자도 8,000명이었다. 연령대가 늘면서, 남성이 여성보다 보호자가 될 확률이 높아지고, 돌봄에 할애하는 시간도 점점 늘어났다. 85세 이상 보호자들 가운데 남성은 절반 이상, 여성은 거의 절반이 주당 50시간 이상을 돌봄에 할애했다.

젊은 세대를 보면, 2001년 인구센서스는 18세 이하 보호자의 수가 잉글랜드와 웨일즈 지방에서 15만 명에 이르는 것으로 집계했다(Dearden & Becker, 2004). 이 가운데 5,500명은 5~7살의 어린이들이었다. 물론, 대부분의 청소년 보호자는 16~17세였다. 그러나 청소년 보호자의 개념에 대해서는 논란이 뒤따르고 있다. 많은 연구자들과 장애인들은 정책과 연구가 장애인 부모들을 위한 적정 수준의 공식적인 서비스 제공에 더 초점이 맞춰져야 한다고 주장하고 있다. 장애인 부모들이 비장애인 자녀에게 의존하지 않아도 되도록 해야 한다는 것이 이들 주장의 취지다(Keith & Morris, 1995; Olsen & Tyers, 2004).

일반가계조사와 인구센서스는 정적인 수치만 제공했다. 그러나 영국가계조사는 보호자 인구의 지속적인 변동을 보여준다. 이에 따르면 해마다 동거하는 보호자의 30%와 따로 거주하고 있는 보호자의 40% 정도가 돌봄을 중단하고, 그만큼의 인구가 유입된다(Hirst, 2002).

보호자를 위한 신노동당의 정책

신노동당은 비공식 보호자를 위해 어떤 정책을 내놓았을까? 뒤에서 다루게 될 노약자보호수당Invalid Care Allowance을 제외하고는, 보호자를 위한 첫 번째 법률인 1995년 보호자(인정과 서비스) 법the Carer(Recognition and Services) Act은 노동당이 집권하기 직전에 시행됐다. 그 이후 세 개의 법이 추가로 제정됐다(161쪽 상자글 참고). 비록 보호자를 위한 국가전략the National Strategy for Carers에 관한 자원은 마련됐지만, 새로운 법을 시행하기 위해 지방정부에 추가적인 재정지원은 없었다는 점은 짚어둘 필요가 있다. 그밖에 정신건강을 위한 국가서비스정책 기준 6항Standard Six of the National Service Framework for Mental Health 등 정부의 보건과 사회보호정책에서도 보호자를 지원하기 위한 서비스의 필요성을 강조했다.

보호자를 위한 대표적인 정책

1. 1995년 보호자(인정과 서비스) 법the Carer(Recognition and Services) Act
2. 1999년 보호자를 위한 국가전략the National Strategy for Carers
3. 2000년 보호자와 장애아동법Carers and Disabled Children Act
4. 2004년 보호자(기회평등)법Carers(Equal Opportunities) Act

'영국 보호자단체Carers UK'와 같은 보호자 권익 대변 집단은 자신들의 목소리가 정책에 반영되도록 하고 보호자의 권리를 향상하는 데 상당히 유효한 역할을 했다. 영국은 보호자가 보호 대상을 통해서 간접적으로 지원을 받는 것이 아니라, 스스로 서비스를 받을 수 있는 권리를 가진, 유럽 안에서도 몇 안 되는 나라 가운데 하나다. 그러나 위의 정책들은 보호자들을 지원하는 데 목적을 둔 것이지, 가족에게 비공식돌봄과 제도적 서비스 사이에서 선택권을 주는 것은 아니었다. 예를 들어, 독일과 같은 다른 나라에서는 노인들과 가족들에게 비공식돌봄, 공식서비스 혹은 둘 사이의 조합 가운데 하나를 선택할 수 있도록 정책과 재원조달 방식을 설계했다(Glendinning & Igl, 발간 예정).[1]

1995년 보호자법은 '보호자'를 '규칙적으로 상당한 정도의 보호'를 맡고 있거나 맡으려고 하는 사람으로 정의했다. 약간 애매한 표현이지만, 이 개념은 그 뒤로도 계속 사용됐다. 이 법은 잉글랜드와 스코틀랜드, 웨일즈 지역에서 시행됐고, 보호자들은 보호 역할로 생겨나는 수요와 자신들의 환경을 국가가 사정assessment해달라고 요구할 수 있는 권리를 가지게 됐다. 그러나 이런 보호자의 권리는 보호자가 돌보는 노약자가 먼저 자신의 욕구를 사정받은 뒤에 행사할 수 있도

---

1 Glendinning과 Igl의 논문인 「영국과 독일의 장기요양보호Long-term care in Germany and the UK」는 이 책이 출간된 이후인 2009년 영국에서 발간된 단행본 『고령화사회의 사회정책: 영국과 독일의 비교Social Policy in Ageing Societies: Britain and Germany Compared』에 실렸다.

록 했다. 지방정부의 사회서비스 실천가는 노약자와 노약자의 보호자의 수요를 사정한 뒤, 노약자에게 서비스가 전달되어야 하는지를 결정해야 했다. 이를 통해 보호자는 간접적인 혜택을 받을 수 있게 됐다. 바꾸어 말하면, 보호자는 사정을 받을 수 있는 권리는 있지만, 스스로 특정한 서비스를 받을 수는 없었다.

보호자를 위한 국가전략은 신노동당이 보호자를 위해 도입한 첫 번째 정책이었다(보건부, 1999a). 이 정책은 잉글랜드에 국한됐다. 스코틀랜드 행정부the Scottish Executive(1999)와 웨일즈 의회the National Assembly for Wales(2000)는 자체적인 전략을 짰다. 잉글랜드의 보호자를 위한 국가전략(이하 국가전략)은 선택의 원리, 소비자 주권, 유급노동에 대한 접근권, 사회통합 등의 원리에 근거했는데, 이런 원리들은 복지정책에 대한 신노동당의 전형적인 접근방식을 반영한 것이었다(Lloyd, 2000). 이 전략은 세 가지 주요 요소를 가지고 있었는데, 세 가지는 보호자를 위한 정보, 보호자에 대한 지원, 보호자를 위한 보호였다(163쪽 상자글 참고).

국가전략의 일환으로 정부는 보호자특별보조금the Carers Special Grant제도를 잉글랜드에 도입했다. 새 제도는 보호자가 휴가를 갈 수 있게 한다는 취지였다(보건부, 1999a). 단기 휴가는 보호자에게는 매우 필요했지만, 실제로 휴가를 갈 수 있는지는 보호자가 수발하는 노약자의 상태에 달렸다. 그래서 이 제도의 유효성과 비용효율성의 근거는 마련하기가 어렵다(Arksey 외, 2004). 보호자를 위해서 자원이 집행된 것은 이 정책이 유일했다. 3년 동안 1억 4000만 파운드가 집행된 보호자특별보조금은 지방정부가 보호자의 휴가비용으로만 쓰이도록 지출 내용을 엄격히 규정했다. 이 보조금은 계속 갱신됐고 예산도 꾸준히 늘었다. 지출 내용에 대한 엄격한 규정도 다소 완화됐다.

지방권한 이양의 영향으로, 2000년의 보호자와 장애아동법Carers and Disabled Children Act은 잉글랜드와 웨일즈에서만 시행됐다. 이 법은 국가전략에서 제안한 몇 가지 정책을 반영했다(보건부, 1999a). 이 법을 통해 보호대상이 되는 노약자가 이미 관청으로부터 사정을 받았는지 여부와 상관없이 보호자들이 자신들의

보호자를 위한 국가전략의 핵심

- 장기보호서비스에 대한 새로운 기준을 제시
- 건강 정보. 정부가 인터넷에서 제공하는 정보와 NHS 다이렉트 누리집[2]에서 보호인 관련 정보 제공
- 보호자들이 서비스의 계획과 제공에 참여
- 정부는 지역 보호자 단체와 협의
- 보호자 자신의 건강권 보장
- 지방정부의 권한 강화. 이를 통해 보호자의 민원 직접 처리
- 보호자들이 휴가를 받을 수 있도록 1억4000만 파운드 보조금 지급
- 보호자 우호적인 고용 정책. 정부가 주도.
- 뉴딜정책의 확장을 통해 보호자가 다시 노동시장에 돌아오도록 유도하는 방안 고려
- 보호자를 위한 두 번째 연금. 연금을 받을 수 있는 연령의 보호자에게 2050년까지 추가적으로 50파운드씩 지급
- 보호자 센터carers' centres와 다른 지역사회서비스에 대한 지원
- 청소년 보호자를 위한 지원. 학교생활 지원과 장애아동을 돕는 청소년 보호자에 대한 지원
- 더 많은 정보를 수집하기 위해 2001년 인구센서스에 새로운 질문 항목 추가

수요에 대한 사정을 요구할 수 있는 권리를 가지게 됐다. 또 지방정부는 노약자를 통해서 간접적으로 보호자를 지원해주던 것에서 한 발자국 더 나아가 필요한 경우 보호자 당사자를 대상으로 직접 서비스를 제공할 수 있게 됐다.

또 보호자와 장애아동법으로 지방정부는 보호자에게 직접 현금을 지급해줄 수 있는 권한도 가지게 됐다. 직접 지급을 통해 개인은 지방정부가 마련해주는 서비스를 수동적으로 받기보다 직접 서비스를 구매할 수 있게 됐다. 개인은 언

---

2 http://www.nhsdirect.nhs.uk/

제, 어떻게, 누구로부터 서비스를 받을 수 있을지 결정할 수 있게 되면서 선택과 권한이 커졌고, 서비스를 탄력적으로 이용할 수 있게 됐다(Spandler, 2004; Leece & Bornat, 2006). 장애인들은 이렇게 받은 돈으로 다른 집에서 살고 있는 보호인 친척에게, 혹은 예외적이지만 동거하는 가족에게 대가를 치를 수 있게 됐다. 더욱이 보호인도 이 돈으로 스스로를 위해 서비스를 구매할 수 있다. 예를 들어, 자신이 수발을 드느라 시간이 없어서 할 수 없었던 세탁이나 정원일 같은 일을 다른 사람을 고용해서 할 수 있게 된다. 또 교육이나 훈련, 혹은 운전연습, 휴가, 택시비나 기찻삯, 스트레스 경감 치료 등을 받기 위해 1회성 현금 보조금을 받을 수도 있다(Fletcher, 2006).

2004년 제정된 보호자 기회평등법Carers Equal Opportunities Act은 영국과 웨일즈에서 2005년 4월에 발효됐다. 이 법은 앞선 정책들보다 더 야심찬 접근을 했는데, 많은 보호자들이 겪었던 사회적 배제의 문제를 해결하는 데 목적을 뒀다. 새 법에 따르면, 지방정부의 사회복지사는 보호자를 사정할 때 당사자가 유급노동이나 교육, 훈련, 여가활동에 참여하고 싶은 욕구와 목표를 고려해야 하고, 이에 대한 적절한 정보와 조언, 지원을 제공해야 한다. 또 새 법으로 지방정부는 교육과 훈련 관련 서비스 제공 기관과 협력해서 보호자들에게 적절한 혜택이 돌아가도록 해야 했다. 이전 보호자 관련 법에서는 암시만 있었지만, 2004년 법에서 신노동당은 보호자의 노동시장 참여를 명시적으로 강조했다.

보호자를 위한 정책의 변화를 보여주기 위해, 상자글(보호자 지원 변화의 사례)에서는 신노동당 집권을 전후해서 앤과 제시의 예를 들어 설명한다. 앤은 50대의 여성으로, 이동이 불편한 95살의 어머니 제시를 자주 찾아가 돌봐주고 있다. 앤의 집은 어머니의 집에서 지척이다. 앤은 아이들도 다 키워서 다시 일을 시작하고 싶지만, 어머니를 돌보느라 많은 시간을 보내고 있다. 앤은 어머니의 집에서 모든 집안일과 세탁을 하고, 어머니의 말동무도 해준다.

보호자 지원정책 변화의 사례

신노동당 집권 전

앤은 관청에 사정을 해달라고 요구할 수 있다. 그러나 어머니인 제시도 사정을 받거나, 과거에 사정을 받았다면 새로 사정을 받는다는 조건이 따라붙었다. 앤은 스스로는 아무런 서비스를 받을 수 없었다. 그러나 관청에서 어머니에게 복지서비스를 제공하기로 결정할 수 있다. 그렇게 되면 앤도 간접적으로 혜택을 볼 수 있게 된다.

신노동당 집권 이후

앤은 관청에 사정을 해달라고 요구할 수 있다. 어머니인 제시가 사정을 받았거나 현재 공식적인 복지서비스를 받고 있는지는 상관이 없다. 앤의 사정 과정에는 훈련, 교육, 고용, 여가 활동에 관한 그녀의 바람이 고려된다. 관청은 제시에 대한 서비스로 제시의 집안 청소와 세탁 서비스를 제공하거나 혹은 앤이 일자리를 구할 수 있도록 제시를 위한 보호서비스를 제공할 수 있다. 앤은 또 어머니의 집에서 세탁을 하기 위한 세탁비용이나 직장에 있는 동안 어머니와 통화하기 위해 휴대폰 요금을 현금으로 직접 지원받을 수도 있다. 그리고 어머니가 동의하면, 앤은 아마도 휴가를 얻을 수 있을지도 모른다. 제시는 한주 동안 양로원에 들어갈 수도 있고 혹은 앤이 휴가 동안 어머니를 돌봐줄 이웃에 비용을 지급할 수 있도록 직접 현금 지원을 받을 수도 있다.

※ 자료: 보건부 자료(2001: 33) 활용

보호자를 위한 재정 지원

노약자를 수발하다보면 보호자의 경제상황도 영향을 받게 된다(Macgregor & Hill, 2003). 장애로 인한 지출, 비싼 재료가 들어가는 식단, 난방비나 특수 기구 혹은 교통비 때문에 비용이 더 들 수 있기 때문이다. 만약 보호자가 노약자와 같은 집에서 산다면 추가 비용의 영향을 실감하게 될 것이다(Glendinning, 1992a).

보호자가 노약자와 다른 집에서 살아도 노약자에게 재정적으로 도움을 줘야 하거나, 아니면 흥정을 하면서 장을 볼 수 있는 시간이 없기 때문에 손실이 생길 수도 있다.

노약자 수발로 보호자는 소득에도 영향을 받게 된다(Baldwin, 1985; Carmichael & Charles, 1998; Carers National Association, 2000). 만약 보호자가 노약자 수발에 힘쓰면서 일을 할 수 있는 정도에 따라 소득도 제한될 수 있다. 일과 간병을 병행하기 위해, 보호자들은 상근직에서 파트타임직으로 옮기거나 근로시간을 줄이는 수밖에 없다. 이런 제약 때문에 보호자는 미래 연금 수입도 줄어들 수 있다(Hancock & Jarvis, 1994; Ginn & Arber, 2000; Evadrou & Glaser, 2003).

보호자에게 몇 가지 재정 지원은 가능하다. 앞서 지적했듯이, 보호자수당the Carers Allowance은 1976년 노약자보호수당the Invalid Carers Allowance이라는 이름으로 근로연령의 남성과 독신여성을 대상으로 도입됐고, 1986년에 대상이 결혼한 여성에게까지 확대됐다. 2003년에는 다시 혜택이 은퇴연령 이상의 연령대에까지 지급됐다. 다른 국가에 견주면, 영국은 간병인이 수급권을 가지고 현금혜택을 받을 수 있는 이례적인 나라다. 다른 많은 나라에서는 보호자는 보호의 대상이 되는 노약자에게 주는 수당을 통해 간접적으로 혜택을 본다(Glendinning & McLaughlin, 1993; Ungerson, 1997; Glendinning, 2006). 그러나 보호자수당의 수급 조건은 매우 엄격하다. 우선, 보호자는 별도의 수입이 있거나 다른 사회보장급여를 (거의) 받아서는 안 되는데, 그들이 상당한 수준의 간병 행위를 수행하고 있기 때문이다. 보호자는 또 적어도 35시간을 수발하는 데 써야 하고, 파트타임직을 통해 매우 적은 수입을 얻거나 한주에 21시간 이하의 교육과정을 밟고 있어야 한다. 또 장애와 관련한 급여를 받고 있는 사람이 수발의 대상이어야 한다. 무엇보다도, 보호자수당은 매우 소액으로, 자산조사급여means-tested benefits의 최저액보다도 적다. 또 다른 사회보장급여와 동시에 받아서도 안 된다. 가족을 수발하기 위해 고소득 직장을 포기한 일부 보호자들은 이런 수준의 수당을 수용할 수 없을 정도로 낮다고 본다. 1주일에 35시간을 간병한다고 치고 시간당 수당을 산출하면 법정 최저임금에 못 미치는 것으로 나타난다. 더욱이, 보호자의 기타 수입액을 제한하는 조항 때문에 보호자가 간병 활동과 함께 할 수 있는 파트타임 일을 구할 수 있어도 이를 가로막는 부작용이 생기게 된다(Arksey 외, 2005). 물론 보호자수당을 받는 보호자도 국가연금에 대해 연금크레딧credits을 받을 수 있지만, 정부가 기업연금이나 개인연금의 가입을 적극 권장하는 상황에서 이런 혜택의 효과를 두고 의문이 따라붙고 있다.

보호자수당의 대상을 퇴직자에게 연장한 것을 제외하고는, 지난 20년 동안 제도 개선은 거의 없었다. 보호자들이 장·단기적으로 빈곤층으로 전락할 위험을 줄이고, 보호자들에게 재정적인 지원 수준을 올려줄 수 있는 대책은 없었다(Evandrou & Glazer, 2003). 이런 위험을 줄이기 위한 (동시에, 보호자들의 복지수준을 유지하기 위한) 가장 중요한 방법은 보호자들이 계속 일터에 머물 수 있도록 해주는 것이다. 2002년 고용법에서는 새로운 조항이 포함됐는데, 18세 이하 장애아동을 둔 부모는 근무여건을 탄력적으로 조정해달라고 회사에 요구할 수 있는 권리를 가지게 됐다(그러나 회사는 반드시 이 요구를 받아들일 필요는 없다). 이 권리는 2007년 4월부터 성인 보호자도 누릴 수 있게 됐다. 근무 시간과 장소의 탄력성과 비상상황에 대처하기 위해 유급휴가를 갈 수 있는 권리는 보호자들에게 직업을 계속 유지하기 위해 핵심적으로 필요했다(Arksey 외, 2005).

보호자를 위한 신노동당 정책의 차별점

1995년 보호자(인정과 서비스에 관한) 법the Carer(Recognition and Services) Act 이후에 많은 연구가 이뤄졌다. 연구 결과를 보면, 법은 보호자의 권리와 관련해 충분한 정보를 제공하거나 알리는 데 진척을 이루지 못했고, 보호자의 사정이나 사정 이후 서비스 공급에까지 이른 경우도 많이 늘지 않았다(CNA, 1997; CNA/ADSW/ADSS, 1997). 반대로, 보호자의 사정 건수는 적었다. 보호자들은 사정을 받을 수 있다는 걸 몰랐기 때문에, 적극적으로 신청할 수도 없었다. 그래서 사정 결과를 서류 형식으로 받아볼 수 있었던 보호자는 거의 없었다(CNA, 1997, Dearden & Becker, 1998; SSI, 1998, Robinson & Williams, 1999; Seddon, 1999, Arksey 외, 2000).

보호자를 위한 국가전략(보건부, 1999a)은 보호자의 선택권과 업무의 탄력성을 향상하도록 한다는 것이 목표였는데, 중요한 제도적 진전으로 환영을 받았다(Holzhausen & Pearlman, 2000). 그러나 많은 보호자들이 직면한 빈곤의 문제를 충분히 감안하지 않아서 비판을 받기도 했다(Holzhausen & Pearlman, 2000). 또 보호를 받은 노약자의 욕구와 희망을 충분히 고려하지 않고, 보호와 피보호의 복잡한 관계도 적절히 다루지 않았다(Lloyd, 2000). 이 문제는 뒷부분에서 더 다룰 것이다.

2000년 보호자와 장애아동법 이후에도 보호자를 위한 사정이나 정보 제공 등에서 뚜렷한 개선은 없었다(Keely & Clarke, 2002; Clark, 2003; Macgregor & Hill, 2003; Arksey 외, 2005). '영국 보호자단체Carers UK'가 수행한 연구를 보면, 주로 신체적인 장애를 가진 성인을 돌보는 보호자를 중심으로 사정이 이뤄지면서 장애인을 위한 지역보호서비스가 증가했다는 분석은 있었다(Macgregor & Hill, 2003). 그러나 10개 지역의 보호자들에게 같은 내용으로 전화 설문을 해본 결과, 일부의 보호자들만이 노약자가 아닌 보호자 스스로를 위한 서비스를 받았다고 답했다. 받은 서비스는 보호자 지원그룹 모임이나 자동차 운전 학원, 휴가 등을 위한 택시비 정도였다.

보호자들이 직접 현금 지급을 통해서는 혜택을 받았다. 그 혜택이 노약자를 향한 것이든, 스스로를 향한 것이든 보호자에게는 도움이 됐다(Macgregor & Hill, 2003; Stainton & Boyce, 2004). 예를 들어, 한 연구에서는 직접 지급으로 생긴 융통성 덕분에 보호자들이 교대 근무를 할 수 있게 된 것으로 나타났다. 과거 방식으로는 불가능했던 일이었다(Stainton & Boyce, 2004). 더욱이, 직접 현금 지원을 통해 노약자나 보호자가 서비스를 구매할 경우, 이 서비스는 이전에 관청에서 조달해주던 서비스보다 더 신뢰할만했고, 따라서 관청의 서비스가 늦어져서 다른 가족이 굳이 달려와서 일손을 보태야 할 여지도 줄어들게 됐다. 그러나 정부로부터 직접 현금 지원을 받는 보호자 수는 여전히 적었고, 그 수는 2004년 9월에 2,327명에서 2005년 3월에 3,630명으로 늘었다(CSCI, 2005). 직접 현금을 받는 보호자 수는 지역별로도 큰 차이가 났다(Fletcher, 2006).

유효한 지원을 가로막는 장벽

앞서 상술했듯이, 보호자를 위해 도입한 새로운 제도의 영향은 미미했다. 여기서는 보호자 지원 정책의 문제점과 신노동당 정책의 효과가 제한적인 이유를 살펴본다.

지원의 주요 목표: 보호자인가, 보호를 받는 자인가?

보호자와 노약자 가운데 누가 정책의 목표인지에 대해 의견이 갈린다. 보호자를 위한 국가전략에서는 "보호자를 도와주는 것이 보호받는 사람을 도와주는 최선의 방법"이라고 기록했다(보건부, 1999a: 12). 그러나 보호자가 받는 사정의 건수도 적고, 서비스의 수준도 매우 낮다(Parker & Clarke, 2002). 이에 대한 한 가지 가능한 설명은, 지방정부의 사회복지사에게 보호자와 노약자의 권리 사이에서 균형을 잡는 것이 어렵기 때문이라는 것이다(Scourfield, 2005).

사회복지사나 정책입안자들은 보호자와 노약자의 욕구나 이해가 조화를 이루기 때문에 양자가 같은 결과를 지향한다고 생각할 수 있는데, 이는 매우 안이한 생각이다. 현실에서는 그렇지 않을 수도 있다. 보호자에 집중하게 되면 노약자의 관점, 이해, 우려를 무시할 수 있다. 따라서 보호자 문제가 정치와 정책 의제에서 부상할수록, 노약자들은 그들의 선택과 통제, 자기결정 등의 권리가 간과된다고 점점 목소리를 높이게 된다. 따라서 장애인 운동을 하는 쪽에서는 '보호care'나 '보호자carer'라는 용어 자체가 의존이라는 뜻을 품고 있고, 따라서 장애인은 '짐'이고 스스로를 위해 결정을 할 수 없는 사람들이라는 의미를 담고 있다고 오랜 동안 주장했다(Morris, 1993; Shakespeare, 2000). 더욱이, 노약자와 별도로 보호자에 대해 관심을 두면 보호-피보호 관계를 떠받치는 상호성을 올바로 인식하지 못하게 된다는 비판도 있다. 또 노약자들이 스스로 타인의 보호를 필요로 하지만, 동시에 다른 사람을 돌보는 일을 한다는 점도 고려해야 한다는 지적도 있다(Morris, 1993).

파커와 클라크(Parker & Clarke, 202)는 지역사회보호 정책을 분석하면서 노약자를 위한 전통적인 사회보호서비스 ― 예를 들어 개인보호, 가사도움 서비스, 고용 등 ― 가 오히려 보호자를 지원하는 유효한 방법이라고 밝혔다. 비공식돌봄을 유료의 공식서비스로 대체할 경우 비공식돌봄이 감소할 수 있다는 것이 이들의 주장이었다. 피커드(Pickard, 2004)도 보호자 지원 정책의 효과성과 비용효과성을 분석하면서 비슷한 결론을 냈다. 그러나 이들의 주장을 뒷받침할 근거는 많지 않고, 특히 노인층에 대한 보호에서는 더욱 그렇다. 스코틀랜드는 노인을 위해 무료개인보호 정책을 최근 도입했는데, 이 정책으로 보호자들은 간병을 좀 더 장기적으로 할 수 있도록 도와주고, 노인과 그냥 수다를 떠는 것보다는 함께 놀러나가는 등 좀 더 적극적인 활동을 하도록 해준다(Bell & Bowes, 2006).

보호자의 정책적 개념

트위그와 앳킨(Twigg & Atkin, 1994)은 보건·사회보호 실천가들에 대한 연구에 근거해서 보호자와 서비스 제공자의 관계를 유형별로 나눴다. 그들은 보호자가 단순히 무료로 활용할 수 있는 복지의 인적 사원인지, 아니면 보호자 스스로의 복지가 정책의 초점이 되는지에 주목한다(Pickard, 2001). 첫 번째 '자원으로서의 보호자' 모델에서는 보호자는 도구적으로 당연히 존재하는 자원으로 생각한다. 따라서 보호자의 복지는 보호자가 간병을 지속한다는 의미에서만 중요하다. 둘째, '동료로서의 보호자' 모델에서 보호자의 복지는 조금 더 관심거리다. 그러나 세 번째 '클라이언트로서의 보호자'에서 보호자의 이해와 복지는 그 자체로서 정책과 실천에서 매우 중요하다. 네 번째, '사라진 보호자' 모델에서 비공식돌봄은 노약자의 욕구를 충족할 수 있는 서비스 공급으로 대체된다. 피커드(Pickar, 2001)에 따르면, 현재 정책은 주로 첫 번째 '자원으로서의 보호자' 모델에 근거했고, 두 번째 '동료로서의 보호자' 모델의 일부 요소가 포함되었다. 위의 개념적 모델들에 근거해서 정책변화가 이뤄지기 전까지는 보호자들이 계속해서 건강과 고용, 살림살이의 어려움을 겪을 것으로 예상된다.

경합하는 가치: 노약자 돌봄과 일자리

많은 사람들은 일해야 할 필요와 노약자 돌봄 사이의 갈림길에 서 있다. 나이가 들수록 노약자 돌봄을 선택할 가능성은 커진다. 45~64살 사이에서 보호자 역할을 맡기 시작하는 빈도가 가장 높았다(Hirst, 2002). 달리 말해, 근친이 돌봄이 필요하게 될 때, 보호자의 상당수는 일자리를 가지고 있었다는 뜻이다. 일부 보호자들은, 특히 한주에 20시간 이상을 돌봄에 할애해야 하는 경우에는, 돌봄의 부담이 크고 적절한 공적인 서비스가 부족하기 때문에 직장을 그만둔다(Arber & Ginn, 1995; Carmichael & Charles, 1998; Speiss & Schneider, 2003; Arksey et al., 2005). 그러나 근로연령대의 대부분의 보호자들은 쉽지 않지만, 직장과 돌봄을 병행한다(Parker, 1990; Glendinning, 1992b; Hancock & Jarvis, 1994; Joshi, 1995).

보호자와 고용에 대한 정책은 각각 상호 충돌하는 가치를 가지고 있다. 보호자를 위한 국가전략(보건부, 1999a)에서는 보호자가 원하면 노약자 돌봄을 위해 일을 그만둘 수 있어야 한다고 밝혔다. 그러나 그렇게 직장을 떠난 사람들은 적절한 생활비나 연금을 지원받지 못했다. 국가전략에서는 어떻게 보호자가 일과 돌봄을 병행하고, 돌봄이 종료되면 어떻게 일터로 돌아갈 수 있는지에 대해서 자세히 논의했지만, 이런 목적을 위해 내놓은 조치는 없었다. 2005년에 발효된 보호자(기회평등)법Carers(Equal Opportunities) Act은 보호자의 고용 관련 조항을 포함했고, 사회복지사는 사정을 할 때 직업훈련과 일자리에 관한 보호자의 희망을 고려해야 했다. 실천가들은 보호자와 노약자가 모두 수용할 수 있는 적절한 서비스를 제공해서, 보호자들이 회사에 취직해서 일할 수 있도록 해야 한다. 그러나 사회복지사들의 인식 수준이 아직 낮아서 갈 길은 멀다(Arksey 외, 2005).

결론

신노동당은 집권 이후 노약자를 돌보는 보호자의 역할을 인식하고 이들에 대한 지원을 강화하는 정책들을 계속 내놓았다. 이렇게 나온 '보호자를 위한 국가전략'과 세 개의 법은 정부가 비공식 보호자의 돌봄노동의 가치를 제대로 인정했다는 점을 보여준다. 그러나 정부가 인식한 비공식돌봄의 가치는 특정 부분에 한정된 것이었다. 첫째, 신노동당은, 이전 정권과 마찬가지로, 보호자들이 노약자들에게 상당한 양의 도움과 지원을 주는 현재의 역할을 계속 유지하도록 하는 것을 정책 목표로 삼았다. 물론, 정부정책이 사람들에게 노약자를 돌보라고 적극적으로 장려했다고 볼 수는 없다. 그러나 노약자와 보호자가 공식서비스와 비공식돌봄 가운데 한쪽을 선택할 수 있을 정도로 종합적인 공식서비스를 충분히 제공하지도 않았다. 노약자와 보호자에게 선택권을 주려면, 정부는 제도적 지원 서비스와 직접 현금 지급을 위해 투자를 충분히 해야 하지만, 정부는 그렇게 하지 않았다. 스코틀랜드의 경험은 잉글랜드와 달랐다. 스코틀랜드는 무료 개인보호 제도를 도입해서 일부 가족 보호자들은 노약자에 대한 간병 부담을 덜게 됐다 (Bell & Bowes, 2006).

또 정부정책 덕분에 보호자들이 일자리와 비공식돌봄 사이에서 선택할 수 있게 됐다는 증거도 많지 않다. 그렇다고 정부정책이 경제적 경쟁력의 향상을 위해 여성과 노인의 고용을 늘리겠다는 기조와 맞지도 않았다.

정부정책은 높은 수준의 공식서비스가 비공식보호자의 지원을 대체할 수 있도록 해야 하고, 한때 노약자 보호 때문에 노동시장에서 벗어났던 이들을 위해 직업훈련과 재진입을 장려해야 한다. 또 일과 비공식돌봄을 병행할 수 있도록 탄력적인 근로조건과 유급휴가를 보장해줘야 한다. 또 탄력적인 현금 보조금을 통해 보호자가 노동시장과 끈을 놓지 않도록 해야 한다. 이는 신노동당이 사회적 배제를 피해가는 방법으로 제시하는 고용정책과도 일맥상통한다. 현금 보조금이 노동시장을 완전히 떠난 사람들을 위한 선물로만 기능해서는 안 된다는 말이다.

그나마 존재하는 노동당의 정책이 지역에서는 누더기처럼 되기 일쑤다. 지방정부가 비공식보호자에 대해 추가적인 책임을 안게 됐지만, 보호자특별보조금 외에 예산은 추가로 받은 것이 없기 때문이다.

따라서 비공식보호자를 위한 정책은 결국 하나의 딜레마에 갇혀버렸다는 결론을 피할 수 없다. 정부는 선택과 독립의 원리를 내세우지만, 가족과 친구가 제공해주는 비공식 복지는 없어서는 안 된다. 한정된 예산 등 경제적 제약 때문에 공적 서비스가 영역을 확장해 비공식돌봄을 대체하는 데에는 한계가 있다. 따라서 정부는 보호자를 공적 서비스가 대체할 대상이라기보다는 계속 유지되어야 할 자원이나 도구로 취급한다. 보호자가 클라이언트로서 취급되는 때는 비공식돌봄 수준이 급격히 떨어질 때만으로 한정된다. 그래서 비공식돌봄 관련 정책의 주된 대상은 한주 20시간 이상 집중적으로 간병을 하는 보호자거나 주변의 도움이 없이는 노약자 간병을 하기 힘든 보호자들이다. 따라서 노동당 집권 아래에서, 보호자들은 소득이 없는 노동자이면서, 또 노약자 수발로 인한 비용을 감수하고 동시에 직장 생활로 얻던 소득이 줄거나 없어지는 이중고를 겪게 된다. 비공식복지의 가장 중요한 자원인 보호자들이 정작 빈곤과 사회적 배제의 위험에 처하는, 아이러니가 생긴다.

- 환자나 장애인, 노인을 위한 돌봄은 대부분 지역의 비공식 영역에서 담당한다. 비공식 영역이란 가족, 친척, 친구와 이웃을 말한다.
- 인구통계학적인 변화에 따라 비공식 보호자에 대한 미래 수요는 늘 것으로 예상된다.
- 2001년 인구센서스에 따르면, 모든 연령에 걸쳐 잉글랜드와 웨일즈에서 520만 명이 노약자를 돌보는 책임을 지고 있다. 대부분은 주당 20시간 이하를 돌보는 데 쓰지만, 30% 이상은 주당 20시간 이상을 노약자를 돌보는 데 쓴다.
- 1990년대 중반 이후 영국에서는 비공식 보호자에 대한 정책적인 관심이 늘고 있다. 1997년 5월에 집권한 신노동당은 노약자 보호자에 대한 지원을 강화하기 위해 몇 개의 법을 제정했다.
- 신노동당의 조치는 세 개의 법인 1995년 보호자(인정과 서비스에 관한) 법the Carer(Recognition and Services) Act, 2000년 보호자와 장애아동법Carers and Disabled Children Act과 2004년 보호자 기회평등법Carers(Equal Opportunities) Act과 1999년 보호자를 위한 국가전략the National Strategy for Carers 등이 있다. 또 보호자특별보조금이 보호자나 노약자를 위한 휴식간호respite care 서비스나 단기휴가를 보장하기 위해 도입됐다.
- 보호자 가운데 급여로 인한 수입이나 소득액이 매우 미미하거나 없는 경우에는 직접적인 재정 지원을 지방정부로부터 받을 수 있다. 그러나 이 재정지원 액수는 매우 적다. 고령의 보호자를 빈곤으로부터 보호하는 조치들은 아직 초보적인 단계에 머물고 있다. 또 회사에서 직장생활과 노약자 돌봄을 병행할 수 있도록 보호자의 권리를 보장해주는 경우는 매우 드물다.
- 보호자를 지원해주는 정책은 어느 정도 개선됐지만, 지역별로 개선된 정도에는 차이가 있다.
- 보호자를 위한 신노동당의 정책이 제대로 구현되지 못한 이유는 다음과 같다. 지원의 대상이 보호자인지, 보호를 받는 노약자인지를 놓고 생기는 이견과 주저함, 보호자를 무료의 복지 인적 자원 정도로 인식하는 태도, 보호자의 돌봄 활동과 직업 활동 사이에서 충돌하는 가치 등.

☑ 토론할 문제

- 여성과 남성은 비공식돌봄에 얼마나 영향을 받나?
- 노약자에 대한 공식적인 지원과 비공식 지원의 경계는 무엇인가? 국가는 어느 정도의 지원을 해줘야 하며, 가족의 지원은 어느 정도여야 하나?
- 가족의 보호와 국가의 책임 사이에서 균형을 맞추기 위해 신노동당 행정부는 어떤 조치를 취했나?
- 보호자와 노약자 모두에게 선택과 권리에 동등한 안배를 하는 것이 왜 필요한가?

☑ 더 읽을 거리

하워드(Howard, 2001)의 『가격 지불하기: 보호자, 빈곤과 사회적 배제*Paying the Price: Carers, Poverty and Social Exclusion*』는 보호자들이 경험하는 여러 가지 문제들에 초점을 맞추어 명료하고 알기 쉽게 정리했다. 보호자들은 여러 가지 문제들로 경제적·사회적으로 배제된 상태에서 벗어나지 못하게 된다. 하워드는 경험적인 조사 방법을 활용해 보호자 집단별로 나타나는 다양한 소득 문제를 살펴봤다. 조사대상이 된 보호자들은 18세 이하, 근로 연령대, 국가연금을 받는 연령대로 나뉘어졌다. 저자는 보호자들의 빈곤 문제를 해결하기 위해 경제적인 지원을 해줄 뿐 아니라 보호자들을 대상으로 하는 서비스의 질을 높여야 한다고 제안했다.

스토커(Stalker, 2003)의 『'보호자'를 동반한 업무 개념의 재정의: 정책과 관행의 새로운 방향*Reconceptualising Work with 'Carers': New Directions for Policy and Practice*』은 보호자에 대한 최근 자료를 가장 폭넓게 담고 있다. 이 책은 전체 돌봄 분야의 다양한 내용을 조명하면서 현재 진행되는 토론과 정책 논의에 대해 새로운 접근방식을 제시한다. 저자는 돌봄의 긍정적인 측면을 강조하면서 많은 보호자와 피보호자 사이에서 나타나는 상호성과 상호의존성에 주목한다. 이 책의 1장은 지금까지 돌봄에 관한 문헌들을 살펴보면서 주요한 개념과 논쟁을 간략하게 소개했는데, 이 부분은 연구자들에게는 특히 유용하다. 이 책에서 다룬 영역들로는 그밖에 보호하는 관계, 보호자와 사정, 보호자의 다양성, 보호자와 고용 등이 있다.

☑ 인터넷 자료

영국의 주요한 보호자단체로는 두 곳이 있다. 두 곳 모두 다양한 상황과 환경에 처한 보호자에게 정보와 조언을 제공하고 있다. 보호자 스스로에 대한 정보도 담고 있다. 두 기관 모두 전국 혹은 지역 단위에서 보호자들에 대한 인식과 처우를 개선하기 위해 목소리를 높인다. 영국의 보호자Carers UK: http://www.carersuk.org/Home, 왕립보호자신탁Princess Royal Trust for Carers: http://www.carers.org/, 그밖에 http://www. carers. gov.uk, http://www.employersforcarers.org, http://www.carersinformation. org.uk 등에도 유용한 자료가 있다.

조세복지

| 애드리언 신필드 *Adrian Sinfield* |

개요

1999년 이후, 영국의 조세복지 패턴에는 큰 변화가 있었다. 조세복지는 빈곤, 특히 아동빈곤을 줄이고 저소득층을 원조하기 위한 정부의 정책 가운데 주요한 부분을 차지한다. 조세복지는 또 주요한 사회보장급여를 대체하거나 사회보장급여의 폭을 넓히면서, 이전에는 조세로부터 아무것도 얻지 못했던 계층에게 자원을 배분하고 있다. 그러나 연금 분야에서 세제 변화는 여전히 불평등을 조장하는 전통적인 기능을 강화하고, 복지혼합에서 복지국가의 역할을 줄이는 것으로 보인다. 이 장에서는 세제에서의 두 가지 변화 양상과 그 영향을 살펴본다.

주요 용어

조세복지, 복지의 사회적 분화, 조세지출, 조세혜택tax benefit, 소득공제, 세액공제, 역진적 혜택upside-down benefit[1]

1 원문에서는 upside-down과 regressive라는 표현을 구분해서 사용하지만, 우리말로는 똑같이 역진적이라는 말로 번역한다.

서론

재정복지 혹은 조세복지라는 개념은 영국의 첫 사회행정학 교수인 리처드 티트머스Richard Titmuss가 1955년 12월 1일 행한 '복지의 사회적 분화the social division of welfare'라는 강연에서 처음 제안했다(Titmuss, 1958: 2장; Alcock 외, 2001: 2부, 2장). 티트머스는 당시 재정fiscal이라는 용어를 썼지만, 이제는 조세tax가 더 친숙하며 일반적으로 사용된다. 그는 복지국가의 전통적 재분배 방식에 도전하면서, 복지와 자원을 분배할 수 있는 개입 방식 두 가지를 추가적으로 제안했다. 다름 아닌 조세복지와 기업occupational복지(8장 참고)였다.

조세에 대한 감면혜택을 통해 국가는 특정 활동에 혜택을 제공하면서 그 활동을 장려할 수 있다. "소득세액공제나 감면혜택은 비록 다른 사회서비스와 비슷한 혜택을 제공하며 유사한 사회적 목적을 가지고 있지만, 사회서비스 지출로 간주되지 않는다(Titmuss, 1958: 44; Alcock 외, 2001: 65)." 따라서 국가가 부과할 수 있는 세금의 일정한 부분은 걷히지 않게 된다. 조세지출tax expenditure은 ― 복지와 관련된 목적이든 다른 목적이든 ― 조세수입의 손실분을 말하며 공공지출public expenditure과 대조적으로 쓰인다(이 개념에 대한 논의를 보려면, Surrey, 1973; OECD, 1996: 16~18).

주요 개념

- 조세복지Tax welfare - 세제 혹은 국민보험National Insurance 같은 제도를 통해 받게 되는 급여 혹은 보조금
- 조세지출Tax expenditure - 특정 활동 혹은 국민의 일부를 대상으로 세제나 다른 제도를 통해 혜택을 준 결과 생긴 세입의 감소분
- 조세감면Tax relief - 소득세 부과 대상이 되지 않는 소득
- 조세혜택Tax benefit - 조세감면을 통해 얻은 자원

- 소득공제Tax allowance - 총소득 가운데 세금 감면이 되는 액수, 따라서 소득세 부과액은 줄어들게 된다.
- 세액공제Tax credit - 세금 청구액 가운데 감면되는 액수. 세액공제를 받으면 세금 납부액이 줄어든다. 만약 세금 청구액이 없거나 공제액보다 적으면, 개인은 차액 만큼을 되돌려 받을 수 있다.

가장 일반적인 조세지출은 소득공제였다. 소득공제에 따른 혜택은 개인의 한계세율에 따라 다르다(181쪽 상자글 참고). 따라서 소득공제는 역진적인 성격이 있다. 이 제도는 사회정책학적인 기준으로 봤을 때 세금혜택이 덜 필요한 계층에게 더 많은 자원을 전달하기 때문이다. 하향식 혹은 수평적, 종신적인, 복지국가의 소득분배 경향과는 대조되는 구조다(Surrey, 1973: 37). 공공정책의 자산조사 방식의 목표에도 역행하는 것이다. 그렇지만 세액공제는 역진적이지는 않으며, 누진적으로 적용될 수 있다(181쪽 상자글 참고).

조세지출은 의회나 다른 독립기구의 감사를 거의 받지 않아 소리 소문 없이 작동된다. 수많은 토론과 논의를 거치는 공공지출통계에 잡히지도 않는다. 조세지출에 어떤 통제를 가할지는 재무장관과 재무부가 결정한다. 재무부는 오랜 동안 "조세지출이나 국민보험기여금national insurance contributions 같은 예산 문제에 대해 독점적인 운영권을 행사했다(Deakin & Parry, 2000: 47)."

주요 조세지출과 국민보험 관련 비용은 상당하다. 2005/2006 회계연도에 사회복지 관련 소득세 감면액은 개인 소득세 공제를 제외했을 때, 전체 소득세 감면액의 5분의 4에 해당했다. 이 액수는 그해 실제로 걷힌 소득세 총합의 18% 정도에 해당하는 240억 파운드였다.

조세지출은 두 가지 이유 때문에 줄었다. 최고세율이 83%, 혹은 추가로 부과되는 15%의 투자부담금을 포함하면 98%였지만, 1979년에 40%로 줄었다. 또 기본세율도 35%에서 22%로 줄었다. 세금감면 혜택 수도 줄었다. 특히 두 개의

소득공제와 세액공제

소득공제액은 세금의 한계세율 — 해당 납세자의 가장 높은 소득에 적용되는 세율
— 에 따라 결정된다. 대부분의 납세자들은 22%의 기준 세율에 따라 1000파운드
를 공제받으면 220파운드의 세금을 덜 내게 된다. 만약 40%의 세율을 적용받는 납
세자는 400파운드의 세금을 덜 내게 되고, 저소득층이라서 10%의 세율만 적용받는
다면 1000파운드의 공제액에 대해 100파운드만 벌게 된다. 그래서 만약 이들이 그
해에 내야 할 세금납부액이 100파운드보다 적거나 한 푼도 없다면, 이들은 소득공
제 혜택을 한 푼도 못 받거나 받아봐야 소액이 된다는 뜻이다.

세액공제액은 세금납부액에서 차감된다. 세전 소득에서 차감되는 것이 아니다. 대
부분의 사람들에게 만약 세액공제가 220파운드로 잡혔다면, 이는 1000파운드의 소
득공제와 다를 게 없다. 그런데 아홉 명 가운데 한 명 꼴로 더 높은 소득세율(40%)
을 적용받는다. 이들은 다른 계층보다 세액공제액을 더 받는 것이 아니라서, 소득공
제와 비교하면 180파운드를 손해 보는 셈이다. 세액공제는 환급이 가능하다. 세금
청구액이 220파운드 이하인 사람은 세액공제로 생긴 차액만큼을 돌려받는다. 소득
세를 한 푼도 안내는 저소득층은 세액공제액을 전액 환급받게 된다. 현재 세액공제
제도는 좀 더 복잡한 환급제도를 가지고 있지만, 원리는 같다.

주요하고 규모가 큰 세금감면 제도인 부부소득공제the married couple's allowance와
담보대출이자 세금감면mortgage interest relief 제도가 종료됐다. 그러나 양도소득세
세금혜택tax exemption은 여전히 남아 있다.

조세혜택은 세 개의 범주로 나뉜다(<표 7-1> 참고). 조세혜택의 절반 이상
은 공공복지혜택을 넘어서는 혜택을 주는 데 쓰인다. 약 4분의 1은 아동급여나
전쟁연금war pension, 장기장애급여 같은 사회급여에 대한 세금면제 혜택이다. 나
머지 5분의 1 정도는 영국 사회복지의 발전을 나타내는 것으로, 세액공제를 통해
사회권을 보장한 것이다.

| 표 7-1 | 영국의 주요 세금과 사회정책과 관련된 조세감면액

(단위: 1억 파운드)

	1994/95	2004/05	2005/06
I. 공공복지 이상의 혜택			
■ 소득세			
• 부부소득공제 개인소득공제에 추가공제	35	종료	-
• 연령 관련 소득공제	7.25	22	23
• 한부모가정 소득추가공제	2.6	종료	-
• 고용 만료로 지급되는 첫 3만 파운드 에 대한 면세	16	10	10
• 민간연금 관련 세금감면	92	123	137
• 담보대출이자 세금감면	35	종료	-
■ 국가보험기여금 세금감면			
• 등록된 연금에 대한 고용주 기여금	출간된 자료 없음	67	74
• 적용예외에 해당하는 기업연금	71.1	70.8	72.7
• 적용예외에 해당하는 개인연금	2.45	27	23
■ 양도소득세			
• 유일하거나 주된 주택을 처분해서 생긴 소득	8.5	130	125
II. 복지국가급여			
■ 아동급여	6.5	10.6	10.9
■ 장기장애급여	14.1	10.8	10.9
III. 세액공제			
■ 아동세액공제	-	33	36
■ 근로세액공제	-	11	10

자료: 영국 재무부(1995), 국세청(2006)

세액공제로 이동

조세복지는 사회정책학 연구에서 보통 간과됐다. 세액공제제도는 그나마 상대적으로 많은 주목을 받았다. 아마도 복지국가의 핵심인 사회보장급여의 한 형태로서 발전했기 때문인 것으로 보인다.

1909년 아동소득공제제도가 최상위층 가운데 상대적으로 소득이 낮은 계층을 대상으로 도입됐다. 당시에는 소득세를 극히 일부 부유층만 냈기 때문이다. 1920년에 이 제도의 대상은 모든 납세자로 확장됐다. 가족소득공제가 1946년에 시행됐고, 대신 첫째 자녀에 대한 소득공제는 사라졌다. 이와 대조적으로, 아동소득공제는 첫째를 포함한 모든 양육 자녀를 대상으로 했고, 아동 연령과 관련해 지급됐고, 가족소득공제보다 더 오래 혜택을 받을 수 있었다. 아동소득공제는 역진적인 성격이 있었고, 가족소득공제보다 나라 재정에는 더 큰 부담이 됐다. 티트머스의 분석을 놓고 오랜 작업을 한 끝에 정부는 1970년대 말에 아동소득공제와 가족소득공제를 아동급여Child Benefit로 통합했다.

자녀양육을 위한 지원은 현재 매우 다른 형식을 취한다. 노동당은 1997년 집권 이후 세금과 급여제도를 "다듬고 현대화하기 위해" 태스크포스팀을 조직했다. "근로를 권장하고 복지에 대한 의존과 빈곤을 줄여 지역과 가족 생활의 기반을 튼튼히 한다는 목적을 달성하기 위한" 것이었다(재무부, 1998: 5; Millar, 2003: 129~129 재인용).

1999년에 국세청이 집행하는 환급 가능한 근로가구세액공제Working Families Tax Credit가 사회보장부급여the Department of Social Security benefit와 가족공제Family Credit를 대체했다. 가족공제는 앞서 1988년에 가족소득보조Family Income Supplement(1971년 시행)를 대신했다. 노년층 근로자를 위한 공제 혜택을 포함한 근로가구세액공제제도는 빈곤을 줄이기 위한 정부의 '근로 우선' 전략에 따른 것이었다. 세액공제는 1970년대 초에 잠시 검토되기도 했지만, 결국 근로가구세액공제제도가 도입된 것은 미국의 근로장려세제the Earned Income Tax Credit의 영향이 컸다(Howard, 1997).

소득세제 변화의 배경에는 두 가지 상충되는 의견이 있었다. 재무부는 "국민들은 마음 속에 세액공제와 근로를 함께 연상할 것이라서, 세액공제는 매우 가치 있는 심리적인 도구로 작용한다. 세제를 통해 혜택을 주되, 수령자의 근로와 연계하는 것은 사회적으로도 수용가능할 것으로 예상된다"고 밝혔다(재무부, 1998:

8, Millar, 2003: 129 재인용). 이 글 속에는 재무부의 고민이 담겨 있다. 정부는 당시 세제 변화를 놓고 복지의 확대를 반대하는 강력한 이해 집단들의 지지를 받기 위해, 혹은 최소한 이 집단들과 소원해지기 않기 위해, 고심했다. 또 빈곤 가구에 더 많은 지원을 해주는 것에 대한 정치적인 부담은 매우 컸다. 앞선 보수당 정부는 사회보장 지원을 받는 근로연령대 집단에 낙인을 찍고, 이들에 대한 지원을 죄악으로 여겼기 때문이었다(Cook, 1997).

2003년에 이르러 이들 세액공제와 몇 가지 사회보장급여는 근로세액공제 Working Tax Credit와 아동세액공제Child Tax Credit로 통합된다. 아동세액공제는 전국 아동 다섯 명 가운데 네 명 이상에게 혜택이 돌아가게 한다는 목표가 설정됐다. 대신 보편적인 아동급여를 제외하고는, 중앙정부의 모든 아동관련 재정 지원은 사라졌다. 아동세액공제는 이듬해인 2004년에 더 많은 혜택을 저소득 가구 어린이들에게 줬고, 정부는 이를 '진보적 보편주의progressive universalism'라고 불렀다. 이 단계에서는, 호주와 캐나다의 경험이 많은 영향을 미쳤다(Battle 외, 2000).

 아동세액공제

아동세액공제는 매주 혹은 매달 아동의 보호자에게 전달된다. 가족에 대한 기본공제액(2006/07년 한해 545파운드)과 아동 한 명마다 지급하는 기본공제액(한해 1690파운드)에, 장애아동에 대해서는 공제액이 증가한다. 국회는 아동에 대한 기본공제액은 소득수준에 따라 늘렸지만, 가족 대상 기본공제액은 545파운드(아이가 태어난 첫 해에는 두 배 지급)로 동결했다. 또 1만 3910파운드 이상 소득에 대해서는 1파운드를 더 벌 때마다 받을 수 있는 아동세액공제액은 37펜스씩 줄어들고,[2] 가족의 기본공제액도 5만 파운드 이상 소득 1파운드마다 6.67펜스씩 줄어들게 된다. 이렇게 해서 저소득층에 더 많은 도움을 주지만, 세액공제제도는 지나치게 복잡해지는 부작용도 생겼다.

비록 추가적인 자원을 제공하면서 아동빈곤을 줄였지만, 2010/2011년까지 아동의 빈곤수준을 절반으로 줄인다는 정부의 계획을 이루기 위해서는 조치가 더 필요했다(근로연금위원회, 2004). 가족 기본 공제액은 자녀가 한 명 이상이면 자녀 수와 관계없이 동일한 액수가 지급됐기 때문에, 첫째 자녀에 대한 혜택은 결과적으로 둘째 이하 자녀보다 높은 셈이었다. 따라서 자녀를 많이 가진 가정의 빈곤 문제를 해결하는 데는 상대적으로 덜 성공적이었다. 더욱이, 주택급여와 다른 자산조사 관련 혜택들도 서로 얽혀서 많은 사람들에게는 순가처분소득이 오히려 줄어드는 일이 벌어지기도 했다.

 근로세액공제

부모 가운데 한 명이 매주 16시간 이상의 노동을 하는 저소득가정이면 근로세액공제 혜택을 받을 수 있다. 자녀가 없는 저소득가구도 이 혜택을 받을 수 있다. 그러나 자녀가 없는 경우는 부부의 나이가 모두 25세 이상이어야 하고, 매주 16시간이 아니라 30시간 이상 노동을 해야 했다. 장애를 가지고 있거나 50세 이상이거나 특정한 조건에 부합되는 사람은 16시간 노동으로도 자격을 얻을 수 있고, 추가 지원을 받을 수도 있다. 근로세액공제는 아동세액공제보다 훨씬 낮은 소득수준에서부터 혜택이 줄어드는데, 5220파운드 이상 소득에 대해 1파운드당 37펜스씩 감소한다.

과거 근로가구세액공제와 달리, 아동세액공제는 부모의 경제활동여부에 따라 아동을 차별하지 않았다. 따라서 부모가 실직상태여도 아동세액공제를 받을 수 있게 됐다. 그러나 부모 가운데 한 명이 경제활동을 하면 아동세액공제 혜택

---

2 예를 들어 한해에 1만 3910파운드를 버는 가정에서 아동세액공제로 3,700파운드를 받았다고 가정하자. 이 가구에서 이듬해 수입이 1만 파운드가 늘어 2만 3910파운드가 되었다면, 한도액인 1만 3910파운드 이상 번 1만 파운드의 37%인 3,700파운드만큼 세액공제혜택은 줄어들게 되므로, 세액공제혜택은 0이 된다.

이 더 많이 돌아갈 수 있도록 했다.

　재무부는 근로세액공제를 최저임금제도와 함께 "더 유연한 노동시장을 창출하면서 동시에 근로자 소득의 급격한 하락을 막는" 주요한 노동시장정책으로 생각했다(재무부, 2005: 4). 2005년 정부의 뉴딜New Deal[3] 정책과 세액공제제도가 얼마나 고용을 늘리고, 근로자들을 저임금 일자리로 유인하고, 사용자에게 보조금을 줘서 이들을 저임금 일자리에 머물게 했는지는 아직 효과를 알 수 없다. 최저임금제도가 기반을 조성했고, 세액공제제도가 긍정적인 영향을 미쳤을 수 있다. 그러나 가족에 안 좋은 영향을 미치는, 이직률이 높은, 저임금의, 질 낮은 일자리의 문제는 해결될 필요가 있다(토인비Toynbee의 2003년 연구는 그 영향을 탐구했다.[4] 유럽이사회EC의 2003년 연구는 영국이 겪은 문제를 짚었다). 더욱이, "제도가 취업 의욕을 저하시키는 요인이 있어서, 근로세액공제가 집안에서 부부 모두 일하게 하도록 유도하기보다는 한 사람만 일하는 효과를 낳을 가능성이 크다(Bennett, 2005: ix)."

　또 새로운 세액공제제도가 새로운 세제인지, 아니면 국세청Revenue and Customs이 수행하는 '현대화한' 자산조사인지를 놓고도 논쟁이 계속되고 있다(Adler, 2004). 근로세액공제는 '흠 없고 투명한' 것으로 제시됐지만, 적용과정에서 적지 않은 문제가 발생했기 때문이다. 2004/2005년도에 지급된 세액공제액의 55%는 과세연도 동안 소득 등 여러 변수들이 바뀌면서 재조정됐다. 40%는 초과 지불됐고, 15%는 지불액을 추가해야 했다(영국 감사원, 2005). 절반 이상의 초과 지불액은 최저소득층에게 전달됐는데, 이들은 초과분을 되돌려줄 여력이 없었다.

　세액공제는 다른 세금환급제도와 달리 별도로 계산된다. 이 때문에 수급률take-up rate이 약 80% 정도에 머무는 주목할 만한 결과를 낳았다. 더욱이 세액공

3　3장 참고

4　영국의 저명한 언론인인 폴리 토인비Polly Toynbee는 직접 병원 잡역부, 빌딩 청소원, 빵공장 노동자, 간병인 등으로 일한 뒤, 여기서 목격한 저임금 노동시장의 현실을 고발한 『Hard Work』라는 책을 2003년에 내놓았다. 이 책은 이듬해 우리나라에서도 『거세된 희망』(개마고원)이라는 제목으로 출간됐다.

제제도는 자산조사급여처럼 부부의 수입을 합산한 액수를 근거로 삼는다. 소득세가 1990년에 개별과세제도로 돌아섰지만, 많은 부부들은 세액공제제도로 결국 다시 함께 소득을 노출해야 했다.

세액공제는 공공계정에 포함되지 않기 때문에 급여와도 다르다. 이 부분은 정책적인 검토와 토론을 요구하는 대목이다. 두 개의 주요한 세액공제제도로 138억 파운드가 2004/2005년에 지급됐다(영국 감사원, 2005). 그러나 국세청에 기록된 조세지출은 44억 파운드였다(국세청, 2006: 표 1.5). 개인에게 직접 환급한 액수는 공공지출로 잡히지만, 소득세 납부액의 감면분은 공공지출에 포함되지 않기 때문이다. 따라서 세액공제에 따른 지출액은 공공지출통계에 잡히지만, 나머지 감면분은 나타나지 않는다. 정치적으로 매력적인 부분일 수밖에 없다.

아동과 저소득층을 위한 세액공제의 혁신으로, 복지와 노동을 잇는 전통적인 연결고리는 매우 중요한 변화를 겪게 된다. 세제가 처음으로 역진적이지 않고, 누진적이고 하향적인 성격을 나타냈다. 부유층은 아동세액공제를 받을 수 없었고, 근로세액공제 혜택은 빈곤층에 국한됐다. 또 새로운 세액공제로 인해 자원이 남성에게서 여성으로 이동했다. 주로 여성인 한부모들이 특히 많은 혜택을 받았기 때문이다.

퇴직자를 위한 조세복지

퇴직자를 위한 세제 개혁도 있었다. 이 세제의 변화는 80년 전까지 거슬러 올라가는데, 특히 1950년대의 변화가 컸다(Hannah, 1986; Titmuss, 1958: 3장). 고용주의 부담금과 근로자의 기여금에는 세금이 기본적으로 부과되지 않았지만, 면세혜택을 받는 근로자의 기여금에는 상한이 있었다. 이렇게 생긴 소득은 대체로 면세혜택을 받았다. 퇴직 때 받는 일괄지급액은 연봉의 1.5배 정도인데, 면세혜택을 받는다. 그러나 일괄지급액을 받은 뒤에 받게 되는 연금은 과세 대상이다

(자세한 내용은 Sinfield, 2000: 144 참고).

영란은행the Bank of England의 국가 간 비교 연구를 보면, 나라마다 연금제도가 달라서 저축의 주요 수단으로서 연금이 가진 혜택과 장점의 규모도 제각각이다 (Davis, 1991: 381). 후한 조세감면, 특히 기업 임원급을 위한 혜택과 효율적인 법인세제는 기업연금이 성장할 수 있는 원인이 된다(연금위원회, 2004: 120).

영국의 연금기금pensions funds benefiting의 규모는 약 1조 2500억 파운드로 어마어마하다(국세청, 2004). 그러나 조세감면이 퇴직자를 위한 민간 서비스 공급을 얼마나 촉발하는지, 또 얼마나 저축과 경제성장에 기여하는지에 대한 연구는 놀라울 정도로 적다(Hughes, 2000; Minns, 2001).

이렇게 효율성이 검증되지 않았지만, 조세감면 액수는 상당하다. "기업연금이나 개인연금 등 민간연금 기여금 가운데 5분의 1은 조세감면에서 충당된다 (Curry & O'connell, 2004: 19)." 정부는 민간연금의 조세감면에 따른 순비용이 2005/2006 회계연도 사이에 137억 파운드에 이를 것으로 추정했다(국세청, 2006: 표 1.5). 이는 연금크레딧pension credit 제도가 시작되기 전에 극빈 노년층을 대상으로 하는 자산조사 지원 총액보다도 훨씬 많은 액수다. (그러나 헷갈리게도, 과거 가족세액공제제도에 해당되는 연금공제는 세액공제제도가 아니라, 노동연금부the Department for Work and Pensions가 지급하는 사회보장급여로 분류된다.)

상당한 규모의 조세감면혜택을 꼼꼼히 살펴볼 필요가 있는데, 이 제도의 분배가 매우 불균등하기 때문이다. 조세감면에 따라 지급되는 세금보조의 절반이 소득 상위 10%에게 주어지고, 약 4분의 1이 상위 2.5%에게 주어진다. 이렇게 "강력하게 역진적인 패턴" 때문에 소득 하위 10%는 겨우 1%의 세금혜택만을 받는다(Agulnik & Le Grand, 1998: 410). 이는 세제가 '역진적'인 성격을 갖는 대표적인 예이고, 연금공제제도의 원래 취지에도 어긋나는 것이다.

2004/2005년 회계연도에 근로자의 연금 기여금에 대한 조세감면 혜택 가운데 60%는 소득이 많거나 혹은 세액공제가 필요 없을 정도로 부유한 계층에게 돌아갔다(Hansard, 2005). 영국에서는 납세자 여덟 명 가운데 한 명 정도가 이 조

세감면 혜택을 받았고, 국가 연금 수령 연령 이하의 납세자 가운데는 열 명 가운데 한 명만 혜택을 봤다. 소득세는 연금 수령액에는 부과됐지만, 일괄지급액에는 따라붙지 않았다. 따라서 조세혜택은 고율의 세금을 내는 이들에게 더 많이 돌아갔고, 저소득층의 퇴직자에게는 적게 돌아갔다.[5]

연금제도에서 불평등을 조장하는 정부의 간접보조indirect subsidies의 규모도 논쟁을 낳고 있지만, 여전히 중요성은 과소평가되고 있다(Sinfield, 2000). 고용주가 기업연금occupational pensions에 돈을 대는 것에 대한 대가로 정부는 기업에 국민보험 기여금을 걷지 않았는데 그 액수가 2005/2006 회계연도에 74억 파운드였다(국세청, 2006: 표 1.5). 기업은 근로자에게 차를 사주거나 대출을 해주는 것처럼 기업연금에 돈을 붓게 된다. 정부의 적용예외제도contracting-out[6] 때문에, 기업이 부담할 국민보험에 대한 기여금 96억 파운드도 민간연금으로 이월됐다.

연금정책연구소the Pensions Policy Institute는 기업이나 고소득층에 집중된 조세혜택의 결과, 납세자들이 결국 한해에 부담하는 액수가 적어도 190억 파운드에 이를 것으로 추산했는데, 이는 영국 국내총생산의 1.8%에 해당한다(Curry & O'-Connell, 2004: 9). 경제협력개발기구의 연구를 보면, 영국은 연금에 대한 세금보조의 규모가 가장 큰 나라다(예를 들어, Adema, 2001).

변화들

정부가 이런 보조 규모를 줄일 것이라는 기대와 움직임도 있었다. 1980년대 후반부터 고소득층의 연금 기여금과 일괄지급액에 제한을 가했다. 1997년에는 고

---

5 영국의 〈텔레그래프〉지 2008년 7월 3일 기사 '약 400만 명의 고율 납세자'를 보면, 조세감면 때문에 세율이 높은 고소득층은 연금에 60파운드를 낼 때마다 정부가 40파운드를 지원해주는 효과가 나타나는데, 기본 세율을 내는 저소득층은 100파운드의 기여금 가운데 20파운드만 정부의 지원을 받게 된다고 밝히고 있다. 조세감면의 역진적인 성격을 드러내는 예다.

6 영국 국민은 의무적으로 국민연금에 가입해야 한다. 그리고 근로자는 국가2차연금State Second Pension에 가입해야 하지만, 상황에 따라 기업연금이나 개인연금에 가입할 수도 있다. 이렇게 민간연금에 가입하게 되면, 국가2차연금의 적용을 받지 않게 된다.

소득층에 보조금을 지급하는 효과를 낳는 세금감면 혜택 가운데 하나가 사라졌다. 일부에서는 이 조치를 두고 연금기금에 대한 '공격'이라는 비난도 있었다(Emmerson & Tanner, 2000: 67).

2002년 저축과 투자 분야에 대한 검토를 한 결과, 연금 관련 세제의 취약성이 드러나자 노동당 정권은 연금 관련 세제에 대한 '극단적인 단순화' 방안을 검토했다. 국민들에게 개인 혹은 기업연금에 가입하도록 독려하기 위한 조치였다(재무부, 국세청, 2002: 3; 노동연금부, 2002). 정부는 이렇게 연금 분야에서 복지혼합을 재조정하는 방안을 1998년에 이미 제시한 바 있었다. 당시 정부의 장기 목표는 '공공 6 대 민간 4'의 비율을 '공공 4 대 민간 6'으로 바꾸는 것이었다(사회보장부, 1998).

여덟 개의 제각각인 연금 관련 세제는 2006년 4월에 두 개의 상한선을 설정하면서 단순해졌다(상자글 참고). "이런 조치로 대부분의 사람들은 각자가 벌어서 기여금을 내는 만큼 세금감면 혜택을 받을 수 있게 됐다(국세청, 2004: 17)."

노동당의 세제개편은 다른 정책의 변화와는 아주 다른 방식으로 제시됐다. 정부의 보고서를 봐도, 새로운 조세감면 혜택의 비용에 대한 내용이 없고, 누가 얼마나 혜택을 볼지에 대한 근거도 담지 않고 있다. 정부가 보고서에서는 "폭넓은 사회경제적인 맥락에서" 재정의 지속가능성이나 연금제도의 공정성 같은 요소

 민간non-state **연금제도의 새로운 질서, 2006년 4월**

면세 혜택을 받는 연금 저축액의 '평생 한도'는 조세감면 혜택을 받는 개인연금 저축액의 '연간 한도' 제도가 보완했다. 정부는 협의를 거쳐 평생 한도를 140만 파운드에서 150만 파운드로 올린 뒤, 2010년까지 180만 파운드로 올릴 예정이다. 또 연간 한도액은 20만 파운드에서 21만 5000파운드로 올리고, 2010년까지 25만 5000파운드로 올린 뒤, 그 뒤에는 5년마다 검토할 계획이다.

를 고려할 필요가 있다고 공공연하게 밝힌 점(재무부, 국세청, 2002)을 생각하면, 정작 정책의 근거가 부족한 점이 더욱 부각된다. 보고서에서 두 명의 장관이 쓴 머리말은 다음과 같이 시작된다. "모든 연금 수령자들이 국부를 공정하게 나눠 가질 수 있도록 정부가 헌신하고 있다(재무부, 국세청, 2002: 머리말)."

그러나 "최근 몇십 년간 극적으로 연금수령자의 소득불평등이 심화되고 있다(노동연금부, 2002: 109)." 민간연금에 가입한 연금수령자의 비율은 전체 수령자의 3분의 2로 늘었지만, 다수는 소액을 받을 뿐이고, 조세복지의 혜택은 미미하다. 민간연금에 가입할 수 있는 기회는 모두가 가질 수가 없고, 따라서 연금제도가 일반적으로 주는 혜택도 미미하다(Curry, 2003). 근로연령 인구 가운데 민간연금에 가입한 비율은 절반에 상당히 못 미친다(42%). 상류층 가운데서는 열 명 가운데 거의 아홉 명꼴로 민간연금에 가입한 반면, 소득분위의 가장 아래에 속한 계층에서는 네 명 가운데 한 명이 민간연금에 가입했다(UK, 2002). 이런 상황을 보면, 노동시장에서, 특히 민간 영역에서, 노동자들의 협상력이 어느 정도인지 가늠할 수 있다.

노동당의 세제안은 연금제도에서 계속 존재했던 중요한 문제점에는 주목하지 않았다. 여성, 특히 어머니들에 대한 문제다(Ginn 외, 2001). 연금 수령자의 3분의 2를 차지하는 여성들의 중위소득은 남성 연금수령자의 중위소득의 절반을 약간 넘는 수준이다(기회평등위원회the Equal Opportunities Commission, 2005). 노동연금부가 낸 보고서를 보면, 마지막 장이 여성 연금수령자들 — 특히 노년층들 — 이 처한 심각한 문제에 관한 것이고, 부적절한 연금제도로 여성들이 빈곤에 처할 위험이 더 크다고 밝히고 있다(노동연금부, 2002: 7장). 그러나 조세감면으로 젠더 불평등이 심해지는 것을 인식한다는 내용은 없고, 노동연금부와 재무부, 국세청이 협력해서 이와 관련한 정책을 펴겠다는 내용도 없다.

연금 저축액 가운데 세금혜택을 받을 수 있는 '평생 한도'가 연간 140만 파운드 수준으로 낮게 책정된 것에 대해서는 자주 반대의견이 있다. 영국산업연맹the Confederation of British Industry 같은 영향력 있는 단체들이 주도하는 로비활동은 강력하고 매우 활발하다. 재무부는 연금에 대한 보조가 이미 상당하다고 말하고 있지만, 영국산업연맹 등은 평생한도와 같은 상한은 없애야 한다고 주장하고 있다. 이에 따라 평생 연금기여에 대한 세제혜택 한도는 높아졌고, 부유층을 위한 연금혜택은 지켜졌다. 정책의 결과를 보면, 경영진과 임원들이 가입하는 최종급여방식-확정급여형final-salary defined-benefit 연금제도는 살아남고, 근로자들은 기여금이 매우 적은 확정기여형defined contribution 연금으로 옮겨져서, 경영진과 임원들이 얼마나 연금세제 혜택으로 이득을 보았는지 알 수 있다. 영국노동조합회의the Trade Union Congress가 분석한 자료를 보면, 상위 100개 회사 임원들의 경우 연금기여율rates of contribution이 훨씬 높아서 일반 근로자들보다 완전연금급여full pension에 두 배 정도 빨리 도달하게 된다(영국노동조합회의, 2005a, 2005b).

새로운 세제에 따른 공식 비용 추산치가 공식적으로 어떻게 집계될지는 아직 알 수 없다. 노동당의 정책으로 중간관리직은 혜택을 받았고, 가장 소득이 많은 기업 최고위층은 규제를 받았다. 정부의 어림을 보면, 새로운 정책으로 드는 추가 비용은 기존의 130억 파운드에 더해지는 1억 3000만 파운드를 넘지 않는다(재무부, 관세청, 2004). 이를 보면 상당한 조세혜택이 — 일부 비판하는 사람들이 추정하는 것보다도 더 — 극소수의 부자들에게 집중됐다는 것을 알 수 있다.

노령층을 가른 두 개의 나라Two nations in old age

이런 식의 조세복지로 혜택을 받는 사람은 누구일까? 연금가입자일까, 고용주일까, 연금과 보험회사들일까? 티트머스는 1959년에 낸『무책임한 사회The Irresponsible Society』에서 "정치적인 민주주의의 그럴듯한 치장 뒤에서 권력을 가진 자는 누구일까?"라고 질문을 던진 뒤, 보험과 연금회사의 이해관계가 "복지와 편의를 결정하는 점점 더 큰 요인이 되고 있다(Titmuss, Alcock 외 인용, 2001: 141)"고 주장했다. 그러나 이 회사들의 활동이 좀처럼 대중의 눈에 띄지는 않는다. 대처 수상 시절 재무장관을 지낸 나이젤 로슨Nigel Lawson은 "정치 경력을 통틀어 접했던 가장 강력했던 로비활동"으로, 그가 장관 역임 시절 연금 일괄지급액에 과세를 할

지도 모른다는 소문이 돌 때 연금 관련 회사가 벌인 조직적인 대응을 꼽았다 (Lawson, 1992: 369).

2006년 연금세제를 개편하면서, 정부는 부유층에 치우친 태도를 버리거나, 공정한 경쟁의 장을 만드는 방식으로 폭넓은 사회경제적인 문제를 해결하려 하지 않았다. 오히려 연금산업의 호감을 사는 데, 또 최종급여방식 운영을 놓고 웅성거리는 고용주들과 우호적인 관계를 유지하는 데 더 많은 관심을 쏟는 것으로 보였다. 연금 개혁을 위해 국세청이 구성한 팀에는 연금산업의 대표자와 고용주들이 참여했지만, 노조나 연금가입자는 참여하지 않았다. 따라서 노조나 연금가입자들이 세제 개편을 통해 얻을 것은 적었다.

국세청과 연금산업, 고용주들은 퇴직과 관련해 복지혼합을 효과적으로 구축했지만, 사회정책학계에서나 국가의 거시정책 결정자들은 이점을 그다지 주목하지 않았다. 따라서 이런 퇴직과 연금 관련 정책결정과정은 '지하subterranean'에서 이뤄졌다. 미국의 학자 해커가 2002년에 쓴 『갈라진 복지국가The Divided Welfare State』는 이 과정을 부각했다. '공공과 민간의 사회적 혜택을 둘러싸고 미국에서 벌어진 전투'라는 부제를 가진 이 책에서 저자는 연금과 보건의료 분야에서 조세를 둘러싼 특권이 어떻게 형성되고 지켜지는지 분석했다. "지하 정치… 국정조사를 통해 백일하에 드러나거나 정확한 예산 점검으로 차분하게 계산을 거치면 결코 살아남지 못할 정책들이 국회를 통과한다(Hacker, 2002: 43~44)." 미국의 복지혼합은 다양한 이해단체들이 형성하는데, 특히 연금과 보험회사, 고용주들이 조세복지의 발전에 상당한 영향력을 발휘한다(Howard, 1997; Hacker, 2002).

영국에서는 조세복지가 기업복지를 지원하면서 생기는 분배효과에 대해 이미 50년 전 티트머스가 정확히 지적했다. "위험한 사회적 갈등이 뚜렷하게 나타나고, 갈등의 골은 깊어진다… 노년층을 가른 두 개의 나라를 이미 볼 수 있다. 퇴직 전이 아니라 퇴직 이후에 생활수준의 불평등도는 심해진다. 다른 원리에 따라, 두 개의 서로 다른 그룹에게는 대조적인 사회서비스가 제공된다. 이 두 가지 종류의 서비스는 따로 떨어져 있고, 각각 독립적인 성격을 가진 사회적인 수단으로

서 제각각 기능한다(Titmuss, 1955, 1958: 73~74).″

오늘날 정부는 퇴직자를 지원해야 할 의무를 개인에게 전가한다. 뿐만 아니라 미래를 위해 저축을 할 수 있는 사람 가운데 다수에게 세제지원을 늘리는 방식으로 민영화를 추진하고 있다. 그러나 저축을 할 여력이 없는 빈곤층에게는 그 혜택이 오지 않는다. 국민계정상 조세감면혜택을 줘서 생기는 영향은 국민연금을 늘리는 것과 차이가 없을지도 모른다. 그러나 정부가 이런 근본적인 변화를 꼼꼼한 비용계산 없이 그저 "영향은 감당할 수 있는 수준이다"라는 간단한 약속과 함께 제안한다는 것을 믿기는 쉽지 않다(재무부, 국세청, 2002).

최근에 조세복지는 주목을 더 받게 됐다. 영국노동조합회의는 세금혜택의 "비싸고, 효과가 적고, 불평등한" 영향에 대해 목소리를 높이고 있기 때문이다(영국노동조합회의, 2005b). 재무부와의 힘 겨루기에서 진 노동연금부 장관은 공개적으로 "독특하게 후한 세제"를 가리켜 다음과 같이 말했다. "연금은 세제의 혜택을 아주 많이 받기 때문에, 연금은 다른 어떤 저축 수단보다… 납세자의 돈으로… 빠르게 성장하고 있다(영국 국회회의록, 2004).″

조세복지와 복지국가

이 장에서는 대부분의 사람들에게 영향을 미치고, 부담도 가장 많은 조세복지의 두 영역을 살펴봤다. 그러나 〈표 7-1〉에서 볼 수 있듯이, 두 영역이 전부는 아니다.

연금조세감면 혜택과 달리, 연령소득공제the age tax allowance는 독특하다. 왜냐하면 이 공제 혜택은 과세대상 소득이 늘면 점차 줄어서 과세대상 소득이 1만 9500파운드를 넘으면 혜택이 없어지기 때문이다. 고용이 종료될 때 지급되는 처음 3만 파운드에 대한 특별면세 혜택은 매우 역진적이다. 경영진이 고위간부를 해고하는 데 종종 납세자의 보조금이 활용된다. 비록 한도액이 1998년 이후 3만 파운드로 동결됐지만, 이 세제로 생기는 비용은 기여를 기반으로 하는 구직자수당contribution-based jobseeker's allowance보다 80% 정도가 더 많다. 다른 사회보장급여와 대조적이게도, 이 3만 파운드에 대한 면세혜택에는 수령을 위한 조건도 적고, 수령자의 수나 수령액, 수령의 성격 등에 대한 통계가 없다.

일부는 조세복지를 확장된 복지국가의 한 영역이라고 제안하지만 실제로는 그렇지 않다. 세액공제는 사회보장급여를 대체하거나 사회보장급여의 폭을 넓혀서 그렇게 볼 수도 있지만, 사실 조세복지와 복지제도에는 여러 가지 차이가 있다. 연금에 대한 세제지원 같은 형식은 정부 부처의 통제 밖에서 작동한다. 공공지출에 포함되지 않기 때문에, 위원회나 감사 활동의 일상적인 점검의 대상이 되지 않는다.

세액공제에 관한 여러 가지 문제가 불거지기 전까지 조세복지는 그다지 주목을 받지 않았다. 조세혜택의 장점 가운데 하나는 복지서비스를 직접 공급하는 것보다 행정력이 덜 필요하다는 점이다. 국가의 역할을 줄이려는 정부에게는 매력적인 장점이다. 그러나 일반적인 사회보장제도에 대해서는 계속해서 세부적인 연구가 있었던 점을 고려하면 이 분야에 대한 연구는 거의 없다.

맥스웰 연금 사건[7]의 여파로 지금까지 잠재했던 문제를 해결하려는 시도가 있었다. "보험에 과도한 돈이 몰리는 것이 지금까지는 흔한 일이었고" 세금혜택을 받는 연금 일괄지급액의 규모도 지나치게 컸다(Eccleshall, 1995: 5; 국세청 연금사무소Inland Revenue Pension Schemes Office, 1994). 세무 관련 공무원들이 수년 동안 연금운용을 둘러싼 불법행위에 대해 징벌이 필요하다고 강조했지만 1994년까지는 어떠한 법적인 조치도 없었다. 조세복지 분야에서 불법행위에 대한 관용은, 사회보장제도에서 부정행위에 대한 꼼꼼한 조사가 있는 점을 생각해보면 매우 대조적인 모습이다(Cook, 1989).

---

7 영국의 언론대기업인 '미러그룹'의 총수였던 로버트 맥스웰이 1991년 사망한 뒤, 그가 회사의 연금기금 4억4000만 파운드를 횡령한 것으로 드러난 사건으로, 피해자가 약 3만여 명에 이르렀다.

다른 국가의 조세복지

조세복지는 많은 국가에서 일반적으로 볼 수 있다. 그러나 각 국가별로 세밀하게 비교해서 보기가 쉽지 않다(OECD, 1984, 1996; McDaniel & Surrey, 1985; Greve, 1994; Kvist & Sinfield, 1997). 조세복지의 가장 많은 부분은 주로 연금이 차지하고, 그 비중은 여러 국가에서 늘어나는 추세다(Hughes & Sinfield, 2004). 많은 나라에서, 세금혜택을 주는 연금기금의 운용은 사회경제적인 영향을 미쳤다. 민스(Minns, 2001: xiv-xv; Hannah, 1988: 1장; Blackburn, 2002 참고)는 연기금을 민영화하는 것은 더 많은 사람들을 위해 더 좋은 연금제도를 만드는 것이 아니라, "국가의 역할을 줄이고, 주식시장의 역할을 늘리는 것을 뜻하는데, 이는 전적으로 다른 차원의 문제"라고 주장했다.

영국 조세감면혜택에서 두 번째로 많은 비중을 차지하는 것은, 국민들이 자신의 집을 사도록 하기 위한 것이었는데 지금은 더 이상 존재하지 않는다. 미국에서는 의료서비스와 의료보험료의 고용주 기여금에 대한 세금면제tax exemption가 전체 세금 혜택 가운데 두 번째를 차지한다. 미국에서 기업복지의 중요성을 보여주는 대목이다.

유럽연합의 재정회계협약에 따르면, 조세복지혜택이 회계장부상에 눈에 띄도록 하지는 않기 때문에, 분석이 용이하지 않고, 책임도 강하게 부과되지 않는다. 정부의 복지에 대한 직접적인 지원은 공공계좌에 나타나야 하지만, 조세혜택은 그럴 필요가 없다. 조세혜택을 민영화를 촉진하기 위해 쓴다면 유럽 사회 모델 European Social Model의 연대성 강화와 사회통합 증진이라는 정책기조가 훼손될 것으로 보인다. 왜냐하면 조세혜택은 세액공제를 제외하곤 모두 역진적인 성격을 가지기 때문이다. 이는 복지의 사회적 분화뿐 아니라 경제적, 정치적 분화를 강화한다.

결론

영국의 조세복지는 변화한다. 세액공제의 도입으로 저소득층의 수입은 늘었고 빈곤가구는 도움을 받게 됐다. 또 고착화되는 듯해 보이던 기존 불평등 구조에 하나의 균열이 생기기도 했다. 그러나 대부분 조세복지의 요소들은 불평등을 계속해서 심화하는 경향이 있다. 또 다른 민주적인 절차로부터 따로 떨어져서 기능하기 때문에 눈에 띄지 않는다.

이런 상황을 고려하면 '복지국가론'을 넘어서는 더 폭넓은 사회정책학의 분석의 필요성이 매우 크다는 점을 알 수 있다. 빈곤과 불평등에 대한 토론이 단속적으로라도 점차 많아지는 추세를 감안하면 더욱 그러하다. 정부가 지난 반세기 동안 집행된 연금조세감면정책을 검토했지만, 결국 거대한 역진적 급여를 제한하는 의미 있는 조치를 취하지 못했다. 정부의 두 가지 주요한 문서에서는(노동연금부, 2002; 재무부, 국세청, 2002) 퇴직 이후 공정한 분배를 내세웠고, 장관들은 극빈층 연금수령자에 대한 지원을 강조했지만, 불연속적인 개편들의 결과를 엮어 보면 결국 불평등이 심화된 것으로 나타난다.

불평등을 심화하는 조세혜택의 경제적, 정치적, 사회적 영향은 보통 간과됐다. 지금까지 연구들이 다뤄온 것은 조세복지의 앙상한 경제학뿐이었다. 전체 비용은 얼마나 드는지, 그리고 상대적으로 덜 살펴봤지만 누가 무엇을 받는지, 그리고 아주 가끔씩 누가 비용을 내는지 살펴볼 뿐이다. "특권을 누적하고(Titmuss, 1958: 52; Alcock 외, 2001: 69에서 인용)" "사람들이 불평등을 체화하게 하는(Platt, 2005: 24)" 데 따른 폭넓은 영향은 좀처럼 논의되지 않았다.

현재 세액공제를 두고도 정책을 둘러싼 토론은 아래 두 가지 가운데 하나를 선택하는 문제로 귀결된다. 하나는 '세액공제가 필요하지 않은 사람'까지도 포함한 보편적 혜택이다. 다른 하나는 '정말로 필요한 사람'을 대상으로 한 선별적인 혜택을 주면서, 종종 '혜택을 받을 자격이 없는 빈민층'을 제외하는 방식이다. 실제로는 시장에서 경쟁할 수 없는 빈곤층에 혜택을 주려면 항상 다른 조건이 은

밀히 따라 붙는다. 다름 아닌 시장에서 스스로 앞가림을 할 수 있는 부유층에 대한 공적인 지원이다. 세금을 이용한 정책에서 빈곤을 해소하는 효과가 있었다는 근거는 희박하다.

공정함의 개념이 바뀌면서 보편적이고 사회연대적인 정책은 설 자리를 잃게 됐다. 이제는 빈곤 등의 위험을 집합적으로 해결한다는 개념은 위축됐다. 사회적인 비용을 '불공평'하게 감당해서는 안 된다는 이유에서였다. 대신 개인주의적 계산법에 근거한 공정함의 개념이 강하게 유포됐다. 이 개념에 따르면, 개인이 공헌한 만큼 받는다. 이 생각은 더 버는 사람에게 세금보조를 해주는 수준까지 왜곡된다. 이런 "사회적인 것의 개인화individualisation of the social (Ferge, 1997)" 속에서 재분배 혹은 빈곤 예방 같은 과정을 통해 자원이 '낭비되는' 것은 있을 수 없게 됐다.

> 선별성과 보편성, 잔여적 모델과 제도적 모델, 자원의 수평적 재분배와 수
> 직적 재분배, 불평등의 증대와 감소 등은 사회복지에서 매우 중요한 이슈
> 다. 그러나 우리가 복지제도의 의미를 조세복지나 기업복지를 포함해서
> 바라보게 되면, 이런 이슈들은 매우 다른 모습을 나타낸다(Ascoli, 1987:
> 134).

- 세금과 국민연금은 공공지출을 위한 재정을 마련할 뿐 아니라, 특정 계층이나 개인에게 자원을 제공하거나 복지 수준을 높이는 역할을 할 수 있다.
- 조세복지는 불평등을 심화하는 기능을 한다.
- 조세복지는 대체로 눈에 띄게 작용하지 않기 때문에 규모와 영향도 쉽게 드러나지 않는다. 따라서 정부는 조세정책에 대해 정당의 간섭을 덜 받고, 절차상 지켜야 하는 책임도 많지 않다.
- 세액공제를 통해 조세복지가 비로소 빈곤과 저임금 노동을 줄이는 기능을 하게 됐다. 그러나 조세복지는 여전히 개선의 여지가 많다.
- 조세복지는 복지혼합 차원에서 더 주목받을 가치가 있다. 국가는 사회복지서비스를 직접 제공하는 대신 조세복지를 활용하는데, 이는 복지혼합을 형성하고 발전시킨다.
- 조세복지의 작동과 전체 비용을 잘 이해하게 되면, 국가의 정책결정과정을 새롭게 보는 시각을 갖게 된다.

☑ 토론할 문제

- 조세복지로 가장 덕을 보는 사람은 누구이고, 손해 보는 사람은 누구인가?
- 조세복지가 복지혼합에 영향을 끼치는 가장 주된 방식은 무엇일까?
- 왜 조세복지는 주목을 받지 못하는가?
- 아동세액공제가 대부분의 가구에 적용되면 조세복지에 어떤 영향을 주게 될까?

☑ 더 읽을 거리

앨콕과 동료들(Alcock 외, 2001)이 쓴 『복지와 안녕: 사회정책에 대한 리처드 티트머스의 공헌Welfare and Wellbeing: Richard Titmuss's contribution to Social Policy』을 보면 티트머스(Titmuss, 1958)가 『'복지국가'에 대한 에세이Essays on 'The Welfare State'』의 44~50쪽과 65~67쪽에 걸쳐 재정(조세)복지에 대해 논의한 내용을 볼 수 있다. 또 분화된 복지영역들이 큰 틀에서 서로 상호 작용하는 것도 매우 주의 깊게 관찰할 대목이다.

조세복지와, 가족과 아동의 지원 문제를 보려면, 브루어와 아담(Brewer & Adam, 2004)의 『가정의 지원: 1975년 이후 아동의 경제적 부담과 혜택Supporting Families: The Financial Cost and Benefits of Children Since 1975』이나 재무부(2006)의 『더 공정한 사회의 건설, 예산보고서Building a fairer society, Budget Report』를 보라. 또 『사회보장의 이해Understanding Social Security』(2003)에 실린 두 개의 논문인, 밀러Millar의 「소득대체에서 소득보완으로: 급여와 세액공제From wage replacement to wage supplement: benefits and tax credits」와 리지Ridge의 「아이들에게 혜택을 주기?: 아동을 위한 사회보장지원의 도전Benefiting children? The challenge of social security support for children」을 보라.

연금에 대한 조세혜택을 분석하려면, 커리와 오코널(Curry & O'Connell, 2004)의 『조세감면과 연금저축의 인센티브Tax Relief and Incentives for Pension Saving』, 영국노동조합회의(TUC, 2005)의 『비싸고, 효과적이지 않고, 불평등한 – 왜 인센티브는 연금 위기에 대한 답이 될 수 없는가Expensive, Ineffective, Unequal - Why the Incentives aren't the Answer to the Pensions Crisis』, 아굴니크와 르 그랑Agulnik & Le Grande이 〈재정연구Fiscal Studies〉에 쓴 논문 「조세감면과 파트너쉽 연금Tax relief and partnership pensions」을 보라. 또 신필드(Sinfield, 2000)가 〈유럽사회보장저널European Journal of Social Security〉에 실은 「비국가연금의 조세혜택Tax benefits in non-state pensions」도 참고하라.

조세, 급여와 관련해 사기를 치는 등 부정한 수단이 사용되는 문제에 대해서는 쿡(Cook, 1989)의 책 『부유한 법과 가난한 법Rich Law Poor Law』과 그가 『실업, 사회보장과 복지의 사회적 분화*Unemployment, Social Security and the Social Division of Welfare*』(1997)에 실은 논문인 「복지의 사회적 분화: 세금과 사회보장의 부정 수단*Social divisions of welfare: tax and social security fraud*」를 보라.

또 미국의 조세복지를 둘러싼 정치문제와 정책결정과정에 대해서는 해커(Hacker, 2002)의 『갈라진 복지국가: 공공과 민간의 사회적 혜택을 둘러싸고 미국에서 벌어진 전투*The Divided Welfare State: The Battle over Public and Private Social Benefits in the United States*』와 하워드(Howard, 1997)의 『숨겨진 복지 국가: 미국의 조세지출과 사회정책*The Hidden Welfare State: Tax Expenditure and Social Policy in the United States*』을 강력하게 추천한다. 이 주제에 대해 역사적인 과정을 꼼꼼하게 정리한 두 책은 비견할만한 다른 책이 없다. 연금 제도에 대한 비교 연구로는 휴즈와 신필드(Hughes & Sinfield, 2004)가 『유럽의 연금 개혁: 연금 재원의 진화와 퇴직 후 수입 재원*Reforming Pensions in Europe: Evolution of Pension Financing and Sources of Retirement Income*』에 실은 논문인 「슬그머니 연금 재원조달하기*Financing pensions by stealth*」를 보라. 비스트와 신필드(Kvist & Sinfield, 1997)는 〈사회정책리뷰*Social Policy Review*〉에 쓴 「조세복지국가비교*Comparing tax welfare states*」에서 영국과 덴마크의 사례를 비교했다.

사회복지학계의 국제 연구에서는 국가들을 직접 비교하는 것에 굳이 주안점을 두지 않았다. 경제협력개발기구(OECD, 2006)의 『조세지출: 최근의 경험*Tax Expenditure Recent Experience*』이 가장 최근에 연구를 수행한 예다. 경제협력개발기구의 윌렘 아데마Willem Adema와 그의 동료들은 '사회적 비용 고려 측정법social-fisted measures[8]과 사회적인 목적을 가진 세금혜택tax breaks for social purposes'[9]을 연구했다. (이에 관한 최근 연구로는 아데마와 라다이크(Adema & Ladaique, 2005)의 『순사회지출: 2005년판*Net Social Expenditure: 2005 Edition*』이 있다). 불행히도, 이들은 개별 정부가 순사회지출로 고려하지 않는 대목을 마찬가지로 누락했다. 따라서 연금에 대한 조세혜택과 같은 거대한 부분이 이들의 셈법에서 빠졌다. 그러나 이들의 연구는 여전히 필자가 이 책에서 다룬 것보다 더 많은 가치를 지닌다.

☑ 인터넷 자료

조세지출에 대한 자료는 매우 한정됐다. 상세한 자료는 보통 공식적인 보고서의 구석진 부속서류 속에 깊숙이 자리 잡고 있어서 찾기 힘들거나, 있어봐야 1~2년 치 자료만 있을 뿐이다. 이런 통계는 별다른 설명이 없기 일쑤고, 종종 특정 조세감면 정책에 대한 간단한 소개나 제도 변화에 대한 내용에 한정되기도 한다. 많은 나라들은 조세지출이라는 표현은 자주 쓰지만, 정작 이에 대해서는 자료를 전혀 제공하지 않는다.

영국 추정자료는 두 곳에서 볼 수 있다. 예산이 확정되기 이전, 보통 12월초에 나오는 '세금 계산 조견표와 조세감면Tax ready reckoner and tax relief' 보고서(**www.hm-treasury.gov.uk/pre_budget_report**)의 표 7을 보면 2년 정도의 수치가 기록돼 있다. 또 과세연도[10] 기준으로 연말이 되면, 보고서의 추정치는 약간 수정된 뒤, 다시 국세청(HM Revenue and Customs) 누리집에 표 1.5로 뜬다(**http: //www.hmrc.gov.uk/stats/tax_ expenditures/menu.htm**).

정부는 해마다 전년도 추정치를 수정하는 작업을 하지만, 공공지출과 비교한 시계열 자료는 공개하지 않는다. 확인할 수 있는 몇 가지 표를 통해 보면 조세감면 액수가 줄어들었다는 점을 추정할 수 있다.

---

8 아데마는 사회복지영역에서 사회적 지출은 이전지출 뿐 아니라, 조세지출이나 사회복지서비스에 쓰는 비용 등을 종합적으로 고려해야 한다고 지적했다. 여기서는 그 맥락을 설명하는 것으로 보인다.

9 연금 등 이전소득을 버는 사람 및 사회복지서비스 공급기관에 대한 조세혜택을 말한다.

10 영국의 과세연도는 매해 4월 6일에 시작해서 이듬해 4월 5일에 끝난다.

CHAPTER 8

기업복지

| 에드워드 브런스던, 마가렛 메이 *Edward Brunsdon & Margaret May* |

개요

기업복지는 복지혼합의 중요하지만 간과된 분야다. 신노동당의 등장에 따라 많은 변화를 겪은 영역이기도 하다. 이 장에서는 기업복지의 주요 특징을 살펴보고, 두 건의 사례연구를 통해 최근의 주요한 변화를 살펴본다. 또 영국 사회복지체계 속에서 기업복지의 위상도 생각해본다.

주요 용어

기업복지, 기업의 사회보장, 일과 삶의 균형, 확정급여형 연금과 확정기여형 연금, 적용예외제도contracting out, 국민연금제도, 기업보건의료, 후생서비스, 자원주의voluntarism

서론

이 장에서는 영국 복지체계의 중요하지만 간과된 부분, 즉 고용주가 직원을 위해 제공하는 비임금 급여와 서비스를 다룬다. 전통적으로 기업복지occupational welfare 혹은 작업장복지workplace welfare라 불리는 이 복지서비스는 복지의 사회분화의 세 갈래 가운데 하나를 이룬다(1장 참고).* 기업복지는 지난 10년 동안 중요성이 커졌는데, 고용주가 새로운 프로그램을 내놓고, 정부도 기업복지의 책임 범위를 넓혀왔기 때문이다. 고용주들의 지원은 몇 년 동안 크게 늘었는데, 이는 수혜자들의 생활수준과 삶의 질을 크게 높였다(Torrington 외, 2005).

이런 중요성에도 불구하고 기업복지의 성격과 의미에 대한 연구는 드물었다. 학자들이 법적인 분야나 자원분야의 연구를 선호한 것도 부분적인 이유였다. 다른 이유도 있다. 학자들은 사업장의 고용 관행이 단일한 원리에 따라 이뤄지는 것이 아니라 몇 가지 원리를 가진 것으로 봤기 때문이다. 또 적절한 정보를 구해서 측정하기가 어려운 점도 이유였다(May & Brunsdon, 1994; Brunsdon & May, 2002). 기업복지 개념이 여러 개념을 포함하기 때문이기도 하다. 기업복지는 종종 민간복지나 시장에 포함된 것으로 인식되기도 한다. 이런 태도는 기업복지라는 중요한 정책영역을 소홀히 취급하게 된다. 이에 따라 공공단체와 민간단체 사이의 복잡한 관계를 파악하기 어려워지고, 결국 기업복지가 어떻게 거래되는지, 기업복지의 주체는 누구인지, 결정은 어떻게 이뤄지는지, 결과는 어떤지 가늠하기 힘들게 된다.

이런 문제를 풀기 위해서는 다양한 영역이 서로 넘나드는 과정을 이해해야 한다. 기관의 성격이 공공이든, 자원이든, 비영리든, 상업적이든, 고용주들은 직원들을 위해 복지 프로그램을 마련해준다. 이런 서비스는 회사 안에서 마련하거나 외부에서 사들이는 방식을 취한다. 서비스 제공자는 상업적일 수 있고, 자원적이

---

* 노조나 직업단체에서 제공하는 서비스는 기업복지라기보다는 작업장복지라는 말이 더 어울리겠다.

거나 어떤 경우에는 공공기관일 수도 있다. 이렇게 제공되는 서비스는 매우 다양하다. 어떤 형식의 지원이나 혜택은 국가에서 강제할 때도 있지만, 대부분은 고용주가 자발적으로 제공한다. 기업복지서비스는 재정적인 지원일 수 있고, 보건의료나 사회적 보호서비스, 혹은 교육과 훈련, 주택이나 주택급여, 여행이나 일상생활 혹은 레저활동에 관한 서비스 등 다양하다. (<표 8-1> 참고) 고용주는 어떤 서비스와 혜택이 그들의 경영상의 필요에 가장 적합할지 주판알을 튕길 것이다. 정부로서는 기업복지가 전체적인 경제구조와 성장을 이끄는 문제이며, 동시에 복지에 관한 국가의 책임과 비용을 분담하는 문제이기도 하다.

이 장의 목적은 영국 기업복지의 성격을 살펴보고, 두 건의 사례연구를 통해 기업복지의 발전과 기업복지가 제기하는 정책적 문제들을 폭넓게 점검한다. 일단 기업복지의 개념을 정리하고, 기업복지가 다루는 복지 영역을 살펴보도록 한다. 그 다음에 기업복지의 최근 동향으로 넘어간다.

기업복지란 무엇인가?

고용주가 부담하는 복지에 대한 현대적인 개념은 티트머스가 복지의 사회적 분화에 대해 논한 영향력 있는 논문에 기원을 두고 있다(1장, 3장, 7장 참고). 당시 새로 형성된 복지국가에 대한 공격을 방어하기 위해, 티트머스는 고용주가 제공하는 복지가 국가의 복지와 양립할 수 있다고 강조했다(Titmuss, 1958a). 그는 고용주가 제공하는 혜택과 서비스를 나열했다(207쪽 상자글 참고).

상자글을 보면 티트머스가 기업복지로 무엇을 말하고자 했는지 알 수 있지만, 그럼에도 불구하고 개념은 애매하기도 하고, 명단은 끝도 없는데 구구절절 설명할 시간은 적다. 그래서 이 개념을 깔끔하게 정리하고자 한 학자들은 인적자원 관리분야에서 다루는 '근로자에 대한 대가employee reward' 개념을 살펴봤다. 여기서 기업복지는 일종의 보상인데, 기본급여나 장려금incentive pay과 구별되고,

티트머스가 나열한 기업복지

기업복지는 다음과 같다. "근로자 당사자와 부인, 부양가족을 위한 연금, 아동수당, 사망급부death benefits, 보건의료와 복지서비스, 여행과 여가활동, 의복과 장비비용 지원, 식사 바우처, 자동차와 정기승차권, 주거공간, 휴가수당, 자녀교육비, 질병수당sickness benefit, 의료비용, 교육과 직업훈련 보조, 저렴하게 제공되는 식사, 실업급여, 의료비 지원, 그리고 내다팔 수 있는 현물이나 무형의 편안한 환경 같이 다양한 혜택들(왕립세금위원회Royal Commission on Taxation, 1955)" (Titmuss, 1958a: 50~51).

근로자에 대한 대가로 지급되는 '월급 이상above-wage'의 '수당적 성격이 없는non-pay' 부분을 지칭한다. ** 멀리스(Murlis, 1974: 1)는 기업복지를 규정하면서 "노동자의 복지를 증진하기 위해 고용주의 비용을 들인 기본적인 보상 그 이상의 것"으로 표현했다. 그는 또 14년 뒤에 더 명징하게 "임금 외에 근로자의 부와 안녕을 증진하기 위해 고용주가 부담해서 제공하는 모든 항목들"이라고 정의했다(Armstrong & Murlis, 1988; Wright에서 재인용, 2004: 181). 이렇게 일반적이고 폭넓은 정의를 통해 연구자들은 고용주들이 근로자들에게 보상해주기 위해 임금을 제외하고 제공하는 다양한 것들을 짚어내려고 하고 있다. 학자들은 근로자들에게 무엇이, 언제, 누구를 통해 제공됐는지 상세하게 경험적으로 연구한다.

　이런 개념 정의에 대한 비판도 항상 있었다. 인적자원관리 연구 분야에서는 라이트(Wright, 2004: 181)가 이렇게 개념을 규정하면 무엇이든 포함할 수 있다고 지적했다. 그는 "이런 개념대로라면 혜택이랍시고 제공되는 변변찮은 것들까지 포함하게 되는데, 이는 고용주의 비용이나 근로자의 혜택 측면에서 연금이나 차량, 휴가 같은 주요 혜택과 같은 범주에 속할 수 없는 것들까지 포괄한다." 사

** 장려금incentive pay은 보너스나 종업원지주제도share schemes 등 성과와 연관된 지급액을 말한다.

회정책학 분야에서 팬즈워쓰(Farnsworth, 2004a, 2004b)는 다른 접근을 하는데, 그는 이런 정의에 따르는 모든 혜택과 서비스들이 과연 복지 분야에서 연구할 가치가 있는지 의문을 제기했다. 그의 관점에서는 연금이나 건강검진과 함께 헬스클럽 회원권이나 회사차량 지원까지 모조리 포함하는 근로자 혜택 개념은 "사회정책학에서 유용하게 다룰 수 있는 수준을 넘어선다(2004a: 151)."

라이트(2004b: 438)는 주로 금전적 가치를 다루는 관점에서 기업복지의 개념을 좁히려고 한 반면, 팬즈워쓰는 개념이 학문적으로 다루기 적절한지 여부를 두고 개념을 좁히려고 한다. 팬즈워쓰는 복지 수요를 감당하기 위해 "근로에 기반을 둔 복지서비스 공급"과 상업적 목적에 주로 부합하려는 목적을 가진 "기업의 부가적 혜택"을 구분하려고 했다. 그는 이런 구분을 하면서 베버리지의 다섯 가지 사회악(빈곤, 질병, 불결, 무지, 나태)을 인용하고, 기업복지의 혜택과 서비스가 이런 사회악을 제거하거나 줄이는 데 이바지하는지 질문을 던졌다. 그는 작업장복지가 5가지 사회악을 줄이는 데 공헌한다면 이는 사회정책학의 연구 대상이 되며, 그렇지 않다면 작업장복지는 상업적인 이해관계의 문제로 남는다고 봤다.

그러나 그가 제시한 예를 보면 이런 구분의 문제점이 드러난다. 그는 "근로에 기반을 둔 복지서비스 공급"을 다음과 같이 묘사하는데, 결과적으로 자신의 주장의 근거를 내팽개치는 셈이다. "육아서비스나 가족친화적인 프로그램은 실업의 위험을 줄일 가능성이 있다. 기업 내부의 의료서비스는 질병이나 건강 문제를 해결해줄 가능성이 있다(2004a: 151). 그런데 이런 가능성이 있다고만 말하면, 그가 구태여 기업복지를 나눠야 할 필요가 있었을까? 그의 관점대로라면 만약 작업장복지가 기대한 효과를 낳지 않는다면 이는 사회정책학적으로 의미 있는 복지서비스가 아니다. 마찬가지로, 그런 효과가 어차피 가능성의 문제라면, 그가 기업의 부가적인 혜택이라고 배제한 것들이 직간접적으로 복지를 향상하는 효과를 낳지 않는다고 단언할 수 있을까? 예를 들어, 헬스클럽 회원권이나 회사 차량이 건강을 유지하거나 혹은 이동에 따른 정신적인 스트레스를 덜어주는 예방적인 조치라고 생각할 수도 있다.

이렇게 보면, 팬즈워쓰의 접근이 그다지 도움이 안 되는 분석방법이라는 점을 알 수 있다. 티트머스가 인식했듯이, 자원과 목적이 무엇이든, 근로자를 대상으로 하는 모든 혜택과 서비스는 여러 가지 중복된 기능을 하고 결과를 낳는다. 원래 상업적인 목적을 가진 많은 기업 프로그램도 복지를 향상하는 결과를 낳는다. 그 결과가 간접적일 수는 있어도, 사회정책학적으로 여전히 의미는 있다. 따라서 이 장에서는 암스트롱과 멀리스(Armstrong & Murlis, 1988; Wright에서 인용, 2004: 181)가 제시한, 넓은 의미의 기업복지 개념을 따라가고자 한다.

기업복지의 현재

현대 기업복지는 9가지 종류의 법적 · 자원적 혜택과 서비스로 나누어 볼 수 있다. 기업사회보장, 교육과 훈련, 사회보호, 보건의료, 생활지원concierge, 주택, 교통, 여가와 지역서비스 등이다. 이 가운데 일부는 혜택이 근로자 당사자에게 국한되기도 하고, 나머지는 배우자나 이성 파트너(2004년 동성 파트너법으로 동성 파트너도 포함된다), 자녀에게도 혜택이 미친다. 어떤 혜택은 융통성이 있어서 식당에서 자신의 처지와 구미에 맞게 메뉴 고르듯이 근로자가 고를 수도 있고, 다른 혜택은 구체적인 공급 조건이나 대상이 정해져 있기도 하다(공인인력개발연구소 CIPD, 2005a; 개발연구소IDS, 2005a). 지면 제약 때문에 상세히 다룰 수는 없지만, 각 유형별로 주요한 내용은 〈표 8-1〉로 정리해서 보고, 2건의 사례연구를 통해 깊이 살펴볼 수 있을 것이다. 이 표와 사례연구를 보면서 염두에 둬야 할 점은 두 가지다. 첫째, 법적 서비스와 자원적 복지서비스가 섞이는 데 있어서 무수한 조합이 있다는 점이다. 둘째, 특정한 기관, 특히 민간non-statutory 영역의 기관이 무엇을 어떻게 제공할지 선택할 수 있는 경우의 수는 무수히 많고 그 선택은 극적으로 변화할 수 있다는 점이다. 여기에 정부의 개입 형식과 수준이 다양하고, 정부가 기업과 상호작용하는 방식도 무수히 많다. 기업복지가 요지경 속과 같기 때문에,

| 표 8-1 | 기업이 의무적으로, 혹은 자발적으로 제공하는 복지

기업복지의 유형	의무적	자발적
1. 기업사회보장	• 법정 질병수당 • 법정 출산수당 • 법정 입양수당 • 퇴직수당	• 기업연금(퇴직, 퇴직자의 가족, 병으로 인한 퇴직) • 생명보험/사망급여death-in-service benefits • 개인상해보험 • 질병수당 • 출산수당 • 출산/입양 보조금 • 부가적 퇴직수당 • 직업배상책임보험 • 직원우대(예를 들어, 직원에 대한 할인혜택) • 무이자 대출
2. 교육과 훈련	• 법에 따라 받는 건강과 안전 교육 • 16~18세 근로자가 유급으로 받을 수 있는 학습 혹은 훈련	• 부가적인 건강, 안전 교육 • 업무능력개발 프로그램 • 학습지원: 학원비와 시험비, 문구, 책, 교통비, 추가 수당 • 학습을 위한 휴가 • 전문가 집단에 가입해서 학습하는 것 지원 • 개인적 발전을 위한 휴가(안식년, 장기 휴직) • 자녀교육지원(전액지원, 보조금, 대출)
3. 보건의료	• 법에 따라 받는 보건과 안전 서비스 • 산후휴가	• 기업의료서비스 • 후생서비스 • 부가적인 산후휴가 • 불임치료휴가 • 치과, 안과 등 병원 치료를 위한 휴가 혹은 반휴 • 개인의료보험 • 영구의료보험permanent medical insurance[1]/ 장기장애수당 • 의료현금계획Health Cash Service • 중병보험
4. 사회보호 (가족친화적이고, 일과 생활의 균형을 잡게 해주는 서비스) 일반적인 휴가	 • 유급휴가 • 시민의 권리를 행사하기 위한 휴가[2]	 • 연장유급휴가 • 시민의 권리를 행사하기 위한 휴가의 연장 • 종교적 행사에 참가하기 위한 휴가

기업복지의 유형	의무적	자발적
		• 개인적인 사유로 인한 휴가
가족과 관련된 휴가	• 부모의 출산휴가 • 입양휴가 • 자녀양육휴가 • 부양가족을 위한 비상 보호 휴가 • 간호휴가	• 이성 혹은 동성 결혼 휴가 • 부모의 연장출산휴가 • 연장입양휴가 • 자녀양육휴가 • 부모 등 부양가족을 돌보기 위한 휴가 • 양부모휴가 • 조부모휴가 • 가족휴가 • 배우자 사별 휴가 • 동정휴가[3]
근로조건 유연화	• 다른 직원으로 대체 • 유연한 근로조건을 요구할 수 있는 권리: 6세 이하 아동 혹은 18세 이하 장애아의 부모의 경우에 해당	
해고 이전 지원	• 구직 활동이나 직원 훈련을 위한 별도 시간 제공	• 정보 제공 • 조언과 상담 서비스(근로자 지원 프로그램, 스트레스 관리 프로그램) • 휴가제도 개선 • 해고근로자재취업 서비스(상담, 정보/조언, 경력 계획, 구직이나 기술 습득에 관한 조언, 직업소개)
퇴직 전 서비스		• 정보제공과 조언 프로그램
퇴직 후 서비스		• 말동무되주기/방문 프로그램 • 휴식 지원 • 정보제공과 면접 후 구직자를 구인처에 보내기 프로그램
육아서비스		• 좋은 부모 되기 프로그램 • 장애아동을 둔 부모에 대한 지원 • 직장 간호실 • 보조금/바우처 프로그램 (봉급희생프로그램[4]) • 직장 육아실

기업복지의 유형	의무적	자발적
5. 주택		• 회사 주택 • 이주비용 지원 • 브리지론 • 담보 지원, 보조금 • 주택보험과 가재보험
6. 교통		• 회사 차 • 자동차 세/기름값/보험료 • 자동차 보조금 • 운전면허학원 비용 • 정기권, 무료주차 • 여행자 보험
7. 여가		• 스포츠, 사교, 여가활동 시설 • 스포츠나 여가활동 클럽 회비 지원
8. 생활지원		• 정보/알선 서비스 • 구내 식당, 식사 수당/바우처 • 가사/세탁/쇼핑 업무 지원
9. 지역사회참여		• 근로자 파견 • 근로자 자원봉사 프로그램 참여 • 근로자 기부금 조성 프로그램 참여

다양한 기업복지의 형태가 진화하는 것을 설명하는 것은 꽤나 복잡한 일이다.

---

1 영국에서 근로자가 사고를 당하거나 질병에 걸리면 정부는 해당 근로자에게 28주 동안 법정질병수당 statutory sick pay을 준다. 그러나 그 액수가 적고, 급여조건도 엄격하다. 만약 고용주가 근로자를 위해 영구의료보험permanent medical insurance에 가입하게 되면 근로자는 같은 상황에서 완쾌하거나 죽거나 다른 계약 조건이 만료될 때까지 보험혜택을 받게 된다.
2 지역의 위원회에 무급으로 참가하거나, 법원에 배심원으로 참석하는 등 시민으로서 하는 일을 위해 휴가를 낼 수 있도록 하는 것
3 동정휴가compassionate leave는 배우자나 자녀, 부모 등 가족이나 가족이 아니더라도 근로자에게 의존 하고 있는 사람에게 비상상황이 닥쳤을 때 받는 휴가를 말함. 예를 들어, 이웃집에 독거노인이 있는 데 심하게 다쳤거나 위독하다면 동정휴가의 요건이 갖춰짐.
4 봉급희생프로그램Salary Sacrifice Scheme은 봉급을 약간 깎는 대신 그만큼을 연금 기여금을 부어서 퇴 직 후 연금 수령액을 높여주는 제도.

일반적인 개괄

〈표 8-1〉에 제시된 혜택과 서비스 가운데 아마도 기업사회보장이 가장 일반적으로 알려진 것으로 보인다. 이런 경제적 지원은 법에 따라 혹은 자원으로 이뤄진다(Watson Wyatt, 2006). 법에 따른 지원으로는 질병수당과 같은 소득보전이나, 부모의 출산휴가, 입양휴가, 혹은 퇴직수당이 있다. 자원 지원은 기업연금 같은 소득보전이나, 부가질병수당, 부모의 출산휴가, 입양휴가, 출산 혹은 입양 보조금, 생명보험이나 개인상해보험, 사망급여death-in-service benefits, 부가퇴직수당 외에 소득보조가 있다. 소득보조는 다시 전문직업배상책임보험professional indemnity insurance, 직원우대affinity benefit, 무이자대출이나 다른 법적인 비용 지원을 포함한다.

　　교육과 훈련은 업무와 관련된 훈련과정 외에도 외주 교육 프로그램이나 학원비 지원을 포함한다. 법에 따르면, 회사는 16~18세 사이 근로자에게 학습과 훈련을 위해 유급으로 시간을 내줘야 하고, 그밖에 근로자의 건강과 안전에 관한 일정한 의무를 진다. 이 의무는 보건안전국the Health and Safety Executive이 정한 기준에 따라 산업별로 다양하다. 기업은 또 법과 상관없이 자발적으로 보건과 안전에 관한 부가적인 교육을 실시하고, 다양한 현장 혹은 회사 외부의 교육 프로그램을 제공한다. 이런 프로그램은 대부분 업무와 관련되지만, 일부 고용주들은 여가시간 활용에 관한 교육 프로그램도 지원할 용의가 있다. 교육 비용 지원 외에도 회사는 수험료나 책값, 문구류, 교통비, 별도의 수당을 지원해준다. 또 학습을 위한 휴가를 주거나 자기계발의 시간을 준다는 취지로 안식년이나 장기휴가를 주기도 한다. 규모가 큰 회사에서는 근로자의 자녀를 위해 학비를 보조해주거나 대출을 해주기도 한다.

　　기업의 보건의료는 전통적으로 산재를 예방하고, 산재가 발생했을 때 해당 근로자를 치료해주는 데 집중했다(인력개발연구소IPD, 1995). 그러나 지난 10년 동안 기업보건의료는 전체 근로자의 건강 수준을 높이는 것으로 개념이 넓어졌다. 여러 가지 건강관리 항목(224쪽 상자글 참고)이 등장하는 것에서 알 수 있듯이, 회사들은 근로자의 건강을 앞장서서 돌봐야 한다는 생각을 가지게 되면서 고용주의 책임은 커졌다. 회사들은 다양한 보험을 통해 근로자의 의료 복지 수요를 감당하게 됐다(개발연구소IDS, 2003). 기업들은 상담과 간단한 수술, 입원, 물리요법, 방사선치료 등 진단과 치료비용을 지불하기 위해 흔히 민간의료보험을 가장 많이 사용한다. 고용주의 관점에서는, 민간의료보험이 수술이나 재활서비스 뿐만 아니라 조기 진단도 가능하며 편리한 시간에 치료를 받을 수 있다. 대략 10%의 근로자들이 민간의료보험의 혜택을 받는데, 이들의 상당수는 기업의 간부급이다(공인인력개발연구소CIPD, 2005b). 근로자의 배우자나 동성 파트너 혹은 자녀까지 민간보험의 혜택을 받는 경우도 있다. 그러나 NHS의 제도가 변화하면서 고용주들은 민간의료보험 수준을 넘어 근로자를 위해 추가적인 지출을 하고 있다. 예를 들어 많은 회사들은 의료현금계획medical cash plan[5]에 가입했는데, 이를 통해 근로자들은 민간의료보험의 혜택을 받는 의료분야 외에도 치과나 안과, 발 치료에 대해서도 비용 혜택을 받을 수 있게 됐다.

기업의 사회보호서비스도 의료서비스처럼 변화를 거쳤다(IDS, 2002). 기업들은 전통적인 작업장의 사회보호traditional industrial social work에서 눈을 돌려 근로자에게 여러 종류의 개인 상담서비스를 제공하고 있다. 이런 서비스들은 유래나 전달형태, 지원 유형별로 매우 다양하다. 주된 목적은 근로자에게 회사 안팎에서 생겨나는 개인적인 문제들에 대해 조언과 지원을 제공하는 것이다. 고용주의 관점에서, 이런 서비스는 의미가 있다. 특히 이런 문제들이 근로자의 작업능률에 영향을 미치기 때문에, 상담서비스를 제공하는 것이 결국 효율적인 경우가 있기 때문이다. 누가 서비스를 제공하느냐는 기업마다 다르다. 대기업에서는 상담전문가를 고용하거나, 시장이나 혹은 자원영역에서 전문가와 계약을 맺는다. 중소기업에서 상담역은 상사가 떠안을 가능성이 높다(Kiefer & Briner, 2003).

---

5 일종의 민간의료보험. 민간의료보험은 보통 치과나 안과의 치료에 대해서는 보험 혜택을 주지 않지만, 의료현금계획은 치아검사 같은 일상적인 의료행위에 대해서도 혜택을 준다. 또 민간의료보험이 보통 해당 의료기관에 바로 치료비를 지불해주는 것과 달리, 의료현금계획에서는 보험가입자에게 바로 현금을 주는 특징이 있다.

기업은 개인 상담과 함께 근로자의 후생 수준을 높이기 위한 복지서비스를 같이 제공하는데, 근로자가 회사 업무와 다른 이해 혹은 책임 사이에서 균형을 잡을 수 있도록 도와준다. 흔히 '일과 생활 균형 서비스work-life balance services'라고 불리는 이 서비스는 회사 업무변화에 대처하는 동시에 자기계발도 도모할 수 있도록 도와준다. 이를 통해 근로자의 시간을 주요한 복지 제공 수단으로 활용하면서, 휴가, 경력, 근무지, 작업시간, 학습시간 등을 유연하게 짤 수 있도록 혜택을 준다(Woodland 외, 2003). 유럽연합과 영국의 법은 작업시간과 휴일, 양육휴가 등에 대해 법으로 규정하고 있다. 정부는 또 기업들이 법이 정한 수준을 넘어서 근로자에게 추가적인 혜택을 주도록 하기 위해 재정지원을 하거나 간접 투자를 했다. 정부는 특히 기업들이 적극적으로 일과 생활 균형 서비스 프로그램을 도입하도록 장려했는데, 이에 관한 연구를 지원해서 도입 근거를 마련하고, 긍정적인 사례들을 발굴해서 제시했다.

주택, 교통, 여가, 생활 관련 후생 혜택도 기업복지의 유형들이다. 고용주의 판단에 따라 근로자들에게 제공되기 때문에, 기업별로 유형이 매우 다양하다(근로자 복지Employee Benefits, 2005). 주거와 관련해서 회사는 집을 제공하는 경우도 있고 이사수당, 값싼 대부나 담보 대출 보조금, 브리지론, 주택보험과 가재보험contents insurance 등 여러 종류의 비용을 지원해준다. 교통과 관련해서 차량 구입비, 자동차보험, 여행자 보험, 톨게이트 비용, 연료비, 버스나 기차 정기권, 운전면허 취득 비용을 지원해준다. 여가활동에 대해서는 회사가 운동이나 여가활동을 위한 공간을 마련해주거나 다양한 활동에 대한 지원을 해준다. 예를 들어 헬스클럽 회원권이나 운동경기, 콘서트 입장료 지원 등이다. 생활 부문에서 회사가 일반적인 생활 정보를 제공하거나 저렴한 구내식당을 운영하거나 식대 혹은 식사 바우처를 주기도 한다. 또 가사도우미를 보내주기도 한다.

지역사회참여 지원 혜택도 기업복지가 확장하면서 생긴 영역이다(IDS, 2001). 기업의 사회적 책임이 증가하는 현상과도 연관되는데, 근로자는 회사의 지원을 받아 지역사회에 참여해서 활동할 수 있는 기회를 가지게 된다. 부모가 자녀의 학교행정에 참여하는 것이 하나의 예가 될 수 있다. 이에 따라 근로자는 지역사회나 국가 단위의 사업에 기부금을 모으는 등 자발적인 활동에 공식적으로 참여하게 된다. 고용주는 근로자의 이런 활동을 용인하는 수준을 넘어 근로자를 아예 파견하거나 재정지원을 하거나 유급휴가를 줄 수 있다.

이 장에서는 기업이 자발적으로 혹은 법에 따라 제공하는 복지의 내용을 조감했다. 앞으로 살펴볼 두 가지 사례를 통해 기업복지를 좀 더 깊이 들여다 볼 수 있다. 두 사례를 보면서 우리는 기업복지에 대한 국가의 개입과 기업의 자발적인 참여, 기업복지의 현재 위상을 볼 수 있다. 또한 두 사례에서 대조적인 모습도 확인할 수 있으며 기업복지의 여러 변수들이 복잡하게, 개성적으로 뒤섞이는 모습을 볼 수 있다. 두 사례를 보면 미시적인 기업복지의 변화양상을 이해하기 위해서 어떤 대목을 살펴봐야 하는지도 알 수 있다. 기업연금은 일종의 기업복지인데, 정치·경제·사회 환경의 변화에 따라 최근에 축소되었다. 반대로, 기업이 제공하는 의료서비스는 확장되고 있다. NHS가 변화하면서 정부가 기업에 압력을 넣었고, 많은 고용주들도 경영의 필요에 맞춰 자발적으로 나섰기 때문이다.

현행 기업복지의 사례연구

사례연구 1: 기업연금

<표 8-1>에서 살펴봤듯이, 기업이 제공하는 사회보장 서비스는 매우 다양한 혜택을 포괄한다. 이 가운데 근로자에 혜택이 가장 크고, 고용주에게는 부담이 가장 큰 것이 기업연금이다. 기업연금의 역사는 19세기까지 거슬러 올라가지만, 1950년대와 1980년대 사이에 기업연금은 크게 성장했다. 이 기간에 기업연금 가입자는 전체 근로자의 2% 수준에서 대략 50% 수준으로 올라섰다(재정추계청Government Actuary, 1994). 서로 다른 영역에서 서로 대조되는 요소들이 상호작용을 하면서 기업연금의 폭을 넓혔다. 예를 들어 실업률이 낮고, 노동조합이 강하고, 노

동시장이 경직되어 있을 때, 기업연금은 직원을 고용하고 유지하기 위한 유인수단으로 사용된다. 기업연금이 더 강력하게 쓰이는 경우도 있는데, 기업들은 노동자들의 임금인상 요구를 피하거나 제한하는 방법으로 기업연금을 활용한다. 이렇게 하면서 기업들은 단기배당을 바라는 투자자들의 요구를 충족시킬 수도 있게 된다. 공공분야에서는 셈법이 매우 다르다. 많은 이들은 국가가 모범적인 고용자로서 본을 보여야 하고, 따라서 기업연금제도를 운용하는 것은 모범을 보이는 것이라는 생각을 하고 있다(Farnham, 1999). 또 실용적인 측면에서 기업연금은 현재 부족한 예산 문제를 에둘러 갈 수 있고, 퇴직하기 전에 상대적으로 적은 임금을 벌충할 수 있는 방법이기도 하다. 자원 영역의 기관들도 공공 영역과 비슷한 이유로 기업연금이 권장되는데, 여기서는 자원이 더 부족해서 기업연금의 혜택이 한정된다.

여러 복지 영역에 걸쳐 기업연금이 발전한 데는 두 가지 이유가 더 있다. 보험회사들이 다양한 보험 상품을 열심히 홍보한 탓도 있고, 전후 정권들이 지속적으로 기업연금이 확장되도록 지원한 것도 한 원인이다(Lynes, 1997). 보험회사들이 시장 확장의 기회로 봤던 것이 정부의 눈에는 국민연금제도의 재원 부담을 덜 수 있는 방법으로 보였다. 보수당이 특히 기업연금을 지지한 이면에는 집합주의에 대한 거부감이 있었다. 국민연금을 잘 운영해야 한다는 당위와 그에 따른 재정부담을 감당해야 한다는 현실 사이에서 불편하게 타협에 이른 결과가 기업연금제도의 확장이었다. 이에 따라 영국의 연금제도는 나름의 특징을 가지게 됐는데, 이는 "선진국 가운데 가장 인색하면서 동시에 자발적으로 형성된 연금들이 가장 발전된 형태"였다(연금위원회Pensions Commission, 2004: x).

전쟁 이전 노동당은 연금제도를 신중하게 개혁하면서 하나의 유형을 만들어냈다. 노동당은 베버리지가 제안한 정률공식flat-rate formula을 따라 국민연금에 다른 저축이 더해지는 방식을 허가했다. 더 나아가, 정부는 베버리지가 제안한 것보다도 요율을 낮추고, 전쟁 전에 있던 세금 혜택을 유지하면서 기업연금이 확장될 수 있는 길을 열어줬다. 다음에 들어선 보수당 정권은 재정적 혜택을 늘리고

1961년에 소득비례연금제도를 도입하고, 적용예외제도도 시행하면서 회사들을 기업연금으로 유인했다. 1970년대에 기업연금이 급증하자 노동당은 국가연금제도를 개선하고 관련 규제도 강화했지만, 복합적인 연금제도의 뼈대는 유지했다. 노동당은 기업연금의 혜택이 국가소득비례연금제도와 동등하거나 높은 수준이어야 한다고 규정하고, 실제로 공공 영역의 연금제도를 개선하면서 민간기업들에 압박을 가했다.

변화에는 비판도 뒤따랐다(Blackburn, 2002). 신자유주의자들은 기업연금이 국가가 직접 나서는 것보다는 나은 형태지만 여전히 개인의 선택을 가로막고 연금 시장의 자유로운 발전을 가로막는다고 주장했다. 다른 쪽에서 사회주의자들은 티트머스의 주장(Titmuss, 1958a; 1958b; 1963)을 빌려와 기업복지가 혜택이 불균등하고, 역진적인 부의 재분배 효과가 있으며 국가복지의 기반을 잠식한다고 주장했다. 그들이 비판하는 지점은 명확했다. 연금은 적용되는 분야·기관의 규모·직종에 따라 다양했지만, 결국 연금의 혜택이 가장 많이 돌아가는 쪽은 남성, 정규직, 고위 관리직, 전문직, 현직인 사람들이었다. 연금기금 운영자는 책임성이 없었고, 회사가 도산하면 기여금을 부은 근로자를 위한 보호책은 적었다. 회사 상황이 안 좋아지면 고용주들이 기업연금을 계속 지급할지 의문이라는 지적도 있었다.

기업복지를 추진하면서 매우 다양한 프로그램들이 나타났다. 최고위직을 위한 고액의 연금 프로그램부터 고용주와 근로자가 같이 기여금을 모으는 유형 등 다양했다. 정부의 부과방식pay-as-you-go 연금과 달리, 절대 다수의 기업연금은 적립방식을 차용하고 있다. 근로자의 기여금이 바로 쓰이는 것이 아니라 미래의 연금으로 쓰이기 위해서 따로 적립되는 방식이다. 이 돈은 고용주와 법적으로 별개의 법인인 수탁자나 금융기관이 관리하면서 대부분 주식에 투자된다(Hannah, 1986). 기업연금은 보통 확정기여형이거나 확정급여형 가운데 하나가 선택되는데, 어느 쪽을 선택하느냐에 따라 해당 기관과 근로자들은 다른 영향을 받게 된다(219쪽 상자글 참고).

기업연금의 주요 유형과 혜택

확정급여형
근로자의 임금 액수에 따라 연금 지급. 확정급여형은 다시 최종임금형(근속년수와 최종임금, 발생률accrual rate에 따름)과 평균임금형(근무기간 동안 해마다 벌어들인 임금 비율에 따름)

확정기여형
기여금과 기여금의 투자 수익 정도에 따라 연금 지급. 고용주도 일정 비율을 기여금으로 내서 쌓인 총액이 해당 당사자가 퇴직한 뒤에 연금으로 지급됨

역사적으로 공공 분야의 연금은 기업들과 같이 확정급여형을 흔히 선택했다. 확정급여형은 근로자가 미래 수입을 예측할 수 있다. 그러나 고용주 입장에서 확정급여형은 비용이 많이 들고 미래 비용을 예상하기가 힘들다. 고용주는 투자에서 손실액이 생기면 이를 다 채워야 하기 때문에 부담이 클 가능성도 있다. 확정기여형은 반대로 재정적 위험부담이 근로자에게 전가된다. 기업은 단지 근로자의 기여분만을 보장하기 때문이다. 따라서 연금으로 받게 되는 액수는 기여금으로 지불한 액수와 기금의 운용실적, 퇴직 시기의 연금률에 좌우된다.

이렇게 근로자가 져야 할 위험부담 때문에 적용예외제도는 확정급여형에 한정해서 도입됐다. 그러나 1986년 사회보장법이 통과되면서 적용예외제도가 확정기여형에도 적용됐다. 당시 대처 정부는 개인의 선택을 증진하고 연금시장을 창출한다는 취지로 이 같은 결정을 내렸다. 대처 정부는 또 개인이 국가소득비례연금제도에서 빠져나와서 개인연금에 가입하는 것도 허용했다. 또 기업연금 프로그램에 반드시 가입해야 했던 규제도 풀렸다. 이런 정책으로 기업연금의 규모는 감소했다. 고용주들은 비용 부담이 큰 최종급여방식을 선택하지 않았고, 젊은 근로자들은 기업연금 프로그램에서 이탈했다. 이런 현상은 1980년대와 1990

년대 초반 연기금투자의 활황세에 가려졌다. 당시 많은 퇴직자들은 유례없이 높은 연금을 받았고, 고용주들은 기여금을 줄여도 됐다.

1997년 노동당이 집권했을 때, 영국은 효율적인 연금체계를 가진 것처럼 보였다. '복지가 성공했다'는 칭송도 있었다. 노동당 행정부는 '제3의 길' 기조에 맞추어 영국의 연금체계를 재편하면서 기업복지도 하나의 요소로 고려했다(Powell, 2003). 노동당은 복지 분야에서 국가의 재원 비중을 60%가 아닌 40% 수준으로 낮추고, 민간 저축을 늘리려고 했다. 물론 이는 과거 노동당의 정책 기조에는 어긋나는 것이었다. 이어서 나온 것이 관리연금제도stakeholder pension scheme였다. 이 제도로 저임금노동자와 작은 회사들은 연금 혜택을 더 보게 됐고, 규제는 더 강화됐다. 유럽공통기준에 맞춘 새로운 회계기준이 영국에 도입됐고, 노동당은 연금기금에 대한 세율을 높여서 논쟁을 낳았다.

이듬해에 정부와 고용주들이 "비이성적일 정도로 낙관적인 생각(연금위원회 Pension Commission, 2005: 123)"에 빠져 미래에 닥칠 압박을 과소평가했다는 사실이 명확히 드러났다. 노동당은 이전 정권부터 계속된 기업연금의 변화를 간과했고, 이례적으로 높은 주식 배당으로 기업연금 비용이 상승할 수 있는 가능성을 무시했다. 고용주들도 마찬가지였다. 기업연금 비용이 늘어나는 이유를 보면, 평균수명이 늘어났고, 고령화가 계속 되고, 출생률이 떨어지면서 노년부양비율[6]도 급속하게 증가했기 때문이다. 정부의 새로운 연금 관련 규제와 유럽연합의 성평등 관련 입법으로 비용은 더 늘어났다.

2000년을 전후해서 문제들이 불거졌다. 주가가 하락하면서 연기금에 손실이 생기고 문을 닫는 회사들이 생겨났다. 기여금을 낸 많은 근로자들이 연금 없이 빈손으로 남게 됐고, 많은 기업들이 확정급여형 연금을 확정기여형 혹은 그룹개인연금group personal scheme으로 대체했다. 법에 따라 연기금 채무를 공개해야 하기 때문에 연금의 재무 상태에 대한 위기감이 고조됐다. 시장을 안정시키기 위해 정

---

6 노년부양비율은 보통 65세 이상 인구를 15~64세의 생산가능인구로 나누어 구한다.

부는 2004년에 규제 기관the Pensions Regulator을 설립하고, 폐업한 회사의 종업원을 위해 연금보호펀드Pension Protect Fund를 조성한다는 취지로 고용주들에게 추가 부담금을 부과했다. 또 독립기구인 연금위원회the Pensions Commission를 설립했다.

터너Adair Turner 경이 이끄는 연금위원회는 장기적인 자금 동향을 점검하고, 개인연금과 기업연금의 원래 취지에 어긋나는 사례가 있는지 조사하는 책임을 졌다. 2004~2006년 사이 3차례에 걸쳐 위원회의 자료가 발간되자, 논쟁이 폭넓게 번졌고, 서로 충돌하는 의견들도 무수히 제기됐다. 위원회는 보고서에서 제도 개선을 위한 방안들의 장·단점을 조사하고, 인구통계학적인 변화의 의미를 꼼꼼하게 분석하고, 현재 제공되는 모든 연금형태의 문제점을 짚었다.

위원회는 관대한 국가기초연금을 제안하면서, 대신 재원을 조달하기 위해 연금수급연령을 68세로 올리는 안을 내놓았다. 또 국가가 보조하고, 소득과 연계된 새로운 기업연금 제도도 제안했다. 이 제안이 나온 뒤 정부 안팎에서 폭넓은 토론이 있었다. 폭넓은 협의 과정을 거치고, 무수한 초안이 마련된 끝에(Wintour, 2006), 정부의 대책을 담은 백서가 2006년 봄에 발간됐다(노동연금부, 2006a).

백서의 내용은 다음과 같다.

- 국가기초연금을 다시 개인 소득과 연계
- 2046년까지 연금수급 연령을 점진적으로 68세로 끌어올림
- 여성에 대한 지원 강화
- 22세 이상의 모든 근로자에게 적용되는 새로운 연금 저축 방식으로, 2012년부터 이들은 다음 두 가지 가운데 하나에 가입해야 한다.
  - 국민연금. 근로자 임금의 4%에 해당하는 기여금(세제감면액 1% 포함)과 고용주가 임금의 3%에 해당하는 기여금을 내야하는 방식
  - 인가받은 기업연금

보고서의 전반적인 의미를 지금 상황에서 짚기는 어렵다. 기업연금의 인가기

준은 아직 결정되지 않았다. 새로운 국가연금제도에 필요한 재원과 행정비용은 단지 추산만 될 뿐이고, 정부가 제도를 시행할 수 있는 여건이 성숙했는지도 아직 명확하지 않다. 고용주 쪽의 처음 반응은 여러 가지였다. 기업 가운데 상당수는 자체 연금을 점진적으로 버리고 국가연금을 선택할 법했다. 다른 기업들은 자체 연금에 더해서 국가연금에 내는 기여금에 추가적으로 지불하는 것이 더 수지타산에 맞다는 논리를 폈다. 또 세 번째 방법은 기존의 기업연금을 유지하는 것이다.

공공 부문 연금 이슈의 향방이 불확실한 것도 문제를 복잡하게 만든다. 공공 부문에서는 일반 기업보다 낮은 연령에 연금을 수령하는 것으로 노사가 연금위원회의 백서가 나오기 전에 합의했기 때문이다.

사례연구 2: 기업의 보건의료

2차 세계대전 이전 기업의 보건의료서비스는 주로 산재를 줄이거나 산재가 생겼을 때 치료를 해주는 정도에 국한됐다. 지금과 견주면 기업 보건의료서비스의 폭은 매우 좁았다. 전쟁 이후 기업 보건의료의 성장은 두 가지 이유로 설명한다. 영국과 유럽연합에서 보건과 안전 관련 법제가 꾸준히 늘어났고, 고용주들의 보건의료 관련 프로그램도 최근에 꽤 많아졌다. 첫 번째 원인을 살펴보면, 새로운 법이 하나둘씩 쌓이고, 보건안전위원회the Health and Safety Commission와 보건안전국the Health and Safety Executive의 권한이 확장된 영향이 컸다. 두 번째 요인을 보면, 변화는 산발적이고, 임의적이었으며, 비교적 최근의 일이었는데, 사실 1980년대 이후에야 기업들은 이 문제에 진지하게 접근하기 시작했다.

전쟁 뒤에 보건과 안전에 관한 법이 속속 제정되면서 점점 더 많은 일터와 작업장에서 고용주는 질병과 사고를 예방해야 하는 책임을 지게 됐다. 법으로 청결의 최소기준이 만들어졌고, 일터의 온도, 조명, 통풍, 화장실 시설, 위험한 기계류에 대한 안전 장비 등의 기준이 바뀌었다. 보건과 안전에 관한 법률이 법령집the statute book에 실리는 경우는 1940년부터 1960년대까지 왕왕 있었지만, 1974년에 법률이 제정되기 전에는 모든 일터가 법의 구속을 받지는 않았다.*** 1974년 법이 규제의 뼈대를 마련한 뒤, 변화하는 작업장의 위험들과 기술, 작업 과정에 따라 새로운 많은 규제들이 마련됐다. 또 안전 기준이나 장비 관리 등에 대한 고용주와 근로자의 책임기준도 정비됐다.

1989년 유럽연합 기본지침EU Framework Directives은 또 하나의 분수령이 됐다. 기본지침으로 보건과 안전의 기본적 원칙에 고용주와 근로자의 공동책임이라는 개념이 강화됐고, 개선의 여지가 있는 6개 주요 영역을 지목했다. 예를 들면, 육체노동이나 디스플레이 장치를 오래 사용하는 직업 분야[7]가 꼽혔다.

이런 지침과 발맞추어 나온 것이 1993년 유럽연합의 노동시간 지침이었다. 이 지침에서 유럽연합은 고용주의 노동시간 운영을 근로자의 건강과 안전을 결정하는 핵심적인 요소로 간주했다. 지침은 주간 최대 노동시간, 주간 유급휴가 하한일수, 최소 휴식 시간, 매일 야간근로 최대시간 등의 규제를 적용했다.

블레어의 첫 번째 집권기 이전에 기업의 보건의료 프로그램은 실제 건강과 안전과는 크게 상관이 없었다. 전후 초기 프로그램은 알려진 질병에 걸린 근로자를 지원하고 결근으로 생긴 문제를 해결하는 수준이었다. 이제는 회사가 의료 인력을 고용하든, 외부에 수탁을 하든, 근로자에게 건강 진단과 상담, 치료 의뢰에서 재활서비스까지 제공한다(CIPD, 2005; IDS, 2005b). 1990년대 기업들은 재활서비스의 범위를 넓히고, 의료 프로그램을 재정립해서 전체 직원의 건강 증진을 목표로 삼기에 이르렀다(CIPD, 2000). 흔히 후생서비스wellness services라고 알려진, 새로운 형태의 기업 의료서비스는 건강검진에서 진단, 의료상담, 의료교육, 예방의료, 마약남용 전문가 상담에 이르기까지 전 과정을 포괄한다(이런 각각의 서비스 유형의 사례는 224쪽 상자글을 참고).

*** 마지막까지 법의 구속을 받지 않았던 곳이 병원과 교육기관이었다.

7 컴퓨터를 오랜 시간 사용하는 직업군에서 건강 문제가 제기되자, 일부 유럽 국가에서는 이에 대한 규제를 도입하기도 했다.

서비스	예
검진과 진단	정기적인 단일종목 검진(예를 들어, 혈압, 콜레스테롤, 심위험도 평가, 몸무게, 흉부X선, 청각, 시각, 녹내장, 치아 검사), 개인 건강 정보 수합과 위험도 평가와 통고, 전문가 검진(예를 들어 암 검진), 일반적인 후생 평가(예를 들어, 일상 활동 스타일 검사)
상담	식단, 일상활동, 운동, 스트레스 관리, 수면, 치료 의뢰
보건교육	건강한 생활/심장/식사/노령화/운동 캠페인, 금주와 금연 캠페인, 정신건강인식 캠페인(특별한 행사나 특별 주간, 건강 장터, '건강관리 최고사원' 뽑기, 홍보대사, 워크숍, 교육과정, 홍보전단지, 포스터, 사내지에 건강 관련 조언 코너, 전자 게시판 등)
예방의료	위생적인 구내식당과 자동판매기, 직원들에게 무료로 과일을 주는 날 'free fruit' days, 건강에 좋은 이벤트, 작업자 흡연/음주 규정, 헬스 센터/프로그램(회사 안팎 운동시설, 개인 헬스 지도강사, 헬스 강좌, 활동적인 이벤트/행사, 도보/자전거 사용 장려/지원, 계단 사용하기 캠페인, 무료 만보기 배포), 보조의료시설(회사 안팎 아로마 세라피/반사학re-flexology/요가/마사지/필라테스 시설), 생활 지도(스트레스 관리, 감정건강 워크숍/교육과정)
전문가 상담	알코올/마약 남용 상담/지원/치료 의뢰 서비스

최근 추산에 따르면 고용주 가운데 약 3분의 1은 근로자의 건강증진이나 다른 후생을 위해 서비스를 제공하는 것으로 나타났다(Silcox, 2005). 모든 서비스를 다 제공하는 곳은 드물었고, 대기업이 상대적으로 서비스를 많이 제공했다. 그럼에도 불구하고 기업 건강 프로그램의 중요성이 커지고 있다. 대기업들이 유럽 건강과 성과 관리협회the European Health and Performance Management Community나 건강기업행동Business Action on Health, 런던기업후생지수London's Wellness Index for Business 같은 압력단체들의 의견을 받아 직원들에게 의료서비스를 제공하면서 작은 회사들도 간접적인 압력을 받게 됐다. 알비에스RBS나 바클레이즈Barclays 같은 은행들

은 건강복지매니저 자리를 인력개발부서에 신설하고, 건강 관련 프로그램에 최근 과감한 투자를 했다. 또 유니레버나 트렌트 워터Trent Water, 골드만삭스, BBC, 액센츄어Accenture 같은 회사들도 근로자를 위한 후생 프로그램을 마련했는데, 내용을 보면 건강위험도 조사, 운동에 대한 조언, 식이요법과 정신건강, 직원과 직원 가족을 위한 상담, 스트레스 관리, 대안 치료, 재활 등을 포함하고 있다(Crabb, 2004; Overell, 2005; Paton, 2005).

기업의 의료 프로그램이 확산된 이유를 살펴보면, 압력단체들이 대기업을 압박해서 그 효과가 중소기업에 미친 영향도 있고, 기업들 스스로가 우수한 직원을 뽑고 유지하려고 경쟁한 결과이기도 하다. 또 건강 문제로 직원들이 결근하는 문제를 해결하고, 업무와 관련된 스트레스 때문에 미래에 근로자가 소송을 걸 여지를 차단하려는, 비용 효율적인 측면도 있다(영국산업협회the Confederation of British Industry/AXA 보험회사, 2005).

고용주에게 기업의 의료 프로그램에 대한 투자의 가치는 결국 생산성을 늘리는 데 있다(경영인연구소Institute of Directors, 2002). 기업의 예방의학 프로그램의 상업적인 근거는 매우 명확하다. 기업연금 등 다른 혜택보다 싸고, 더 많은 근로자를 대상으로 하면서 더 직접적이고 뚜렷하게 티를 내면서 혜택을 줄 수 있다. 또 결근을 줄이고 근로자가 더 건강하고 낙천적으로 변화하면서 생산성도 늘게 됐다.

1990년대 후반 노동당이 집권한 뒤 곧 기업 의료 프로그램의 중요성을 깨달았다. 노동당은 예방적인 의료 복지서비스와 기업복지를 통합할 기회라고 생각했다. 또 기업을 단지 공공보건의료정책을 펴는 데 있어 부가적인 장소라고만 생각하지 않았다. 노동당은 '제3의 길' 노선에 따라, 스칸디나비아 국가에서 고용주가 정부와 손잡고 전국적으로 벌이는 기업복지제도에 관심을 두고, NHS를 재편하려고 했다.

노동당 정권의 핵심 정책은 보건안전국이 낸 '보건과 안전 전략의 부흥Revitalizing Health and Safety Strategy' 보고서(환경교통지역부DETR, 2000a)와 '건강, 근로, 후생(노동연금부, 보건부, 보건안전국, 2005)****' 백서에서 제시됐다. 첫 번째 책에서 다음과 같은 세 가지 목표를 설정하고 기업복지에 대한 새로운 접근을 시도했다.

- 건강 유지와 향상을 위한 환경으로서 작업장 활용
- 업무관련 질병 발생률의 뚜렷한 감소
- 그와 병행한 질병과 장애로 인한 결근일 감소

이 목적을 이루기 위해 보건안전국은 일터에서 보건과 안전에 관한 관행을 개선하고 기업복지를 증진하기 위한 목표를 설정했다. 내용은 다음과 같다.

- 2010년까지 일터에서 치명적이거나 중대한 사고 수를 10% 줄인다.
- 직업 때문에 생긴 질병이나 건강 악화로 10만 명당 생기는 근로일 감소분을 2010년까지 30% 줄인다.
- 직업 때문에 건강이 악화된 건수를 2010년까지 20% 줄인다.
- 2004년까지 위의 목표의 절반 수준에 도달한다(위의 목표는 대부분 달성됐다 - www.hse.gov.uk/statistics/index.htm 참고).

2005년의 백서는 이런 정책 범위를 확장했다. 백서는 직업을 둘러싼 공공보건 제도를 개선하고 기업복지를 확장하기 위해, '새롭고 혁신적이고 광범위한 전략'을 상세하게 그려냈다(노동연금부 · 보건부 · 보건안전국, 2005: 8). 백서에서 제시한 정책들은 다음과 같다.

- 국가기업보건이사직a National Director of Occupational Health 신설
- 보건, 근로와 후생에 관한 헌장a Charter for Health, Work and Wellbeing 수립

**** 이 보고서는 정부 여러 부처에서 낸 보고서를 참고해서 작성됐다(보건부, 1998, 2000, 2004; Wanless Report, 2002; 내각사무처, 2004, 2005; 환경교통지역부, 2000b).

- 직업재활지침a Framework for Vocational Rehabilitation 수립
- 국가이해관계자 협의회와 네트워크, 지도부 모임National Stakeholder Council, Network, Summit 설립
- 지역이해관계자협의회 설립
- 인베스터 인 피플Investor in People[8]의 '건강 기업 조사 방법과 건강 기준' 개발
- 국가가 수여하는 '기업보건상'제도 도입
- 기업의 실적보고서에 기업의 보건과 안전 내용도 포함하도록 권장
- 'NHS 플러스' 도입 (NHS에 따른 기업 의료 지원 대상에 속하지 않는 근로자도 혜택을 받도록 조치)
- 일터보건안내센터Workplace Health Connect 설립(중소기업에 대한 안내 서비스)
- 국가기관이 기업보건의료서비스 분야에서 민간기업에 본보기가 되도록 장려

정부는 근로관련 복지제도에서 국가와 기업의 합류점을 찾으려고 했다. 정부는 고용이야말로 사회적 배제라는 사회문제에 대한 가장 효과적인 처방이고, 개인 복지를 보장하는 가장 든든한 받침대라고 믿었다. 생산성을 높이면, 결국 구직활동을 하지 않고 급여를 요구하는 사람들과 다른 비경제활동인구들이 노동시장에 유입될 수 있다고 정부는 주장했다. 따라서 정부는 기업에게 건강악화로 근로자들이 결근을 하는 문제를 해결하고, 근로자들의 건강 수준을 유지하라고 요구했다(노동연금부, 2006b). 결국 근로자의 건강이 나빠지면 실업급여를 받는 계층으로 유입될 수 있기 때문이었다. 정부와 기업의 이런 조처 때문에 기업들의 실적이 좋아지면, 영국 경제는 한 단계 도약할 것이라는 것이 정부의 생각이었다.

정부는 기업연금을 장려했지만, 과도하게 제도를 밀어붙일 경우 부작용이 생

---

8 1993년에 설립된 영국의 공공기관. 1990년대 초 영국은 자국 경제의 경쟁력이 떨어진 이유로 인적자원개발에 대한 투자가 부족했다고 판단하고, IIP Investor in People 인증제를 도입함. '인베스터 인 피플'이 인증의 기준을 만들고, 인증을 주고, 정기적으로 해당 기업 등을 평가해서 인증을 갱신하는 역할을 한다.

길 수 있다고 생각했다. 그래서 법이나 규제, 재정 지원과 같은 직접적인 방법보
다 간접적인 방법을 택했다. 정부는 고용주들을 설득하는 길을 선택했는데, 대
가로 다음과 같은 프로그램을 제시했다.

- 고용주들과의 합의
- '최고 성과를 위한' 안내와 사례 제시
- 안내센터
- 인식제고 캠페인
- 성공 기업 사례 제시
- 성공 기업 순위별로 리스트 작성
- 기업의료복지의 효율성에 대한 근거 제시

2006년 초까지 정부는 약속한 대로 국가기업보건이사를 임명하고, 기업의료
를 증진하기 위한 국가이해관계자 지도자 모임을 개최했다. 이 자리에 참석한 기
업인들은 근로자들의 건강한 미래를 위해 헌신하겠다는 내용의 헌장에 서명했
다. 일터보건안내센터는 여전히 작동하고 있고[9] 통상산업부the Department of Trade
and Industry의 비즈니스 링크Business Link[10]나 보건안전국, 조언알선중재국the Advisory,
Conciliation and Arbitration Service[11] 등을 통해 정부는 다양한 보건의료 관련한 정보를
중소기업에게 중점적으로 제공했다. 통상산업부의 미래를 위한 건강Fit for the Future
캠페인처럼, 조언알선중재국은 중소기업을 위해 모범적인 일터상을 제시하면서

---

9 저자가 글을 쓰던 시점까지는 서비스를 제공했다. 영국 보건안전국 누리집(www.hse.gov.uk)을
   보면, 일터보건안내센터는 2008년 2월, 2년 동안의 시범 사업을 마치고 문을 닫았다. 그렇지만, '전
   문가에게 물어보세요Ask an Expert' 등의 프로그램에서 유사한 상담 서비스를 벌인다고 보건안전국
   은 설명하고 있다.
10 영국의 '비지니스 링크제도'는 중소기업을 지원하기 위한 원스톱 서비스one-stop service 체제로, 업계
   와 정부가 공동으로 운영하는 지역 컨설팅, 전문가 중개, 알선의 전국 네트워크를 말한다.
11 노동 관계 분쟁 중재 기관

근로자들이 건강한 직업생활을 해야 한다고 홍보했다(보건부, 2001). 정부는 또 관청과 감옥, 지방정부와 경찰 조직에서 새로운 후생 프로그램을 도입하고, NHS도 '근로자의 삶의 질 기준'[12] 을 통해서 변화를 꾀했다(내각사무처, 2004, 2005; 보건부, 2000).

정부는 기업복지의 전망에 대해 낙관할만한 근거가 있다. 기업의 보건의료에 대한 재원이 늘고 있고, 다양한 영역에서 공급자들이 등장하면서 새로운 시장이 만들어지고 있기 때문이다. 예를 들어, 공공 영역에서는 NHS 플러스가 나타났고, 자원 영역에서는 영국심장재단British Heart Foundation이, 상업 영역에서는 부파 Bupa Wellness, 너필드Nuffield, HSA 같은 회사들이 등장했다. 그러나 비상업적 분야의 고용주들의 욕구는 동질적이지 않고 다양하다. 그래서 정부의 강력한 정책과 재정 지원이 없다면 정부가 추구하는 기업의 종합적인 보건의료서비스는 발전하기 힘들 것으로 보인다(Coates & Max, 2005).

결론

우리는 기업복지를 개괄하고 사례연구를 살펴본 결과, 기업복지의 모습은 매우 다양하고 시간이 흐르면서 변화해왔다는 점을 확인할 수 있었다. 기업복지의 개별 유형들은 각자의 역사와 형식을 가지고 있어서 분석할 때 개별적으로 접근할 필요가 있다. 따라서 각 유형은 복지혼합에서 서로 다른 역할을 맡고 있고, 복지의 사회분화에도 서로 다른 영향을 미친다. 기업복지는 수혜대상에게 안전망을 제공하고, 삶의 질을 높여주고, 가처분소득을 늘려준다. 그러나 노동시장에서 처한 지위에 따라 기업복지의 혜택이 돌아가기 때문에(Smith, 2000; Taylor, 2002, 2003; White 외, 2004; Kersley 외, 2005), 공평성을 기대하기는 힘들다.

---

12 NHS 소속 기관의 인적자원관리를 평가하기 위해 보건부가 작성한 기준

요약

- 기업복지는 복지혼합에서 중요하지만 간과된 영역이다.
- 기업복지는 고용주가 근로자를 위해 월급 이외에 의무적으로 혹은 자발적으로 제공하는 급여와 서비스라고 정의할 수 있다. 또 일정한 경우에 혜택을 받는 대상은 근로자 당사자 외에 배우자 혹은 파트너와 자녀를 포함한다.
- 지난 10년 동안 기업복지는 큰 변화를 겪었다.
- 기업복지의 각 유형은 개별적인 역사와 형식이 있어서, 분석을 위해서는 개별적인 접근이 필요하다.
- 정부의 개입도 기업복지의 유형에 따라 다양하다.
- 기업복지로 근로자는 삶의 질과 안전 수준이 높아지고, 가처분 소득도 올라가는 혜택을 누린다.
- 각 기업이 자유재량으로 제공하는 기업복지는 국가의 급여나 서비스만큼 공평하지는 않다.

☑ **토론할 문제**

- 최근 기업연금의 변화 상황을 어떻게 설명할 수 있을까?
- 2006년 연금 백서에 제시된 연금 개혁안을 어떤 근거로 지지할 수 있을까?
- 고용주들은 왜 후생서비스에 투자하기 시작했을까?
- 기업보건의료에 관한 정부의 정책이 얼마나 효율적일까?
- 공공 영역과 다른 영역 사이에 기업복지의 차이점은 어떻게 설명할 수 있을까?

☑ **더 읽을 거리**

영국의 기업복지에 대한 연구는 거의 없다. 고용주가 제공하는 서로 다른 혜택과 서비스에 대한 설명은 개별 회사의 보고서나 기업 설문, 인적자원관리 분야 저술, 그밖에 언론 등을 통해 산발적으로 소개될 뿐이다. 가장 흔히 접할 수 있는 것으로는 공인인력개발연구소the Chartered Institute of Personnel Development와 소득자료서비스Income Data Services, 산업관계서비스Industrial Relations Service 등과, 오늘의 인력 관리와 사원People Management and Personnel Today 등의 잡지 정보가 있다.

연금 문제에 대한 매우 잘 만들어진 저술들은 많다. 그 가운데 최고로는 연금위원회(Pensions Commission, 2004, 2005, 2006)가 작성한 세 개의 『터너 보고서*Turner reports*』를 들 수 있다. 팬즈워쓰(Farnsworth, 2004)의 『국제경제에서 기업의 힘과 사회정책*Corporate Power and Social Policy in a Global Economy*』과 〈사회정책과 행정*Social Policy and Administration*〉(2004)에 실린 「노동을 통한 복지: 세기의 전환점에서 기업의 사회적 전달에 대한 점검*Welfare through work: an audit of occupational social provision at the turn of the new century*」 논문은 전문가가 아니더라도 읽을 수 있도록 쉽게 글을 썼다. 이 영역에 대한 앞선 연구로는 메이와 브런스던(May & Brunsdun, 1999)이 〈사회정책리뷰*Social Policy Review*〉에 게재한 「복지혼합에서 작업장 보호*Workplace care in the mixed economy of welfare*」 논문과, 같은 저자들이 『신노동당의 복지개혁 평가*Evaluating New Labour's Welfare Reforms*』(2002)에 쓴 「독립복지영역에 대한 신노동당의 접근 평가*Evaluating New Labour's approach to independent welfare*」 등이 있다. 약간 오래되긴 했지만 샬레브(Shalev, 1996)의 『사회정책의 민영화? 미국, 스칸디나비아, 일본의 기업복지와 복지국가*The Privatization of Social Policy? Occupational Welfare and the Welfare State in America, Scandinavia and Japan*』는 국가별 기업복지를 흥미진진하게 비교했다.

기업복지에 대한 정부의 최근 정책 동향과 이에 대한 반응을 보려면 다음 누리집이 유용하다. 영국 노동연금부**http://www.dwp.gov.uk**에서는 연금위원회의 보고서와 협의 내용 등을 볼 수 있다. 또 통상산업부**http://www.dti.gov.uk**[13]에서도 기업과 다른 자문기구와 링크되어 있어 유용하다. 보건부**http://www.doh.gov.uk**의 누리집은 정책 의제뿐 아니라 작업장 현장의 문제도 함께 다룬다. 보건안전국**http://www.hse.gov.uk**의 누리집도 있다.

정부 정책이나 고용주가 재원 조달하는 복지 프로그램에 대한 다양한 시각은 다음의 누리집에서 볼 수 있다. 공인인력개발연구소the Chartered Institute of Personnel Development의 누리집**http://www.cipd.co.uk**에서는 학생들을 위한 간단한 보고서도 많이 제공한다. 지역산업Business in the Community의 누리집**http://www.bitc.org.uk**에서는 건강을 위한 기업행동Business Action on Health 등 다른 고용인 그룹과 링크돼 있다. 또 영국노동조합회의TUC의 누리집**http://www.tuc.org.uk**도 있다.

생활노동조건개선을 위한 유럽재단The European Foundation for the Improvement of Living and Working Conditions의 누리집**http://www.eurofound.eu**도 국가별 비교 연구를 위한 자료를 많이 가지고 있다.

---

13 노동당 정부는 지난 2007년 통상산업부를 산업기업규제개혁부Department for Business, Enterprise and Regulatory Reform와 혁신대학기술부the Department for Innovation, Universities and Skills로 나누었다. 그러나 두 부서는 2009년 다시 산업혁신기술부the Department for Business, Innovation and Skills로 합쳐졌다. 산업혁신기술부의 누리집은 http://www.bis.gov.uk다.

복지혼합의
비교 연구

| 마이클 힐 *Michael Hill* |

개요

이 장은 복지혼합에 관한 학계의 주요한 비교 연구 결과를 탐구한다. 또
여러 나라들이 사회보장, 보건의료, 교육 분야에서 복지혼합에 어떻게 접
근하는지를 살펴본다. 마지막으로 사회보호social care 문제를 점검해볼
것이다. 이 문제는 복지혼합의 폭넓은 문제를 잘 드러내기 때문이다.

주요 용어

체제이론regime theory, 가족 문제를 비교 연구에 반영하기, 규제모델reg-
ulatory model, 자원영역에는 소홀한 비교 연구, 사회복지 제공−전달 관
계의 복잡성

서론

비교 연구에서 국가별로 복지혼합이 얼마나 확대되었느냐를 점검하는 문제가 여러모로 매우 중요하게 부상하고 있다. 이런 측면에서 지금까지 국가별로 비교하는 주된 접근 방법이 무엇인지 주목할 필요가 있다. 그렇지만, 복지혼합을 중심에 놓고 국가별로 비교 연구하는 사례는 많지 않았다. 지금까지 비교 연구에서는 국가와 시장의 관계에 대해서만 집중했기 때문이다. 최근에 들어서야 비교 연구에서 가족 문제가 대두됐을 뿐이다. 지역사회나 자원영역에 대한 관심은 여전히 적다. 더욱이 정보량의 한계로 비교 연구는 투입, 특히 사회정책을 위한 재원에만 집중하고, 정책의 전달이라는 복잡한 과정에 대해서는 무관심했다. 전달 부분에서 복지혼합이 더 뚜렷하게 부각되는 경향이 있음에도 불구하고 지금의 현실은 그렇다. 여기서는 이런 문제점들을 살펴보는데, 우선 사회복지 비교 연구이론을 간단히 확인하고, 그 다음에 몇 가지 정책 영역을 점검한다.

비교 연구와 복지혼합

초기 비교 연구에서는 국가의 복지지출의 수준에 관심을 두는 경향이 있었다. 이런 접근이 딱히 비이론적인 것은 아니었다. 이 태도는 '복지국가'식 관점에 따른 것으로, 복지는 국가가 제공하는 것이고, 국가가 발전하면서 국가의 복지가 다른 영역의 복지서비스도 대체하게 된다는 생각을 가지고 있다. 복지국가를 초기에 제도적으로 비교 연구했던 학자들은 결정적인 하나의 요소만을 고려했는데(예를 들어, Wilensky & Lebaux, 1965), 이들에 따르면 사회정책의 발전은 1차원적이라서, 국내총생산이 늘면 사회정책에 쓰이는 국가지출도 필연적으로 증가한다는 것이다. 이후에 일부 학자들은 이런 접근이 현상을 과도하게 일반화하고, 큰 경향만 보다보니 정책 변화의 다른 변수에 대해서는 소홀했다는 점을 지적했다

(Higgins, 1981; Jones, 1985). 그러나 복지의 변화를 설명하는 주요한 연구에서는 복지를 여전히 국가가 제공하는 것으로 보고, 차이점이 생긴다면 그것은 각국의 정치적인 변수 때문인 것으로 보고 있다. 워커와 웡(Walker & Wong, 2004: 119)은 그런 접근의 배경에 서구중심주의가 있다고 비판하면서, 복지국가를 "서구의 자본주의자들이 의회 제도로 구현한 민주주의적인 구조"라고 봤다. 마찬가지로, 고프와 우드(Gough & Wood, 2004: 4)는 "서구의 사회정책은 복지의 안정성을 유지하기 위한, 일련의 특정한 수단(국가)과 관계가 있다"라고 분석했다. 따라서 폴라니Polanyi가 말한 자본주의의 『거대한 변환』(1944)에서 사회정책은 핵심적인 부분이라고 말할 수 있다. 또 노동자들이 국가의 정책에 영향을 미치기 위해 행동을 한 결과, 자본가들과 맺게 된 사회 · 민주적인 '협약truce'의 결과물이 곧 사회정책이라고 볼 수도 있다.

나라별로 국가가 복지 영역에 개입하는 형식과 수준은 다양하다. 에스핑-안데르센Esping-Anderson은 이 다양성에 관심을 기울이면서 사회정책의 비교 연구에서 가장 일반적인 접근으로 인식되는 '체제이론regime theory'을 만들어냈다. 이 이론은 경제와 민주주의가 발전하면 복지국가도 필연적으로 한 가지 길로 성장하게 된다는 단선적인 접근법에서 벗어났다는 점에서 매우 중요한 의미가 있다. 물론 복지체제에 대한 강조에서 드러나듯 여전히 국가를 분석의 중심에 놓고 있지만, 그는 분명히 국가-경제 문제를 끄집어냈다. 이런 접근은 그가 제시한 탈상품화decommodification 개념에서 분명하게 드러난다. 탈상품화란, 급여와 서비스에 대한 접근에 있어서 시장의 힘으로부터 자유로운 정도를 의미한다. 탈상품화 정도에 대한 그의 설명은 사민주의정당의 세력화를 결정적인 변수로 하는 정치적 분석을 기반으로 한다. 그러나 그의 체제이론에는 이런 식의 내용이 포함되지는 않는다. 각 체제유형이 어떻게 등장하게 됐는지에 대한 에스핑-안데르센의 설명에 모든 사람이 동의할 필요는 없다. 그러나 그가 제시한 유형들을 살펴볼 수는 있을 것이다. 에스핑-안데르센은 다음과 같은 세 개의 체제유형을 제시했다.

- 사회민주주의 체제: 가장 탈상품화한 유형. 노르딕 국가 모델이 전형
- 자유주의 체제: 가장 덜 탈상품화했음. 미국과 영국, 호주와 뉴질랜드가 전형
- 절충형 체제: 약간 혼란스럽게도 보수적 혹은 조합주의 모델로도 불림. 대륙 유럽 국가 대부분과, 논쟁적이지만 일본이 전형으로 간주됨. 사회적 급여는 후하지만, 급여를 받는 당사자의 노동시장 지위에 따라 수준이 결정됨.

에스핑-안데르센이 제시한 모델은 비판도 많이 받았고, 이를 개선하려는 연구가 진행되기도 했다(Arts & Gelissen, 2002 참고). 보수적/조합주의 유형에는 여러 사회가 속해서, 일부 학자들은 남부 유럽 국가를 위해 별도의 모델을 제시하기도 했다(특히 Ferrara, 1996). 에스핑-안데르센이 유형을 구분하면서 현금 급여에 대한 정보만을 사용하고, 전체 사회정책 분야를 고려하지 않았다는 지적도 있다. 또 제도를 구분하긴 했지만, 각 제도의 재분배 효과는 만족스럽게 분석되지 않았다는 주장도 있다(Bonoli, 1997). 연구를 하면서 어떤 정책 영역을 주로 선택해서 보느냐는 중요하다(Powell & Barrientos, 2004). 복지혼합과 관련해, 에스핑-안데르센의 연구에 대한 가장 주목할 만한 도전장을 내민 집단은 젠더 gender와 복지의 문제를 연구한 학자들이었다. 이들은 가족문제를 강조했는데, 이 문제는 국가-시장 관계에 집중한 연구에서 종종 간과했던 분야였다(Lewis, 1992, 1993, 1997; Sainsbury, 1994, 1996; O'Connor, 1996).

세인즈버리의 1996년 연구 이후 국가와 시장, 가족의 기능을 비교하는 연구는 폭넓게 이뤄졌다. 물론 자원voluntary 영역의 역할에 대한 비교 연구는 아직 이루어진 것이 드물었다. 일부 국가에서 자원 영역은 분명히 다른 영역보다 두드러진 역할을 한다. 특히 가톨릭의 사회이론에 따라 가톨릭 기관이나 지역조직에서 사회적 보호 기능을 적극적으로 도맡는 문화가 강한 사회에서는 자원 영역의 역할이 클 수밖에 없다. 이는 에스핑-안데르센이 제시한 보수적 사회의 특징이기도 하다. 스칸디나비아 대륙 국가들에서는 국가가 강력한 역할을 맡으면서 반대로 자

원 영역의 역할이 축소된다. 그러나 스웨덴에서는 이런 가설을 부정하는 근거도 있다(Lundström & Svedberg, 2003). 사회민주주의 전통에서 시민들이 적극적으로 참여하는 것이 사회적 규범이기 때문이다. 자유주의 사회에서도 자원 기관이 강한 전통이 있다. 미국도 그러하다. 앤하이어와 살라몬(Anheier & Salamon, 2001)도 이 주제를 다뤘는데, 자원 영역을 어떻게 정확하게 정의하느냐라는 어려움에 봉착했다. 자원 활동의 수준으로 판단할 것인가, 아니면 자원 기관의 발생 횟수로 볼 것인가 등 기준을 설정하기가 어렵기 때문이었다. 자원 활동은 북구와 미국에서 활발한 반면, 남유럽과 일본에서는 저조한 편이다. 여기서는 자원 단체들이 얼마나 활발하게 활동하느냐보다 가족 성원이 서로 보호해주는 전통이 얼마나 있느냐를 기준으로 자원 영역을 평가하는 에스핑-안데르센의 방식을 따른다.

지금까지 다양한 영역들의 역할에 대해 논의하면서, 국가별로 사회정책이 어떻게 전달되는지, 규제는 어떤지, 서비스 공급과 현금 지급은 어떻게 나눠서 봐야 하는지에 대해서는 논의하지 않았다. 이런 문제들은 비교분석에 용이한 자료를 모으기가 어렵다. 홀과 소스키스(Hall & Soskice, 2001)는 자본주의 유형을 구분하면서 여러 국가의 규제를 분석하는 새로운 방법을 제시했다. 그들은 '자유시장경제liberal market economies'와 '조정시장경제coordiated market economies'를 구분했다. 자유시장경제는 다음과 같이 설명했다.

> … 기업들은 주로 위계나 경쟁적인 시장 질서를 통해 기능한다 … 경쟁과 공식적인 계약을 통해 상품과 서비스는 매우 근접한 거리에서 교환이 이뤄지는데, 이것이 시장에서 맺어지는 관계의 특징이다. 시장에서 형성된 가격에 따라, 시장에 참여하는 이들은 상품과 서비스의 수요와 공급을 조절한다. 신고전파 경제학에서 강조하듯이 한계생산이나 한계효용이 그 판단의 근거가 되기도 한다(Hall & Soskice, 2001; 8)

조정시장경제에는 다음과 같은 설명이 따른다.

… 기업들은 다른 시장 참여자와 함께 기능하고 경쟁력을 구축하기 위해 주로 시장 외적인 관계에 의존한다. 이러한 시장 외적인 경향으로 기업의 기능은 좀 더 관계지향적이고, 불완전한 계약 관행이 생긴다. 기업은 경쟁력을 쌓기 위해 다른 기업과 경쟁적인 관계가 아니라, 협조적인 관계를 유지하고, 인적 네트워크 안에서 사적으로 주고받는 정보의 교환에 더 관심을 기울인다 … 경제는 종종 기업들 사이의 전략적인 상호관계의 결과로 볼 수 있다(Hall & Soskice, 2001; 8).

조정시장경제에서 국가는 다양한 이해관계를 가진 집단을 연결하는 매우 중요하고, 능동적인 파트너로서 기능한다. 자유시장경제에서 시장에 대한 개입을 최소화하는 것을 강조하지만, 홀과 소스키스는 경제제도economic institutions들을 조직하는 대안적 조정시장경제의 질서가 사회정책에서 중요한 의미를 가진다고 설명했다. 여기서 이들은 자신의 연구와 에스핑-안데르센의 연구 사이에서 결합점을 찾으려 했다(Hall & Soskice, 2001: 50~51). 그러나 흥미롭게도, 홀과 소스키스는 6개 나라를 지목해서 '매우 애매한 위치에 속한다'고 설명했다. 이 나라들은 프랑스와 이탈리아, 스페인, 포르투갈, 그리스와 터키였다. 그들은 이 나라들이 '지중해적'인 자본주의 유형에 속한다고 제안하면서, 이 나라들에서는 조정시장경제와 '산업 영역에서는 더 자유주의적인 질서'가 혼합된 모습을 볼 수 있다고 설명했다(Hall & Soskice, 2001: 21).

홀과 소스키스의 연구는 주로 국가와 경제제도들 사이의 관계를 다루었다. 그러나 이 연구로 우리가 에스핑-안데르센의 체제이론을 뛰어넘어 사회정책에서 정부와 경제제도들 사이의 관계에 대한 이해의 지평을 넓혔는지는 의문이다. 이연구는 사회정책과 고용 문제가 만나는 분야에서만 한정적으로 의미를 가진다. 여기에 다른 변수가 등장했다. 뢰더멜과 트리키(Lødemel & Trickey, 2001)의 연구를 보면, 영국의 뉴딜New Deal 정책을 덴마크와 네덜란드의 유사한 정책과 함께, 경제운용과 노동공급의 문제를 묶은 혼합적hybrid 정책의 등장이라고 해석했다.

사회보장

에스핑-안데르센은 1990년 수행한 비교 연구에서 사회보장 비용을 나라별로 비교하는 것에 집중했다. 그러나 사회정책 분야는 에스핑-안데르센이 집중한 것 외에도 여러 제도들이 매우 복잡하게 얽혀있다. 이 책의 서문에서 포웰이 강조했듯이, 복지혼합에서 '사회적 분화'를 다뤄야 한다. 또 현금급여와 아울러 세제의 중요성이 부각되고 있다. 따라서 사회보장 영역에서 비교 연구를 할 때, 나라별 지출 수준과 유형만을 비교할 것이 아니라, 어떻게 그 비용이 조달되는지도 살펴봐야 한다. 여기서는 기여금과 세제를 통한 재원 조달, 고용주가 근로자의 복지를 위해서 맡는 역할, 국가가 규정하는 민간 사회보장서비스의 수준을 살펴본다.

〈표 9-1〉은 나라별로 사회적 이전지출social transfer 비용이 어떻게 조달되는지를 보여준다. 많은 나라에서 사회보험기여금이 사회적 이전지출 비용의 상당액을 조달하고 있다. 프랑스와 스페인, 일본, 아일랜드와 한국에서 사회보장 이전지출은 세금의 형태로 거의 조달되지 않고 있다. 다른 편에서, 호주와 뉴질랜드는 사회보험기여금을 전혀 받지 않고 있다. 덴마크의 경우는 독특한데, 매우 후한 사회보장제도를 가지고 있지만, 기여금이 조달하는 비용은 매우 적다.

사회보장기여금은 근로자뿐 아니라 고용주도 부담한다. 유럽연합에서 고용주의 부담 비율은 덴마크의 9%부터 스페인의 52%까지 매우 다양하다. 2004년 이전 유럽연합 15개 회원국의 평균은 38%였다(유럽위원회European Commission, 2004). 예외적으로, 근로자는 부담이 없고, 고용주만 기여금을 내는 사회보장 프로그램도 있다. 미국의 실업보험과 프랑스와 벨기에의 가족수당이 그런 예다. 유럽연합 회원국 전체를 보면, 덴마크와 네덜란드를 제외하면 모든 나라에서 고용주가 근로자보다 기여금을 더 부담했고, 벨기에와 핀란드, 이탈리아에서는 고용주의 부담이 근로자보다 2배 이상으로 많았다(유럽위원회, 2004).

사회보장 재원을 기여금에 많이 의존하는 나라에서는 다른 기관들은 주로 서비스의 전달을 맡는다. 유럽 대륙 국가들의 사회보험제도의 특징은 사회보험제

| 표 9-1 | 사회보장 비용 가운데 사회보험기여금 비율

국가	사회보장지출 가운데 기여금 비율(%)
스페인	98%
아일랜드	94%
일본	94%
프랑스	91%
한국	90%
벨기에	89%
스웨덴	87%
헝가리	85%
네덜란드	83%
이탈리아	82%
캐나다	82%
오스트리아	80%
체코	77%
독일	75%
핀란드	74%
스위스	71%
포르투갈	70%
노르웨이	60%
미국	59%
폴란드	58%
영국	47%
덴마크	13%
뉴질랜드	0%
호주	0%

자료: 경제협력개발기구(OECD, 2003)

도의 운영 과정에 고용주와 근로자단체가 참여한다는 점이다. 이는 공공지출에
도 강력한 영향을 미치고, 정부는 제도 운영에 참여하지 않는 단체들에도 보조금

| 표 9-2 | 국내총생산 대비 민간연금 투자(2003)

국가	국내총생산 대비 민간연금 투자 비율
스위스	126%
네덜란드	94%
영국	66%
미국	66%
호주	56%
캐나다	52%
덴마크	28%
일본	13%
포르투갈	12%
핀란드	8%
스페인	7%
뉴질랜드	6%
프랑스	5%
헝가리	5%
오스트리아, 벨기에, 체코, 독일, 이탈리아, 한국, 노르웨이	4% 이하

자료: 경제협력개발기구 국제연금통계프로젝트 보고서(OECD Global Pensions Statistics Project, 2005). 아일랜드에 대한 자료는 없으나, 비율은 높을 것으로 보임.

을 줘야 한다. 뒤집어서 얘기하면, 국가가 개입할 여지가 매우 많다는 뜻이기도 하다.

사회보장 가운데는 국가의 규정에 따라 민간 영역에서 지불하는 급여도 있다. 예를 들어, 영국에서는 근로자가 단기간 동안 아프면 고용주는 규정에 따라 일정한 급여를 줘야 한다. 또 민간 연금 분야에 대한 규제가 점차 늘어나고, 규제의 강제성에 대해서도 계속 논의가 이뤄지고 있다. 〈표 9-2〉는 민간연금에 대한 투자가 나라별로 어떻게 다른지를 보여준다. 여기서 주목할 점은 표의 상위에 있는 상당수의 국가들에서 볼 수 있는 거대한 연금 시장을 다른 큰 복지국가에서는 거의 볼 수 없다는 것이다. 프랑스와 독일이 그런 예다. 표의 상위권에 어떤 나라들이 있을지는 에스핑-안데르센의 체제이론으로 예측할 수 있다. 그러나 스위스와 네덜란드, 덴마크는 예외다. 이렇게 대조적인 상황을 보면, 연금에 대한 그동안의 국제 비교 연구에 관심을 기울이게 된다. 이런 연구로는 세계은행이 제시한 비교 연구(1994)[1]가 있고, 또 민간연금을 장려하는 연구나 평등주의적인 국가체계를 지향하면서 민간연금에 대한 거부감을 나타내는 접근도 있다(Myles, 2002; Bonoli & Shinkawa, 2005 참고).

이와 관련된 이슈로는 연금에 대한 투자가 세액공제를 통해 혜택을 받는 범위가 얼마나 되느냐라는 문제가 있다. (7장 참고)

보건의료

〈표 9-3〉은 국가별로 보건의료 지출에서 공공재정의 규모에 있어서 차이를 나타낸다. 여기서는 에스핑-안데르센의 체제이론에 밀접하게 상응하는 방식으로 나라들이 나눠지지 않는다. 미국을 제외하면, 자유주의적인 유형에 속한 나라들에서 공공지출은 보건의료 분야 전체 지출의 대부분을 차지했다. 영국은 특히 그 비율이 높았다. '사회민주주의' 유형에 속한 두 나라가 표에서 가장 상위에 올라 있지만, '보수주의' 유형 국가와의 격차는 매우 미미하다. 보수주의 유형에 속한 국가인 스위스는 미국과 상당한 공통점이 있어 보인다. 또 이 표를 볼 때 사회보험의 존재 유무도 고려할 필요가 있는데, 〈표 9-3〉에서는 사회보험이 없는 나라들도 여기저기 흩어져있다.

---

1 저자는 여기서 세계은행이 1994년에 낸 '노년 위기에 대한 대처Averting the Old Age Crisis' 보고서를 지칭하는 것으로 보인다. 세계은행은 이 보고서에서 세계 각국의 공적연금제도가 급격한 고령화로 위기에 처했다고 경고하고, 새로운 연금 모형으로 재분배 기능을 담당하는 기초연금, 저축기능을 담당하는 민간 강제적용연금, 자발적 민간연금으로 구분된 3층 보장체계를 제안했다.

| 표 9-3 | 전체 보건의료 지출 가운데 공공지출의 비율(2002)

국가	공공지출 비율
체코	92%
스웨덴	86%
노르웨이	85%
덴마크	83%
영국	83%
일본	82%
독일	79%
뉴질랜드	78%
프랑스	76%
핀란드	75%
아일랜드	75%
이탈리아	75%
폴란드	72%
벨기에	71%
헝가리	71%
스페인	71%
오스트리아	70%
캐나다	70%
포르투갈	70%
호주	68%
스위스	58%
한국	54%
미국	45%

자료: 경제협력개발기구(OECD, 2004b) 자료를 계산함.
* 호주와 일본, 한국은 2001년 자료임. 네덜란드의 자료는 빠져 있음.

밤브라의 연구(Bambra, 2005a, 2005b)는 이런 시각에 근거를 제공해준다. 그는 에스핑-안데르센이 1990년에 연구를 수행하던 당시 각국의 보건 정책을 다음

| 표 9-4 | 밤브라의 보건의료 '체제' 유형

그룹 1 ('자유주의적' 유형)	호주, 미국
그룹 2 ('보수적' 유형)	오스트리아, 벨기에, 프랑스, 독일, 아일랜드, 이탈리아, 일본, 네덜란드, 스위스
그룹 3 ('사회민주주의적' 유형)	캐나다, 덴마크, 핀란드, 뉴질랜드, 노르웨이, 스웨덴, 영국

과 같은 세 가지 측면에서 점검하면서 에스핑-안데르센의 이론에 대한 검증 작업을 했다.

- 국내총생산 대비 민간 보건의료 지출 비율
- 전체 병상 수 가운데 민간병원의 병상 수 비율
- 국가보건의료체계의 보호를 받는 인구 비율

이와 같은 기준에 따르면 〈표 9-4〉에서 보듯이 국가들은 세 그룹으로 구분된다.

그러나 공공지출과 민간지출의 단순한 이분법을 극복할 필요가 있다. 보건의료 분야에서 복지혼합문제는 더 분명하게 드러난다. 보건의료 분야에서 국가가 맡는 역할은 다음과 같이 다양하다.

- 규제 마련, 집행
- 재원 마련/구매
- 서비스 제공/계획

어떤 정부든 위와 같은 역할을 모두 혹은 대부분 맡는다. 논리적으로만 보면,

정부가 재원 조달과 서비스 계획, 서비스 전달을 모두 맡아야 하는 것은 아니지만, 실제로 정부는 세 가지 역할을 대부분 떠맡는다. 정부가 재원을 일부분만 조달하는 경우도 있다.

정부가 맡는 재원 조달과 서비스 제공이라는 역할 사이에서는 논리적으로 따지면 아래와 같은 네 가지 조합이 가능하다. 정부가 재원을 조달하고 서비스도 제공하거나, 혹은 재원 조달 없이 서비스만 제공하거나, 서비스를 제공하지 않고 재원만 조달해주거나, 혹은 둘 중 어느 것도 안 하는 경우다. 영국 보건의료의 역사를 돌이켜보면, NHS의 도입과 함께 재원을 마련하고 서비스를 제공해주는 국가가 발전하는 과정이었다. 최근 들어 국가의 서비스 제공자의 역할은 점차 민간으로 넘어가고 있다. 솔트맨과 오터(Saltman & Otter, 1992; Saltman, 1998)는 스웨덴에서 국가가 맡는 이와 같은 복합적인 역할을 설명했다. 스웨덴에서는 지방정부가 사회복지에서 핵심적인 역할을 맡지만, 최근 들어서는 지방정부의 역할이 상대적으로 줄어들고 다양한 서비스 제공자들이 등장하는 추세다. 프랑스, 독일, 네덜란드와 같이 사회보험 기금을 마련하는 국가에서도 개인들이 민간보험에 가입하거나 민간보험이 사회보험을 보완하는 것을 허용하고 있다. 사회복지를 위해 재원을 마련하고 서비스를 전달하는 주체가 다를 수 있는 사례들을 보면, 다음과 같은 문제들을 다루기 위해 매우 복잡한 제도가 필요하다는 점을 알 수 있다.

- 계약의 작성, 변동, 종결
- 서비스 지원 액수와 형식에 대한 결정
- 공공과 민간이 각각 재원을 조달한 사회복지서비스가 서로 혼합되는 방식
- 서비스 기준의 점검, 새로운 서비스 수요에 대한 판단

교육

교육정책에서는 공공과 민간의 재원 부담 비율이 국가별로 큰 차이가 없다. 그런 점에서 〈표 9-5〉는 〈표 9-3〉과 유사한 점이 눈에 띈다.

〈표 9-5〉를 보면, 미국이 표의 바닥권에 있다는 점을 제외하고는, 보건의료와는 매우 다른 순서로 나라들이 표에서 분포하고 있다. 자유주의적인 국가인 뉴질랜드가 과거 공산권에 속했던 폴란드와 함께 표의 가장 위쪽에 자리 잡고 있다. 또 그 바로 밑에 사회민주주의 국가들과 남유럽 국가인 포르투갈이 자리 잡고 있다. 체제이론으로 예상할 수 있는 패턴은 이 표에서는 드러나지 않는다.

경제협력개발기구 회원국 정부는 주로 교육 관련한 예산의 대부분을 민간영역이 아니라 공공 교육 영역에서 집행했다. 여기에 두 나라는 예외에 해당된다. 네덜란드는 교육 예산의 20%만 공공 영역에 썼다. 벨기에도 비율이 50%에 못 미치는 수준이다(OECD, 2004a). 두 나라에서 교육 관련 예산을 주로 쓰는 곳은 자원기관들이었다. 이들은 대부분은 종교기관들로, 과거 교육 영역을 개척했던 곳이었다. 네덜란드에서는 '지주화pillarisation'[2]라고 불리는 현상이 있는데, 개신교와 가톨릭 신자들이 분리되어 별개의 학교를 다니는 상황을 가리킨다(Lijphart, 1975). 네덜란드 교육정책에서는 이런 상황이 매우 중요하게 작용한다.

나라별 상황을 더 자세히 조사하면, 초·중·고등학교와 대학교 제도에서 많은 차이점이 나타난다. 대학교육에 있어서 국가책임을 강조하는 나라(네덜란드와 독일)가 있는가 하면, 공공보다는 민간 분야의 영향력이 강한 나라(미국, 일본, 한국)들이 있다. 또 영국 등의 국가에서 대학들이 누리는 준자치권quasiautonomy이나, 이 대학들이 정부로부터 재정 지원을 받으면서 어떤 영향을 받는지도 좀 더 살펴볼 만한 복합적인 문제들이다.

---

2 네덜란드어로는 verzuiling. 네덜란드에서는 종교나 정치적 성향에 따라 사람들의 관계가 만들어져서, 개신교도와 가톨릭교도들은 학교를 따로 다니고 스포츠 클럽도 따로 이용한다. 심지어는 텔레비전 채널과 신문도 종교에 따라 구분되는 경향을 나타낸다.

| 표 9-5 | 전체 교육 지출 가운데 공공지출 비율

국가	공공지출 비율(%)
뉴질랜드	100
폴란드	100
핀란드	98
노르웨이	98
포르투갈	98
덴마크	97
스웨덴	97
오스트리아	95
벨기에	93
프랑스	93
스위스	93
이탈리아	92
체코	91
네덜란드	91
아일랜드	89
스페인	88
헝가리	86
영국	85
캐나다	81
독일	81
일본	74
호주	74
미국	69
한국	61

자료: 경제협력개발기구(OECD, 2004c) 자료에서 산출

다시 밤브라가 보건의료 분야를 연구하면서 제기했던, '체제이론'의 근거를 살펴보는 문제로 돌아가 보자. 공공 영역이 지원하는 민간제도를 짚어내는 작업은 결국 네덜란드의 특징을 강조하는 것 이상 의미를 가지지 않기 때문이다.

이 장에서 교육과 보건의료 부분을 국제 비교하는 것은 분명히 매우 거친 기준에 따른다. 그러나 이 비교를 보면 체제이론과 다른 이론적인 출발점에 서고 싶은 생각을 하게 된다. 물론, 공공부문 지출에서 스칸디나비아 반도 국가들이 대체로 표의 상위에 위치하고 미국이 바닥권에 있긴 하지만, 그 사실을 일반화해서 이론의 근거로 삼기는 섣부른 감이 있다. 교육이나 보건의료 정책 분야에 대한 연구를 보면 복지혼합의 측면은 간과된다. 교육이나 보건의료 분야에서 가족의 역할은 확실히 중요하지만, 수량으로 표현하기 힘들고 비교하기도 힘들기 때문이다. 자원 영역의 역할은 공공 분야를 제외한 다른 영역, 특히 교회의 역할을 보면 원칙적으로 산출이 가능하다. 다음에 다루게 될 사회보호 문제는 이 문제를 더 폭넓게 다룬다. 그 과정에서 또 의료보호의 일부 측면에서 대해서도 살펴본다. 공식적인 의료보호 분야는 비공식적인 사회보호에 의해 보완되는 부분이 있기 때문이다.

사회보호

사회보호정책은 복지혼합이 보다 명확하게 드러나는 분야라서 더 주목을 받게 될 것이다. 사회보호는 공공이나 민간, 시장 등 모든 분야에 연관될뿐더러 매우 복잡한 전달체계를 가지고 있다.

〈표 9-6〉은 사회보호의 유형을 제시한다. 이는 에스핑-안데르센이 1990년에 제시한 세 체제에 근거하지만, 이를 넘어서서 그가 1999년 가족의 역할을 재

| 표 9-6 | 보호의 새로운 유형화

	개인	가족
국가	1. 보호할 권리	2. 보호를 맡은 가족에 대한 지원
시장	3. 보호의 구매	4. 가족 스스로 해결

| 표 9-7 | 보호를 맡은 주체가 누구냐에 따른 유형

가족만

시장만

국가만

가족과 시장

가족과 국가

국가와 시장

세 주체 모두

평가한 내용을 반영한 것이다. 이런 작업은 시아로프(Siaroff, 1994)와 페라라 (Ferrara, 1996)의 연구의 덕을 많이 보고 있다. 물론 자원 영역에 대한 평가는 아직 없었다.

이런 새로운 분류를 보면, 1번 그룹은 노르딕 국가들의 사회민주주의적 복지국가 모델과 등치될 수 있고, 2번 그룹은 북유럽의 보수적인 체제와 같다. 3번 그룹은 자유주의적인 체제이고, 4번 그룹은 일본과 보수적인 남유럽 국가들을 나타낸다. 마지막 그룹은 노동시장 외부에 있는 가정주부가 사전에 문제를 예방하거나 문제가 생겼을 때 책임을 떠안는 모델로도 제시된다.

여기서 핵심은 보호를 맡은 주체인 가족, 시장, 국가가 다양한 사회에서 어떻게 서로 조합을 이루냐는 문제다. 〈표 9-7〉에서 보는 바와 같은 조합이 만들어진다.

물론, 조합은 네 번째 주체인 지역사회가 첨가되면 훨씬 복잡해진다. 그렇게 되면 분석도 상당히 복잡해진다. 비교할 수 있는 적절한 자료가 없기 때문에, 이 영역은 배제된다.

앞서 강조했듯이, 현실의 어떤 상황에서든 가족, 국가, 시장의 요소가 각각 존재할 수 있다. 또 중요한 문제들을 보면, 세 가지 요소들이 각각 어느 정도씩 얽혀서 작용하고 있음을 알 수 있다. 〈표 9-8〉은 이 문제에 대한 유럽 각국의 자료를 정리한 것이다. 표에 제시된 나라들은 자료를 구할 수 있었던 주요 유럽

| 표 9-8 | 유럽의 사회보호 현황

	전체 국내총생산 대비 노인보호 공공지출 비율(%)	65세 노인층 가운데 공식적 보호를 받는 비율(%) (공공+민간)	배우자를 제외하고 다른 동거인이 있는 비율(%)
스웨덴	3.8	19.9	2
덴마크	3.1	27.3	2
핀란드	1.6	20.5(추정)	14
프랑스	0.7	12.6	6
독일	0.7	16.4	5
영국	0.6	10.6	8
오스트리아	0.5	28.9	17
네덜란드	0.4	20.8	3
벨기에	0.4	11.9	14
이탈리아	0.2	6.7	14
스페인	0.3	4.5	18

자료: 두 번째 열은 캐시의 연구(Casey 외, 2003: 표 19), 세 번째 열은 유럽위원회(European Commission, 2004: 180), 핀란드의 수치는 대상 폭이 달라서 중간치를 산출한 것이라 추정치로 기록. 가구에 대한 수치는 1995년 자료에 근거해 2010년 예상치를 뽑은 것.

국가에 한정됐다. 이 국가들은 상대적으로 유사한 인구통계학적인 자료를 가지고 있었다.

〈표 9-8〉은 〈표 9-6〉에 제시된 개요에 따라 나라들을 분류할 수 있는 근거를 제시한다. 물론 일부 자료는 현황을 부분적으로 반영할 뿐이지만, 아래와 같이 두 개의 주요한 그룹을 묶어낼 수 있다.

• 가족 보호가 분명히 압도적인 역할을 하는 나라(이탈리아와 스페인). 흥미롭게도 두 나라 모두 에스핑-안데르센이 '보수주의적' 유형으로 분류했던 국가들이다. 그를 비판했던 일부 연구자들이 남유럽 유형으로 구분했던 나라들이기도 하다.

• 다른 나라들보다 국가 보호가 두드러진 나라들(스웨덴과 덴마크)

두 번째 사례에 속한 나라들에서, 높은 공공지출 비율을 보면 국가가 시장보다 더 많은 역할을 한다는 점을 알 수 있다. 따라서 이들 국가에서는 공적 보호에 쓰이는 비용 가운데 상당 부분을 나라가 부담한다고 기대할 수 있다. 네덜란드의 자료를 보면 다른 추론이 가능한데, 가족보호와 공공지출의 비율은 낮지만, 공식적인 보호 수준은 매우 높다. 네덜란드의 유형은 시장에 기댄 국가들과 유사하다. 만약 유럽 외부의 국가들이 포함됐다면, 미국은 거의 확실하게 이 범주에 속할 것으로 보인다.

네덜란드는 유럽 국가 가운데 이런 범주에 속하는 유일한 국가인데, 에스핑-안데르센의 분류에 따르면 영국도 여기에 속할 것으로 보인다. 그러나 표를 보면 영국은 독일과 프랑스의 유형에 매우 가까운 것으로 나타나 있다. 이들 나라에서는 국가와 시장 요소 모두 강력하게 존재한다.

이제 세 국가가 남는데, 오스트리아와 벨기에는 시장과 가족의 영향이 크다. 핀란드의 경우는 흥미로운데, 국가와 가족의 역할이 매우 크게 나타난다.

여기서는 노인층에 대한 보호를 두고 나라별로 비교해보았다(가족이나 복지 연구자들이 아동보호를 두고 국제 비교한 내용을 보면, 당연히 상당히 다른 결과가 나왔다). 국가별로 복지유형을 분류하는 작업은 유사점이 많지만, 또 흥미로운 방식으로 차이점도 나타난다. 베티오와 플란텐가(Bettio & Plantenga, 2004)가 유럽의 돌봄체제를 비교한 결과는 흥미롭다. 이 연구는 각국의 아동보호 현황 등을 비교하면서 나라들을 다음과 같이 분류했다.

• 모든 보호의 문제를 가족에 맡긴 나라(이탈리아, 그리스, 스페인). 이 유형에 두 곳의 '별종outlier'이 있는데, 포르투갈은 여성의 노동시장 참여비율이 높고, 아일랜드는 이 그룹과 다음 그룹 사이의 중간에 위치한다.
• 비공식적 보호에 많이 의존하는 나라들. 그렇지만 아동보호에서 비공식보

호에 의존하는 경향이 노인보호에서보다 현저한 유형(영국과 네덜란드)

- 공공이 민간의 보호를 촉진하는 나라들(오스트리아와 독일)
- 매우 발달된 공식적인 보호 정책을 가진 나라들(벨기에와 프랑스)
- 온건한 정도에서 높은 수준까지 공식적 보호를 제공하는 나라들(덴마크,
  핀란드, 스웨덴)

분명히 아동보호 변수를 보태니 나라별 유형에도 변동이 생겼다. 또 양쪽의
극단(노르딕 모델과 남부 유럽 모델)이 설정되고 난 뒤 나라들의 위치도 어떤 지수
를 선택하느냐에 따라 영향을 받아 이동하는 것을 알 수 있다. 그러나 나라별로
제도가 변화하기도 한다는 점을 고려해야 한다.

만약 동아시아 국가들이 포함된다면, 이 나라들은 가족이 많은 역할을 맡는
범주에 속할 것이다. 분명히 경제협력개발기구의 자료를 보면, 일본은 그렇게 분
류된다. 동아시아에서는 가족 분야가 어떻게 변화할지가 흥미로운 주제다.

일부 연구자들은 국가별 돌봄체제의 차이점을 유형으로 분류하는 데 회의적
이다. 이들은 보호 서비스가 그렇게 쉽게 유형으로 나뉠 수 없다고 주장한다. 앤
토넨과 동료들(Anttonen 외, 2003)은 핀란드와 독일, 일본, 영국과 미국의 아동
및 노인 보호서비스를 연구한 뒤, 유형을 뽑아내는 것이 가능하지 않다는 결론을
내렸다. 이들은 두 가지 문제점을 들었다. 첫째는 사회적 보호가 좀처럼 표준화
되지 않고, 둘째, 서비스 전달에서 일관성 있는 패턴을 보이지 않는다는 점이다.

한 나라가 보편적인 보호서비스를 제공하면서, 동시에 또 선별적이고 정
확하게 배분되는 다른 서비스를 제공할 수도 있다. 마찬가지로, 매우 다
양한 전달체계가 존재할 수 있다. 어느 나라에서는, 보호서비스를 공공이
직접 전달하는 것이 원칙일 수도 있고, 다른 나라에서는 서비스 전달이 민
간이나 자원 영역에게 넘어갈 수도 있고, 세액공제나 보호대상자에게 현
금을 지원하는 것이 주된 방법일 수도 있다(Anttonen 외, 2003; 168).

그러나 이 주제에 대해 체계적인 접근을 포기하기에는 아직 이르다. 여기서 탐구하고자 하는 것은 경향성이다. 따라서 경향을 체제와 굳이 경직되게 동일하게 여길 필요는 없다.

성인, 특히 노인보호와 관련해, 국가복지제도 혜택이 가장 폭넓은 국가에서도 보호를 받을 수 있는 권리는 여러 가지 자격 요건을 요구한다. 스웨덴과 덴마크, 핀란드에서는 노인은 보호를 받으려면 자산조사를 받아야 하고, 개인이 직접 보호서비스를 살 수도 있다. 시장의 역할이 많은 다른 쪽 극단에서는 예외적인 상황에 처한 빈곤 노인층을 위한 국가의 지원은 구빈법the Poor Law까지 거슬러 올라가는 역사를 가지고 있기도 하다. 문제는 모든 나라들이 여러 측면에서 공유하고 있는 접근 가운데서 나랏돈으로 폭넓게 제공되는 보호서비스와 예외적으로 제공되는 서비스를 나누는 일이다. 영국은 흥미롭게도 그 한가운데 자리 잡고 있다. 영국은 두 가지 종류의 서비스가 매우 비논리적으로 뒤섞여 있는데, 무료의 보건의료서비스와 자산조사를 전제로 하는 시설보호, 복잡한 할당과 비용부담 방침에 따라 제한적으로 시행되는 재가보호서비스 등이 그 예다.

가족에 대한 지원에 있어서, 가족의 부담을 덜기 위해서 제공되는 현금급여는 매우 흥미로운 주제다. 여기서 주목할 만한 부분이 독일과 일본에서 등장한 요양보험care insurance이다. 요양보험은 가족이 노약자를 보호하는 역할이 줄면서 국가와 시장 가운데 하나에 의존해야 하는 것에 대한 대안으로 등장했다. 현금지급은 가족이 보호한다는 것을 전제로 하는 것이기에 한계가 있었다. 영국 또한 여기서 중간쯤에 속하는 제도를 운영하는데, 가족의 수입을 늘리거나 보호 서비스를 살 수 있도록 하는 다양한 현금을 지원한다. 영국과 다른 국가에서는 또 당사자가 직접 보호서비스를 구매할 수 있도록 '현금을 직접 지급하는 제도direct payment'에 대한 관심도 늘고 있다(Leece & Bornat, 2006, 이 책의 4장과 15장에 나온 비교 연구를 참고하라).

서비스의 구입과 제공

보호의 문제를 살펴보면, 서비스의 구입과 제공 문제가 부각된다. 이 문제는 많은 나라의 보건의료 분야에서 분명하게 드러나고, 일부 국가의 교육 문제에서도 나타난다. 앤토넨과 동료들(Anttonen 외, 2003)이 복지 유형을 국가별로 묶는 것에 반대한 두 번째 이유는 보호서비스가 전달되는 방식이 매우 다양하기 때문이다. 이 장의 앞에서는 누가 비용을 지불하느냐에 대해 주로 논의했다. 여기서는 구입과 전달의 관계에 대해 좀 더 주목할 필요가 있다. 서비스를 전달할 주체가 매우 다양하고, 서비스의 구입과 전달이 서로 관계를 맺을 수 있는 방식은 더욱 여러 가지이기 때문이다. 복지혼합에 대해 영국에서 이뤄진 연구의 대부분은 구입과 전달을 어떻게 구분하느냐에 대한 것이었다.

앤토넨과 동료들이 인식했듯이, 비용을 대는 국가, 그리고 서비스 전달을 위한 제도 사이의 관계는 복잡할 수 있다. 여러 연구자들이 선택할 수 있는 경우의 수를 짚으려고 노력했다. 예를 들어, 위스토우와 동료들(Wistow 외, 1994: 37, 표 3.1)은 영국에서 구입자-제공자 관계를 설명하기 위해 복잡한 행렬을 만들어냈다. 여기서는 일차원적으로 공공, 자원, 민간 영역 등을 제시하고 다른 차원에서는 수요를 다음과 같이 제시했다.

- 강제된 집합적 수요
- 자발적인 집합적 수요
- 법인의 수요
- 보상적 성격이 없는 개인의 소비
- 보상적 성격이 있는 개인의 소비
- 개인의 기부

서비스를 제공하는 측면에서는, 개략적으로 세 영역이 국가의 직접 지급을 대체한다고 볼 수 있다. 민간 영역과 자원 영역, 비공식 영역(대부분의 경우에는 확대 가족extended family을 의미한다)이다. 그러나 국가가 재원을 조달할 때 어떤 영역이 서비스를 전달하는 것에 따라 어떤 차이점이 생기는지 알려주는 비교 연구는 많지 않다. 따라서 국가별로 복지 유형을 묶어내는 것에 대한 회의적인 의견도 일리가 있다. 다음과 같은 측면에서 나라별로 차이점이 무엇인지 살펴볼 수도 있다.

- 민간 영역을 사용하고자 하는 경향
- 가족에 보조금을 지급하려는 의사의 적극성
- 자원 영역을 이용하고자 하는 경향

에스핑-안데르센의 논리를 따라가면, 공공 영역이 보호서비스 재원을 조달할 때, 자유주의적인 체제는 민간 영역을 끌어들이는 데 가장 관심이 많고, 사회민주주의적 체제는 가장 관심이 적다. 그러나 민간 영역이 재원을 조달하도록 유도하기 위해 스칸디나비아 국가들도 영국과 미국만큼이나 많은 노력을 하고 있다. 발레(Bahle, 2003)는 이 문제에 대한 연구를 진행했는데, 그는 영국과 프랑스, 독일을 비교 연구하면서 사회서비스 제공 분야가 민영화하는 추세가 매우 중요하게 부각된다고 시사했다. 그리고 이 과정에서 기관들의 영향력이 강하게 작용한다고 설명했다. 이 장의 앞에서 설명했듯이, 자원 영역은 연구를 진행하기가 힘들다. 비교 연구를 위한 자료가 부족할 뿐 아니라 학자들이 자원 영역을 주요한 비교사회정책 이론에 끌어들이는 데 관심이 많지 않기 때문이다.

나라별로 가족에 보조금을 지급하는 방식이 워낙 다양하다보니 이 문제를 비교 연구하기도 어렵다. 학자들은 보조금 액수보다 보조금 전달 방식의 비교에 더 많은 관심을 보였다. 복지에서 여성의 역할을 분석하는 연구는 국가가 직접 노약자를 지원하는 것에 대한 대안을 모색하기 위한 것으로 풀이될 수 있다. 이 논의가 확장되면, 보호를 받는 쪽과 '하는' 쪽 사이에서 어느 쪽에 보조금을 주느냐에 따라 나타나는 차이점이 논점으로 부각된다. 보호를 받는 당사자에게 보조금이 주어지면, 그는 어디서 보호를 구매할지 결정해야 하고, 자신을 돌봐주는 가족 구성원에게 돈을 줄 수도 있다. 보호를 해주는 쪽이 돈을 받게 되면, 과연 그 대상이 실제로 노약자를 보호하는 지에 대한 기준이나 규범이 필요할 것으로 보인다. 웅거손(Ungerson, 1995)이나 댈리(Daly, 2002)는 보호를 맡은 사람이 매우 다양한 방식으로 보조를 받을 수 있다고 지적한다. 현금 지급 외에도, 보조금을 지원 받는 휴가를 낼 수 있는 기회나 사회보장 크레딧social security credits 혜택을 받거나, 세금 혜택을 받는 경우도 있을 수 있다. 이런 식의 분석으로 각국의 돌봄체제에 대한 비교 연구의 여지는 여전히 남아 있다.

결론

이 장에서는 비교 연구에서 복지혼합에 접근하는 방식을 점검했다. 유형을 만든다는 것은 현실을 거칠게 재단하는 것을 의미한다. 따라서 많은 사람들은 유형을 만드는 것을 기피한다. 현실을 이해하는 데 그다지 도움이 되지 않는다는 판단에서다. 그러나 한편에서는 거칠게라도 유형을 만들면 핵심을 이해하고 나라별 비교 연구를 하기에 수월하다는 장점을 든다. 그리고 거친 비교라도 하지 않으면, 결국 더 정교해지거나 이런 한계를 극복하는 것은 가망이 없는 일이다. 에스핑-안데르센(Esping-Andersen, 1999: 88)이 말했듯이, 우리는 "단순화를 원했지만 이루지 못하고, 결국 개별적인 비교만이 가능한 수준으로 되돌아"가는 상황으로 끝날 수도 있는 것이다.

복지혼합은 비교 연구가 특히 어렵다. 복지혼합의 핵심은 제도가 매우 복잡하게 얽혀 있다는 것이기 때문이다.

이 장에서 다루는 내용을 보면, 그런 '혼합'이 때때로 매우 다양하다는 것을 알 수 있다. 이런 차이점을 조금이라도 이해하게 되면 개별 사회가 변화하는 과정을 더 잘 파악할 수 있다. 또 정책이 어떤 방식으로 개입하게 될지(다른 사회의 정책을 어떻게 차용하는지) 더 잘 이해할 수 있게 된다. 그러나 복지의 주요한 차원에 대해 정확히 비교 연구하기는 매우 힘들다. 특히 자원 영역이나 규제 부문에서 각 사회의 차이점을 드러내는 것은 쉽지 않다. 이런 주제를 다룰 때는 여러 모로 일부 국가에 한정해서 복지혼합의 다양한 차이를 비교 연구하는 것이 더 적절할 수 있다.

요약

- 주요한 비교 연구 이론은 복지혼합의 일부 측면을 다룬다. 이런 접근은 국가 시장 관계를 단순하게 보는 과거의 가정에 근거한다.
- 나라마다 가족이 다른 역할을 맡는다는 문제는 비교 연구에서 다뤄지기 시작했다. 그러나 지역사회나 자원영역은 아직 주목을 적게 받고 있다.
- 사회보장과 보건의료, 사회보호 문제에서 나라마다 다른 정책을 펴는데, 이를 검토하면서 비교 연구의 영역이 확장됐다. 또 사회복지서비스의 재원과 전달 사이의 새로운 관계가 만들어지는 부분에도 주목하게 됐다.
- 사회보호 문제를 연구하면서 복지혼합의 복합성을 폭넓게 볼 수 있게 됐다. 그러나 각국의 차이점을 단순화해서 비교할지, 아니면 사례연구를 통해서 폭넓게 복잡한 현상을 그려낼지를 선택해야 하는 문제에 직면하게 된다.

☑ 토론할 문제

- 국가-시장의 이분법을 넘어서 국가들을 비교하는 체계적인 접근법을 어느 정도까지 개발할 수 있을까?
- 선택은 곧 시장화를 의미한다는 견해가 타당한지를 비교 연구는 입증하고 있는가?

☑ 더 읽을 거리

앞서 밝혔듯이, 복지 영역은 국가별 비교 연구에서 다뤄진 적이 거의 없다. 에스핑-안데르센(Esping-Andersen, 1999)은 『탈산업경제의 사회적 토대*Social Foundations of Post-industrial Economies*』(우리나라에서는 『복지체제의 위기와 대응』(박시종 옮김, 성균관대학교 출판부, 2007)이라는 제목으로 출간됐다.)에서 자신의 체제이론을 수정하면서 이 문제를 언급했다. 최고의 분석을 수행한 앤토넨과 동료들(Anttonen et al., 2003)은 『젊은이, 노인과 국가: 다섯 개 산업국가의 사회보호체계*The Young, the Old and the State: Social Care Systems in Five Industrial Nations*』에서 일반화로 생길 오류의 가능성을 설명했다. 댈리(Daly, 2002)가 〈사회정책저널*Journal of Social Policy*〉에 쓴 「사회정책을 위한 상품으로서의 보호*Care as a good for social policy*」는 이 주제에 대한 새로운 접근을 시도했다.

복지혼합의 지구적, 초국가적 측면

| 니콜라 예이츠 *Nicola Yeates* |

개요

이제는 많은 사람들이 사회정책이 형성 · 집행되는 데 있어 지구적인 맥락에 주의를 기울여야 한다고 인식하고 있다. 이 장에서는 복지혼합과 복지의 사회적 분화를 이런 맥락 속에서 짚는다. 또 복지서비스의 전달과 재정, 규제의 측면에서 국제기구들International organisations이 사회정책의 형성에 어떻게 개입하는지 살펴본다. 그리고 국제기구들의 정책이 개발도상국이나 선진국에서 복지혼합을 형성할 수 있는 다양한 방식에도 초점을 맞춘다. 마지막으로 연금제도에 대한 사례연구를 통해 복지혼합의 발전에 있어 초국가기구와 국가기구의 관계를 짚어본다.

주요 용어

정부 간 국제기구International governmental organisations, 국제비정부기구international non-governmental organisations, 국제사회정책global social policy, 초국가주의supranationalism

서론

복지국가가 발전하는 과정에서 지구적인 맥락을 짚는 것은 사회정책 연구에서 이제 필수적이다. 한편으로 이 말은 전 세계 여러 국가에서 복지서비스의 전달, 재원, 규제가 형성되는 다양한 방식에 대해서 연구자들이 매우 섬세하게 다루기 시작했다는 뜻으로 풀이할 수 있다. 이는 사회정책의 국가 간 비교 연구의 영역이며, 앞서 9장에서 다룬 주제이기도 하다. 다른 한편으로는 사회정책의 지구적 맥락을 짚게 되면 다음과 같은 부분도 연구 대상으로 떠오른다. 첫째는 자본과 상품, 서비스, 인력과 아이디어의 이동이고, 둘째, 정부 간 국제기구와 국제비정부기구의 사회·경제정책과 그 정책을 관철하기 위한 관행들이다. 셋째는 국제기구·국제비정부기구의 정책이 개별 국가들의 역사와 전통, 경향과 상호작용하는 방식이다. 국제 사회정책 연구는 본질적으로 이렇게 복잡하게 얽힌 과정과 양상을 다룬다.

　이 장에서 우리는 복지혼합과 복지의 사회적 분화의 지구적, 초국가적 측면을 살펴본다. 이를 위해 국제기구가 개별 국가의 사회정책에 미치는 영향에 집중하는 방식을 취하겠다. 특히 우리는 정부 간 국제기구, 이를 테면 국제연합UN, 세계은행World Bank, 국제통화기금IMF, 경제협력개발기구OECD와 유럽연합EU에 초점을 맞춘다. 물론, 적절한 수준에서 국제비정부기구에도 주의를 기울이겠다. 이 장은 아래 세 가지 문제를 중심으로 논의를 전개한다. 첫째, 복지의 전달, 재정, 규제를 대상으로 다양한 섹터 사이의 균형을 모색하는 과정에서 이런 국제기구들이 어떤 역할을 했는가? 둘째, 개별국가들이 사회정책을 형성하는 과정에서 국제기구들의 영향은 얼마나 큰가? 셋째, 국제기구들은 어떤 과정과 경로를 통해 개별 국가의 사회정책에 영향을 미치는가? 이런 논의를 하다보면 개별 국가의 이해를 초월해서 국제적인 협조가 필요하다는 국제주의적인 경향이 나타나는 점을 고려하겠다. 또 이 장에서 영국은 다양한 경제 발전 수준과 지정학적 여건, 복지혼합을 나타내는 여러 국가 가운데 하나의 예로서 제시된다.

이 장은 다음과 같이 구성된다. 우선 일반적으로 사회정책이 형성되는 과정에서 국제기구가 개입하는 규모와 폭을 살펴보면서, 국제기구가 복지서비스의 전달, 재정, 규제 문제를 다루는 방식에 대해 몇 가지 예를 제시한다. 두 번째로 국제기구가 사회정책에 개입하고 영향을 미치는 것과 연관된 개념적, 이론적, 방법론적 문제를 점검한다. 그 다음에 서로 다른 국제기구가 사회정책이 형성되는 과정에서 맡는 역할을 보고, 국제기구가 복지혼합과 복지의 사회적 분화에 미치는 영향을 점검한다. 또 연금정책에 관한 최근 주요국의 동향도 살펴본다. 그리고 마지막으로 논의를 정리하고, 국제기구가 사회정책 변화에 미치는 영향을 더 폭넓게 보기 위해 복지혼합과 복지의 사회적 분화의 초국가적 성격을 살펴본다.

국제기구가 사회정책에 개입하는 규모와 폭

사회정책에서 국제적인 협조와 행동은 20세기 이전에도 있었다(Yeates, 2007). 그러나 국제적 협조가 현격히 증가한 것은 20세기 이후의 일이다. 수천 개의 국제기구들이 이제는 수많은 국제 협정, 조약, 규제, 협약 등에 연관돼 활동하고 있다. 국제기구는 다양한 유형과 규모로 존재한다(<표 10-1> 참고). 일단 국제기구는 정부 간 국제기구International Governmental Organisations와 국제비정부기구International Non-Governmental Organisations로 나뉘어진다. 정부 간 국제기구는 개별 국가들이 협력을 하기 위해 만든 일종의 국제 포럼이고, 국제비정부기구는 민간기구들, 예를 들어 자원기관과 자선기관, 노조, 산업단체, 상업적 그룹들이 서로 협업하기 위한 포럼이라고 볼 수 있다. 또 국제기구들은 세계은행이나 세게사회포럼처럼 전 지구적인 규모로 활동하는 기구들과 유럽연합이나 유럽사회포럼처럼 지역적인 기구들로 나뉜다. 지역기구들은 종종 지역을 넘어서는 연합체를 낳기도 하는데, 예를 들어 유럽연합-카리브 공동체나 유럽연합-메르코수르가 그런 예다. 물론 다른 국제기구들과 긴밀하게 협조를 하기도 한다. 사실 많은 정부 간 혹은

| 표 10-1 | 지구적, 지역적 정부 간 국제기구와 국제비정부기구

	정부 간 국제기구	국제비정부기구
국제기구	세계은행World Bank 국제통화기금IMF 국제연합UN 국제연합 산하 기구들, 국제노동기구ILO, 세계보건기구WHO, 유니세프Unicef 세계무역기구WTO 경제협력개발기구OECD 그밖에 G8, G77, G24 등	세계경제포럼World Economic Forum 세계사회포럼World Social Forum 세계자유노조연맹International Confederation of Free Trade Unions 국제가족계획연맹International Planned Parent- hood Federation 옥스팜Oxfam 궁핍과의 전쟁War on Want 국제상공회의소International Chamber of Com- merce 국제제약업연합International Pharmaceutical In- dustries Association
지역기구	유럽연합European Union 북미자유무역협정NAFTA 동남아시아국가연합ASEAN 메르코수르Mercosur 카리브 공동체Caricom 남아프리카개발공동체Southern African De- velopment Community	유럽서비스포럼European Service Forum 유럽노동조합연맹European Trade Union Con- federation 유럽사회포럼European Social Forum 아시아사회포럼Asian Social Forum 포커스 온 글로벌 사우스Focus on Global South[1]

비정부기구들이 국제적, 혹은 지역기구들의 회원으로 동시에 참가하기도 한다.

국제기구들은 소유하고 있는 자원에 따라서도 다양하다. 일부 정부 간 국제기구는 정부들 사이의 연합이나 모임 정도 수준을 넘지 못하는 경우도 있다. 경제협력개발기구, G8, G24가 그런 예다. G8과 같은 일부 기구는 독립적인 법적 구속력도 없고, 상설 사무국도 없다. 다른 기구는 국제법이 규정한 강제력을 가지고 있기도 한다. 예를 들면 세계무역기구, 유럽연합, 국제연합이 그런 예다. 여기에 상당한 상근 직원을 거느린 국제노동기구나 세계은행 같은 곳도 있다. 일부 국제비정부기구는 다른 정부 간 국제기구보다 더 많은 직원을 꾸리기도 하고, 예

---

1 동남아를 중심으로 활동하는 반지구화 시민단체

산도 더 많이 집행하기도 한다. 예를 들면, 옥스팜의 직원은 2,800명인데, 세계무역기구의 직원은 630명이다.

개별 국가의 정부에 견주면 정부 간 국제기구가 사회정책에 개입할 수 있는 여지는 매우 제한되어 있다. 그러나 사회정책 영역에서 다양하고 일상적인 협력이 이루어지고 있다. 예를 들면 고용과 이주, 사회보장, 연금, 교육, 보건의료, 사회서비스, 식량안전, 인구조절, 인도적 구호 등이 있다. 지역기구를 포함한 모든 기구들 가운데 유럽연합은 노동과 사회법, 기금과 다양한 사회 프로그램에서 가장 폭넓게 개입한다. 전 지구적인 수준에서도 국제연합이나 국제연합의 산하 기구에서 기준을 만드는 식으로 규제를 설정하려는 주요한 시도도 있었다. 국제노동기구가 세계사회트러스트Global Social Trust나 세계보건기구가 세계보건의료동반자global health partnership를 통해 복지서비스에 관련한 국제적인 재원을 마련하는 등의 실험을 하는 것이 그러한 예가 될 수 있다. 또 세계은행이 개별 국가들에 차관을 제공하는 것도 구체적인 예가 된다. 차관을 통해 한 국가는 구호나 원조, 사

| 표 10-2 | 국가 간 국제기구가 복지서비스 전달, 재정, 규제에 개입하는 예

	전 지구적	지역적(유럽연합의 예)
전달	인도적 구호, 인구 프로그램, 사회개발 프로젝트, 국제기구가 전달하는 보건 혹은 사회 관련 기금	인적 자원, 사회적 기금, 지역개발기금
재정	정부나 개인의 분담금, 기부로 수입이 생김. 인도적 구호를 위해 마련된 공적 개발원조, 특별기금들, 부채 경감과 의약품의 차별 가격제	관세나 정부의 기부로부터 생긴 수입은 농업기금과 구조조정기금structural fund으로 분배됨
규제	국제노동기구나 경제협력개발기구 협약을 통해 마련된 국제 노동 및 사회 기준. 국제연합의 인권 규제. 국제통상법이나 경제 포럼 등을 통해 마련된 사회, 보건, 교육 관련 규제	규제나 명령, 협정에 근거한 노동 혹은 사회 기준

자료: Deacon(2003)의 논문을 활용

회복지, 인구정책을 위한 재원을 마련하고, 여러 시민단체와 함께 서비스를 전달할 수 있다. 또 세계무역기구도 서비스 무역에 관한 일반협정GATS에 보건의료, 사회보호, 교육과 사회보장에 관한 내용을 포함하면서 지난 10년 동안 국제적인 사회정책 규제 분야에서 주요한 변수로 등장했다. 국가 간 국제기구가 보건과 복지서비스의 규제, 재정, 전달 분야에 적극적으로 개입하기 시작했다(<표 10-2>).

사회정책에 대한 국제기구의 영향력을 이해하기

사회정책과 복지혼합에 대한 국제기구의 영향력을 연구하다 보면 여러 가지 개념적, 이론적, 방법론적인 이슈들이 제기된다. 개념적인 수준에서는 국제기구가 사회정책에 영향을 미치는 여러 가지 과정을 나누어서 보는 것이 이해에 도움이 된다. 레이브프라이드와 피어슨(Leibfried & Pierson, 1996)의 연구를 확장해서 우리는 국제기구가 개입하는 과정을 4가지 유형으로 분류할 수 있다.

① **지역적 혹은 지구적 수준에서 통일된 사회적 기준을 설정**
지역적 수준의 사회적 규제로는 유럽연합의 사회헌장/협약Social Charter/Protocol과 그밖에 평등, 보건, 안전 관련 규제를 들 수 있다. 또 카리브 공동체의 보건의료 관련 규제도 여기에 해당된다. 지구적 단위의 규제로는 국제노동기구의 노동협약Labor Convention, 세계보건기구의 보건협약Health Conventions, 경제협력개발기구의 다국적기업을 위한 가이드라인Guidelines for Multinational Enterprises, 국제연합의 글로벌 컴팩트Global Compact 등이 있다.

② **시장통합을 촉진하기 위한 규제개혁**
유럽연합과 메르코수르가 역내 거주민의 이주의 자유를 고취하기 위해 채택한 노동 이동과 사회보장제도들이 사례에 해당한다. 또 세계무역기구가

상품과 서비스의 국제 교역을 촉진하기 위해 내놓은 제도들도 있다.

③ **개별 복지국가의 구조조정을 유도하고, 국가 간 경제통합을 촉진하기 위한 간접적인 압력**

예를 들면, 유령처럼 떠도는 '소셜덤핑social dumping'[2]이나 '바닥을 향한 경주 race to the bottom'[3] 같은 수사적 표현이 있다. 통상과 투자 자유화 조치나 단일 통화 시장의 형성으로 지역/세계 단위로 시장이 통합되면서 이런 시나리오는 힘을 받고 있다. 또 보건의료, 교육, 금융서비스를 국제시장으로 통합하려는 노력으로 개별 국가복지제도가 받게 되는 더 직접적인 영향도 들 수 있다. 국제기구들은 시장 통합을 옹호하고 강력하게 추진하는 방식으로 개별 국가들의 사회정책 개혁에 간접적으로 영향을 미친다.

④ **국제기구들은 지식을 형성하고, 아이디어를 만들어내고 정책을 개발한다**

정부 간 국제기구들이 하는 일은 국가 간 교육과 분석, 토론을 위한 공간을 마련하는 일이다. 이렇게 한다고 해서 바로 공식적인 협정이나 공통된 정책이 만들어지는 것은 아니지만, 국가들이 분석의 결과나 신념, 관심사 등을 공유하도록 하는 일은 매우 중요하다. 이를 통해 앞으로 국제 협력의 기반이 형성되고, 개별 국가는 정책 변화에 대한 정보를 받게 된다.

만약 위의 네 가지 가운데 첫 번째, 국제기구의 적극적인 통합 수단에만 주의를 기울인다면, 국제기구가 개별 국가의 사회정책에 미치는 영향 가운데 일부분만을 볼 수 있다. 물론 첫 번째 수단이 가장 분명하게 드러나는 영향이고, 실제

---

2 자국의 노동자들에게 국제수준보다 현저하게 낮은 수준의 임금을 지급하면서 낮은 원가로 생산된 제품을 교역대상국에서 매우 싼 가격에 내다파는 행위
3 세계 각국이 외국 자본을 유치하기 위해 경쟁하는 과정에서 사회보장 축소, 규제 완화 등으로 치닫는 현상을 가리킨다.

로 초기 초국가 사회정책에 대한 연구는 이 주제에 한정되기도 했다. 그러나 국제기구의 영향은 나머지 세 가지 과정에도 주의를 기울여야 제대로 이해할 수 있다. 물론 지구적, 지역적, 국가적, 혹은 국가보다 작은 단위의 지역적 영역 사이에서 경계선을 항상 분명하게 긋기가 쉽지 않다는 문제가 있다. 정부와 사회운동단체, 노조, 산업단체 등은 일상적으로 지구적, 지역적 공간을 통해서 함께 일하고 있고, 국제기구들은 국가 단위의 정책 결정 과정에 대해 개입하는 폭은 다양하지만 일정한 권한과 접근권을 가지고 있는 것은 사실이다. 따라서 흔히 국내적인 정책이라고 하는 것도 뜯어보면 단순히 국제적인 규율을 국가 안에서 집행하는 수준에 불과할 때도 있다. 예를 들어, 영국의 평등, 인권, 보건의료와 안전관련 규제는 대부분 국제연합과 유럽연합의 법을 따르는 것이다. 물론 그 과정에서 국가별로 이해관계가 갈리거나 민감한 문제는 예외를 설정하거나 나라별로 다른 실행 일정을 짜는 식으로 절충이 이뤄지기도 한다. 유럽연합이나 세계무역기구의 협정이 이런 관행을 따른다. 비정부기구들 사이에서도 이점은 마찬가지다. 국가단위의 자원기관 혹은 자선단체들은 한 국가의 정부뿐 아니라 국제기구들의 지원을 받거나 협업을 할 수 있다. 세계은행의 개발지원이나 유럽위원회의 유럽사회기금은 국가단위의 비정부기구를 통해 전달된다. 많은 국제기구들에게 비정부기구는 정책 개발이나 집행을 위해 필수적이다(Yeates, 2001).

비록 '국가 단위의' 복지국가가 사회정책의 주요한 제도적 공간인 것은 사실이지만, 한 국가의 복지는 매우 복잡하고 다층적인, '다중심적인polycentric' 정치를 거쳐 형성되고 작동한다. 이런 경향 때문에 사회정책의 형성 과정은 매우 복잡하지만, 동시에 정책발전을 위한 추가적인 방안과 기회가 제공되기도 한다. 따라서 한 국가의 사회정책과 복지국가 형태가 한 국가의 틀 안에서 개별 국가의 목적을 이루기 위한 노력의 결과만으로 볼 수는 없다. 마찬가지로 국제기구가 개별 국가에게 일방적으로 영향을 미친다고 볼 수도 없다. 국가적 요인과 초국가적인 요인은 서로에게 영향을 미친다. 두 요인은 한 국가의 복합적인 통치 유형을 결정하는 요소다. 따라서 초국가적인 기구가 개별 국가의 사회정책에 미치는 영향을 점검하는 것이 유의미한 것처럼, 반대로 개별 국가가 초국가적인 정책 형성에 미치는 영향을 살펴보는 것도 의미가 있다.

이렇게 상호작용하는 영향을 연구하다 보면 정책의 인과관계에 대한 이론적이고 방법론적인 문제를 점검해야 할 필요도 있다. 복지국가는 모든 구성요소들이 서로 영향을 미치는 매우 복잡한 제도라는 것을 인정한다고 하더라도, 우리는 여전히 어떻게 특정한 정책이 복지 전달, 규제, 재정에 있어 국가의 역할을 바꾸는 등의 변화를 낳는지 질문을 던질 필요가 있다. 또 우리는 정책이 의도한 변화가 생기지 않았다면 왜 그런지도 점검해야 한다. 따라서 정책과 정책 결과 사이에 생기는 인과관계에 대해 이론적인 설명을 할 필요가 있다. 예를 들어 정책의 영향은 직접적 혹은 간접적일 수 있고, 일정한 조건을 전제로 하거나 거짓된 것으로 드러날 수 있다. 과정은 상호적이고 피드백을 주고받는 방식을 거친다. 또 필요한 정보를 얻기 위해서는 적절한 연구 방법론이 필요하다(Hage & Foley Meeker, 1988). 요약하자면, 한 국제기구의 활동이 특정 국가의 사회정책 변화에 영향을 미쳤다고 확언하기 위해서는, 우리는 먼저 주의 깊게 다른 과정과 효과를 분별하여 인과관계를 명확히 밝혀야 한다.

따라서 다음과 같은 사실은 인정할 수 있다. 국제기구는 국가의 사회정책 변화의 방향에 영향을 미치려고, 한 국가의 사회정책을 보면 국제기구가 의도하려는 방향을 읽을 수도 있다. 그러나 국제기구의 의도가 반드시 기계적으로 국가의 특정 정책에 직접적인 영향을 미칠 필요는 없다(Pierson, 1998; Hay & Watson, 1999). 한 국가는 국제기구들이 제시한 방향과 독립적으로 사회정책을 개발할 수도 있고, 혹은 여러 국제기구들의 제안을 받아들일 수도 있다. 특히 국제기구가 정책 아이디어를 내놓아도 그 정책이 채택되기까지 상당한 시간이 걸릴 수도 있기 때문이다. 그래서 국제기구의 영향을 추적하는 것은 매우 복잡한 작업이다. 국제기구의 영향은 이에 반하는 국내적인 변수 때문에 부분적으로 혹은 전반적으로 모호하게 되거나 내용이 뒤바뀔 수도 있다. 결국 우리는 국제기구가 한 나라의 사회정책에 미치는 영향만큼이나 영향을 미치는 데 실패한 부분도 살펴봐야 한다. 이는 국제기구가 실제로 미치는 영향을 분별해낼 수 있기 위해서다. 아민지언과 베엘러(Armingeon & Beyeler, 2004)는 국제기구가 정책 아이디어를 제공하는 기능이 개별 국가들에게 미치는 영향을 연구했다. 이들은 경제협력개발기구 같은 국제기구가 한 국가의 사회정책에 영향을 미치는 조건을 사례연구를 통해 조명했다.

 경제협력개발기구OECD와 국가의 정책 변화

OECD의 국가조사Country Survey는 회원국들에게 정책을 제안하기 위한 주요한 수단이다. 아민지언과 베엘러는 이 수단의 효과에 대해 점검했다. 이들은 OECD가 지난 1970~2000년 사이 14개 유럽 회원국*에게 내놓은 제안과 개별국가들에서 생긴 정책 변화 사이에 공통점이 얼마나 되는지를 연구했다. 이 연구는 OECD가 자화자찬하는 정책제언의 효과를 점검하기 위한 것이다. 또 OECD가 회원국의 복지서비스 전달 부문에서 시장의 역할을 확대하고 있다는 일부 전문가들의 비판이 맞는지도 함께 점검하기 위해 수행됐다.

연구 결과, OECD의 정책 조언은 상당히 일관성이 있었지만, 회원국에 미친 효과는 낮은 수준이었다. 물론 OECD의 제언과 회원국의 정책 변화 사이에는 일정한 공통점이 발견됐다. 8개국은 OECD 국가조사에서 나타난 제언의 절반 이상을 받아들였고, 6개국은 절반 이하를 수용했다. 그러나 기구의 제언과 회원국의 정책 변화를 연결하는 직접적인 근거는 분명하게 드러나지 않았다. 첫째, 저자들은 조언과 정책 변화 사이의 공통점이 OECD를 제외한 다른 초국가적인 기구, 특히 유럽연합의 영향일 수 있다고 주장했다. 둘째, 일부 경우에는 회원국의 정책이 OECD의 제언이 있기 전부터 이미 변화가 나타나고 있었다. 셋째, 일부 정책 변화는 OECD의 새로운 통찰 때문이라기보다, 회원국 내부에서 새로운 정책이 선택되도록 하는 새로운 조건이 만들어진 결과이기 때문이다.

연구자들은 기구의 제언이 채택되는 조건들도 조명했다. 회원국은 아래와 같은 변

* 덴마크, 핀란드, 노르웨이, 스웨덴, 벨기에, 프랑스, 네덜란드, 독일, 스위스, 그리스, 이탈리아, 스페인, 영국, 아일랜드

수에 어긋나게 되면 OECD의 제언을 수용하지 않았다. 정당 등 주요 집단들이 가진 권력; 정부와 사회 집단 사이에서 제도화하고 안정화한 협약이나 절차; 사회적 가치나 태도; 대다수 국민들이 마땅히 그러해야 한다고 생각하는, 국가의 역할. 따라서 OECD의 제언은 해당 국가의 정치권력이 선호하는 내용과 합치할 때만 채택된다고 연구자들은 설명했다. 또 정책 제언과 실제 정책 변화 사이에는 상당한 시간 차이가 있고, 정책이 바뀌는 내용을 보면 OECD가 내놓았던 내용에 못 미치는 경우도 종종 있었다.

연구의 결론은 "OECD의 제안의 영향은 크지 않았다(238)"는 것이었다. OECD가 회원국에게 법적, 재정적 규제를 가할 수 있는 권한이 없는 것이 원인이었다. 또 OECD의 보고서가 언론이나 정치권에서 활용하기 쉽지 않은 방식으로 제공되는 것도 기구의 영향을 줄인 이유 가운데 하나였다. 그렇다고 OECD의 지구적인 정책 개발자로서의 역할이 미미하다는 뜻은 아니다. 기구의 영향력이 생각보다는 두드러지지 않는다는 말이다. 긍정적으로 보자면, OECD는 여러 정부에서 국가 간 통계 비교를 할 수 있는 권위 있는 자료를 제공하고 있고, 정책 대안의 틀을 마련해주는 아이디어와 분석, 현황 자료를 제시하고 있다. "지식 관련 기구로서 OECD는 적절한 경제·사회정책에 대한 신념을 조율하고, 안정적으로 유지한다(239)."

정부 간 국제기구가 개별 국가의 정책을 이끄는 것처럼 보일 때도, 정책이 집행되는 과정에서 정책 내용은 조절·희석되거나 저항의 대상이 되기도 한다. 정책이 집행되는 부분은 특히 국제기구에게 취약한 부분인데, 국제기구가 이 부분에 대한 통제권이 없고 해당 지역에 직원이 상주하지도 않기 때문이다. 따라서 국제기구는 대체로 지역의 시민단체 등의 주체들이 해당 정부나 기관과 협업해서 집행에 참여하는 것을 기대하게 된다. 이런 구조적 한계 때문에 특정 정책이 해석 혹은 적용되는 과정에서 내용이 바뀔 여지가 항상 남아있게 된다(Yeates, 2001).

더욱이 대부분의 정부 간 국제기구들은 각 개별 국가를 강제할 수 있는 간접적이고 비공식적인 수단만을 가지고 있다. 물론 일부 국제기구들은 법적인, 재정적인 수단을 통해 일정한 영향력을 발휘할 수 있다(<표 10-3> 참고). 그러나 국

| 표 10-3 | 일부 정부 간 국제기구의 감시 및 강제 장치

	권한 유형	수단	제도적 장치
EU	규제적 재정적 도덕적	법적인 권한 벌금 집단적 압력	관료적(유럽위원회) 법적(유럽재판소)
OECD	도덕적	집단적 압력(회원국의 상호 평가와 도덕적인 비난)	경제개발점검위원회의 국가조사
ILO	도덕적	집단적 압력(회원국의 상호 평가와 도덕적인 비난)	집행점검
WTO	규제적 도덕적	법적인 권한 통상 관련 국제법을 어긴 당사국이 직접 문제를 해결하거나 혹은 불만을 제기한 국가에 대해 양허 조건을 수정해줌	법적인 분쟁해결절차
World Bank	재정적 도덕적	세계은행의 처방에 따른 조건에 따라 개발기금을 제공	빈곤 감축 전략보고서 부채경감프로그램
IMF	재정적 도덕적	국제통화기금이 제시한 조건에 따른 구제금융	

제기구가 이런 권한을 실제로 행사하는 경우는 드물고, 정책을 통해 개별 국가와 서로 소통하는 방법이 영향력을 행사하는 가장 유효한 방법이다. 물론, 세계은행은 개별 국가에서 정책을 관철하는 데 성공적이었다. 그 이유는 세계은행이 재정 지원을 하는 방식으로 영향력을 발휘할 수 있기 때문이고, 또 비슷한 목적을 가진 국제기구나 국내기관과 긴밀한 관계를 유지했기 때문이다. 물론, 세계은행은 의도한 정책변화가 개별 국가에서 법안으로 반영된 다음에도 이에 따라 파생되는 법적, 규제적인 문제들에 대해 기술적인 자문을 제공하는 식으로 정책변화에 계속 개입한다(Orenstein, 2005). 요컨대, 한 국제기구가 법적, 재정적 권한을 가진 것만으로는 충분하지 않고, 정치적인 영향력을 발휘하기 위해서는 정치적, 정책적인 결정과정 전반에 걸쳐 다른 이해관계자와 함께 관계를 유지해야

한다.

국제노동기구의 예에서도 이점은 확인된다. 국제노동기구 협약은 법적인 위상을 가지고 있지만, 집행을 위한 권한을 가지고 있지 않기 때문에 도덕적인 청원의 방식을 택한다. 예를 들면, 국제노동기구가 가진 영향력은 국제노동기구 협약을 개별 국가들이 얼마나 비준했느냐를 보고 가늠할 수 있다. 국제노동기구의 회원 국가들이 협약을 비준한 경우가 모두 6,000건에 이르기 때문에 기구의 영향력은 상당하다고 볼 수 있다. 그러나 178개 회원국 가운데 111개 국가(62%)만이 기본 인권에 관한 8개 국제노동기구 협약을 모두 비준했을 뿐이다.** 141개 회원국만이 아동노동의 철폐에 관한 협약 138을 비준했고, 168개국이 강제의무노동의 철폐에 관한 협약 29를 비준했다. 나라별로 비준한 협약 수는 제각각이다. 회원국별로 보면, 미국과 미얀마는 8개 협약 가운데 2개만을 비준했고, 아프가니스탄과 소말리아가 3개를, 오만과 싱가포르가 4개를 비준했다. 물론, 한 나라가 협약을 비준했다고 해서 그 내용을 실제로 집행했는지는 알 수 없다. 한 정부가 협약을 비준하고도 그 내용을 이행하지 않을 수도 있다. 마찬가지로 협약을 비준하지 않고도 국제기준을 따를 수도 있다.

딕슨(Dixon, 1999)은 이와 같은 비준-이행의 문제, 또 넓게는 공식-비공식적 규제의 문제를 연구했다. 그는 개별 국가의 사회보장제도가 국제노동기구의 기준에 부합하는 정도에 따라 172개 나라를 순위별로 제시했다.*** 상위권에 위치한 국가들은 국제노동기구의 영향을 많이 받고, 하위권의 국가들은 반대로 볼 수 있다.**** 중동부 유럽 국가들과 러시아와 같이 상위권에 속한 나라들의 일부

** 8개 협약은 결사의 자유와 단체교섭권, 강제의무노동의 철폐, 고용과 작업 과정에서의 차별 철폐, 아동노동의 철폐 등의 내용을 담고 있다.

*** 이 연구는 기본적인 혹은 보조적인 사회보장정책들을 제도 설계와 내용에 따라 860개 항목으로 분류했다. 이 항목들은 국제노동기구가 사회보장협약에서 초점을 맞추는 항목들이다. 이 항목들은 법인 재원, 행정, 보장의 범위, 수급자격, 전달과 같은 내용을 담는다. 예를 들어, 급여가 정기적으로 지급되는지, 생활수준에 적정하게 급여 수준이 정해지는지 등을 점검한다. 점수는 각각 항목에 따라 주어지고, 점수에 따라 국가들은 순위별로 배치된다(Dixon, 1999: 방법론에 관한 내용은 199~205, 국가별 순위에 관한 내용은 207~264 참고).

는 경제 혹은 정치적인 위기를 겪으면서 비준 내용을 실행할만한 여력이 없기도 했다. 또 국제노동기구의 사회보장정책이 지구적으로 지닌 영향력에도 불구하고 전 세계 인구의 절반 이상은 법적인 사회보장의 보호를 받지 못하고 있다는 점도 주목할 필요가 있다.

정부 간 국제기구의 사회정책 규정과 영향

국제기구는 복지자본주의의 미래를 둘러싼 정치적인 투쟁이 벌어지는 주요한 전장이다. 디컨과 그의 동료들(Deacon & Hulse, 1996; Deacon, Hulse & Stubbs, 1997, 2003; Deacon, 2000, 2005a, 2005b, 2007)의 연구를 보면, 이런 정치적인 논쟁과 그 논쟁의 과정에서 주요 정부 간 국제기구의 입장을 살펴볼 수 있다. 〈표 10-4〉에서 알 수 있듯이, 이런 국제기구들이 지지하는 복지의 미래상은 자유주의의 테두리 안에 갇혀 있다. 자유주의는 개인의 선택과 책임을 강조하고, 복지재정과 전달에 있어 공공 영역의 역할을 제한하고 동시에 민간 혹은 상업 영역의 역할을 강조한다. 또 사회, 노동, 의료 분야에서 규제는 최소화해야 하고, 비공식적인 것을 선호한다. 사회민주적인, 재분배적인 의제를 내놓는 정부 간 국제기구는 없다는 점은 주목할 만하다. 이런 이데올로기적인 투쟁은 한 기구 내부에서도 생기고 기구 사이에서도 생긴다. 예를 들어, 경제협력개발기구 안의 일부 분과에서는 '복지는 짐'이라는 식의 담론을 제기하고, 다른 분과에서는 '복지는 투자'라는 담론을 내놓는다. 세계은행은 '사회통합으로서의 복지'와 '투자로서의 복지'를 모두 제시하면서도, 동시에 공공 영역의 축소와 민영화 정책을 추구하고 있다. 국제통화기금의 일부 분과에서는 초등교육과 보건의료의 보편 서비스 제공이 필요하다고 지적하지만, 다른 분과에서는 공공 복지서비스의 민영화나 선별

**** 이에 따르면, 영국은 브라질과 함께 37위였고, 미국은 에콰도르와 함께 62위였다.

| 표 10-4 | 국제 사회정책 담론

	다른 관점	이념적 배경	지지하는 국제기구
현재 사회복지를 어떻게 보나?	짐이다	자유주의(영국과 미국)	IMF, OECD, WTO
	사회통합을 위해 필요하다	보수주의, 조합주의 (프랑스와 독일)	EU, ILO, 세계은행
	투자다	동남아시아 국가[4]	OECD, 세계은행
	재분배를 위해 필요하다	사회민주주의 (북유럽 국가들)	-
새로 등장하는 사회복지는?	안전망	사회 자유주의	세계은행, EU, WTO
	워크페어	사회 자유주의	IMF
	시민권	미래지향적	ILO, 유럽평의회CoE
	재분배	-	-

자료: Deacon & Hulse(1996: 52)

주의를 지지한다(Deacon, 2000).

　세계무역기구에 대해서는 별도의 언급이 필요하다. 많은 사람들이 세계무역기구를 신자유주의적 세계화가 제도로 구현된 형태로 파악한다. 또 회원국 사이에서 자유무역의 의제를 진행·집행하는 법적인 권한을 가진 기구로 인식한다. 세계무역기구는 1995년에 설립된 비교적 역사가 짧은 기구이지만, 사회정책 분야에서 상당한 영향력을 가지고 있다. 물론, 서비스 무역에 관한 일반협정GATS은 보건의료, 교육, 금융서비스, 수도와 에너지 같은 공익설비에 관한 규정까지 담고 있어서, 이 분야에서 국가의 재정이나 전달 기능은 매우 빠르게, 돌이킬 수 없는 방식으로 사라질게 될 것이라는 우려도 있다. 일부 학자들은 GATS의 내용이

4　이 부분에 대해 의문이 생길 수도 있겠다. 저자에게 이메일을 보냈다. 지은이는 디컨과 헐스(Deacon & Hulse, 1996)의 자료를 보니 1990년에 나온 OECD의 자료를 인용했는데, 그 속에는 동남아시아의 복지정책이 "국가의 한정된 그러나 효과적인 개입은 성장에 대한 빠른 보상으로 이어졌다"라고 풀이했다고 설명했다. 그는 "(동남아시아의 일반적인 접근은) 보통 사회정책에 대한 규범적인 규정 가운데 하나로, 복지를 단지 경제에 부과되는 짐이나 비용 정도로만 인식하는 신자유주의적인 태도에 반하는 경향 가운데 하나"라고 설명했다.

상업적인 서비스 공급을 선호하고, 국내 서비스 공급자보다 외국의 서비스 공급자를 선호한다고 걱정하기도 한다. GATS는 최소한의 국가 규제만을 허용해서 소비자에 대한 적정한 보호를 해주지 못할뿐더러 국가복지서비스의 발전에 필요한, 하층계급에 대한 지원체계도 잠식하게 된다는 것이 이들 학자들의 주장이다(Pollock & Price, 1999; Deacon, 2000; Sexton, 2001). 이런 우려는 일부분 불식됐다. 정부들이 보건의료나 교육 분야에서 GATS의 내용을 따르기를 주저하기 때문이다. 그러나 GATS가 장기적으로 초래할 부작용에 대해서는 우려가 여전히 남아있다(이 토론에 대해 깊이 살펴보려면, Yeates, 2005를 참고). 그렇지만, 이 특정한 협정이 사회정책 개혁에 미칠 영향이나 복지혼합에 미칠 결과를 미리 예단하는 것은 아직 이르다. 유럽연합이나 국제노동기구, 세계은행과 견줘, GATS에 대한 연구는 아직 충분하지 않다.

지금 일어나고 있는 지구적인 투쟁의 내용을 보면, 본질적으로 공공정책의 적정한 목적과 더 폭넓게는 사회적, 경제적 발전에서 국가의 역할에 관한 것이다. 이는 두 가지 가치의 충돌로 볼 수 있다. 하나는 개인의 책임과 선택, 사익의 추구, 강제할 수 있는 계약상의 권리라는 신자유주의적인 가치이고, 나머지 하나는 집합적인 책임, 사회적인 결집과 통합, 평등을 내용으로 하는 사회민주적인 가치를 말한다(Dixon, 1999; Deacon, 2007). 이 충돌은 사회보호social protection, 특히 연금과 관련해 가장 첨예하게 벌어지고, 전 지구적으로 여러 지역과 국가 단위에서 진행되고 있다. 우리는 여기서 이런 논쟁의 여러 측면과 정부 간 국제기구들이 이 논쟁에 개입하는 방식을 살펴본다. 또 세계 각국에서 진행되는 연금 개혁과 복지혼합에 미치는 영향을 점검한다.

국제노동기구와 세계은행은 이런 투쟁과정에서 매우 대조적인 입장을 취한다. 20세기 대부분의 기간 동안 사회보호 분야에 대한 국제노동기구의 입지는 절대적이었다. ***** 북구 조합주의적인 전통에 기반한 사회보호를 내세우면서, 국제노동기구는 최저생활을 폭넓게 보장해주는 수단으로서 국가가 재원을 마련하고 규제하면서 공급하는 정책 서비스를 지지했다. 여기서 상업적, 비공식적 영역

| 표 10-5 | 연금 개혁에 대한 세계은행과 국제노동기구의 입장

	세계은행	국제노동기구
기초연금 (basic state pension)	자산조사 방식(세금 기반)	보편적 방식(세금 기반)
2층	개별적이고, 의무적인, 확정기여형 연금, 민간 투자	연대적, 부과방식pay as you go, 확정급여형 국가 연금
3층	개인의 자발적, 추가적인 저축 혹은 투자	개인의 자발적, 추가적인 저축 혹은 투자

자료: Deacon(2005a: 163)

의 서비스는 대체로 소극적, 보충적인 기능만을 담당하는 것으로 국제노동기구는 인식한다(<표 10-5>). 국제노동기구의 접근은 국제적으로 수용됐고, 많은 나라의 사회보장과 노동제도의 형성에 영향을 미쳤다. 특히 새로 독립한 신생국가들이 기구에 가입하면서 개발도상국들이 많은 영향을 받았다(Otting, 1994; Kay, 2000).

1990년대 중반에 세계은행은 국제노동기구에 공개적으로 도전장을 던졌다. 특히 연금 분야에 대한 국제노동기구의 입장에 문제를 제기했다. 세계은행은 1994년에 '노년위기에 대한 대처Averting the Old Age Crisis'라는 보고서를 내고, 국가가 극빈층에 대해서만 소득보조를 해주고 기타 계층에 대해서는 비공식, 기업, 상업 영역의 연금을 이용하도록 유도하는 식으로 공공의 개입을 줄여야 한다고 주장했다(<표 10-5>). 세계은행은 이를 통해서만 국가들이 재정적으로 지속가능하고 경제적으로 경쟁력을 유지할 수 있으며, 국가가 운영하는 연금의 대상과 급여 수준에 일관성이 없는 문제도 해결할 수 있다고 주장했다. 흥미롭게도, 세계

***** 2005년 10월 현재, 국제인권기준the International Labour Code은 183개의 협약Convention과 159개의 권고Recommendation로 구성된다. 5개의 협약 가운데 1개와 10개의 권고 가운데 1개는 사회보장의 문제, 또는 대부분 공공정책만을 다룬 것이다.

은행은 보건의료와 교육 영역에 대해서는 간섭하지 않았다. 예를 들어, 세계은행은 보건의료서비스는 보건의료 시장이 결함을 가지고 있어서 민간 영역에 맡겨져서는 안 되며, 민간과 공공이 결합하는 복지혼합의 수준은 영역에 따라 달라야 한다고 주장한다(Deacon 외, 1997; Bhatia & Mosialos, 2004). 그러나 메로트라와 델라모니카(Mehrotra & Delamonica, 2005)가 지적하듯이, 세계은행은 일관되게 그리고 사실상 민간 영역이 사회서비스 분야에 진출하는 것을 부추겼다.

물론 세계은행이 지구적으로 연금 민영화를 주장하는 유일한 집단은 아니지만, 연금 민영화가 주요한 의제로 부상하는데 세계은행의 역할은 매우 컸다. 1980년대초에 미국에서는 경제정책에 급진적인 개혁을 시도했던 일련의 움직임이 있었는데, 여기에 개입했던 경제학자들은 실제로 칠레에서 정책이 변화하는 데 영향을 미쳤다. 이 움직임에 세계은행도 동참했다. 칠레의 연금 민영화는 이후 중남미와 중동부 유럽 국가들에게 하나의 본보기가 됐다(Holzmann 외, 2003; Orenstein, 2005). 세계은행은 개별 국가들의 역사나 전통, 여건과 상관없이 연금 민영화 모델을 여러 국가에 적용했다. 세계은행은 개별 국가들에 제도적, 인적, 재정적 자원을 제공하면서 세계은행이 선호하는 연금 개혁을 추구하도록 지원했다. 이렇게 지원을 받은 국가들은 대부분 개도국들로, 국제개발기구들로부터 조언과 지원을 받고, 개발 프로젝트에 관해 세계은행으로부터 대부를 받았다. 따라서 세계은행과 국제노동기구는 세계 여러 지역에서 국가들이 자신의 정책 기조를 채택하도록 하기 위해 경쟁했다. 두 기구는 지역에 따라 다른 국제기구와 협력하기도 했다. 중동부 유럽에서는 유럽연합, 국제개발처United States Agency for International Development, 국제통화기금이, 아시아에서는 국제통화기금, 아시아개발은행, 경제협력개발기구, 아시아태평양경제협력체APEC가 있었다. 또 중남미에서는 국제개발처, 유엔개발계획UNDP, 국제통화기금, 미주개발은행Inter-American Development Bank이 있었다(Deacon 외, 1997; Deacon, 2001; Holzman 외, 2003; Müller, 2003; Whiteford, 2003; Orenstein, 2005). 이런 국제기구 가운데 다수는 워싱턴에 본부를 두고 있다.

국가 단위의 제도 변화에 국제기구가 미친 영향은 복합적이다. 중남미에서 칠레의 연금제도만이 세계은행의 구상에 가장 가깝다. 볼리비아와 엘살바도르, 멕시코는 세계은행안과 부분적으로 유사하고, 다른 국가들은 오히려 국제노동기구안에 가까운 제도를 가지고 있다(Cruz-Saco & Mesa-Lago, 1998). 또 풀츠와 럭(Fultz & Ruck, 2001)의 연구를 보면, 대부분의 중동부 유럽 국가들은 민간연금에 의무적으로 가입하도록 하지 않는다. 세계은행은 또 중국 정부를 설득하는 데도 애를 먹고 있다. 세계은행이 줄곧 중국의 정책을 비판하는 것을 봐도 이를 확인할 수 있다(Whiteford, 2003). 세계은행의 정책이 꼼꼼히 국가정책에 반영되지 않더라도, 일부 국가에서 정책들은 세계은행의 안과 일맥상통하거나 일부 내용을 차용하는 것으로 볼 수 있다(Deacon, 2000; Cruz-Saco, 2002).

좀 더 폭넓게 보면, 많은 정부들이 재분배적인, 사회통합을 지향하는 정책기조에서 한발 물러나 연금제도에서 민간 영역의 역할을 강조하고 있다. 이는 신자유주의의 일반적인 영향을 확인할 수 있는 근거가 된다. 연금 분야를 완전하게 민영화하는 나라는 거의 없지만, 많은 나라들이 부분적으로 민영화를 했거나 공적 제도 안에서 민간연금을 선택할 수 있도록 하고 있다(Ferrera 외, 1995). 또 많은 나라들은 개인들이 주식시장에 투자하는 식으로 개별적인 연금 계획을 수립하도록 권장하고 있다. 이런 측면에서 유럽연합 국가들은 주목할 만하다. 이런 추세에 따른 수많은 연금 개혁이 지난 수년 사이에 이뤄졌다. 독일에서는 근로자가 자발적인 개인연금에 가입하면 세금혜택을 주는 방안을 정부가 추진하고 있다. 영국에서는 이미 민간 분야가 연금 영역에 상당한 수준으로 침투해 있는데, 노동당은 여기에 세금 지원을 받는 민간연금 프로그램을 내놓고, 민간연금의 비중을 전체 연금액 가운데 40%에서 60% 수준으로 끌어올린다는 목표를 설정하고 있다. 스웨덴 정부는 연금제도의 일부를 민영화했는데, 노동자는 퇴직을 대비해 수입에서 비축하는 18.5% 가운데 2.5% 포인트는 민간 부문에서 운영하는 적립식reserve-financed[5]의 개인계정으로 가고, 나머지 16% 포인트는 해당연도 연금지출을 위해 부과방식pay-as-you-go[6] 형태로 지출되도록 했다. 프랑스에서는 정부가 증권 기반 저축계획Plan d'Epargne en Actions을 세우고, 근로자들이 수입 가운데 최대 4분의 1까지 저축을 하면 고용주는 연간 한도 안에서 그만큼의 액수를 기여금으로 내도록 하는 안을 추진하고 있다. 아일랜드에서는 정부가 개인퇴직저축계정 Personal Retirement Saving Accounts이라는 개인별 투자계정을 도입해 연금제도를 보조하고 연금 서비스 공급자의 종류를 늘리고 있다. 이탈리아에서는 퇴직금 제도와 개인 저축 제도를 개편하고, 연기금 시장의 성장을 유도하고 있다.

결론

복지국가의 성격과 사회정책의 형성 과정을 이해하기 위해서는, 복지혼합의 국제적, 초국가적인 측면을 반드시 고려해야 한다. 이 장에서는 특히 국제기구에 초점을 맞췄다. 국제기구는 국제협력을 제도화한 주요한 형태이기 때문이다. 특히 정부 간 국제기구가 지구적, 지역적 수준에서 개별 국가와 관계 맺는 방식을 살펴봤다. 물론 정책이 형성되는 영역을, 혹은 국가-초국가 수준을 뚜렷이 나누는 것은 어렵지만, 사회정책에서 초국가적인 측면은 분명히 존재한다. 우리는 전 지구적 혹은 지역 단위의 정부 간 국제기구가 특정 정책 분야에 접근하는 방식을 살펴봤다. 또 법적, 상업적, 자원/자선적, 비공식적 영역에서 보건의료와 교육서비스의 재정과 규제, 전달이 어떻게 적절하게 균형을 이루는지에 대한 논의도 점검했다. 또 사회경제적 발전과정에서 국가 혹은 비국가기구들의 적절한 역할이나, 개인적/집합적 책임의 문제도 살펴봤다. 사회통합이나 기회, 평등을 이루기 위한 공공정책의 역할에 대한 토론과정도 짚었다.

---

5 개인이 자신의 계좌에 모은 원금과 투자수익을 퇴직 이후 연금으로 지급받는 방식이다. 민간연금에서 이런 방식을 많이 채택한다.
6 현재의 노동자들에게서 마치 세금처럼 보험료를 받은 뒤, 이를 현재의 은퇴자들한테 연금으로 지급하는 방식이다. 주로 공공연금이 채택하는 방식이다.

이를 통해 세 개의 결론에 이를 수 있다. 첫째, 국제기구는 사회정책의 형성에 구체적으로 개입하지만, 사회복지서비스에서 개입하는 규모는 나라별로 다르다. 더욱이 정책 분야나 국제기구의 성격에 따라 개입의 범주와 성격은 다르다. 일부 국제기구는 보건의료나 긴급구호의 문제보다는 사회보장이나 노동문제에 더 직접적으로 영향을 미친다. 세계은행은 개발차관을 통해 복지서비스 전달과 재원 마련에 관여하고, 세계무역기구는 규제 부분에 주요하게 영향을 미친다. 유럽연합은 세 가지 분야에 모두 간섭하는 흔치 않은 국제기구다.

둘째, 정부 간 국제기구가 국가 단위의 정책에 영향을 미치는 다양한 방식의 규제를 구분하는 것이 중요하다. 따라서 공식적인 규제(법적인 권한, 재정적 제재 권한)나 비공식적인 규제(나라별 상호평가와 벤치마킹)의 차이점을 살펴봤다. 또 정부 간 국제기구가 가지는 강제력과 감시 기능의 의미를 점검했다. 그러나 국제기구들의 이런 정책수단이 국가 단위의 정책에 영향을 미치기에는 아직 충분하지 않고, 정책을 관철하기 위해서 국제기구는 지역 혹은 국가 단위의 기관들과 연계하는 정책을 펴야 한다는 점을 관찰했다.

셋째, 초국가 단위 기구의 영향력에 관해, 정부 간 국제기구가 국가 단위의 정책 변화에 일관되게 직접적으로 동일한 영향을 준다고 할 만한 근거는 거의 없다. 정부 간 국제기구의 영향력은 기구의 성격, 정책 분야, 정책 의제, 개별 국가의 성격 등 여러 변수에 따라 다르다. 따라서 국제기구가 마치 국가 단위의 정책을 좌지우지하게 된다는 식의 '묵시록적인' 전망과 달리, 국제기구는 온건하거나 매우 섬세한 영향만을 미칠 뿐이다. 물론 국제기구는 개별 국가의 정책 협의와 선택 과정에서 일정한 틀을 제시한다. 그러나 국제기구는 정책 변화에 대한 정보를 제공하는 여러 단체 가운데 하나일 뿐이며, 따라서 국제기구가 복지서비스의 전달, 재정, 규제에 미치는 영향은 가변적이다. 한 국가가 정책결정 과정에서 가지는 권한이 줄어들 수 있지만, 국가는 여전히 사회정책 분야에서 국제기구와 협업하거나 갈등 관계를 맺으면서 핵심적인 역할을 맡는다. 물론 사회정책 분야에서 국제적인 힘의 불균형이 있다거나, 일부 국제기구나 국가가 다른 나라에 대해서 강압적으로 제도를 강요하는 사실을 부정하려는 것은 아니다. 단지 국제적인 협력이 종국에는 주권 국가 사이의 협력의 결과물이라는 점과 개별 국가가 법을 집행하고, 세수를 늘리고, 복잡한 제도들을 조정하는 권한은 여전히 절대적이라는 점을 강조하고자 한다.

요약

- 복지국가의 성격과 사회정책이 형성되는 과정을 이해하기 위해서는 복지혼합의 지구적, 초국가적 측면을 살펴봐야 한다.
- 국제기구는 사회복지서비스의 전달, 재정, 규제에 영향을 미치는 중요한 변수다. 그러나 영향을 미치는 범위나 성격은 대상 정책 분야나 국제기구의 성격에 따라 다양하다.
- 국제기구가 영향을 미치는 형태는 해당 사회복지서비스의 전달, 재정, 그리고 공식/비공식적 규제에 따라 다양하다.
- 국제기구가 개별 국가의 정책 변화에 미치는 방식은 직접적이고 획일적이기보다 온건하고 섬세하다. 또 국제기구가 미치는 영향은 국제기구의 성격과 정책 분야, 정책 의제와 대상 국가의 성격에 따라 다양하다.

☑ 토론할 문제

- 사회정책에서 국제기구의 중요성을 감안할 때, 복지혼합이나 복지의 사회적 분화를 국가적인 구성체로 보는 것이 가능한가?
- 각 장에서 배운 지식 혹은 다른 추가 학습으로 생긴 지식을 활용해, 하나의 국제기구와 하나의 국가를 고른 뒤 사회보장, 보건의료, 교육 분야의 전달, 재정, 규제에서 나타나는 차이점과 공통점을 골라내보자.
- 정부 간 국제기구가 사회정책적 목표를 추구할 때 최고의 효과를 이루기 위해 갖춰야 하는 성격과 권한이 무엇인지 나열해보자. 그리고 나열한 내용과 세계은행이나 세계무역기구 혹은 국제노동기구 같은 국제기구가 가진 성격과 비교해보자. 자신이 내세운 내용과 비교할 때 위와 같은 국제기구들은 어떤 변화가 필요한가?
- 복지혼합과 복지의 사회적 분화의 관계에 대한 자신의 지식과 이해를 활용해서, 세계은행과 세계무역기구와 같은 기구들이 내놓은 처방이 사회적 불평등에는 어떤 의미를 가지는지 논의해보자.

☑ 더 읽을 거리

여러 참고 문헌이나 인터넷에서 볼 수 있는 자료 외에도 다음의 책들을 추천하고자 한다. 예이츠(Yeates, 2001)의 『지구화와 사회정책Globalization and Social Policy』과 조지와 윌딩(George & Wilding, 2002)의 『지구화와 인간복지Globalization and Human Welfare』. 두 책은 지구화가 사회정책, 사회복지 전달에 미치는 영향에 대해 깊이 있게 다루었다. 개발도상국가의 사회정책 문제에 대해 더 많은 정보를 원한다면 홀과 미즐리(Hall & Midgley, 2004)의 『개발을 위한 사회정책Social Policy for Development』을 보라. 국제 사회정책 분야에서 현안과 의제들을 보려면, 디컨(Deacon, 2003)이 『학생을 위한 사회정책 길라잡이Student's Companion to Social Policy』에 쓴 「초국가적 기구들과 사회정책Supranational agencies and social policy」 논문이 내용을 가장 잘 요약했다. 디컨(2007)의 『국제사회정책과 거버넌스Global Social Policy and Governance』는 국제적인 수준에서 정책 토론과 정책 개발에 관한 최근 상황을 점검했다.

〈국제사회정책: 공공정책과 사회발전을 위한 저널Global Social Policy: Journal of Public Policy and Social Development, Sage Publication〉은 국제사회정책의 현안과 토론의제, 발전과정에 대한 장문 혹은 단문의 글을 담고 있다. 〈유럽사회정책저널The Journal of European Social Policy〉은 유럽 내부의 국가들에 초점을 맞춘다. 이 저널은 사회정책 측면과 유럽 단위의 기구가 미치는 영향을 주로 다룬다.

☑ 인터넷 자료

지구화와 사회정책 문제를 다루는 인터넷 자료는 많이 있다. 특히 아래 두 개의 누리집은 매우 유용하다. http://www.globalwelfare.net에는 학생과 교육자, 연구자들을 위한 폭넓은 교육 및 학습 자료가 담겨 있다. 여기에는 다양한 연구자 및 운동가 집단의 누리집과 링크되어 있는데, 이들 누리집에는 이 장에서 다룬 많은 의제들에 대한 정보를 볼 수 있다. 이 누리집에는 또 국제 복지를 위한 온라인 도서관e-Library for Global Welfare, http:// www. globalwelfarelibrary.org과 영국의 경제-사회정보서비스http://www.esds.ac.uk/ international로 링크[7]가 된다. 여기서는 국제적인 자료들에 대한 접근이 용이하다.

http://www.globalwelfarelibrary.org[8]도 전 세계의 복지와 관련한 연구, 정책 자료와 통계를 볼 수 있는 곳이다. 여기서 다양한 기준에 따라 간단한 혹은 복잡한 검색이 가능하다. 예를 들어, 자원의 종류나 관심이 있는 지역에 따라, 혹은 정책 영역이나 기관에 따라 나누어서 검색할 수 있다.

---

7 영국의 경제-사회정보서비스로 연결된 링크는 더 이상 없으며, 직접 누리집http://www.esds.ac.uk/ international을 찾아가야 한다. 영국의 경제-사회정보서비스는 영국의 경제-사회연구위원회The Economic Social Research Council와 연합정보시스템위원회Joint Information Systems Committee가 지원하는 정보 서비스다.

8 원서에서는 두 번째 누리집의 주소를 http://www.elibraryforglobalwelfare.org라고 표기했으나, 원저자가 오기했거나 http://www.globalwelfarelibrary.org으로 바뀐 것으로 보인다.

결론:
복지혼합과 복지의
사회적 분화를 분석하기

| 마틴 포웰 *Martin Powell* |

개요

이 장에서는 이 책에서 제기된 주요 문제들을 함께 다룬다. 먼저 복지혼합을 시공간을 넘어 간략히 일람한다. 그리고 신노동당 정권 아래 복지혼합의 변화를 짚고, 복지혼합에서 간과된 재정과 규제 분야를 다시 살펴본다. 또 '3차원적' 복지혼합의 중요성을 점검하고, 복지혼합과 다른 논쟁 사이의 연관성, 복지혼합과 복지의 사회적 분화의 영향에도 주의를 기울인다.

주요 용어

변화하는 복지혼합, 신노동당, 재정, 규제, 3차원적 복지혼합, 복지혼합과 복지의 사회적 분화의 영향

서론

이 장의 제목은 신필드(Sinfield, 1978)의 선구적인 저작에서 따왔다. '분석'이라는 표현이 많은 것을 제기하겠다는 것을 약속하는 것처럼 보이지만, 이 장에서는 사실 복지혼합MEW과 복지의 사회적 분화SDW[1]의 중요성을 다시 한 번 강조하는 데 목적을 두고 있다. MEW와 SDW는 상황을 그려내는 것보다 현실을 분석하는 데 더 중요한 의미를 지닌다. 두 개념은 복지서비스에서 전달 부문에만 집중하는 식의 1차원적인 접근이 아니라, 복지서비스의 전달, 재정, 규제라는 복잡한 3차원적 공간의 변화를 연구하는 데 중요한 기능을 한다. 이 장에서는 MEW와 SDW가 사회정책을 주제로 하는 주요한 논의와 어떻게 맞닿아 있는지, 그리고 두 개념이 서비스를 이용하는 이들에게 어떤 식으로 복잡하게 영향을 미치는지를 들여다본다.

MEW와 SDW의 과거

MEW와 SDW는 사회정책에서 매우 중요하지만 종종 간과된 개념이다. 마요(Mayo, 1994: 26)는 "MEW는 영국 복지국가의 근간을 형성하고 있다. 물론 복지혼합은 서비스와 시기에 따라 다양한 모습을 보여준다. 마치 영국과 미국의 복지혼합이 다른 것과 같다"고 밝혔다. 존 스튜어트John Stewart는 이 책의 2장에서 MEW의 역사적 중요성에 주목했다. 많은 학자들이 복지혼합이 시기별로 변화했다고 지적했지만, 그는 복지혼합의 구성요소 자체도 변했다고 지적했다. 예를 들어, 19세기에 자원 영역은 지금의 자원 영역과 같지 않다. 그럼에도 영국의

---

1 앞선 1~10장에서는 복지혼합과 복지의 사회적 분화라는 표현을 그대로 사용했지만, 이 표현이 유독 많이 쓰이는 11장에서는 편의상 각각 MEW와 SDW로 표기한다.

복지혼합의 요소들은 매우 폭넓은 변화 — 혹은 '경계의 이동_{moving frontier}'-를 겪었다. 쉽게 말해 복지의 민간, 자원_{voluntary}, 비공식적 요소는 역사적으로 복지의 핵심적인 자원들_{sources}이었다. 1601년부터는 국가복지의 가장 중요한 역할은 구빈법에 따라 규정됐다. 예를 들어, 19세기 초에 "국가교육을 받을 수 있는 방법은 사관학교생이 되거나, 악당 혹은 거지가 되는 수밖에는 없었다(Fraser, 2003: 85)." 국가의 개입은 19세기 중반부터는 계속 늘었다(Fraser, 2003; Harris, 2004). 집합주의적 대안은 개인주의적 사고를 대신해 부각됐다. 시드니 웹_{Sydney Webb}의 관점에서 본 사회주의의 중요성은 아래 상자글에서 볼 수 있다. 국가 개입의 중요성을 강조하는 것도 의미가 있다. 스튜어트가 말했듯이, 복지 영역에서 국가의 역할이 지방에서 중앙으로 몰리게 됐다는 점도 국가의 역할이 늘어난 점에서 중요한 부분이다(이 책의 3장 참고). 그렇다고 간단히 영국에만 집중하는 것도 만족스럽지는 않다. 영국 안에서도 스코틀랜드, 잉글랜드, 웨일즈 등 지역에 따라 복지혼합은 다양하기 때문이다.

 시드니 웹이 말하는 국가의 중요성

개인주의자인 시의원은 시 소유의 길을 따라 걸을 것이다. 길은 시에서 공급한 가스로 환하게 밝았고, 시가 제공한 물을 써서 시 소유의 빗자루로 깨끗하게 청소가 돼 있을 것이다. 시 소유의 시장에서 시가 만든 시계탑을 보고는, 그는 시립학교에서 돌아오는 그의 아이들을 보기에 너무 이르다는 것을 깨달을 것이다. 시립정신병원과 시립병원을 열심히 지나온 그는 전신국에서 아이들에게 전보를 보낼 것이다. 자신이 시립미술관과 시립박물관, 시립도서관 옆에 있는 시립 도서열람실에서 있을 테니, 시립공원 쪽으로 걸어오지 말고 시 소유의 전차를 타고 오라는 내용이었다. 열람실에서 그는 시의회에서 행할 연설을 준비하기 위해서 출간물들을 뒤적일 것이다. 그의 연설은 운하의 국유화와 철도 시스템에 대한 정부의 통제를 지지하는 내용일 것이다. "사회주의에 대해 말하자면, 그런 현실성 없는 어리석은 것에 시간을 낭비하지 맙시다. 자조, 그러니까 개인들의 자조야 말로 오늘날 우리 시를 있게 한 미덕입니다"라고 그는 연설할 것이다(Sydney Webb, 1889, Fraser에서 재인용, 2003; 122~123).[2]

반대로 국가를 제외한 복지서비스 자원의 중요성을 강조하는 다른 시각도 아래와 같이 볼 수 있다(Finlayson, 1994; Harris, 2004참고).

 비국가적 사회복지의 중요성을 강조하는 설명

집합주의자인 시의원은 자원 병원과 자원 학교, 자원 주택을 지나 열심히 걸어간다. 우애조합Friendly Society의 의사를 만나러 가는 길이다. 그 뒤에 그는 협동조합에서 물건을 샀다. 우애조합의 혜택을 받지 못하는 그의 아이를 위해 의사의 처방을 받지 않아도 되는 일반판매약도 협동조합에서 샀다. 집으로 돌아와서는 아이를 돌봐준 이웃에게 고맙다는 인사를 전했다. 그는 다시 시가 운영하는 사회복지체계의 가치에 대한 연설을 하러 시의회 모임에 참석했다.

1906~1914년 사이 자유당 개혁으로 20세기에 국가복지서비스의 중요성은 매우 커졌다. 또 2차 세계대전 이후 1945년 노동당 정권이 '고전적 복지국가'를 소개하면서 중요성은 절정에 이르렀다. 역사학자인 테일러(Taylor, 1970: 25)는 저서『영국의 역사 1914~1945English History 1914~1945』를 다음과 같은 유명한 말로 시작했다. "1914년 8월까지 분별을 갖추고 법을 준수하는 일반적인 영국인이라면 우체국과 경찰을 제외하고는 국가의 존재를 인식하지 못한 채 살 수 있었다."

비국가적인 요소는 1945년 이후에는 중요성이 줄어들었다고 보는 것이 적절하겠지만, 일부 저술에서는 이런 비국가적인 요소를 완벽하게 무시하는 경향이 있었다. 그렇지만 보건의료와 교육과 같이 보통 국가가 서비스를 제공하는 영역

---

2 이 글을 통해 원저자인 시드니 웹이 보여주려는 것은 사회주의와 집합주의에 대한 개인주의자의 극히 이중적인 태도와 인식이다. 저자인 마틴 포웰 교수는 이에 대해 이메일을 통해 다음과 같이 해설했다. "'개인주의자'조차도 필요하다면 철도시스템의 통제 같은 집합적인 정책을 지지하지만, 이들의 눈에는 이런 입장이 '실용적'이거나 '상식적'인 것으로만 보이지 '사회주의적'인 것으로는 보이지 않는 상황을 보여준다." 즉, 시드니 웹의 이 글은 개인주의와 사회주의를 둘러싼 역설적인 상황을 보여주는 예로 볼 수 있다.

과 주택과 사회보호처럼 다원주의가 존재하는 영역 사이에는 분명한 차이점이 있다. 또 고전적 복지국가의 뿌리는 국가가 직접 고용을 하는 것보다 케인스주의적인 수요 관리를 통해 고용 수준을 유지하는 데 있다는 점을 잊어서는 안 된다. 다수 학자들은 고전적 복지국가가 막을 내리면서 국가와 비국가의 복지 자원이 혼합하는 양상에는 변화가 있었다고 주장하고 있다(이 부분은 나중에 다루게 된다). 스튜어트는 2장에서 국가의 역할, 의존문화dependency culture[3], 상호주의적 해결, 협력과 동반자 관계cooperation and partnership, 시민사회에 대한 우리 시대의 토론은 사실 분명한 역사적인 배경을 가지고 있다는 점을 보여줬다. "역사책을 볼 수 있을 때 점쟁이를 찾지 말라"는 베번의 말은 요즘 복지문제를 마치 전혀 새로운 문제인 양 생각하고 고심하는 정치인들이나 연구기관들에게는 곱씹을만한 가치가 있다.

MEW는 시기에 따라 다양할 뿐 아니라, 공간적으로도 다양한 모습을 나타내고(9장을 참고할 것), 국제기구의 영향을 받기도 한다(10장을 참고). 9장에서는 제도는 종종 복잡한 방식으로 혼합된다는 점을 보여줬다. 사회정책을 비교 연구하는 학자들이 최근 일반적으로 택하는 접근을 보면, 주로 국가-시장 사이의 관계에 집중한다. 특히 국가의 상품과 서비스가 시장으로부터 자유로운 정도를 말하는 '탈상품화decommodification'에 많이 착목한다. 에스핑-안데르센(Esping-Anderson, 1999)은 그에 대한 페미니스트들의 비판에 대해 답하면서 '탈가족화defamilisation'의 중요성을 인정했다. 탈가족화란 여성이 가정 안에서 무급노동이라는, 젠더적인 성격을 가진 의무로부터 자유로운 정도를 나타내는 표현이다. 그러나 여전히 복지혼합의 비교 연구에서 자원 영역 부분은 공백으로 남아있다. 또 복지혼합은 에스핑-안데르센의 '복지체제' 개념과 일정한 연관성이 있지만, 미국과 영국 같이 자유주의체제에 속한 국가 안에서도 차이점이 존재한다. 또 영국에서 보건의료와 주택문제처럼, 한 국가 안에서도 서비스 영역에 따라 차이점이 있다. 또 서비스 영역이 같더라도 국가에 따라 내용은 다르다. 예를 들어 보건의료

---

3 사람들이 복지서비스에 지나치게 의존하게 되는 경향을 나타내는 표현

의 국가별 차이가 교육이나 사회보호 분야에서도 똑같이 드러나지는 않는다. 더욱이 사회민주주의적 혹은 북유럽적 체제에서는 국가의 역할이 상당히 크지만 그렇다고 해서 이들 나라에서 자원 영역의 서비스 제공이 전무한 것이 아니다(Dahlberg, 2005). 게다가 우리는 국가별로 제각각인 복지서비스의 전달, 재정, 규제의 형태에 대해 한정된 정보만을 가지고 있어서 알고 보면 상황은 더욱 복잡하다. 따라서 우리가 복지국가의 한 측면을 살펴본다고 해도 이 정보로 복지혼합의 다른 측면에 대해 알 수 있는 것은 매우 적다는 점은 분명한 사실이다. 예를 들어 <표 9-2>를 보면, 민간연금에 대한 투자를 국내총생산과 견준 비율은 스위스가 126%이고, 노르웨이는 4%다.

10장에서는 MEW와 SDW의 초국가적인 측면을 다뤘다. 특히 국제기구가 어떻게 MEW에 영향을 미치는지에 초점을 맞췄다. 국제기구의 영향은 기간과 크기, 의제, 방식 등의 측면에서 매우 다양하게 나타났다. 10장은 국제기구의 영향이 기구의 규모나 소유구조, 전달 방식에 따라 기계적으로 결정되지 않는다는 점을 드러냈다. 예를 들어, 영향력이 큰 세계무역기구의 직원 수는 630명에 불과했다. 특히 세계은행과 국제통화기금과 같은 기구의 영향력은 재정 지원에 따라붙는 조건에 따라 결정될 수 있다. 1970년대 영국에 대한 국제통화기금의 역할이 그러한 예가 될 수 있다(Powell & Hewitt, 2002: 95). 반면, 국제노동기구나 유럽연합의 영향력은 주로 규제에 근거한다고 볼 수 있다. 헤비급의 세계은행과 미들급인 국제노동기구 사이의 싸움은 결국 공공연금의 민영화를 앞당기는 결과를 낳을 것이라는 우려가 있다(9장 참고). 10장에서 결론을 내렸듯이, 보건의료와 교육서비스의 전달과 재정, 규제의 문제에 대해 법적, 상업적, 자원적, 비공식 분야를 적절히 균형 있게 혼합하는 문제는 국제기구들이 계속 논의하고 있다. 이런 초국가적, 국제적 사회정책은 국제적 MEW와 SDW의 측면에서 분명한 역할을 하고 있다. 9장과 10장은 모두 MEW의 비교 연구나 국제적 측면에 대한 연구가 충분히 이뤄지지 않았다고 지적하고 있다. 특히 SDW의 국제적인 측면에 대한 연구는 더욱 적은 것이 현실이다(Shalev, 1996; Howard, 1997; Peters, 2005).

신노동당 집권 하의 MEW와 SDW

1장에서는 복지서비스의 전달, 재정, 규제를 나누어 MEW에 대한 3차원적인 접근 방식을 소개했다(<표 1-2>). 이런 접근은 버차트(Burchardt, 1997), 버차트와 동료들(Burchardt 외, 1999), 힐즈(Hills, 2004)의 연구와 차이점이 있는데, 이들이 말하는 세 번째 차원은 규제가 아니라 선택choice이기 때문이다. 스미디스(Smithies, 2005)는 버차트의 유형을 갱신하면서, 복지 활동의 구성비 변화는 상대적으로 적었고, 점진적이었다고 결론을 내렸다. 그에 따르면, 1979~1980년과 1999~2000년 사이에 순수한 공적 영역의 비율은 52%에서 49%로 줄었고, 전적으로 민간 영역에 속한 활동의 비율은 24%에서 29%로 늘었다. 그러나 이런 수치는 주택 분야의 영향을 강하게 받은 것이다. 주택 분야의 비율은 같은 기간 동안 공적 영역은 18%에서 15%로 줄었고, 민간 영역에서 58%에서 63%로 늘었다. 이런 수치는 사회보장 영역에서는 반대로 나타났다. 여기서 순수하게 공적인 영역의 비율은 57%에서 64%로 늘었고, 민간사회서비스는 71%에서 42%로 줄었다. 주택 분야를 제외하면, 전체 비율 변화는 크지 않다. 공적 영역은 62%에서 61%로, 민간 영역은 15%에서 17%로 늘었다. 다시 말해, 힐즈(Hills, 2004)가 제시했듯, 복지 활동의 절반 정도만이 공공 전달/재정 범주에 들어갈 뿐이다. 이런 분석에 따르면 변화는 상대적으로 적었다. 그러나 이 책의 기고자들은 3장과 8장에 걸쳐 신노동당 집권기에서 MEW와 SDW에 있어 많은 중요한 변화가 있었다고 주장하고 있다. 브라이언 런드Brian Lund는 3장에서 국가의 역할에 대한 정치철학에 있어 폭넓은 토론이 있었다고 지적했다. 신노동당은 정부 지출이라는 전통적인 양적 수단의 측면에서 국가의 역할을 확장했지만, 규제와 같은 다른 측면에서 더욱 주요한 질적인 변화를 창출했다. 런드는 '고전적 복지국가'도 국가의 직접 전달만으로 구성되지는 않았다는 점을 상기시키고 있다(<표 11-1>의 1칸). 오직 사회보장을 위한 이전지출이나 보건의료나 교육서비스만이 국가의 직접 전달 범주에 포함될 수 있었다. NHS에서도 의사집단의 직업적인 자기 규제가 있어서 국가가 '지휘하고 통제하는' 수직적인 관리는 쉽지 않다. 그는 또 MEW에서 국가의 역할을 논할 때 정작 복지서비스의 전달과 재정, 규제에서 매우 중요한 역할을 하는 지방정부는 종종 간과됐다는 점도 지적하고 있다. 그는 신노동당 집권 하에서 점증하는 다양성과 다원주의에 주목했다. 그는 사회복지 분야 가운데서 사회주택social housing 쪽이 가장 다원적이며, 다른 분야와 비교해도 MEW의 요소를 가장 많이 가진 하나의 전형이 된다고 설명했다. 그는 또 신노동당 집권기에 민관파트너십Public Private Partnership으로 거듭난 민간자본 활용방안Private Finance Initiative의 중요성을 언급했다(4장 참고).

마크 드레이크포드Mark Drakeford는 4장에서 복지 전달 분야가 점차 다원적인 경향을 보이면서 정부는 MEW의 상업적인 영역을 점점 중요하게 파악하기 시작했다고 설명했다. 그는 자산을 넘겨주는 것과 책임을 재할당하는 것은 엄연한 차이점이 있다며, 소유권 문제를 부각했다. 국가 기능이 퇴조하면 민간의 책임은 증대되고, 민영화의 여지는 넓어지게 된다는 것이다. 블레어 정권의 신념은 복지서비스 수혜자는 서비스를 받으면 만족할 뿐이지, MEW의 기능 자체에 대해서는 무관심하다는 것이었다. 그러나 드레이크포드는 일반적 통념은 신노동당의 신념과는 거리가 멀다는 점을 예를 통해 보여줬다. 그는 더욱이 다양성과 다원주의가 증대되는 사회복지 분야에서 '반자립적인 기관'과 같은 새로운 형태의 소유권이 점차 중요하게 부각된다고 설명했다. 이런 성격을 가진 재단트러스트 혹은 재단병원은 블레어 정권 2기의 핵심적인 정책 가운데 하나였고, 일부 지지자와 다수의 비판자들은 이를 NHS가 국영화한 산업으로는 생명을 마치게 되는 계기가 됐다고 본다. 상황이 바뀌자 새로운 규제, 감독, 감사 기관들이 등장했다. 이런 기관들이 절대적으로 성공하지는 못했다고 말하는 것이 공정할 것이다. 이 기관은 인쇄업체들만 기뻐할 정도로 이름을 자주 바꿨다. 이런 혼란을 보면 이 기관들이 성공적이었는지, 실패했는지, 어림짐작할 수 있을 것이다. 예를 들어 국가보호기준위원회National Care Standard Commission는 사회적 보호감사위원회Commission for Social Care Inspection 등으로 바뀌었고, 건강증진위원회Commission for Health Improvement는 보건감사위원회Commission for Healthcare Audit and Inspection로 개명했다.

피트 앨콕과 던컨 스콧Pete Alcock & Duncan Scott은 5장에서 자원 영역과 지역 영역의 '헐렁하고 느슨한 괴물loose and baggy monster'이 가진 다채롭고 복잡한 모습을 보여줬다. 이들은 이 영역에 대한 가장 적절한 용어를 찾기 위한 토론을 소개했다. 자원과 지역 영역은 6장에서 소개된 비공식 영역처럼 시민사회에 속한다. 그러나 <표 5-1>에서 보듯이, 시민사회와 국가, 시장은 서로 겹치는 부분도 있다. 앨콕과 스콧은 또 이 영역 내부에서 보이는 다양성을 과소평가하기 힘들다고 설명했다. 신노동당은 자원과 지역 영역에 영향을 미칠만한 중요한 정책을 많이 내놓았는데, 예를 들면 시민성 회복civic renewal, 사회적 자본이나 자원활동에 관한 정책들이 있었다. 또 계약이 급여를 대체하고, 규제와 통제가 지원을 대체하는 '계약문화contract culture'로 정책 기조가 변화한 부분에도 이 연구자들은 초점을 맞췄다. 당시 신노동당의 의제 속에는 상반되는 경향 사이에서 긴장이 엿보인다. 왜냐하면 신노동당이 강하고 독립적인 자원과 지역 영역을 원했는지, 아니면 이 영역을 그저 중앙의 강력한 통제 아래서 서비스 전달을 맡는 대리자 역할만을 수행하길 원했는지가 불분명하기 때문이다.

힐러리 아크세이와 캐롤린 글렌디닝Hilary Arksey & Caroline Glendinning은 6장에서 비공식 영역은 자원과 지역 영역처럼 매우 다양하다며, 친구와 가족, 이웃, 지역사회, 자조그룹까지를 포괄한다고 설명했다. 또 상호부조와 탈상품화된 보호를 특징으로 한다고 밝혔다. 비공식적이고 드러나지 않은 경제 영역에서 수행되는 이런 보호를 수치로 환산해서 총량화하기는 매우 힘들다. 그러나 비공식 영역은 비국가적 복지에서 자원과 지역 영역보다 더 의미가 있다. 국가복지가 비공식 영역이 없이는 작동할 수 없기 때문이다. 비공식 보호를 국가가 대체하려고 할 때 예상되는 비용은 NHS의 비용 총계와 비슷한 수준일 것이라는 추정도 있다. 아크세이와 글렌디닝은 약 680만 명의 성인이 보호자 역할을 맡고 있는 가족보호 분야에도 돌보기를 들이댔다. 다른 가족 성원을 돌보는 보호자들은 매우 다양한 인구 분포를 나타냈다. 대부분은 경제활동인구에 속했지만, 일부는 90살을 넘기도 했고, 5~7살 사이의 어린이가 보호자 구실을 하는 경우도 있었다. 보호자의 성은 비교적 균등하게 분포됐지만, 가족을 돌보는 시간이 긴 보호자의 비율은 여성 쪽이 높게 나타났다. 신노동당의 정책은 대체로 긍정적이었지만, 의미는 한정됐다. 일부 경우에서 신노동당 이후에 굵직한 변화가 있었던 것은 사실(〈표 6-4〉)이었지만, 정책은 지역에서는 파편적으로 집행됐다. 지방정부의 책임은 늘었지만, 이에 따라 추가로 받은 자원은 미미한 수준이었기 때문이었다. 저자들은 스코틀랜드, 웨일즈 등에 대한 지방권한 이양devolution이 미친 영향에 주목했다. 2장에서 보았듯이 스코틀랜드에서 실시된 장기요양보호가 그런 예였다. 또 이들은 소비자중심주의consumerism의 확장이라고 볼 수 있는 직접지불로 언제, 어떻게, 누구로부터 서비스를 받을 수 있는지 선택의 폭이 넓어지고, 융통성도 커졌다고 주장했다.

애드리언 신필드Adrian Sinfield는 7장에서 사회정책 분석 연구에서 조세복지는 대체로 간과됐지만, 정작 복지국가보다 긴 역사를 가졌다고 지적했다. 세액공제의 등장과 함께 조세복지에 대한 관심은 늘었다. 조세복지는 전통적으로 역진적인 것으로 여겨져서, 담보조세감면제도 같은 세제혜택은 사라지기도 했다. 고든 브라운 전 수상은 재무장관 시절에 첫 예산안을 짜면서 연금 배당금pension dividends에 대해 정확하게 이해하지 못한 채 공격을 퍼부었다가 논란을 낳은 적도 있다. 또 세액공제는 정확하게 설계가 되면 누진적일 수 있다. 한편, '노년층을 가른 두 개의 나라two nations in old age'(Titmuss, 1963)의 상황은 '개인투자연금Self Invest Private Pension Scheme'의 도입으로 더 악화할 수 있다. 신필드가 지적하듯이, '사회정의'를 부르짖는 재무장관은 "일부 부유층에게만 혜택이 돌아가는 세금감면제도를 도입해서 사람들을 당혹하게 했고," 그 결과 "매우 독특하게 후한 세제"가 마련됐다.

에드워드 브런스던과 마가렛 메이Edward Brundsdon & Margaret May는 8장에서 기업복지를 다뤘다. 기업복지는 영국의 복지제도 가운데 중요하지만 간과된 분야다. 〈표 10-1〉에서 보듯이, 이 영역은 매우 다양하고 복잡하다. 이 분야는 티트머스(1963)의 선구적인 연구를 통해 소개됐다. 브런스던과 메이는 이 영역은 아직 연구가 미흡한 실정이라고 설명했다. 이들은 두 개의 사례연구를 제시했다. 첫째는 연금에 관한 것으로, 2006년 5월의 상황까지 보여주는 시사적인 주제를 다뤘다. 2000년대 중반에 구성된 연금위원회Pensions Commission(2004: x)는 영국이 "선진국 가운데 가장 인색한 연금 제도를 가지고 있고," 또 "가장 발전된" 민간연금 체계를 가지고 있다고 평가했다. 이런 사실은 복지국가의 역사를 조금이라도 공부한 사람에게는 그다지 놀라운 일은 아니다. 다만 베버리지는 상업적인 복지서비스 공급보다 상호적인 공급 방식을 선호했다(Hewitt & Powell, 1998). 두 번째 사례연구는 기업복지 혹은 '후생wellness'에 관한 것이었다. 이런 혜택은 역

 현대적인 MEW

신노동당의 정치인이 지역구 주민들의 불평을 듣고 있다. 내용은 다음과 같다. 민간자본활용방안으로 지어진 병원, 기금병원, 독립진료센터independent treatment center, 환자의 치과의사가 NHS를 떠나면서 어쩔 수 없이 민간치과를 찾게 된 것, 민간연금의 저조한 실적, 학부모-교사 모임Parent Teacher Association이 자체 복권을 발행해서 생긴 수입으로 운영하는 학교, 과거 지방정부가 소유했던 주택협회를 통해 이제는 더 이상 집을 마련할 수 없게 된 것, 보육원이 국가복권National Lottery으로부터 아무런 지원을 받지 못하게 된 것, 직접지불액을 받아쓰는 데 생기는 문제, 침 시술에 대해 NHS의 혜택을 받지 못하는 것, NHS에 적용되지 않는 비싼 약을 사기 위해 집을 팔아야 하는 처지, 장기시설보호를 받기 위해 집을 팔아야 하는 상황, 세액공제 혜택이 과다 지급됐다며 되돌려달라는 청구서, 국회의원을 대상으로 하는 민간연금은 안전하다는데, 일반인에게는 안전하지 않은 민간연금에 가입하기, 경찰은 속도위반 딱지를 끊는 데만 연연해서 개인 안전을 위해서 별도의 비용을 써야하기, 그래서 "차라리 경찰이 노상강도를 체포할 때마다 차라리 돈을 주는 게 어떨까?"라는 생각까지 떠오를 정도라는 불평까지.
"우리가 사람들에게 얼마나 많은 짓을 해 버린 걸까" 그는 생각했다. "보수당이 더 이상 집권하지 않은 게 감사할 따름이군"

진적이라는 측면에서 기업복지의 특징을 잘 보여준다. 다시 말해, 많은 고위 임원들은 다른 일반직원보다 더 많은 부가혜택fringe benefits을 받는다는 말이다.

앞서 스미디스(Smithies, 2005)의 양적인 연구를 보면 변화는 미미했지만, 이 책의 저자들은 모두 변화가 심원했다고 밝히고 있다(298쪽 상자글 참고). 당혹스러운 입장 차이다. 몇 가지 이유가 있겠다. 첫째, 양적인 연구는 1999~2000년까지 자료를 분석했는데, 최근 자료까지 봤다면 변화의 폭은 더 컸을 것으로 생각된다. 둘째, 이 책의 저자들은 MEW뿐 아니라 SDW에서 생긴 변화에도 주목했다. 셋째, 그들은 양적 연구보다는 질적인 정책이나 제도의 변화에 초점을 맞췄다. 넷째, 정책이 변하면 이에 따라 지출액도 변화한다는 것이 일반적인 상식이지만, 이 책의 저자들은 미세한 정책 변화가 미래에 중대한 변화를 가져올 수 있다고 생각하고 있다. 민관파트너십이나 민간자본활용안 같은 정책이 그런 예다. 마지막으로, 양적인 연구는 규제의 측면을 보지는 않는데, 규제를 통해 근본적인 변화가 생긴다.

3차원적 MEW

1장(<표 1-2>)에서 우리는 1차원적인 MEW는 재정과 규제 분야를 간과하기 때문에 적절하지 않다는 것을 알아봤다. 최근 연구들을 보면 국가에서 시장으로 이동하는 경향에 대해 초점을 맞추는데, 예를 들어 민영화, 시장화 혹은 상품화를 들 수 있다(예를 들어, Morgan, 1995; Drakeford, 2000; Leys, 2001; Pollock, 2004). 그러나 민영화는 현상에 대한 분석적인 효용을 가지지 않은 채 잡다한 의미로 많이 쓰이는 용어이다(Le Grande & Robinson, 1994; Drakeford, 2000).

MEW에서 생긴 변화를, <표 11-1>에서 보는 것과 같이 현상이 처음 발생한 칸에서 현상이 벌어지기 시작한 칸으로 이동하는 경로를 통해 살펴보는 것은 더 의미가 있겠다. 가장 심원한 변화는 복지서비스의 세 측면이 모두 바뀌는 경우일 것이다(예를 들어, 1a에서 6b로 바뀌는 것이다. 복지국가의 핵심 영역인 공공 전달, 공공 재정, 공공 규제에서, 민간 재정과 전달 그리고 한정된 혹은 전무한 규제를 받는 쪽으로 이동하는 것이다. 민영화는 방금 말한 3차원적인 변화일 수도 있고(1a에서 6b로: P1), 또 첫줄에서 아래로 이동하는 것도 포함한다(예를 들어, 1에서 5로, P2; 2에서 10으로 등). 또 가장 왼쪽 첫 번째 열에서 오른쪽으로 이동하는 것이나(예를 들어, 1에서 2로: P3, 5에서 7로) 높은 규제에서 낮은 규제 수준으로 이동하는 모든 움직임(a에서 b로 가는 모든 이동, P4)도 포함한다. 예를 들어, 내프(Knapp, 1989: 226)는 소비자에 대한 비용 부과(5칸), 적용예외contracting out(2칸), 시장에 의한 자원배분market allocation, "민영화의 핵심"(6칸)에 대해 논의했다). 공공복지의 민간전달은 엄격하게 말해 2칸만을 지칭한다(Papadakis & Taylor-Gooby, 1987). 어떤 측면에서는 민영화(2열 혹은 5행으로 향하는)와 자원화voluntarisation(3열로 향하거나: V1, 9행으로 향하는: V2), 비공식화informalisation(4열로 가거나: I1, 13행으로 향하는: I2)를 구별해서 말하는 것이 낫겠다. 이런 경향은 국가의 규제, 전달, 재정의 역할이 줄어드는 것으로 이해할 수 있다. 이런 입체적인 과정을 이해하면, '규제가 풀린 자원주의'나 '공급이 안 되는 비공식화'라는 식의, 단정적인 표현들이 매우 부적절하다는 걸 알 수 있다.

| 표 11-1 | MEW의 최근 동향

재정		전달			
		국가	시장	자원	비공식
	국가	P4 1a(높은 규제)	P3 2a	V1 3a	4a
		1b(낮은 규제)	2b	3b	4b I1
	시장	P2 5a	P1 6a	7a	8a
		5b	6b	7b	8b
	자원	9a	10a	11a	12a
		9b V2	10b	11b	12b
	비공식	I2 13a	14a	15a	16a
		13b	14b	15b	16b

소유와 전달 부분에서 있어 최근에 일정한 변화가 있었다. 예를 들어 민관파트너쉽이나 민간자본 활용방안은 효과적으로 학교와 병원 같은 공공의 자산을 민간에게 넘겨줬다(3, 4장 참고). 유사하게, 일부 지역정부 소유의 주택들도 사회주택 사업자social landlord들에게 주택을 다수 넘겼다.

소유와 전달뿐 아니라 재정과 규제 부문에서도 변화가 생기고 있다. 재정 분야가 민영화되거나, 국가에서 개인으로 재정적 부담이 옮겨지는 예가 나타나고 있다. 점점 더 많은 학교와 병원이 나라의 재원보다 정부의 복권사업 등 자선적인 사업으로 생기는 재원에 의존하고 있다. 약값을 올리는 등 사용자가 부담하는 비용을 새로 도입하거나 올리는 것은 1칸에서 5칸으로 이동하는 것과 같다. 많은 사람들이 이제는 NHS 안에서는 치과 치료를 받을 수 없게 됐다. 토니 블레어는 2001년까지 모두가 NHS 안에서 치과 서비스를 받을 수 있도록 하겠다고 1999년에 약속했지만, 이 약속은 깨졌다. 많은 사람들은 민간 시장으로 나가 자기가 직접 치과 치료비를 내든지, 민간의료업체와 별도의 계약을 맺었다. 치과 치료비를 마련할 수 없는 일부 사람들은 집안에서 부모가 공구통을 써서 치료를 하거나 이빨에 실을 매달고 실의 반대쪽 끝을 문고리에 매다는 식의 '민간요법'을 쓰기도 한다.

1997년 노동당의 선거공약에도 불구하고, 일부 노년층들은 민간시설보호 비용을 충당하기 위해서 여전히 집을 팔아야 했다. 또 수술비나 약값을 마련하기 위해 집을 파는 경우도 있었다. 또 영국의 많은 대학생들은 이제 추가 수업료top-up tuition[4]를 내야 한다. 보수당은 자산조사 방식의 사립학교교육지원제도Assisted Places Schemes를 운영했는데, 이를 통해 학부모들은 사립학교에 자녀를 보낼 때

---

4 영국은 전통적으로 고등교육 서비스를 무상으로 제공했다. 그러나 1990년대 이후 직업교육기관이던 폴리테크닉 컬리지polytechnic college 등도 대학으로 승격시키는 등 고등교육의 폭을 넓혔다. 그러나 이에 따라 국가가 부담하는 고등교육 재정 부담이 커지자 대학에 대한 지원금을 대폭 줄였다. 국가의 재정 지원이 줄어들면서 대학들의 재정 상태가 악화되면서 대학들은 정부보조금과 실제 운영비 사이의 차액만큼을 학생들에게 추가적인 수업료top-up tuition로 요구하게 됐다.

일정한 재정적 지원을 받을 수 있었다. 신노동당은 집권에 성공한 뒤 이 지원을 없앴다. 신노동당은 보건의료 분야에서 '선택과 예약choose and book' 제도를 도입하기도 했다. 이에 따르면 환자들은 원하는 병원이나 독립진단치료센터Independent Diagnostic and Treatment Centres에서 무료로 치료를 받을 수 있다. 신노동당은 또 직접지불제도를 허용했는데, 6장에서 살펴본 대로 사회적 서비스를 받는 사람은 직접 자신이 선호하는 서비스 공급자를 골라서 지불할 수 있다. 위의 정책 변화는 모두 재정이나 규제 부분이 바뀐 예라고 볼 수 있다.

우리가 1장에서 본 대로, 규제의 중요성은 점차 커져서 우리가 사는 곳이 이제는 '규제국가' 혹은 '감사사회audit society'라는 주장도 있다. 이런 사회나 국가에서 정부는 노를 직접 젓는 대신 방향타를 잡거나, 혹은 '좁은 대상에게 더 많은 통제권을 가지는' 방식의 통치 유형으로 옮겨가게 된다(305쪽 상자글 참고, 또 4장과 8장 참고). 〈표 11-1〉의 관점에서 보자면, 이런 경향은 낮은 규제 수준인 b에서 높은 규제 수준인 a로 옮겨가는 과정을 나타낸다. 그러나 규제가 실패했던 사례나, 모란(Moran, 2003: 171)이 '실패의 시대'[5]라고 지적했던 사례도 많이 있다.

이런 3차원적 설명을 통해 우리는 사회복지서비스의 '전달'만 보는 1차원적인 접근만으로는 잘못된 결론에 이르게 된다는 점을 알 수 있다. 따라서 국가 기능이 그저 줄었다거나 늘었다거나 하는 식으로 설명하면 복잡한 현실을 제대로 설명할 수 없게 된다. 국가 기능은 차원에 따라 늘거나 줄어들며, 영역별로 그 균형이 이뤄지는 방식도 다양하다(Burchardt, 1997; Smithies, 2005). 아마도 한 영역에서는 두발자국 앞으로 나가고 한발자국 뒤로 움직였다면, 다른 영역에서는 반대로 움직였을 것이다. 따라서 국가의 통제 유형, 예를 들어 직접적인 소유와 재정 그리고 간접적인 규제 등에 대해 분명하게 판단을 내리는 것은 힘들다. 또 특정 유형이 재분배에 어떤 영향을 미칠지도 명확히 말하기 힘들다.

---

5 모란이 2003년에 낸 『영국의 규제국가The British Regulatory State: High Modernism and Hyper-Innovation』책 가운데 있는 한 소제목에서 따온 표현. 규제로 생기는 실패 가운데 평가 기준을 막론하고 실패로 인정되는 사례들을 지칭하는 표현.

MEW의 분석

현실의 복잡한 상황을 '민영화'와 같은 단순한 말로 분석하기란 어렵다. 민영화는 다양한 전술을 모두 포괄하는 표현이다. 그러나 '시장에 이르는 길'은 시작점과 종착점, 경로에 있어 모두 제각각이라 다양하다(Clarke, 2004)(〈표 11-1〉).

더욱이, 민영화를 둘러싼 논쟁은 내용이 한정돼 있어 오히려 혼란을 일으킨다. 디킨과 라이트(Deakin& Wright, 1990: 1)는 우파들은 더 나은 공공서비스를 추구하는 대신, 조지 오웰이 유포한 '공공은 나쁘고 민간은 좋다'는 식의 주문을 되뇌며 '더 적은 공공서비스'를 추구한다고 주장했다. 이런 주장은 상황을 과도하게 단순하게 그려낸 측면이 있다. 그러나 반대로 주장할 수도 있다. 일부 학자들은 '공공은 좋고, 민간은 나쁘다'라고 보기 때문이다.

국가는 어느 상황에서건 항상 좋다는 가설은 상당히 일반적이다. 물론 좌파의 일부들은 국가가 서비스를 전달하는 것에 매우 비판적이다. 영국의 한 그룹London Edinburgh Weekend Return Group이 1980년에 낸 책인『국가 안에서 국가에 저항하기In and Against the State』를 보면, 국가서비스는 민간서비스보다 일정한 한도 안에서 좋은 것은 사실이다. 때로 국가서비스는 우리에게 씁쓸한 뒷맛을 남기기도한다. 복지국가의 신화는 때로 경험을 통해 깨지기도 한다. 소비자의 입장에서는 통신회사를 민영화한 성공적인 사례와 수도 사업 민영화의 비극적인 사례를비교할 수 있을 것이다. 그러나 민영화한 철도와 국가 소유의 영국철도British Rail사이에서 하나를 택일하는 것은 쉽지 않을 것이다.

이에 관한 토론에서는 종종 역사에 대해 제대로 이해하지도 못하고 내뱉는 주장들도 듣게 된다. NHS가 민영화되고 있다고 주장하는 사람들은 베번Bevan 시절의 NHS가 어떤 것이었는지를 모르기 때문이다. 당시에도 일반의General Practioner들은 독립적인 계약자나 '작은 가게 주인small shopkeeper'으로서, 민간 영역에서 건강상담의로서, 혹은 NHS 시설 안에서 민간업무의 담당자로서 일할 수 있었다. 또 '베버리지의 복지국가'도 국가의 기본 위에, 자원 혹은 민간 영역이 '상부

구조물superstructure' 혹은 '연장식 슬라이딩 사다리extension ladder'처럼 기능한다는 개념에 기반을 두고 그려졌다. 예를 들어, 베버리지는 민간연금이 국가의 적정한 최소수준을 보완한다면 이를 지지했다(Powell & Hewitt, 1998). 토론은 종종 폭넓게 이뤄지지 않는다. 비교 연구도 미국의 민간 의료 분야에 한정되지, 유럽의 혼합된 제도까지는 잘 다루지 않고 있다.

토론에서 의제가 뒤섞여서 혼란스러운 점도 문제다. 예를 들어, 가브리엘과 랭(Gabriel & Lang, 2006: 178)은 민영화로 공공서비스는 소비자의 지불 능력에 의존하게 된다고 주장했다. 그러나 이는 생산과 재정 사이의 관계를 혼동한 것이다. 공공서비스라고 해서 모두 무료는 아니다. 시영주택council houses이나 NHS의 처방이 그런 예다. 또 민간이 소유했지만 공공이 재원을 마련하는 공공서비스는 무료로 사용할 수 있는 것도 있다. 종종 지금의 미세한 차이가 앞으로 큰 차이를 만들기 때문에 현재 민영화는 결국 상품화commodification로 귀결될 것이라는 주장도 나온다. 달리 말해, 민영화는 사회서비스에 대해 요금을 부과하는 첫 번째 단계라는 말이다(예를 들어, Crouch, 2003; Pollock, 2004).

향연을 떠도는 유령[6]:
그 밖의 토론에 나타난 MEW

MEW와 SDW가 최근 사회정책학 관련 토론에서 강하게 부각되지는 않고 있다. 그러나 두 요소는 마치 향연을 떠도는 유령처럼 여러 토론(아래 상자글) 주변을 배회하고 있다.

---

6 The ghost at the feast. 셰익스피어의 희곡 '맥베스'에 나온 표현. 스코틀랜드의 장군 맥베스는 왕위에 오르기 위해 왕과 동료 뱅코를 죽인다. 반란에 성공한 맥베스는 이를 축하하는 잔치를 벌이지만, 연회에 나타난 뱅코의 망령을 보고 혼비백산한다. 훗날 뱅코의 아들은 맥베스를 처단하고 왕위에 오른다. 저자는 MEW와 SDW 문제를 희곡 맥베스에서 향연을 떠도는 유령에 비유했다.

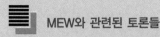 **MEW와 관련된 토론들**

시민권과 소비자중심주의consumerism

많은 학자들은 소비자중심주의가 부분적으로 혹은 완전히 시민권을 대체했고, 사회복지서비스 수혜자들은 '시민-고객'이 됐다고 주장한다(예를 들어, Crouch, 2003; Gabriel & Lang, 2006). 복지서비스는 민영화, 시장화, 상업화, 상품화했다는 것이다(Leys, 2001; Pollock, 2004). 또 민간-공공이 동업하는 분야가 넓어지면서 공공 분야는 축소됐다(Clarke, 2004; Marquand, 2004). 또 '정치적 인간'에서 '경제적 인간'으로 변화했고, 시민으로서 목소리를 내지 않고 소비자로서 상품을 고르듯이 선택을 하거나 보이콧을 하게 됐다.

시민사회

기든스(Giddens, 1988)는 그의 '제3의 길'에서 시민사회의 '시민성 회복'과 국가와 시민사회 사이의 협조가 중요한 요소라고 주장했다. 마찬가지로, '새로운 복지혼합'은 공공과 민간 영역 사이에 시너지 효과를 모색하는데, 공공의 이해를 염두에 두고 시장의 동력을 활용하고자 한다. '긍정적인 복지'를 위해, "교회나 가족, 친구 집단 같은 제도들이 의무를 충분히 수행하지 못했을 때만 국가는 개입해야 한다(112쪽)." 기든스는 또 "복지문제에서 '복지사회'가 '복지국가'를 대체해야 한다는 것은 이제 최근의 연구에서는 이미 합의가 이뤄졌다(117쪽)"고 밝혔다.

거버넌스Governance

로즈(Rhodes, 1997)는 거버넌스를 정부government보다 폭넓은 의미를 가진다고 봤다. 복지서비스는 민간/자원 영역이 전달하거나 혹은 정부가 다양한 형식을 통해 전달하는데, 이런 공간을 모두 포괄해 거버넌스라고 칭한다. 그러나 공공, 민간, 자원 영역 사이의 경계는 이동하고 애매모호해졌고 그래서 경계를 긋는 것이 의미가 없어졌다. 정부 혹은 규제국가는 소유권을 넘기고 대신 규제에 집중했고, 노를 젓지 않고 대신 방향타를 잡으려 하고 있다.

새로운 공공 관리

정부는 시설을 소유할 필요는 없다. 그러나 서비스를 전달하는 대신 재원을 마련하고 규제를 적용할 수는 있다. 말하자면, 서비스 공급 주체의 역량을 강화해주는 것이 국가의 기능이다the enabling state. 오스본과 개블러(Osborne & Gaebler, 1992)는 정부가 '노를 젓지 말고, 방향타만 잡으라'고 주장한다. 즉, 정부는 실적 관리와 감사에 신경을 쓰라는 말이다.

위험

벡(Beck, 1992)과 기든스(1994)는 우리가 '위험사회risky society'에 살고 있다고 주장한다. 전통적인 복지국가는 위험을 집합적으로 관리했다. 그러나 소비사회에서 '개인이 조달하는 사회복지서비스 공급DIY social policy[7]의 위험은 점차 개인이 떠안을 몫으로 돌아갔다(Klein & Millar, 1995; Kemshall, 2002). 예를 들어, 개인이 가입한 민간연금이나 기업연금에 문제가 생기면 개인의 위험은 커지게 된다.

협력관계

MEW에서 두 개 이상의 영역 사이의 관계의 한 유형이다. 예를 들면 공공-공공, 공공-자원, 공공-지역, 공공-민간 영역 사이의 협력관계를 말한다. 이런 협력관계는 오랜 역사를 가진다. 일부는 전통적 복지국가보다 시기에서 앞선다(Powell & Glendinning, 2002: 4).

공공서비스의 기풍

공공기관의 직원은 '공공서비스의 기풍'을 가지고 있기 때문에 공공서비스의 질이 더 낫다는 주장이 있다. 다시 말해, 공공 영역에 속한 의사가 민간 영역의 의사보다 낫다는 말이다. 르 그랑(Le Grande, 2005)의 표현을 빌리자면, 전자는 '기사knights'이고, 후자는 '악당knaves'이다. 소유권이 문제인 셈이다. 재정이나 규제 같은 문제는 결국 소유에 견줘서는 사소한 문제다. 그러나 공공서비스의 기풍에 대한 의문도 몇 가지 제기되고 있다(IPPR, 2001; Moran, 2003). 일부 의료 상담가 가운데는 민간과 공공 영역에서 동시에 일하는 경우도 있다. 그렇다면 민간병원의 문을 열고 들

---

7 영국 배스 대학 교수인 루돌프 클라인Rudolf Klein과 제인 밀러Jane Millar가 제안한 개념. 개인이 자신에게 적합한 복지혼합 가운데 자신에게 적절한 방식으로 서비스를 공공, 민간, 비공식, 자원 영역에서 조달해서 조합을 만들어낸다는 것.

어가는 순간 이들은 기사에서 악당으로 변신이라도 하게 되는 걸까? 공공이 소유권을 가진다고 해서 항상 서비스의 질이 보장되지는 않는다. 일부 장기요양병원에서 환자들에게 발생했던 사고를 보면 이런 사실을 알 수 있다. 또 민간병원에서 서비스의 질이 낮다는 식의 사실도 확인하기는 마찬가지로 어렵다.

상자글의 짤막한 개요는 어쩔 수 없이 복잡한 토론을 심하게 재단했지만, MEW와 SDW와 여러 토론 사이에 생기는 잠재적인 관계를 설명하기에는 충분할 것으로 본다. 또 MEW와 SDW와 같은 새로운 관점에서 이와 같은 토론은 더 폭넓게 바라볼 수 있다는 점도 알 수 있다.

MEW와 SDW의 영향

MEW와 SDW가 시간과 공간에 따라 매우 다양한 모습을 보여주듯이, 두 가지의 재분배적 효과는 다양하다. 1장의 내용을 되돌아보면, 로즈와 쉬라토리(Rose & Shiratori, 1986)가 총복지가 국가, 시장, 자원/비공식 자원을 합한 것이라고 주장했지만, 미쉬라(Mishra, 1990: 110~114)는 총복지는 단순히 부분의 합이 아니라고 주장했다. 각 부분은 제각각 영역이 다르고 원리가 다르기 때문에 각 부분이 기능적으로 동등하다고 볼 수 없다는 것이 그의 주장이었다. 좀 더 폭넓게 말하자면, 이 논쟁은 총복지가 부분들의 합산인지, 아니면 부분들을 단순 합산한 것이 아닌 기능적인 조합인지에 대한 것이다. 쉽게 말해,

$$TW = S + P + I + V + O + F$$

인지 혹은

TW= f(S,P,I,V,O,F)인지에 관한 것이다.

여기서 TW = 총복지total welfare, S= 국가state, P=민간private, I= 비공식informal, V= 자원voluntary, O=기업occupational, F= 재정fiscal을 말한다.

이 책의 관점은 총복지를 단순한 합산의 개념으로 볼 수 없다는 것이다. 마치 사과와 오렌지를 합한다고 해서 과일이라는 개념을 도출할 수 없는 것과 마찬가지다. 사회복지에서 다른 부분은 서로 다른 수급권에 관한 원칙에 근거하고 있고, 따라서 다른 재분배 효과를 가지고 있다. 예를 들어 사회복지서비스 기능이 국가에서 가족과 같은 비공식 영역으로 넘어가게 되면, 대부분 비공식 영역의 보호자는 여성이기 때문에 젠더불평등은 심화된다. 또 비공식 영역에서는 시민으로서 받을 수 있는 수급권도 무시될 수 있다.

재분배 효과를 분석하는 일에는 문제점이 있다. 두 개의 서로 다른, 그렇지만 서로 밀접하게 연결된 과정이 동시에 발생하기 때문이다. 첫째, 앞서 말한 대로 MEW와 SDW에서 변화가 생긴다. 둘째, 선택과 발언choice and voice의 전달체계에 있어 변화가 생긴다. 두 가지 변화상을 합하면, 국가에서 시장으로, 발언에서 선택으로, 시민권에서 소비자중심주의로 이동이 있었음을 확인할 수 있다.

전통적인 관점에서 보면, 국가가 제공하는 서비스는 평등을 증대하는 것으로 보인다. 달리 말해, MEW에서는 공공 영역이 민간/자원/비공식 영역보다 더 평등을 지향하고, SDW에서는 공공복지가 기업/재정복지보다 더 평등을 고취한다. 이런 결과를 보면 결국 국가로부터 멀어질수록 불평등은 심화될 것으로 보인다. 실제로 드레이크포드는 3장에서 최근 MEW의 변화 가운데 가장 큰 피해를 본 것은 영국 복지국가의 가장 핵심적인 기반 원리인 평등이었다고 밝혔다. 그러나 르 그랑(Le Grand, 1982)은 국가가 복지제도를 통해 부유층에 더 혜택을 주기 때문에 국가복지는 역진적이라고 주장했다(그러나 다른 내용도 참고. Powell, 1995). 우파들은 복지국가가 실패했으니 민영화를 추진해야 한다는 주장의 근거로 르 그랑의 말을 활용했다. 또 우파들과 좌파의 일부는 시민사회의 시민성 회복을 지지했다(305~307쪽 상자글 참고). 이들은 국가적인 해결책보다 탈중심적 decentralist, 자원적voluntarist, 상호적이고 집단적인 해결을 선호했다(예를 들어, Freedland, 1998; Burns 외, 1994; Hirst, 1994). 신노동당은 '권력을 민중에게' 돌리기 위해 '진정한 공공 소유public ownership'에 이르려면 영국의 풍요로운 상호주의 mutualism 전통을 활용해야 한다고 주장하고 있다(예를 들어, Blears, 2003). 또 법적인 복지가 재정/기업복지보다 누진적이라는 것이 일반적인 견해다(예를 들어, Titmuss, 1963). 그러나, 기업복지가 누진적이기 힘든 것은 사실이지만, 재정복지 — 예를 들어 세액공제 — 가 누진적일 수는 있다(7장 참고).

전달체계로 주제를 옮기자면, 클라인과 밀러(Klein & Millar, 1995: 303)는 다음과 같이 적고 있다. "지난 수십 년 동안 가장 두드러진 특징은 '개인이 처방하는 사회복지서비스 공급DIY social policy'이다. 여기서 개인은 공공영역과 민간시장에서 자신에게 맞는 복지혼합을 구성해낸다." 이 대목을 긍정적으로 읽는다면, 개인은 복지서비스를 선택할 수 있는 폭이 넓어져서 수동적인 고객에서 능동적인 시민-고객으로 변화하게 된다. 르 그랑(2005)처럼 '시장사회주의market socialism'를 지지하는 학자들은 선택의 폭을 넓히는 제도는 누진적일 수 있다고 주장한다. 다양한 바우처나 빈곤층에게 유리한 균등할공식capitation formula[8]이 그런 예다. 그러나 비관적인 시각을 가진 학자들은 집에서 개인이 망치를 들고 만들어낸 책상이 엉망인 것처럼 개인이 설계한 복지혼합도 매우 잘못될 수 있다고 주장한다(Powell & Hewitt, 2002). 선택의 폭이 넓으면 개인은 그만큼 위험도 더 많이 떠안기 때문이다(305~307쪽 상자글 참고). 즉 개인의 선택에 따라 결과의 불평등이 생기게

---

8 균등할공식에서 capitation은 인두세, 즉 사람 머릿수대로 할당하는 것을 의미한다. 즉, 계급이나 계층에 상관없이 한 사람당 동등한 수준의 과세를 하거나 혜택을 주는 것을 의미한다. 따라서 복지혜택을 균등할공식capitation formula에 따라 주게 되면 누진적인 영향을 미치게 된다. 참고로 영국 NHS의 예산을 지역별로 배분할 때 쓰는 기준은 가중 균등할공식weighted capitation formula으로, 응용된 방식의 균등할 공식이다.

된다. 그러나 완벽한 평등 상태를 깨는 것은 선택의 문제만은 아니다. 선택과 발언 모두 불평등과 연관된 것으로 보인다. 선택과 발언을 통해 불평등의 수준이 결정된다. 정치적이고 경제적인 영역에서 실제로 불평등은 체감되고, 특정 집단의 사람들에게 불이익이 전가될 수도 있다. 국가를 전적으로 신뢰하는 것은 현명하지 않다. 여성은 은퇴 이후에 부적정한 수준의 연금을 받게 되는 경우가 많다. 그들이 은퇴 이전에 연금에 대해서 국가로부터 제대로 된 조언을 받은 적이 드물거나 아예 조언 자체가 없었기 때문이다.

결론

MEW와 SDW는 사회정책에서 매우 중요하지만 간과된 개념이라는 점을 다시 한 번 강조할만하다. 국가의 복지서비스 전달이라는 한 측면만 강조하는 것은 1940년대 중반에서 1970년대까지 전통적인 복지국가 시절에는 부정확하더라도 어느 정도 용인할 수 있었다. 그러나 이 시기를 제외한 다른 시기의 영국이나 다른 나라를 연구하면서 국가의 서비스 전달만을 바라보는 것은 적절하지 않다. 다시 말해, 복지국가에 대해 좁은 안목을 들이밀면 결국 사회정책의 다른 넓은 분야는 놓치게 된다는 뜻이다. MEW는 시간과 공간에 따라 다양할 뿐 아니라 영역별로도 제각각의 모습을 보인다. 예를 들어, 영국의 보건의료 영역에서 국가는 주된 서비스 공급자였지만, 주택 분야에서 국가의 역할은 상대적으로 미미했다. 마지막으로 MEW의 여러 차원이 변화하거나, 혹은 드레이크포드가 4장에서 쓴 표현을 빌리자면, 소유와 재정, 규제의 뒤섞인 칵테일의 성분비가 뒤바뀌는 것을 보았다.

따라서 사회정책 연구를 위해서는, 국가를 넘어 MEW의 다른 요소인 민간, 자원, 비공식을 살펴봐야 하고, 법적인 복지서비스를 넘어 SDW의 다른 부문을 점검할 필요가 있다는 점을 확인했다. 따라서 사회의 후생은 정치인의 손에만 달려 있는 것이 아니고, 서비스를 구입하고 동시에 서비스를 제공하는 개인과 자원 기관, 고용주 등 모두의 손에 좌지우지된다. 여러모로 개인은 자신에 대한 사회 정책을 스스로 결정한다. 물론, 그 정책을 정하는 환경까지도 결정하는 것은 아니다. 전통적인 복지국가의 관심사였던 국가의 서비스 전달은 사회정책 연구에서 이제는 더 이상 핵심은 아니다. 이제는 규제와 재정 분야를 모두 고려해야 한다. 복지는 복지국가 이상의 것이다. 복지국가가 복지서비스를 전달하는 유일한 매개가 아니기 때문에 어느 방법이 최선인지에 대해서는 논쟁이 이어지고 있다. 분명한 것은 〈표 11-1〉에서 볼 수 있는 '국가 전달'의 칸을 뚫고 나와, MEW와 SDW라는 넓은 세계를 탐구할 필요가 있다는 점이다.

요약

- MEW에서 국가 기능은 역사 속에서 한 차례 크게 커졌다가 줄어들었다.
- 재정과 규제라는 차원은 간과된 경향이 있었다. 따라서 전달이라는 한 측면만 분석의 대상이 됐다.
- 최근 여러 사회정책 토론에서도 MEW의 개념을 활용하지 않는 경향이 있다.

✓ 토론할 문제

- 어떻게 하면 사회정책을 주제로 한 토론에서 MEW 개념을 적극적으로 활용할 수 있을까?
- 〈표 11-1〉에서 MEW 상의 최근 변화를 그려보자.
- 국가복지 전달체계가 MEW나 SDW를 통해 나타난 다른 매개보다 더 누진적인가?

✓ 더 읽을 거리

MEW와 SDW를 분석하는 최근의 자료는 찾기 힘들다. 1장에서 살펴본 자료를 제외하면 내각사무처(the Cabinet Office, 2006)가 낸 『공공서비스 개혁을 위한 영국정부의 접근*The UK Government's Approach to Public Service Reform*』을 들 수 있다.

✓ 인터넷 자료

의회의 논의 과정을 보려면 http://www.publications.parliament.uk/pa/cm/cmhansrd.htm를 보라.

다양한 관점을 지닌 연구소들이 공공 및 민간복지에 대해 논의를 했다(이하 누리집 참고).

아담스미스 연구소http://www.adamsmith.org

시민사회연구소 시비타스http://www.civitas.org.uk

공공정책연구소http://www.ippr.org.uk

민간 및 공공복지에 대한 몇 가지 경험적인 연구는 약간 오래됐지만, 런던정경대학의 누리집에서 볼 수 있다. http://sticerd.lse.ac.uk/dps/case/cp/paper2.pdf와 http://sticerd.lse.ac.uk/dps/case/cp/CASEpaper93.pdf 등이 있다.

고백하겠다. 스웨덴이나 핀란드처럼 우리나라도 복지지출이 늘면, '복지국가'가 되는 줄 알았다. 번역하면서 그게 아니라는 걸 절절히 깨달았다. 물론 복지지출도 중요하다. 쉽게 말해 '실탄'이 있어야 복지정책도 편다. 그렇지만 그게 모두는 아니다. 국가는 규제 하나만을 가지고도 수조, 수천억 원짜리 복지혜택을 국민에게 안겨 줄 수 있다. 번역을 하다가 한 대 맞은 듯한 느낌이 들었던 문장이 있다. 본문의 내용보다 조금 더 간결하게 번역하면 다음과 같다.

"정부가 공공지출을 대폭 줄이기로 결정한 한 나라를 상상해보자. 이 나라에서는 사회보장정책이나 국가보건서비스 대신, 모든 회사가 종업원들과 그들의 가족을 위한 보험에 가입하도록 강제한다. 또 고속도로를 짓는 대신, 민간 기업에게 세제혜택을 줘 유료고속도로를 짓도록 한다. 실업을 막기 위해 일자리에 보조금을 주는 대신, 회사가 노동자를 해고하지 못하도록 하는 법안을 통과시킨다. 공해를 막기 위해 나랏돈을 쓰는 대신, 공해를 유발하는 기업들에게 스스로 공기와 강을 정화하도록 강제한다. 이렇게 되면 전통적인 공공지출통계 방식으로는 이 나라의 사회복지지출은 전혀 없는 셈이 된다. 이런 나라는 물론 하나의 가상이지만, 실제로 위에서 든 예들은 각각 일본과 프랑스, 이탈리아와 스웨덴의 정책이다."

규제가 무조건 좋다는 뜻은 아니다. 위의 글에서 나온 모든 규제에 동의하는 것도 아니다. 다만 복지 수준을 늘리려면 일단 국가가 지출을 늘려야 한다는 단순한 생각을 좀 바꿔야 한다는 생각이 들었다는 얘기다.

용어들이 친절하지 않았다. 책의 원문을 보면 복지혼합경제Mixed Economy of Welfare, 복지혼합Welfare Mix, 복지다원주의Welfare Pluralism, 복지의 사회적 분화Social Division of Welfare 등등 용어들이 실타래처럼 꼬여 있다. 책의 저자인 마틴 포웰 교수에게 메일을 보냈다. 각각의 말들에 대한 해설을 부탁했다. 포웰 교수가 명쾌하게 정리해줬다. "복지혼합경제와 복지혼합, 복지다원주의는 근본적으로 같은 개념입니다" 다만 말의 기원이 조금씩 달라서 용어의 배경만은 조금씩 달랐다. 저자의 명료한 설명에 따라, 특별한 예외가 없는 한 복지혼합경제와 복지혼합, 복지다원주의는 모두 복지혼합으로 통일해서 번역했다. 다만, '복지의 사회적 분화'만큼은 의미가 다르다고 저자는 설명했다.

> "복지혼합과 복지의 사회적 분화는 분명히 다른 개념입니다. 복지혼합의 관점에서는 누가 복지를 공급하고 재원을 마련하고 규제를 가하는지에 관심이 있습니다. 그 주체는 국가일 수 있고, 그밖에 시장, 자원 영역, 비공식 영역일 수 있습니다.
> 복지의 사회적 분화는 서로 다른 복지의 자원에 관심이 많습니다. 따라서 국가복지 외에도 기업복지와 재정복지에 초점을 맞춥니다. 티트머스의 지적은 주목할 만합니다. 그는 많은 사람들이 눈에 띄는, 그리고 누진적인 부의 재분배에 관심을 두지만, 정작 이면에 숨어 있는 그리고 역진적인 기업복지와 재정복지는 소홀히 한다고 지적했습니다."

그의 설명을 들어보면, 복지혼합은 누가 복지서비스 공급의 주체인지에 관심을 더 많이 둔다. 반면 복지의 사회적 분화에 따른 접근에서는 누진적인 국가복지 외에 눈에 띄지 않는 다른 재분배제도에 관심을 더 많이 둔다. 그렇다면 질문은 또 생긴다. 왜 하필 '복지의 경제적 분화'도 아닌 '사회적 분화'라는 말이 생겼을까. 국가복지 외에 재정복지와 기업복지에 방점을 찍었다면 오히려 '경제적'이라는 말이 더 맞을 듯 했다. 저자에게 물었다. 답이 돌아왔다.

> "당신이 쓴 표현이 더 적절할지도 모르겠습니다. 그렇지만 복지의 사회적 분화는 지난 1955년 리처드 티트머스 교수가 사용한 뒤, 학계에서 일반적으로 받아들이는 용어가 됐습니다. 개인적인 의견으로는 그가 이런 용어를 사용한 이유에는 복지가 사회적인 분리를 낳거나 영향을 준다는 점을 강조하기 위한 것이라고 봅니다. 다시 말해, 재정복지나 기업복지를 통해 부유한 사람들이 더 많은 혜택을 본다는 점을 드러내 보이고 싶었던 점이지요."

저자의 설명을 들어보면, 말의 적확성보다는 그 용어가 생겨난 배경과 전통을 조금 더 소중히 여기는 영국 특유의 보수성이 묻어났다.

번역자의 전공도 하필 사회복지다. 1990년대 초반 대학에 들어가던 시절에 사회복지란 흔히 자선이나 구호 정도의 의미로 쓰였다. 2000년대를 거쳐 2010년대에 접어들자 사회복지는 어느새 우리 사회의 앞날을 가르는 뜨거운 쟁점으로 부상했다. 상전벽해다. 앞으로도 복지는 우리 사회에서 훨씬 다양하고 깊은 공명을 가지게 될 가능성이 크다. 그만큼 우리 사회에서 복지 이슈가 폭발력을 가지게 됐다. 우리보다 복지국가를 먼저 겪고 고민한 영국이 내놓은 것이 이 책에서 나온 '복지혼합'이니 '복지의 사회적 분화' 따위의 개념들이다. 물론 우리가 굳이 영국의 길을 따라갈 필요는 없다. 다만 앞날을 잴 때 참고는 할 수 있을 것이다. 그런 맥락에서 이 책이 우리 사회에서 약간은 쓰임새가 있을 것으로 보고, 그러기를 희망한다.

옮긴이 소개

김기태는 2001년 〈The Korea Times〉에 입사했다. 2006년 〈한겨레〉로 옮겨온 뒤,
2010년부터 〈한겨레21〉에서 경제팀 기자로 일하고 있다. 사회복지, 재정, 보건 분야에
관심이 많다. 지난 2006년 '김기태 기자 달동네에서 한 달', 2010년 '생명 OTL-빈곤과 죽
음의 이중나선' 등의 기획기사를 썼다.

니콜라 예이츠는 영국 오픈대학 사회정책학 조교수다. 그는 사회정책학적인 측면에서 '지구화'의 다양한 양상에 대해 집중적으로 연구하고 저술활동을 했다. 저서로는 『지구화와 사회정책*Globalization and Social Policy*』(Sage Publications, 2001)이 있다. 또 『새로운 위험, 새로운 사회복지*New Risks, New Welfare*』(Blackwell, 2000)에 공저자로 참여했고, 학술지인 〈지구적 사회정책*Global Social Policy*〉에 논문을 기고했다. 그는 보건과 사회보호 분야에서 국제 시장의 발달과 그 속에서 이주노동자들의 역할에 대해 연구하고 있다. 또 학술지 〈지구적 사회정책*Global Social Policy*〉의 공동편집자이기도 하다.

던컨 스콧은 영국 맨체스터대학 사회학과의 연구위원이다. 같은 대학 사회정책 사회사업학과의 조교수를 역임했다. 공저로 『동영상: 자원활동의 현실*Moving Pictures: Realities of Voluntary Action*』(The Policy Press, 2000), 『기로에 선 사회적 기업: 자원영역을 향한 도전*Social Enterprise in the Balance: Challenges for the Voluntary Sector*』(Charities Aid Foundation, 2004), 『지역활동과 자원활동 연구*Researching Voluntary and Community Action*』(Joseph Rowntree Foundation, 2005) 등이 있다. 그는 또 자원과 지역영역의 정책과 실천에 관한 폭넓은 연구 및 저작활동을 했다. 또 자원영역연구네트워크the Voluntary Sector Studies Network의 창립멤버이자 이사이고, 지역사회협회의 공동창립자이기도 하다.

마가렛 메이는 영국 런던 메트로폴리탄대학의 관리 및 인력개발과에서 인적자원관리 분야의 부교수다. 대학에서 그는 인적자원관리, 고용관계에 대해 강연을 하고 있다. 그의 주요 연구 분야는 기업복지, 고용관계, 비교사회정책이다. 관련 분야에 폭넓은 저작활동을 하고 있으며, 『학생을 위한 사회정책 길라잡이*The Student's Companion to Social Policy*』(Blackwell, 2003)의 공저자이기도 하다.

마이클 힐은 영국 브라이튼대학 보건사회정책연구소the Health and Social Policy Research Center와 런던대학 퀸 메리의 초빙교수다. 또 뉴캐슬대학의 명예교수이다. 저서로는 『사회정책의 이해*Understanding Social Policy*』(Blackwell, 1980), 『공공정책의 과정*The Public Policy Process*』(Pearson Education, 2004), 『근대의 사회정책*Social Policy in the Modern World*』(Blackwell, 2006)이 있고, 『공공정책집행*Implementing Public Policy*』(Sage Publications, 2002)은 공저이다.

마크 드레이크포드는 영국 웨일즈 카디프대학의 사회정책학과 응용사회과학 교수다. 그는 영국 정부의 보건과 사회정책 관련한 자문역과 함께 웨일즈 의회정부의 제1장관 특보로도 일하고 있다.

마틴 포웰은 영국 버밍엄대학 보건서비스경영센터에서 보건과 사회정책을 연구하는 교수로 재직하고 있다. 주된 연구 분야는 보건정책, 복지국가의 역사, 신노동당의 사회정책이다. 그는 『복지국가와 복지변화*Welfare State and Welfare Change*』(Open University Press, 2002)의 공저자이고, 『신노동당, 새로운 복지국가?*New Labor, New Welfare State?*』(The Policy Press, 1999)의 편저자다.

브라이언 런드는 영국 맨체스터 메트로폴리탄대학의 사회정책학 부교수다. 저서는『국가복지의 이해*Understanding State Welfare*』(Sage Publications, 2002), 『주택정책의 이해*Understanding State Welfare*』(Sage Publications, 2002)가 있다. 지역의회 의원으로도 여러 차례 당선되어 의정활동을 하기도 했다.

애드리언 신필드는 영국 에딘버러대학 사회정책학 명예교수다. 그는 1979년부터 같은 대학에서 교편을 잡았다. 그는 주로 사회보장, 빈곤, 실업과 복지의 사회적 분화에 관해 글을 썼다. 사회정책협회the Social Policy Association의 회장과 대표를 모두 역임했다. 또 실업유닛the Unemplyment Unit의 공동창립자이면서 창립 이후 10년 동안 회장직을 맡았고, 아동빈곤행동그룹the Child Poverty Action Group의 부회장도 역임했다. 저서는 『장기실업*The Long-term Unemployment*』(OECD, 1968), 『실업의 의미*What Unemployment Means*』(Martin Robertson, 1981)가 있고, 공저한 책은 『실직국가*The Workless State*』(Martin Robertson, 1981), 『덴마크와 영국의 조세 복지정책 비교*Comparing Tax Routes to Welfare in Denmark and the United Kingdom*』(Danish National Institute for Social Research, 1996)가 있다.

에드워드 브런스던은 영국 런던 메트로폴리탄대학 관리 및 인력개발과에서 인적자원관리 분야의 부교수다. 그는 주로 기업복지occupational welfare와 성과관리 분야를 연구하고 있고, 이 주제로 폭넓은 저작활동을 하고 있다.

존 스튜어트는 영국 옥스퍼드 브룩스대학에서 의학사, 사회정책사를 가르치는 교수다. 그는 사회보호와 보건의료 분야에 중점을 두고 저술활동을 했다. 저서로는『톺아보기: 지방 권한 이양 이후의 스코틀랜드의 사회복지*Taking Stock: Scottish Social Welfare after Devolution*』(The Policy Press, 2004)가 있다. 또 〈의학사*Medical History*〉, 〈21세기 영국사*Twentieth Century British History*〉, 〈의학사 회보*the Bulletin of the History of Medicine*〉와 같은 저널에 글을 싣기도 했다. 그는 영국의 아동 교육의 역사에 관해 연구하고 있다.

캐롤린 글렌디닝은 영국 요크대학 사회정책학 교수이며, 같은 대학의 사회정책연구소the Social Policy Research Unit 부소장도 맡고 있다. 그는 연구소에서 영국 보건부의 지원을 받아 정부의 개인별 생활비 관련 시범 정책Individual Budget Pilots에 대한 평가 작업과 연구 프로그램을 이끌었다. 그는 또『현금과 보호: 복지국가를 위한 정책 도전*Cash and Care: Policy Challenge for the Welfare State*』(The Policy Press, 2006)의 공저자이다.

피트 앨콕은 영국 버밍엄대학의 사회정책학 교수이며 같은 대학 사회과학대학 학장이다. 그는『빈곤의 이해*Understanding Poverty*』(Palgrave, 2006), 『영국의 사회정책*Social Policy in Britain*』(Palgrave, 2003)의 저자이다. 또 블랙웰 출판사의 블랙웰 컴패니언 시리즈 가운데 하나인『블랙웰 컴패니언 사회정책*The Blackwell Companion to Social Policy*』(Blackwell, 2003)과『사회정책학 블랙웰 사전*The Blackwell Dictionary of Social Policy*』(Blackwell, 2002),『국제사회정책*International Social Policy*』(Palgrave, 2001)의 공동저자이기도 하다. 그는 또 영국의 빈곤, 사회통합, 자원 분야에 관해 폭넓은 저작활동을 해왔다. 사회정책협회the Social Policy Association 회장과 〈사회정책저널*the Journal of Social Policy*〉의 편집위원장을 맡기도 했다.

힐러리 아크세이는 영국 요크대학 사회정책연구소the Social Policy Research Unit의 선임연구위원이다. 그의 주된 연구 분야는 비공식돌봄informal care, 고용, 장애와 질적 연구 방법론이다. 그는 보호자carer의 의욕, 또 업무와 퇴직, 연금과 관련한 그들의 의사결정 과정, 노인들의 자산을 관리해주는 사람으로서 보호자의 역할에 관한 연구를 최근 마쳤다.

1장

Alcock, C., Payne, S., & Sullivan, M.(eds)(2000). *Introducing Social Policy*. Harlow: Prentice Hall.

Alcock, P.(2003). *Social Policy in Britain*(2nd edn). Basingstoke: Palgrave Macmillan.

Alcock, P., Erskine, A., & May, M.(eds)(2002). *The Blackwell Dictionary of Social Policy*. Oxford: Blackwell.

Alcock, P., Erskine, A., & May, M.(eds)(2003). *The Student's Companion to Social Policy*(2nd edn). Oxford: Blackwell.

Ascoli, U., & Ranci, C.(2002). Dilemmas of the Welfare Mix. *The New Structure of Welfare in an Era of Privatization*. New York, NY: Kluwer.

Baldock, J., Manning, N., & Vickerstaff, S.(eds)(2003). *Social Policy*(2nd edn), Oxford: Oxford University Press.

Beresford, P., & Croft, S.(1984). Welfare pluralism: the new face of Fabianism. *Critical Social Policy, 9*, 19~39.

Beveridge, Sir W.(1948). *Voluntary Action*. London: Allen and Unwin.

Blakemore, K.(2003). *Social Policy*(2nd edn). Buckingham: Open University Press.

Bolderson, H.(1986). The state at one remove: examples of agency arrangements and regulatory powers in social policy. *Policy and Politics, 13(1)*, 17~36.

Bozeman, B.(1987). *All Organizations are Public*. San Francisco, CA: Jossey-Bass.

Brenton, M.(1985). *The Voluntary Sector in British Social Services*. Harlow: Longman.

Burchardt, T.(1997). *Boundaries between Public and Private Welfare*. CASE paper 2. London: London School of Economics.

Burchardt, T., Hills, J., & Propper, C.(1999). *Private Welfare and Public Policy*. York: Joseph Rowntree Foundation.

Crosland, C. A. R.([1956], 1964). *The Future of Socialism*. London: Jonathan Cape.

Deakin, N.(2001). *In Search of Civil Society*. Basingstoke: Palgrave.

Drakeford, M.(2000). *Privatisation and Social Policy*. Harlow: Pearson.

Ellison, N., & Pierson, C.(eds)(2003). *Developments in British Social Policy 2*. Basingstoke: Palgrave Macmillan.

Esping-Andersen, G.(1990). *The Three Worlds of Welfare Capitalism*. Cambridge: Polity Press.

_____(1999). *Social Foundations of Postindustrial Economies*. Oxford: Oxford University Press.

Evers, A., & Svetlik, I.(eds)(1993). *Balancing Pluralism. New Welfare Mixes in the Care of the Elderly*. Aldershot: Avebury.

Evers, A., & Wintersberger, H.(eds)(1990). *Shifts in the Welfare Mix*. Boulder, CO: Westview Press.

Field, F.(2000). *The State of Dependency*. London: Social Market Foundation.

Finch, J., & Groves, D.(1980). Community care and the family. *Journal of Social Policy, 9(4)*, 487~511.

Finlayson, G.(1994). *Citizen, State and Social Welfare in Britain 1830~1990*. Oxford: Clarendon Press.

Fitzpatrick, T.(2001). *Welfare Theory: An Introduction*. Basingstoke: Palgrave.

Forder, A.(1974). *Concepts in Social Administration*. London: Routledge and Kegan Paul.

Forder, A., Caslin, T., Ponton, G., & Walklate, S.(eds)(1984). *Theories of Welfare*. London: Routledge and Kegan Paul.

Giddens, A.(1998). *The Third Way*. Cambridge: Polity Press.

Gilbert, N., & Gilbert, B.(1989). *The Enabling State*. New York, NY: Oxford University Press.

Gladstone, D.(ed)(1995). *British Social Welfare*. London: UCL Press.

Glennerster, H.(2003). *Understanding the Finance of Welfare*. Bristol: The Policy Press.

Gough, I., & Wood, G., Barrentos, A., Bevan, P., Davis, P., & Room, G.(2004). *Insecurity and Welfare Regimes in Asia, Africa and latin America*. Cambridge University Press.

Green, D.(1996). *Communities without Politics*. London: Institute of Economic Affairs.

Hadley, R., & Hatch, S.(1981). *Social Welfare and the Failure of the State*. London: Allen and Unwin.

Hantrais, L., O'Brien, M., & Mangen, S.(eds)(1992). *The Mixed Economy of Welfare*. Loughborough: Loughborough University.

Harris, J.(1992). War and social history. *Contemporary European History, 1(1)*, 17~35.

Hatch, S., & Mocroft, I.(1983). *Components of Welfare*. London: Bedford Square Press.

Hewitt, M., & Powell, M.(1998). A different "Back to Beveridge"? Welfare pluralism and the Beveridge welfare state. In E. Brunsdon, H. Deanm, & R. Woods(eds), *Social Policy Review 10*(pp. 85~104). London: Social Policy Association,

Hill, M., & Bramley, G.(1986). *Analysing Social Policy*. Oxford: Blackwell.

Hills, J.(2004). *Inequality and the State*. Oxford: Oxford University Press.

Hirst, P.(1994). *Associative Democracy*. Cambridge: Polity Press.

Hood, C., Scott, C., James, O., Jones, G., & Travers, T.(1999). *Regulation Inside Government. Waste-watchers, Quality Policies and Sleaze-busters*. Oxford: Oxford University Press.

IPPR(2001). *Building Better Partnerships: Report of the IPPR Commission on Public Private Partnerships*. London: IPPR.

Johnson, N.(1987). *The Welfare State in Transition. The Theory and Practice of Welfare Pluralism*. Hemel Hempstead: Harvester Wheatsheaf.

_____(1999). *Mixed Economies of Welfare*. Hemel Hempstead: Prentice Hall.

Johnson, N.(ed)(1995). *Private Markets in Health and Welfare*. Oxford: Berg.

Jones, K., Brown, J., & Bradshaw, J.(1983). *Issues in Social Policy*(2nd edn). London: Routledge and Kegan Paul.

Judge, K.(1982). Is there a crisis in the welfare state?. *International Journal of Sociology and Social Policy, 2(1)*, 1~21.

Keen, J., Light, D., & Mays, N.(2001). *Public-Private Relations in Health Care*. King's Fund: London.

Kendall, J., & Knapp, M.(1996). *The Voluntary Sector in the United Kingdom*. Manchester: Manchester University Press.

Klein, R.(1985). Public expenditure in an inflationary world. In L. Lindberg, & C. Maier(eds), *The Politics of Inflation and Economic Stagnation*(pp. 196~223). Washington DC, WA: Brookings Institute.

Knapp, M.(1989). Private and voluntary welfare. in M. McCarthy(ed), *The New Politics of Welfare*(pp. 225~252). Basingstoke: Macmillan.

Land, H.(1978). Who cares for the family?. *Journal of Social Policy, 7(3)*, 257~284.

Lavalette, M., & Pratt, A.(eds)(1997). *Social Policy. A Conceptual and Theoretical Introduction*. London: Sage Publications.

_____(2001). *Social Policy. A Conceptual and Theoretical Introduction*(2nd edn). London: Sage Publications.

Le Grand, J., & Bartlett, W.(1993). *Quasi-markets and Social Policy*. Basingstoke: Macmillan.

Lewis, J.(1995). *The Voluntary Sector, the State and Social Work*. Aldershot: Edward Elgar.

Lund, B.(1993). An agenda for welfare pluralism in housing. *Social Policy and Administration, 27(4)*, 309~322.

Majone, G.(1996). *Regulating Europe*. London: Routledge.

Malin, N., Wilmot, S., & Manthorpe, J.(2002). *Key Concepts in Health and Social Policy*. Buckingham: Open University Press.

Mann, K.(1989). *Growing Fringes*. Leeds: Armley.

Marsland, D.(1996). *Welfare or Welfare State?*. Basingstoke: Macmillan.

Mayo, M.(1994). *Communities and Caring. The Mixed Economy of Welfare*. Basingstoke: Macmillan.

Miller, C.(2004). *Producing Welfare*. Basingstoke: Palgrave Macmillan.

Mishra, R.(1990). *The Welfare State in Capitalist Society*. Hemel Hempstead: Harvester Wheatsheaf.

Moran, M.(2003). *The British Regulatory State*. Oxford: Oxford University Press.

Page, R., & Silburn, B.(eds)(1999). *British Social Welfare in the Twentieth Century*. Basingstoke: Macmillan.

Papadakis, E., & Taylor-Gooby, P.(1987). *The Private Provision of Public Welfare*. Brighton: Wheatsheaf.

Pinker, R.(1992). Making sense of the mixed economy of welfare. *Social Policy and Administration, 26(4)*, 273~284.

Powell, M.(2003). Quasi-markets in British health policy: a longue dureé perspective. *Social Policy and Administration, 37(7)*, 725~741.

Powell, M., & Barrientos, A.(2004). Welfare regimes and the welfare mix. *European Journal of Political Research, 43(1)*, 83~105.

Powell, M., & Hewitt, M.(1998). The end of the welfare state?. *Social Policy and Administration, 32(1)*, 1~13.

_____(2002). *Welfare State and Welfare Change*. Buckingham: Open University Press.

Power, M.(1997). *The Audit Society*. Oxford: Clarendon Press.

Rao, N. (1996). *Towards Welfare Pluralism*. Aldershot: Dartmouth.

Rose, H.(1981). Rereading Titmuss: the sexual division of welfare. *Journal of Social Policy, 10(4)*, 477~502.

Rose, R., & Shiratori, R.(1986). Introduction. In R. Rose, & Shiratori(eds), *The Welfare State East and West*. Oxford: Oxford University Press.

Salter, B.(2004). *The New Politics of Medicine*. Basingstoke: Palgrave Macmillan.

Sandford, C., Pond, C., & Walker, R.(eds)(1980). *Taxation and Social Policy*. London: Heinemann.

Seldon, A.(ed)(1996). *Re-privatising Welfare*. London: Institute of Economic Affairs.

Shalev, M.(ed)(1996). *The Privatization of Social Policy? Occupational Welfare and the Welfare State in America, Scandinavia and Japan*. Basingstoke: Macmillan.

Sinfield, A.(1978). Analyses in the social division of welfare. *Journal of Social Policy, 7(2)*, 129~156.

Spicker, P.(1983). Titmuss's "Social division of welfare": a reappraisal. In C. Jones, & J. Stevenson(eds), *Yearbook of Social Policy*(pp. 182~193). London: Routledge and Kegan Paul.

_____(1988). *Principles of Social Welfare*. London: Routledge.

_____(1995). *Social Policy*. Harlow: Prentice Hall.

Taylor, M.(2003). *Public Policy in the Community*. Basingstoke: Palgrave.

Thane, P.(1996). *Foundations of the Welfare State*(2nd edn). Harlow: Longman.

Titmuss, R.(1963). *Essays on the Welfare State*(2nd edn). London: Allen and Unwin.

_____(1968). *Commitment to Welfare*. London: Allen and Unwin.

_____(1974). *Social Policy*. London: Allen and Unwin.

Ungerson, C.(1987). *Policy is Personal*. London: Tavistock.

Walker, A.(1984). The political economy of privatisation. In J. Le Grand, & R. Robinson(eds), *Privatisation and the Welfare State*(pp. 19~44). London: Allen and Unwin.

_____(1997). The social division of welfare revisited. In A. Robertson(ed), *Unemployment, Social Security and the Social Division of Welfare*. Edinburgh: University of Edinburgh.

Walsh, K.(1995). *Public Services and Market Mechanisms*. Basingstoke: Macmillan.

Wilding, P.(1982). *Professional Power and Social Welfare*. London: Routledge and Kegan Paul.

Whitfield, D.(1992). *The Welfare State*. London: Pluto.

Wilensky, H., & Lebeaux, C.(1965). *Industrial Society and Social Welfare*. New York, NY: The Free Press.

Wistow, G., Knapp, M., Hardy, B., & Allen, C.(1994). *Social Care in a Mixed Economy*. Buckingham: Open University.

Wolfenden, Lord(1987). *The Future of Voluntary Oganisations. The Report of the Wolfenden Committee*. London: Croom Helm.

2장

Chaney, P., & Drakeford, M.(2004). The primacy of ideology: social policy and the first term of the National Assembly for Wales. In N. Ellison, L. Bauld, & M. Powell(eds), *Social Policy Review 16: Analysis and Debate in Social Policy 2004*(pp. 121~142). Bristol: The Policy Press.

Deane, T.(1998). Late nineteenth-century philanthropy: the case of Louisa Twining. In A. Digby, & J. Stewart(eds), *Gender, Health and Welfare*. London: Routledge.

Finlayson, G.(1990). A moving frontier: voluntarism and the state in British social welfare, 1911~1949. *Twentieth Century British history, 1(2)*, 183~206.

Finlayson, G.(1994). *Citizen, State, and Social Welfare in Britain, 1830~1990*. Oxford: Oxford University Press.

Glennerster, H.(2003). *Understanding the Finance of Welfare*. Bristol: The Policy Press.

Gorsky, M., Mohan, J., & Willis, T.(2005). From hospital contributory schemes to health cash plans: the mutual ideal in British health care after 1948. *Journal of Social Policy, 34(3)*, 447~467.

Harris, B.(2004). *The Origins of the British Welfare State: Social Welfare in England and Wales, 1800~1945.* Basingstoke: Palgrave Macmillan.

Harris, J.(1972). *Unemployment and Politics: A Study in English Social Policy.* Oxford: Oxford University Press.

_____(1990a). Society and the state in twentieth-century Britain. In F. M. L. Thompson(ed), *The Cambridge Social History of Britain: Volume III Social Agencies and Istitutions*(pp. 63~117). Cambridge: Cambridge University Press.

_____(1990b). Enterprise and welfare states. *Transactions of the Royal Historical Society, 40,* 175~195.

_____(1997). *William Beveridge: A Biography*(2nd edn). Oxford: Oxford University Press.

Hay, J. R.(1983). *The Origins of the Liberal Welfare Reforms*(2nd edn). London: Macmillan.

Horden, P., & Smith, R.(1998). Introduction. In P. Horden, & R. Smith(eds), *The Locus of Care: Families, Communities, Institutions, and the Provision of Welfare since Antiquity*(pp. 1~18). London: Routledge8.

Le Grand, J., & Vizard, P.(1998). The National Health Service: crisis, change, or continuity?. In H. Glennerster, & J. Hills(eds), *The State of Welfare: The Economics of Social Spending*(2nd edn)(pp. 75~121). Oxford: Oxford University Press.

Lewis, J.(1995). Family provision of health and welfare in the mixed economy of care in the late nineteenth and twentieth centuries. *Social History of Medicine, 8(1),* 1~16.

_____(1999a). Reviewing the relationship between the voluntary sector and the state in Britain in the 1990s. *Voluntas, 10(3),* 255~270.

_____(1999b). Voluntary and informal welfare. In R. Page, & R. Silburn(eds), *British Social Welfare in the Twentieth Century*(pp. 249~270). London: Macmillan.

_____(1999c). The voluntary sector and the state in twentieth century Britain. In H. Fawcett, & R. Lowe(eds), *Welfare Policy in Britain: The Road from 1945*(pp. 52~68). London: Macmillan.

_____(2005). New Labour's approach to the voluntary sector: independence and the meaning of partnership. *Social Policy and Society, 4(2),* 121~131.

Lowe, R.(2005). *The Welfare State in Britain since 1945*(3rd edn). Basingstoke: Palgrave Macmillan.

Macnicol, J.(1980). *The Movement for Family Allowances.* London: Heinemann.

McLaughlin, E.(2005). Governance and social policy in Northern Ireland(1999~2004): the devolution years and prospect. In M. Powell, L. Bauld, & K. Clarke(eds), *Social Policy Review 17: Analysis and Debate in Social Policy, 2005*(pp. 107~124). Bristol: The Policy

Press.

Marshall, T. H.(1950). *Citizenship and Social Class*. Cambridge: Cambridge University Press.

Marwick, A.(1964). Middle opinion in the Thirties: planning, progress and political agreement. *English Historical Review, LXXIX*, 285~298.

Pedersen, S.(1993). *Family, Dependence, and the Origins of the Welfare State: Britain and France 1914~1945*. Cambridge: Cambridge University Press.

Prochaska, F.(1988). *The Voluntary Impulse: Philanthropy in Modern Britain*. London: Faber and Faber.

Prochaska, F.(1992). *Philanthropy and the Hospitals of London; The King's Fund 1897~1990*. Oxford: Oxford University Press.

Stewart, J.(1993). Ramsay MacDonald, the Labour Party, and child welfare, 1900~1914. *Twentieth Century British History, 4(2)*, 105~125.

_____(1995). Children, parents and the state: The Children Act 1908. *Children and Society, 9(1)*, 90~99.

_____(2004). *Taking Stock: Scottish Social Welfare after Devolution*. Bristol: The Policy Press.

Thane, P.(1978). Women and the Poor Law in Victorian and Edwardian Britain. *History Workshop Journal, 6*, 29~51.

_____(1990). Government and society in England and Wales, 1750~1914. In F. M. L. Thompson(ed), *The Cambridge Social History of Britain: Volume III Social Agencies and Institutions*(pp. 1~61). Cambridge: Cambridge University Press.

_____(2000). *Old Age in English History: Past Experiences, Present Issues*. Oxford: Oxford University Press.

Titmuss, R.(1967). *Choice and The Welfare State*. London: Fabian Society.

3장

Audit Commission(2005). *Financing Council Housing*. London: Audit Commission.

Babb, P., Martin, J., & Haezewindt, P.(2005). *Focus on Social Inequalities, 2004 Edition*. London: Office for National Statistics.

Blair, T.(1998). *Leading the Way: A New Vision for Local Government*. London: Institute for Public Policy Research.

_____(2004). *Choice, Excellence and Equality, Labour Party*(www.labour.org.uk/news/tbpublicservices0604).

Boddy, M., & Fudge, C.(1984). *Local Socialism?*. Basingstoke: Palgrave Macmillan.

Bovaird, T.(2004). Public-private: from contested concepts to prevalent practice. *International Review of the Administrative Sciences, 70(2)*, 199~215.

Brewer, M., Goodman, A., Shaw, J., & Sibieta, L.(2006). *Poverty and Inequality in Britain 2006*. London, Institute for Fiscal Studies.

Bryce, H. J.(2005). *Players in the Public Policy Process: Nonprofits as Social Capital and Agents*. NewYork, NY: Palgrave Macmillan.

Cabinet Office(1999). *Modernising Government*, Cm 4310. London: Cabinet Office.

Castles, F. G.(2004). *The Future of the Welfare State: Crisis Myths and Crisis Realities*. Oxford: Oxford University Press.

DCLG(Department for Communities and Local Government)(2006a). *Best Value Performance Indicators*(www.communities.gov.uk/index.asp?id=1136106).

_____(2006b). *Housing Statistics*(www. odpm.gov.uk/pub10/Table104Excel37Kb_id1156010.xls).

DoE(Department of the Environment)(1987). *Housing: The Government's Proposals*, Cm 214. London: HMSO.

DfES(Department for Education and Skills)(2005). *Higher Standards, Better Schools For All: More Choice for Parents and Pupils*. London: DfES.

DH(Department of Health)(2006). *The NHS in England: The Operating Framework for 2006/07*. London: DH.

DWP(Department of Work and Pensions)(2004). *Simplicity, Security and Choice: Informed Choices for Working and Saving*, Cm 6111. London: The Stationery Office.

_____(2005). *A New Deal for Welfare: Empowering People to Work*. London: DWP.

_____(2006). *Households below average incomes: 1994/95 to 2004/05*(www.dwp.gov/uk/asd/hbai.asp).

Driver, S.(2005). Welfare after Thatcherism: New Labour and social democratic politics. In M. Powell, K. Clarke, & L. Bauld(eds), *Social Policy Review 17*(pp. 255~273). Bristol: The Policy Press.

Emmerson, C., Frayne, C., & Love, S.(2004). *A Survey of Public Spending in the UK: Briefing Note 23*. London: Institute for Fiscal Studies.

Finlayson, A.(2003). *Making Sense of New Labour*. London: Lawrence and Wishart.

Fyfe, N. F.(2005). Making space for "neo-communitarianism"? The third sector, state and civil society in the UK. *Antipode, 37(3)*, 536~557.

Green, T. H.(1881). *Liberal Legislation and Freedom of Contract*. London: Simpkin Marshall.

Griffith, J. A. G.(1966). *Central Departments and Local Authorities*. London: Allen and Unwin.

Hale, S.(2004). The Communitarian "Philosophy" of New Labour. In S. Hale, W. Leggett, & L. Martell(eds), *The Third Way: Criticisms, Futures, Alternatives*(pp. 87~108). Manchester: Manchester University Press.

Hay, C., Lister, M., & Marsh, D.(eds)(2006). *The State: Theories and Issues*. Basingstoke: Palgrave Macmillan.

Hayek, F. V.(1960). *The Constitution of Liberty*. Routledge: London.

_____(1976). *Law, Legislation and Liberty*. Routledge: London.

Hills, J., & Stewart, K.(eds)(2005). *A More Equal Society?: New Labour, Poverty, Inequality and Exclusion*. Bristol: The Policy Press.

Hindmoor, A.(2005). Public policy: targets and choice. *Parliamentary Affairs*, 58(2), 272~286.

Hirschman, A. O.(1972). *Exit, Voice and Loyalty: Responses to Decline in Firms*, Organizations and States. Harvard. MA: Harvard University Press.

HM Treasury(2004). *2004 Spending Review: Public Service Agreements 2005-2008*(www.hm-treasury.gov.uk/spending_review/spend_sr04/psa/spend_sr04_psaindex.cfm).

_____(2005). *Fiscal policy*(www.hm-treasury.gov.uk/documents/uk_economy/fiscal_policy/ukecon_fisc_index.cfm).

Inland Revenue/HM Treasury(2002). *Simplifying the Taxation of Pensions: Increasing Choice and Flexibility for All*. London: HMSO.

Inland Revenue(2005). *Tax expenditures and structural reliefs*(www.hrmc.gov.uk/stats/tax_expenditure/table1-5.pdf).

Jones, F.(2006). The effects of taxes and benefits on household income, 2004-2005. *Economic Trends, 630*. London: Stationery Office, 1~47.

Labour Party(2005). *Britain Forward not Back*. London: Labour Party.

Le Grand, J.(2003). *Motivation, Agency and Public Policy: Of Knights and Knaves, Pawns and Queens*. Oxford: Oxford University Press.

McEwen, N., & Parry, R.(2005). Devolution and the preservation of the United Kingdom welfare state. In N. McEwen, & L. Moreno(eds), *The Territorial Politics of Welfare*(pp. 41~62). Abington: Routledge.

Maile, S., & Hoggett, P.(2001). Best value and the politics of pragmatism. *Policy & Politics, 29(4)*, 509~516.

Malpass, P.(2000). *Housing Associations and Housing Policy: A Historical Perspective*. Basingstoke: Macmillan.

Navarro, V., Schmitt, J., & Astudillo, J.(2004). Is globalisation undermining the welfare state?. *Cambridge Journal of Economics, 28(1)*, 133~152.

Newman, J., & Vidler, E.(2006). Discrimanating customers, responsible patients, empowered users: consumerism and the modernisation of health care. *Journal of Social Policy, 35(2)*, 193~209.

Offer, J.(2006). *An Intellectual History of British Social Policy: Idealism versus Non-idealism*. Bristol: The Policy Press.

ODPM(Office of the Deputy Prime Minister)(2003). *New Deal for Communities: Annual Review, 2001/2002*(www.neighbourhood.gov.uk/docs/NDC_Ann_Review_2001/2.pdf).

OECD(2005). *Economic Outlook*, vol 2004/2, no 76, December. Paris: OECD.

Osborne, D., & Gaebler, T.(1993). *Reinventing Government: How the Entrepreneurial Spirit is Transforming the Public Sector*. Harlow: Addison Wesley.

Panagakou, S.(2005). The political philosophy of the British idealists, British Journal of Politics and International Relations, 7(1), 1~4.

Pensions Commission(2005). *A New Pension Settlement for the Twenty-First Century: The Second Report of the Pensions Commission; Executive Summary*. London: Pensions Commission.

Ranelagh, J.(1991). *Thatcher's People*. London: Fontana.

Rawls, J.(1971). *A Theory of Justice*. Oxford: Oxford University Press.

Rhodes, R. A. W.(1997). *Understanding Governance: Policy, Networks, Governance, Reflexivity and Accountability*. Buckingham: Open University Press.

Schettkat, R.(2005). Is labor market regulation at the root of unemployment?: the case of Germany and the Netherlands. *Fighting Unemployment, February*, 262~284.

Secretary of State for Social Security and Minister for Welfare Reform(1998). *New Ambitions for Our Country: A New Contract for Welfare*, Cm 3805. London: HMSO.

Select Committee on Education and Skills(2006). *The Schools White Paper: Higher Standards, Better Schools for All First Report of Session 2005~2006: Vol. 1 Report, Together with Formal Minutes: House of Commons papers 633-1*. London: House of Commons.

Shaw, E.(2004). What matters is what works. In S. Hale, W. Leggett, & L. Martell(eds), The *Third Way and Beyond: Criticisms, Futures, Alternatives*. Manchester: Manchester University Press.

SEU(Social Exclusion Unit)(1998). *Bringing Britain Together: A National Policy for Neighbourhood Renewal*. London: Cabinet Office.

Sprigings, N.(2002). Delivering public services under the new public management: the case of public housing. *Public Money and Management, October-December*, 22(4), 11~17.

Stoker, G.(2004). *Transforming Local Governance: From Thatcherism to New Labour*. Basingstoke: Palgrave Macmillan.

Thane, P.(1996). *Foundations of the Welfare State*. London: Longman.

Titmuss, R.(1971). *The Gift Relationship: From Human Blood to Social Policy*. London: Allen and Unwin.

Weber, M.(1979). *Economy and Society: An Outline of Interpretative Sociology*. Berkeley, CA: University of California Press.

4장

Baggott, R.(1994). *Health and Health Care in Britain*. London: Macmillan.

Balloch, S., Banks, L., & Hill, M.(2004). Securing quality in the mixed economy of care: difficulties in regulating training. *Social Policy and Society, 3(4)*, 365~373.

Bartlett, W., Roberts, J. A., & Le Grand, J.(1998). *A Revolution in Social Policy: Quasi-market Reform in the 1990s*. Bristol: The Policy Press.

Birmingham Evening Mail(2005). Inquiry on future of care homes, 11 January.

BMA(British Medical Association)(2005). Treatment centres threaten NHS Trusts, Press Release, 7 January.

Bosanquet, N., & Kruger, D.(2003). *Strong Foundations: Building on the NHS Reforms*. London: Centre for Policy Studies.

Butler, J.(1993). A case study in the National Health Service: working for patients. In P. Taylor-Gooby, & R. Lawson(eds), *Markets and Managers*(pp. 54~68). Buckingham: Open University Press.

DfEE(Department for Education and Employment)(1997). Burying old prejudices with £500,000 boost for private/state school partnerships-Byers, Press release 393/97, 26 November.

_____(1998). £1 million to foster links with independent schools-Morris, Press release 459/98, 7 October.

DH(Department of Health)(1997). Frank Dobson announces action to "end their two tier National Health Service", Press release 97/091, 9 May.

_____(2000). NHS to use spare private capacity, Press release, 31 October.

_____(2001). NHS and BUPA negotiate new public private partnership, Press release, 4 December.

_____(2002). New role for overseas and independent healthcare providers in England, Press release, 25 June.

_____(2004a). New treatment centre for Cheshire, Merseyside and Worcestershire, Press release, 16 January.

_____(2004b). New treatment centres across the South East will treat 5,000 patients a year, Press release, 17 February.

_____(2004c). Treatment centre programme delivering real results for patients, Press release, 13 May.

_____(2004d). *Information on Independent Sector Procurement by the NHS in England*. London: DH.

_____(2005a). Treatment centre success contributing to lowest ever waiting list since comparable records began, Press release, 7 January.

_____(2005b). Reid confirms planned merger of Healthcare Commission and Commission for Social Care Inspection, Press release, 16 March.

Drakeford, M.(2000). *Privatisation and Social Policy*. London: Longman.

Edwards, T., & Whitty, G.(1997). Marketing quality: traditional and modern versions of educational excellence. In R. Glatter, P. A. Woods, & C. Bagley(eds), *Choice and Diversity in Schooling: Perspectives and Prospects*(pp. 29~43). London: Routledge.

Essex, M.(2004). Golden age for healthcare investors, *Financial Times*, 7 November.

Financial Times(2004). EAC in Euros 100m nursing home sale, 6 December.

_____(2005). Private share of state sector soars, 18 April.

Green, D.(1993). *Reinventing Civil Society: The Rediscovery of Welfare without Politics*. London: Health and Welfare Unit, Institute for Economic Affairs.

Guardian(2005). Unpopular hospitals could close, 3 February.

Guthrie, J.(2004). Homes for the mentally ill embrace a new commercialism, *Financial Times*, 27 July.

Hayden, C.(1997). *Children Excluded from Primary School: Debates, Evidence, Responses*. Buckingham: Open University Press.

Health Service Journal(2005). 'Boutique' model mooted, 7 July, 6.

Herald Express(2005). 'MP's concern for residential homes, 23 December.

Hewitt, P.(2005). *Investment and reform: transforming health and healthcare, Annual health and social care lecture*. London: London School of Economics and Political Sciences.

Hood, C.(2002). The risk game and the blame game. *Government and Opposition, 37(1)*, 15~37.

Humphrey, J.(2002). Joint reviews: retracing the trajectory, decoding the terms. *British Journal of Social Policy, 33(3)*, 463~476.

_____(2003). New Labour and the regulatory reform of social care. *Critical Social Policy, 23(1)*, 5~24.

Johnstone, S.(2005). *Private Funding Mechanisms for Long-term Care*. York: Joseph Rowntree Foundation.

Kable(2005). *UK Public Sector Outsourcing: The Big Picture to 2007/08*. London: Kable Market Intelligence Services.

Kemp, P.(1992). Housing. In D. Marsh, & R. A. W. Rhodes(eds), *Implementing Thatcherite Policies: Audit of an Era*(pp. 65~80). Buckingham: Open University Press.

Klein, R.(2005). Transforming the NHS: the story in 2004. In M. Powell, L. Bauld, & K. Clarke(eds), *Social Policy Review 17*(pp. 51~68). Bristol: The Policy Press.

Laing & Buisson(2003). *Value of the Care Home Market*. London: Laing & Buisson.

_____(2004). *Care of Elderly People Market Survey 2004*. London: Laing & Buisson.

Land, H.(2004). Privatisation, privatisation, privatisation: the British welfare state since 1979. In N. Ellison, L. Bauld, & M. Powell(eds), *Social Policy Review 16*(pp. 251~269). Bristol: The Policy Press.

Le Grand, J.(2003). *Motivation, Agency and Public Policy: Of Knights and Knaves, Pawns and Queens*. Oxford: Oxford University Press.

Marsland, D.(1996). *Welfare or Welfare State?: Contradictions and Dilemmas in Social Policy*. Basingstoke: Macmillan.

Milburn, A.(2002). *Redefining the National Health Service, Speech to the New Health Network*(www.doh.gov.uk/speeches/jan2002milburnnhn.htm), accessed 17 January 2004.

Mohan, J.(2003). *Reconciling Equity and Choice? Foundation Hospitals and the Future of the NHS*. Catalyst Working Paper. London: Catalyst.

Moran, M.(2001). Not steering but drowning: policy catastrophes and the regulatory state. *Journal of Political Science, 32(2)*, 391~413.

Needham, C.(2003). *Citizen-consumers: New Labour's marketplace democracy*. London: Catalyst.

NHS Confederation(2005). Treatment centres bring faster treatment but be coordinated with existing NHS services, Press release, 7 January.

Northern Echo(2006). Labour chiefs resigns in care home closures row, 30 March.

O'Neill, O.(2002). *A Question of Trust - the Reith Lectures*. Cambridge: Cambridge University Press.

Page, R.(2001). New Labour, the third way and social welfare: 'phase two' and beyond. *Critical Social Policy, 21(4)*, 513~546.

Powell, M.(2000). New Labour and the third way in the British welfare state: a new and distinctive approach?. *Critical Social Policy, 20(1)*, 39~60.

_____(2003). Quasi-markets in British health policy: a longue durée perspective. *Social Policy and Administration, 37(7)*, 725~741.

Reid, J.(2003). *Choice, Speech to the New Health Network*. London: Department of Health.

Silburn, R.(1992). The changing landscape of poverty. In N. Manning, & R. Page(eds), *Social Policy Review 4*(pp. 134~153). London: Social Policy Association.

Smith, P.(2004a). NHP agrees £564 million bid from US buy-out group Blackstone, *Financial Times*, 6 July.

Smith, P.(2004b). Allianz unit wins Four Seasons auction, *Financial Times*, 6 July.

Tawney, R. H.(1921). *The Acquisitive Society*. London: Fontana.

The Journal(2006a). Punished for trying to save care homes, 10 March.

_____(2006b). Care homes closure puts lives at peril, 30 January.

The Sentinel(2005). Cost of children's care sparks city cash crisis, 9 December.

Timmins, N.(2005). Growth of the service provision business, *Financial Times*, 18 April.

5장

ACEVO(Association of Chief Executives of Voluntary Organisations)(2004). *Communities in Control*. London: ACEVO.

Alcock, P., & Scott, D.(eds)(2005). *Close Work: Doing Qualitative Research in the Voluntary Sector*. West Malling: Charities Aid Foundation.

Alcock, P., Brannelly, T., & Ross, L.(2004). *Formality or Flexibility: Voluntary Sector Contracting in Social Care and Health*. London: National Council for Voluntary Organisations.

Anheier, H., & Kendall, J.(eds)(2001). *Third Sector Policy at the Crossroads: An International Non-profit Analysis*. London: Routledge.

Beveridge, W.(1948). *Voluntary Action: A Report on Methods of Social Advance*. London: Allen and Unwin.

Billis, D., & Glennerster, H.(1998). Human services and the voluntary sector: towards a theory of comparative advantage. *Journal of Social Policy, 27(1)*, 79~98.

Blair, T.(1998). *The Third Way*. London: Fabian Society.

Brindle, D.(2005). Happy days··· but a rosy future?, Guardian, 28 September.

Craig, G., Taylor, M., Wilkinson, M., & Monro, S.(2002). *Contract or Trust? The Role of Compacts in Local Governance*. Bristol: The Policy Press.

Davis Smith, J.(2001). Volunteers: making a difference?. In M. Harris, & C. Rochester(eds), *Voluntary Organisations and Social Policy in Britain: Perspectives on Change and Choice*(pp. 185~199). Basingstoke: Palgrave.

Deakin, N.(2001). *In Search of Civil Society*. Basingstoke: Palgrave.

Deakin Commission(1996). *Meeting the Challenge of Change: Voluntary Action on to the 21st Century, Report of the Commission on the Future of the Voluntary Sector in England*. London: National Council for Voluntary Organisations.

Etzioni, A.(1995). *The Spirit of Community: Rights and Responsibilities and the Communication Agenda*. London: Fontana Press.

_____(1995). *The Third way to a Good Society*. London: Demos.

Evers, A., & Laville, J.-L.(eds)(2004). *The Third Sector in Europe*. Cheltenham: Edward Elgar.

Ferlie, E., Ashburner, L., Fitzgerald, L., & Pettigrew, A.(1996). *The New Public Management in Action*. Oxford: Oxford University Press.

Gosden, P.(1961). *The Friendly Societies in England 1815-1875*. Manchester: Manchester University Press.

Harris, M., & Rochester, C.(eds)(2001). *Voluntary Organisations and Social Policy in Britain: Perspectives on Change and Choice*. Basingstoke: Palgrave.

HM Treasury(2002). *The Role of the Voluntary and Community Sector in Service Delivery: A Cross Cutting Review*. London: HM Treasury.

_____(2003). *Futurebuilders. An Investment Fund for Voluntary and Community Sector Public Delivery: Proposals for Consultation*. London: HM Treasury.

Home Office(1998). *Compact on Relations between Government and the Voluntary and Community Sector in England*, Cm 4100. London: Stationery Office.

_____(2003). *Building Civil Renewal: Government Support for Community Capacity Building and Proposals for Change*. London: Home Office.

_____(2004). *Changeup: Capacity Building and Infrastructure Framework for the Voluntary and Community Sector*. London: Home Office.

_____(2005a). *Funding and Procument: Compact Code of Good Practice*. London: Home Office.

_____(2005b). *Strengthening Partnerships: Next Steps for the Compact, A Consultation Document*. London: Home Office.

_____(2005c). *Developing Capacity: Next Steps for ChangeUp*. London: Home Office.

Humphries, R.(1995). *Sin, Organised Charity and the Poor Law in Victorian England*. Basingstoke: Macmillan.

Jochum, V.(2003). *Social Capital: Beyond the Theory*. London: National Council for Voluntary Organisations.

Jochum, V., Pratten, B., & Wilding, K.(2005). *Civil Renewal and Active Citizenship: A Guide to the Debate*. London: National Council for Voluntary Organisations.

Kendall, J.(2003). *The Voluntary Sector*. London: Routledge.

Kendall, J., & Knapp, M.(1996). *The Voluntary Sector in the UK*. Manchester: Manchester University Press.

Lewis, J.(1995). *The Voluntary Sector, the State and Social Work in Britain*. Cheltenham: Edward Elgar.

_____(1999). Reviewing the relationship between the voluntary sector and the state in Britain in the 1990's. *Voluntas, 10(3)*, 255~270.

NAO(National Audit Office)(2005). *Home Office: Working with the Third Sector*. London: The Stationery Office.

Ormerod, P., Kay, J., Mayo, E., & Hutton, W.(2003). *Replacing the State? The Case for Third Sector Public Service Delivery*. London: Association of Chief Executives of Voluntary Organisations.

Paxton, W., & Pearce, N.(2005). The voluntary sector and the state. In W. Paxton, N.

Pearce, J. Unwin, & P. Molyneux. *The Voluntary Sector Delivering Public Services: Transfer or Transformation?*(pp. 3~36). York: Joseph Rowntree Foundation.

Paxton, W., Pearce, N., Unwin, J., & Molyneux, P.(2005). *The Voluntary Sector Delivering Public Services: Transfer or Transformation?*. York: Joseph Rowntree Foundation.

Pharoah, C., Scott, D., & Fisher, A.(2004). *Social Enterprise in the Balance: Challenges for the Voluntary Sector*. West Malling: Charities Aid Foundation.

Putnam, R.(1993). *Making Democracy Work: Civic Traditions in Modern Italy*. Princeton, NJ: Princeton University Press.

_____(2000). *Bowling Alone: The Collapse and Revival of American Community*. New York, NY: Simon and Schuster.

Robb, C.(ed)(2005). *Voluntary Action: Meeting the Challenges of the 21st Century*. London: National Council for Voluntary Organisations.

Russell, L., & Scott, D.(1997). *Very Active Citizens? The Impact of Contracts on Volunteers*. Manchester; University of Manchester.

Russell, L., & Scott, D., & Wilding, P.(1993). *Funding the Voluntary Sector: A Case Study from the North of England*. Manchester: University of Manchester.

_____(1995). *Mixed Fortunes: The Funding of the Voluntary Sector*. Manchester: University of Manchester.

Salamon, L., & Anheier, H.(1997). *Defining the Nonprofit Sector: A Cross-national Analysis*. Manchester: University of Manchester.

Salamon, L., List, R., Toepler, S., Sokolowski, S., & associates(eds)(1999). *Global Civil Society: Dimensions of the Non-profit Sector*. Baltimore, MD: Johns Hopkins Centre for Civil Society Studies.

Scott, D.(2003). The role of the voluntary and non-governmental sector. In J. Baldock, N. Manning, & S. Vickerstaff(eds), *Social Policy*(pp. 293~326). Oxford: Oxford University Press.

Scott, D., Alcock, P., Russell, L., & Macmillan, R.(2000). *Moving Pictures: Realities of Voluntary Action*. Bristol: The Policy Press.

Westall, A.(2005). Exploring diversity: the links between voluntary and community organisations, social enterprise, and cooperations and mutuals. In C. Robb(ed), *Voluntary Action: Meeting the Challenges of the 21st Century*(pp. 69~93). London: National Council for Voluntary Organisations.

Wilding, K., Clark, J., Griffith, M., Jochum, V., & Wainwright, S.(2006a). *The UK Voluntary Sector Almanac 2006*. London: National Council for Voluntary Organisations.

_____(2006b). *The UK Voluntary Sector Almanac 2006: The State of the Sector(Summary)*. London: National Council for Voluntary Organisations.

Yates, H., & Jochum, V.(2003). *It's Who You Know That Counts: The Role of the Voluntary Sector in the Development of Social Capital in Rural Areas.* London: National Council for Voluntary Organisations/The Countryside Agency.

6장

Arber, S., & Ginn, J.(1995). Gender differences in the relationship between paid employment and informal care. *Work, Employment and Society, 9(3)*, 445~471.

Arksey, H., Hepworth, D., & Qureshi, H.(2000). *Carers' Needs and the Carers Act: An Evaluation of the Process and Outcomes of Assessment.* York: Social Policy Research Unit, University of York.

Arksey, H., Jackson, K., Croucher, K., Weatherly, H., Golder, S., Hare, P., Newbronner, E., & Baldwin, S.(2004). *Review of Respite Services and Short-term Breaks for Carers for People with Dementia.* York: Social Policy Research Unit, University of York.

Arksey, H., Kemp, P., Glendinning, C., Kotchetkova, I., & Tozer, R.(2005). *Carers' Aspirations and Decisions around Work and Retirement.* Department for Work and Pensions Research Report 290, Leeds: Corporate Document Services.

Baldwin, S.(1985). *The Costs of Caring: Families with Disabled Children.* London: Routledge and Kegan Paul.

Baldwin, S., & Twigg, J.(1991). Women and community care. In M. Maclean, & D. Groves(eds), *Women's Issues in Social Policy*(pp. 117~135). London: Routledge.

Becker, S.(2004). Carers. *Research Matters*, August special issue, 5~10.

Bell, D., & Bowes, A.(2006). *Financial Care Models in Scotland and the UK.* York: Joseph Rowntree Foundation.

Buckner, L., & Yeandle, S.(2005a). *We Care - Do You?.* London: Carers UK.

_____(2005b). *Older Carers in the UK.* London: Carers UK.

Carers UK(2002). *Without Us……? Calculating the Value of Carers' Support.* London: Carers UK.

Carmichael, F., & Charles, S.(1998). The labour market costs of community care. *Journal of Health Economics, 17(6)*, 747~765.

Clark, J.(2003). *Independence Matters: An Overview of the Performance of Social Care Services for Physically and Sensory Disabled People.* London: Department of Health.

CNA(Carers National Association)(1997). *Still Battling? The Carers Act One Year On.* London: CNA.

_____(2000). *Caring on the Breadline: The Financial Implications of*

Caring. London: Carers National Association.

CNA/ADSW/ADSS(Carers National Association/Association of Directors of Social Work/Association of Directors of Social Services)(1997). *In on the Act? Social Services' Experience of the First Year of the Carers Act*. London: CNA.

CSCI(Commission for Social Care Inspection)(2005). *Social Care Performance 2004-2005*. London: CSCI(www.csci.org.uk/council_performance/paf/dis_report_2004-05. PDF, accessed 6 February).

Dearden, C., & Becker, S.(1998). *Young Carers in the United Kingdom: A Profile*. London: Carers National Association.

_____(2004). *Young Carers in the UK: The 2004 Report*. London: Carers UK.

DH(Department of Health)(1989). *Caring for People: Community Care in the Next Decade and Beyond*, Cm 849. London: HMSO.

_____(1999a). *Caring about Carers: A National Strategy for Carers*. London: DH.

_____(1999b). *National Service Framework for Mental Health*. London: DH.

_____(2001). *Carers and Disabled Children Act 2000: Practice Guide*. London: DH.

_____(2005). *Independence, Well-being and Choice: Our Vision for the Future of Social Care for Adults in England*, Cm 6499. London: DH.

Eley, S.(2003). Diversity among carers. In K. Stalker(ed), *Reconceptualising Work with 'Carers': New Directions for Policy and Practice*(pp. 56~71). London: Jessica Kingsley.

Evandrou, M., & Glaser, K.(2003). Combining work and family life: the pension penalty of caring. *Ageing and Society, 23*, part 5, 583~602.

Finch, J., & Groves, D.(eds)(1983). *A Labour of Love: Women, Work and Caring*. London: Routledge and Kegan Paul.

Finch, J., & Mason, J.(1993). *Negotiating Family Responsibilities*. London: Routledge.

Fine, M., & Glendinnind, C.(2005). Dependence, independence or inter-dependence? Revisiting the concepts of 'care' and 'dependency'. *Ageing and Society, 25(4)*, 601~621.

Fletcher, M.(2006). Carers and direct payments. In J. Leece, & J. Bornat(eds), *Developments in Direct Payments*(pp. 171~185). Bristol: The Policy Press.

Ginn, J., & Arber, S.(2000). The pensions cost of caring. *Benefits, issue 28*, April/May, 13~17.

Glendinning, C.(1992a). *The Costs of Informal Care: Looking Inside the Household*. London: HMSO.

_____(1992b). Employment and community care: policies for the 1990s. *Work,*

Employment and Society, 6(1), 103~111.

_____(2006). Paying family care givers: evaluating different models. In C. Glendinning, & P. A. Kemp(eds), *Cash and Care: Policy Challenges in the Welfare State*(pp. 127~140). Bristol: The Policy Press.

Glendinning, C., & lgl, G.(forthcoming). Long-term care. In G. Naegele, & A. Walker(eds), *Social Policy in Ageing Societies: Britain and Germany Compared*. Basingstoke: Palgrave Macmillan.

Glendinning, C., & McLaughlin, E.(1993). *Paying for Care: Lessons from Europe*. Social Security Advisory Committee Research Paper 5, London: HMSO.

Griffiths, R.(1988). *Community Care: Agenda for Action*. London: Department of Social Services.

Hancock, R., & Jarvis, C.(1994). *The Long Term Effects of Being a Carer*. London: HMSO.

Hirst, M.(2002). Transitions to informal care in Great Britain during the 1990s. *Journal of Epidemiology and Community Health, 56(8)*, 579~587.

_____(2005). Estimating the prevalence of unpaid adult care over time. *Research Policy and Planning, 23(1)*, 1~15.

Howard, M.(2001). *Paying the Price: Carers, Poverty and Social Exclusion*. London: Child Poverty Action Group.

Holzhausen, E., & Pearlman, V.(2000). Carers' policies in the UK. *Benefits, 28*, April-May, 5~8.

Joshi, H,(1995). The labour market and unpaid caring: conflict and compromise. In I. Allen, & E. Perkins(eds), *The Future of Family Care for Older People*(pp. 93~118). London: HMSO.

Keeley, B., & Clarke, M.(2002). *Consultation with Carers Good Practice Guide*. London: The Princess Royal Trust for Carers.

Keith, L., & Morris, J.(1995). Easy targets: a disability rights perspective on the 'children as carers' debate. *Critical Social Policy, 44/45,* 36~57.

Kelly, S., Baker, A., & Gupta, S.(2000). Healthy life expectancy in Great Britain: 1980~1996, and its use as an indicator in United Kingdom government strategies. *Health Statistics Quarterly, 7(32~37)*, Autumn.

Leece, J., & Bornat, J.(2006). *Developments in Direct Payments*. Bristol: The Policy Press.

Lloyd, L.(2000). Caring about carers - only half the picture?. *Critical Social Policy, 20(1)*, 136~150.

Macgregor, G., & Hill, M.(2003). *Missed Opportunities: The Impact of New Rights for Carers*. London: Carers UK.

Maher, J., & Green, H.(2002). *Carers 2000*. London: The Stationery Office.

Martin, J., & Roberts, C.(1984). *Women and Employment: A Lifetime Perspective*. London: HMSO.

Morris, J.(1993). *Independent Lives: Community Care and Disabled People*. Basingstoke: Macmillan.

National Assembly for Wales(2000). *Caring about Carers: A Strategy for Carers in Wales. Implementation Plan*. Cardiff: National Assembly for Wales.

Oakley, A.(1974). *The Sociology of Housework*. Oxford: Basil Blackwell.

Olsen, R., & Tyers, H.(2004). *Think Parent: Supporting Disabled Adults as Parents*. London: National Family and Parenting Institute.

Parker, G.(1990). *With Due Care and Attention: A Review of Research on Informal Care*. London: Family Policy Studies Centre.

Parker, G., & Clarke, H.(2002). Making the ends meet: do carers and disabled people have a common agenda?. *Policy and Politics, 30(3)*, 347~359.

Pikard, L.(2001). Carer break or carer-blind? Policies for informal carers in the UK. *Social Policy & Administration, 35(4)*, 441~458.

_____(2004). *The Effectiveness and Cost-effectiveness of Support and Services to Informal Carers of Older People: A Review of the Literature*. London: Audit Commission.

Pikard, L., Wittnberg, R., Comas-Herrera, A., Davies, B., & Darton, R.(2000). Relying on informal care in the new century? Informal care for elderly people in England in 2031. *Ageing and Society, 20(6)*, 745~772.

Qureshi, H., & Walker, A.(1989). *The Caring Relationship: Elderly People and their Families*. Basingstoke: Macmillan.

Robinson, C., & Williams, V.(1999). *In Their Own Right*. Bristol: Norah Fry Research Centre, University of Bristol.

Scottish Executive(1999). *Strategy for Carers in Scotland*. Edinburgh: Scottish Executive.

Scourfield, P.(2005). Understanding why carers' assessments do not always take place. *Practice, 17(1)*, 15~28.

Seddon, D.(1999). *Carers of Elderly People with Dementia: Assessment and the Carers Act*. Bangor: Centre for Social Policy Research and Development, University of Wales.

Shakespeare, T.(2000). The social relations of care. In G. Lewis, S. Gewirtz, & J. Clarke(eds), *Rethinking Social Policy*. London: Sage Publications.

Skinner, C., & Finch, N.(2006). Reciprocity, lone parents and state subsidy for informal childcare. In C. Glendinning, & P. A. Kemp(eds), *Cash and Care: Policy Challenges in the Welfare State*(pp. 187~201). Bristol, The Policy Press.

Spandler, H.(2004). Friend or foe? Towards a critical assessment of direct payments. *Critical Social Policy, 24(2)*, 187~209.

Speiss, C. K., & Schneider, A. L.(2003). Interactions between care-giving and paid work hours among European midlife women, 1994 to 1996. *Ageing & Society, 23(1)*, 41~68.

SSI(Social Services Inspectorate)(1998). *A Matter of Chance for Carers? Inspection of Local Authority Support for Carers.* London: Department of Health.

Stainton, T., & Boyce, S.(2004). "I have got my life back": user's experience of direct payments'. *Disability and Society, 19(5)*, 443~454.

Stalker, K.(ed)(2003). *Reconceptualising Work with 'Carers': New Directions for Policy and Practice.* London: Jessica Kingsley.

Titmuss, R. M.(1968). Community care: fact or fiction?. In R. M. Titmuss(ed), *Commitment to Welfare*(pp. 104~109). London: Allen and Unwin.

Twigg, J., & Atkin, K.(1994). *Carers Perceived: Policy and Practice in Informal Care.* Buckingham: Open University Press.

Ungerson, C.(1987). *Policy is Personal: Sex, Gender and Informal Care.* London: Tavistock.

_____(1997). Social politics and the commodification of care. *Social Politics, 4(3)*, 362~381.

_____(2003). Informal welfare. In P. Alcock, A. Erskine, & M. May(eds), *The Student's Companion to Social Policy*(2nd edn)(pp. 200~206). Oxford: Blackwell Publishing.

Walker, A.(1995). The family and the mixed economy of care - can they be integrated?. In I. Allen, & E. Perkins(eds), *The Future of Family Care for Older People*(pp. 201~220). London: HMSO.

Williams, F.(2004). *Rethinking Families.* London: Calouste Gulbenkian Foundation.

Young, H., Grundy, E., & Kalogirous, S.(2005). Who cares? Geographic variation in unpaid caregiving in England and Wales: evidence from the 2001 Census. *Population Trends, 120*, Summer, 23~33.

7장

Adema, W.(2001). *Net Social Expenditure: Second Edition.* Labour Market and Social Policy Occasional Paper 52. Paris: Organisation for Economic Cooperation and Development.

Adema, W., & Ladaique, M.(2005). *Net Social Expenditure: 2005 Edition.* Employment and Migration Working Paper 29. Paris: Organisation for Economic Cooperation and Development.

Adler, M.(2004). Combining welfare-to-work measures with tax credits: a new hybrid approach to social security in the United Kingdom. *International Social Security Review, 57(2)*, 87~106.

Agulnik, P., & Le Grand, J.(1998). Tax relief and partnership pensions. *Fiscal Studies, 19(4)*, 403~428.

Alcock, P., Glennerster, G., Oakley, A., & Sinfield, A.(eds)(2001). *Welfare and Wellbeing: Richard Titmuss's contribution to Social Policy*. Bristol: The Policy Press.

Ascoli, U.(1987). The Italian welfare state: between incrementalism and rationalism. In R. R. Friedmann, N. Gilbert, & M. Sherer(eds), *Modern Welfare States: A Comparative View of Trends and Prospects*(pp. 110~150). Brighton: Harvester Wheatsheaf.

Battle, K., Millar, M., Mendelson, M., Meyer, D., & Whiteford, P.(2000). *Benefits for Children: A Four-Country Study*. Ottawa: Caledon Institute.

Bennett, F.(2005). *Gender and Benefits*. London: Equal Opportunities Commission.

Blackburn, R.(2002). *Banking on Death or Investing in Life: The History and Future of Pensions*. London: Verso.

Brewer, M., & Adam, S.(2004). *Supporting Families: The Financial Costs and Benefits of Children Since 1975*. Bristol: The Policy Press.

Cook, D.(1989). *Rich Law Poor Law*. Milton Keynes: Open University Press.

_____(1997). Social divisions of welfare: tax and social security fraud. In A. Robertson(ed), *Unemployment, Social Security and the Social Division of Welfare*, New Waverley Paper 13. Edinburgh: University of Edinburgh, 17~29.

Curry, C.(2003). *The Under-pensioned*. London: Pensions Policy Institute.

Curry, C., & O'Connell, A.(2004). *Tax Relief and Incentives for Pension Saving*. London: Pensions Policy Institute.

Davis, E. B.(1991). The development of pension funds - an international comparison. *Bank of England Quarterly Bulletin, 31(3)*, 380~390.

Deakin, N., & Parry, R.(2000). *The Treasury and Social Policy: The Contest for Control of Welfare Strategy*. Basinstoke: Palgrave Macmillan.

DSS(Department of Social Security)(1998). *A New Contract for Welfare: Partnership in Pensions*. Consultation paper, London: DSS.

DWP(Department for Work and Pensions)(2002). *Simplicity, Security and Choice*, Cm 5677. London: The Stationery Office(www.dwp.gov.uk).

EC(European Commission)(2003). *Employment in Europe 2003*. Brussels: EC.

Eccleshall, R.(1995). *PSO compliance audits, past and future*, Paper presented at National Association of Pension Funds Regional Meeting, London, 25 May.

Emmerson, C., & Tanner, S.(2000). A note on the tax treatment of private pensions and Individual Savings Accounts. *Fiscal Studies, 21(1)*, 65~74.

EOC(Equal Opportunities Commission)(2005). *Women and Pensions*. Briefing, London: EOC.

Ferge, Z.(1997). The changed welfare paradigm: the individualisation of the social. *Social Policy and Administration, 31(1)*, 20~44.

Ginn, J., Street, D., & Arber, S.(eds)(2001). *Women, Work and Pensions: International Issues and Prospects.* Buckingham: Open University Press.

Greve, B.(1994). The hidden welfare state: tax expenditure and social policy. *Scandinavian Journal of Social Welfare, 3(4)*, 203~211.

Hacker, J. S.(2002). *The Divided Welfare State: The Battle over Public and Private Social Benefits in the United States.* Cambridge: Cambridge University Press.

Hannah, L.(1986). *Inventing Retirement: The Development of Occupational Pensions in Britain.* Cambridge: Cambridge University Press.

Hannah, L.(ed)(1988). *Pension Asset Management: An International Perspective.* Homewood: Richard D Irwin.

Hansard(2005). Written Answer to PQ from Chris Huhne, 24 October, col 52W.

HMRC(HM Revenue and Customs)(2006). *Revenue and Customs Statistics*(www.hmrc.gov.uk/stats/).

HM Treasury(1995). *Tax Ready Reckoner and Tax Reliefs.* London: HM Treasury.

_____(1998). *The Modernization of Britain's Tax and Benefit System Number 2: Work Incentives: A Report by Martin Taylor.* London: HM Treasury.

_____(2005). *Budget 2005 Summary.* London: HM Treasury.

_____(2006). Building a fairer society. *Budget Report 2006.* London: The Statineory Office, 97~126.

HM Treasury, & Inland Revenue(2002). *Simplifying the Taxation of Pensions: Increasing Choice and Flexibility for All.* London: The Stationery Office.

HM Treasury, & Inland Revenue(2004). *Simplifying the Taxation of Pensions: The Government's Proposal - Partial Regulatory Impact Assessment.* London: The Stationery Office(www.hm-treasury.gov.uk).

Howard, C.(1997). *The Hidden Welfare State: Tax Expenditures and Social Policy in the United States.* Princeton, NJ: Princeton University Press.

Hughes, G.(2000). Pensions financing, the substitution effect and national savings. In G. Hughes, & J. Stewart(eds), *Pensions in the European Union*(pp. 45~61). Dordrccht: Kluwer.

Hughes, G., & Sinfield, A.(2004). Financing pensions by stealth. In G. Hughes, & J. Stewart(eds), *Reforming Pensions in Europe: Evolution of Pension Financing and Sources of Retirement Income*(pp. 163~192). Cheltenham: Edward Elgar.

Inland Revenue(2004). *Simplifying the Taxation of Pensions: Regulatory Impact Assessment.* London: Inland Revenue.

Inland Revenue Pension Schemes Office(1994). *Compliance Audits: The Findings so far, Memorandum 120.* Surrey: Inland Revenue Pension Schemes Office.

Kvist, J., & Sinfield, A.(1997). Comparing tax welfare states. In M. May, E. Brunsdon, & G. Craig(eds), *Social Policy Review 9*(pp. 249~275). London: Social Policy Association.

Lawson, N.(1992). *The View from No. 11.* London: Bantam.

Lords Hansard(2004). *Baroness Hollis of Heigham,* HL Deb, vol 665, 18 October, cols GC 158 & 161.

McDaniel, P. R., & Surrey, S. S.(eds)(1985). *International Aspects of Tax Expenditures: A Comparative Study.* Deventer: Kluwer.

Millar, J.(2003). From wage replacement to wage supplement: benefits and tax credits. In J. Millar(ed), *Understanding Social Security*(pp. 123~143). Bristol: The Policy Press.

Minns, R.(2001). *The Cold War on Welfare: Stock Markets versus Pensions.* London: Verso.

NAO(National Audit Office)(2005). *Comptroller and Auditor General's Standard Report on the Accounts of the Inland Revenue 2004-2005.* London: The Stationery Office.

OECD(1984). *Tax Expenditures: A Review.* Paris: OECD.

_____(1996). *Tax Expenditures: Recent Experiences.* Paris: OECD.

Pensions Commission(2004). *Pensions: Challenges and Choices: The First Report of the Pensions Commission.* London: The Stationery Office.

Platty, L.(2005). *Discovering Child Poverty: The Creation of a Policy Agenda from 1800 to the Present.* Bristol: The Policy Press.

Ridge, T.(2003). Benefiting children? The challenge of social security support for children. In J. Millar(ed), *Understanding Social Security*(pp. 167~188). Bristol: The Policy Press.

Sinfield, A.(2000). Tax benefits in non-state pensions. *European Journal of Social Security, 2(3),* 137~167.

Surrey, S. S.(1973). *Pathways to Tax Reform.* Cambridge, MA, Harvard University Press.

Titmuss, R. M.(1958). *Essays on The Welfare State.* London: Allen and Unwin.

Toynbee, P.(2003). *Hard Work: Life in Low-pay Britain.* London: Bloomsbury.

TUC(Trades Union Congress)(2005a). *Pensionwatch2005: An Analysis of Director and Staff Pensions.* London: TUC(www.tuc.org.uk/pensions/tuc-10503-f0.cfm).

_____(2005b). *Expensive, Ineffective and Unequal - Why the Incentives aren't the Answer to the Pensions Crisis.* London: TUC(www.tuc.org.uk/extras/incentives-report.doc).

UK(2002). *National Strategy Report on the Future of Pensions Systems.* London, September.

WPC(Work and Pensions Committee)(2004). *Child Poverty in the UK.* Second Report of Session 2003-2004, HC 85-I. London: The Stationery Office.

Acas(Advisory, Conciliation and Arbitration Service)(2006). *The Model Workplace*. London: ACAS.

Blackburn, R.(2002). *Banking on Death or Investing in Life: The History and Future of Pensions*. London: Verso.

Brunsdon, E., & May, M.(2002). Evaluating New Labour's approach to independent welfare. In M. Powell(ed), *Evaluating New Labour's Welfare Reforms*(pp. 61~84). Bristol: The Policy Press.

Cabinet Office(2004). *Managing Sickness Absence in the Public Sector*. London: Cabinet Office.

_____(2005). *Ministerial Taskforce on Health, Safety and Productivity One Year On Report*. London: Cabinet Office.

CBI(Confederation of British Industry)/AXA(2005). *Absense and Labour Turnover Study*. London: CBI.

CIPD(Chartered Institute of Personnel and Development)(2000). *Occupational Health and Organisational Effectiveness*. London: CIPD.

_____(2005a). *Flexible Benefits*. London: CIPD.

_____(2005b). *Absence Management: A Survey of Policy and Practice*. London: CIPD.

_____(2005c). *Training*. London: CIPD.

Coates, D., & Max, C.(2005). *Healthy Work: Productive Workplaces*. London: The Work Foundation.

Crabb, S.(2004). *The PM Guide to Wellness at Work*. London: People Management.

DETR(Department for Environment, Transport and the Regions)(2000a). *Revitalising Health and Safety*. London: DETR.

DETR(2000b). *Securing Health Together*. London: DETR.

DH(Department of Health)(1998). *Our Healthier Nation: A Contract for Health*. London: The Stationery Office.

_____(1999). *Saving Lives: Our Healthier Nation: A Contract for Health*. London: The Stationery Office.

_____(2000). *The NHS Plan: A Plan for Investment, A Plan For Reform*. London: The Stationery Office.

_____(2004). *Choosing Health: Making Healthier Choices Easy*. Public Health White Paper. London: DH.

DSS(Department of Social Security)(1998). *New Ambitions for Our Country: A New Contract for Welfare*. London: HMSO.

DTI(Department of Trade and Industry)(2001). *People and Performance: Unlocking Employee Potential*. London: DTI.

DWP(2006a). *Security in Retirement: Towards a New Pension Settlement*. London: DWP.

_____(2006b). *A New Deal for Welfare: Empowering People to Work*. London: DWP.

DWP/DH/HSE(Department of Work and Pensions/Department of Health/Health and Safety Executive)(2005). *Health, Work and Well-being - Caring for Our Future*. London: The Stationery Office.

Employee Benefits(2005). *Benefits Book 2005*. London: Employee Benefits.

Farnham, D.(1999). Human resource management and employment relations. In S. Horton, & D. Farnham(eds), *Public Management in Britain*(pp. 107~127). Basingstoke: Macmillan.

Farnsworth, K.(2004a). *Corporate Power and Social Policy in a Global Economy*. Bristol: The Policy Press.

_____(2004b). Welfare through work: an audit of occupational social provision at the turn of the new century. *Social Policy & Administration, 38(5)*, 437~445.

Government Actuary(1994). *Occupational Pensions Schemes 1991: Eighth Survey by the Government Actuary*. London: HMSO.

Hannah, L.(1986). *Inventing Retirement*. Cambridge: Cambridge University Press.

IDS(2001). *Secondments and Volunteering*. IDS Study 704. London: IDS.

____(2002). *Employee Assistance Programmes*. IDS Study Plus, Winter. London: IDS.

____(2003). *Private Medical Insurance*. IDS Study 745, March. London: IDS.

____(2005a). *Flexible Benefits*. IDS HR Study Plus 811, December. London: IDS.

____(2005b). *Absence Management*. IDS HR Study 810, November. London: IDS.

IoD(Institute of Directors)(2002). *Health and Wellbeing in the Workplace: A Director's Guide*. London: IoD.

IPD(Institute of Personnel Development)(1995). *Managing Occupational Health*. London: IPD.

Kersley, B., Alpin, C., Forth, J., Bryson, A., Bewley, H., Dix, G., & Oxenbridge, S.(2005). *Inside the Workplace: Findings from the 2004 Workplace Employment Relations Survey*. London: DTI.

Kiefer, T., & Briner, R.(2003). Handle with care. *People Management*, 23 October, 48~50.

Lynes, T.(1997). The British case. In M. Rein, & E. Wadensjo(eds), *Enterprise in the Welfare State*(pp. 309~351). Cheltenham: Edward Elgar.

May, M., & Brunsdon, E.(1994). Workplace care in the mixed economy of welfare. In R.

M. Page, & J. Baldock(eds), *Social Policy Review* 6(pp. 146~169). Canterbury: SPA.

_____(1999). Commercial and occupational welfare. In R. M. Page, & R. Silburn(eds), *British Social Welfare in the Twentieth Century*(pp. 271~298). Houndmills: Macmillan.

Murlis, H.(1974). *Employee Benefits Today*. London: British Institute of Management.

Overell, S.(2005). Where do you stand on health?. *Personnel Today*, 25 October, 33~36.

Paton, N.(2005). The health of nations. *Personnel Today*, 25 October, 30~31.

Pensions Commission(2004). *Pensions: Challenges and Choices: The First Report of the Pensions Commission*. London: The Stationery Office.

_____(2005). *A New Pensions Settlement for the Twenty First Century, The Second Report of the Pensions Commission*. London: The Stationery Office.

_____(2006). *Implementing an Integrated Package of Pension Reforms; The Final Report of the Pensions Commission*. London: The Stationery Office.

Porter, M. E., & Ketels, C. H. M.(2003). *UK Competitiveness: Moving to the Next Stage*. DTI Economics Paper 3. London: Department of Trade and Industry/Economic and Social Research Council.

Powell, M.(2003). The third way. In P. Alcock, A. Erskine, & M. May(eds), *The Student's Companion to Social Policy*(2nd edn)(pp. 100~106). Oxford: Blackwell.

Shalev, M.(ed)(1996). *The Privatization of Social Policy? Occupational Welfare and the Welfare State in America, Scandinavia and Japan*. Basingstoke: Macmillan.

Silcox, S.(2005). Health promotion works. *IRS Employment Review 828*, July, 22~25.

Smith, I.(2000). Benefits. In G. White, & J. Drucker(eds), *Reward Management: A Critical Text*(pp. 152~177). London: Routledge.

Taylor, R.(2002). *Britain's World of Work - Myths and Realities*. Swindon: Economic and Social Research Council.

_____(2003). *Managing Workplace Change*. Swindon: Economics and Social Research Council.

Titmuss, R. M.(1958a). The social division of welfare. In R. M. Titmuss, *Essays on the Welfare State*. London: Allen and Unwin.

_____(1958b). The irresponsible society. In R. M. Titmuss, *Essays on the Welfare State*. London: Allen and Unwin.

_____(1963). *Income Distribution and Social Change*. London: Allen and Unwin.

Torrington, D., Hall, L., & Taylor, S.(2005). *Human Resource Management*(6th edn). Harlow: Prentice Hall/Financial Times.

Tulip, S.(2005). Market review: healthcare. *People Management*, 21 April, 46~47.

Wanless, D.(2002). *Securing Our Future Health: Taking a Long Term View, Final Report*. London:

HM Treasury.

Watson Wyatt Data Services(2006). *Benefit Report Europe 2006*. London: Watson Wyatt Data Services.

White, M., Hill, S., Mills, C., & Smeaton, D.(2004). *Managing to Change? British Workplaces and the Future of Work*. Houndmills: Palgrave Macmillan.

Wintour, P.(2006). Firms face £2.6bn bill for extra staff pension contributions in government white paper. *The Guardian*, 22 May.

Woodland, S., Simmonds, N., Thornby, M., Fitzgerald, R., & McGee, A.(2003). *The Second Work-Life Balance Study*. London: Department of Trade and Industry.

Wright, A.(2004). *Reward Management in Context*. London: Chartered Institute for Personnel and Development.

9장

Anheier, H. K., & Salamon, H. K.(2001). *Volunteering in Cross-national Perspective: Initial Comparisons*. Civil Society Working Paper 10. London: London School of Economics.

Anttonen, A., Baldock, J., & Sipilä, J.(eds)(2003). *The Young, the Old and the State: Social Care Systems in Five Industrial Nations*. Cheltenham: Edward Elgar.

Arts, W., & Gelissen, J.(2002). Three worlds of welfare capitalism or more?. *Journal of European Social Policy, 12(2)*, 137~158.

Bahle, T.(2003). The changing institutionalisation of social services in England and Wales, France and Germany: is the welfare state on retreat?. *Journal of European Social Policy, 13(1)*, 5~20.

Bambra, C.(2005a). Worlds of welfare and the health care discrepancy. *Social Policy and Society, 4(1)*, 31~41.

_____(2005b). Cash versus services: worlds of welfare and the decommodification of cash benefits and health care services. *Journal of Social Policy, 34(2)*, 195~214.

Bettio, F., & Plantenga, J.(2004). Comparing care regimes in Europe. *Feminist Economics, 10(1)*, 85~113.

Bonoli, G.(1997). Classifying welfare states: a two-dimensional approach. *Journal of Social Policy, 26(3)*, 351~372.

Bonoli, G., & Shinkawa, T.(eds)(2005). *Ageing and Pension Reform Around the World*. Cheltenham: Edward Elgar.

Casey, B., Oxley, H., Whitehouse, E., Antolin, P., Duval, R., & Leibfritz, W.(2003). *Policies for an Ageing Society: Recent Measures and Areas for Further Reform*. Economics Department Working Paper 369. Paris: Organisation for Economic Cooperation and Development.

Daly, M.(2002). Care as a good for social policy. *Journal of Social Policy, 31(2)*, 251~270.

Esping-Andersen, G.(1990). *Three Worlds of Welfare Capitalism*. Cambridge: Polity Press.

_____(1999). *Social Foundations of Post-industrial Economies*. Oxford University Press.

European Commission(2004). *The Social Situation in the European Union 2004*. Luxembourg: European Commission.

Ferrara, M.(1996). The southern model of welfare in social Europe. *Journal of European Social Policy, 6(1)*, 17~37.

Gough, I., & Wood, G.(2004). *Insecurity and Welfare Regimes in Asia, Africa and Latin America: Social Policy in Development Contexts*. Cambridge: Cambridge University Press.

Hall, P. A., & Soskice, D.(2001). *Varieties of Capitalism: The Institutional Foundations of Comparative Advantage*. Oxford: Oxford University Press.

Higgins, J.(1981). *States of Welfare*. Oxford: Blackwell.

Jones, C.(1985). *Patterns of Social Policy: An Introduction to Comparative Analysis*. London: Tavistock.

Leece, J., & Bornat, J.(eds)(2006). *Developments in Direct Payments*. Bristol: The Policy Press.

Lewis, J.(1992). Gender and the development of welfare regimes. *Journal of European Social Policy, 2(3)*, 159~173.

Lewis, J.(ed)(1993). *Women and Social Policies in Europe: Work, Family and the State*. Aldershot: Edward Elgar.

_____(1997). *Lone Mothers in European Welfare Regimes*. London: Jessica Kingsley.

Lijphart, A.(1975). *The Politics of Accommodation: Pluralism and Democracy in the Netherlands*. Berkeley, CA: University of California Press.

Lødemel, I., & Trickey, H.(eds)(2001). *An Offer You Can't Refuse: Workfare in International Perspective*. Bristol: The Policy Press.

Lundström, T., & Svedberg, L.(2003). The voluntary sector in a social democratic welfare state-the case of Sweden. *Journal of Social Policy, 32(2)*, 217~238.

Myles, J.(2002). A new social contract for the elderly?. In G. Esping-Andersen(ed), *Why we need a New Welfare State*(pp. 130~172). Oxford: Oxford University Press.

O'Connor, J.(1996). From women in the welfare state to gendering welfare state regimes, Special issues of *Current Sociology*, 44/2.

OECD(2003). *Revenue Statistics 1965-2001*. Paris: OECD.

_____(2004a). *Education at a Glance*. Paris: OECD.

_____(2004b). *Health Data 2004*. Paris: OECD.

_____(2004c). *OECD in Figures 2004*. Paris: OECD.

_____(2005). *Pension Markets in Focus*. Paris: OECD.

Polanyi, K.(1944). *The Great Transformation*. New York, NY: Rinehart.

Powell, M., & Barrientos, A.(2004). Welfare regimes and the welfare mix. *European Journal of Political Research, 43(1)*, 83~105.

Sainsbury, D.(ed)(1994). *Gendering Welfare States*. London: Sage Publications.

Sainsbury, D.(1996). *Gender Equality and Welfare States*. Cambridge: Cambridge University Press.

Saltman, R.(1998). Health reform in Sweden: the road beyond cost containment. In Ranade, W.(ed), *Markets and Health Care*(pp. 101~121). London: Longman.

Saltman, R. B., & von Otter, C.(1992). *Planned Markets and Public Competition*. Buckingham: Open University Press.

Siaroff, A.(1994). Work, welfare and gender equality: a new typology. In D. Sainsbury(ed), *Gendering Welfare States*(pp. 82~100). London: Sage Publications.

Ungerson, C.(1995). Gender, cash and informal care: European perspectives and dilemmas. *Jounal of Social Policy, 24(1)*, 31~52.

Walker, A., & Wong, C.-K.(2004). The ethnocentric construction of the welfare state. In P. Kennett(ed), *A Handbook of Comparative Social Welfare*(pp. 116~130). Cheltenham: Edward Elgar.

Wilensky, H. L., & Lebeaux, C. N.(1965). *Industrial Society and Social Welfare*. Glencoe, IL: Free Press.

Wistow, G., Knapp, M., Hardy, B., & Allen, C.(1994). *Social Care in a Mixed Economy*. Buckingham, Open University Press.

World Bank(1994). *Averting the Old Age Crisis*. Oxford: Oxford University Press.

10장

Armingeon, K., & Beyeler, M.(eds)(2004). *The OECD and European Welfare States*. Aldershot: Edward Elgar.

Bhatia, M., & Mossialos, E.(2004). Health systems in developed countries. In A. Hall, & J. Midgely(eds), *Social Policy For Development*(pp. 168~204). London: Sage Publications.

Cruz-Saco, M. A.(2002). *Labour Markets and Social Security Coverage: The Latin American Experience*. Extension of Social Security Paper 2. Social Security Policy and Development Branch, ILO, Geneva: International Labour Organization.

Cruz-Saco, M. A., & Mesa-Lago, C.(eds)(1998). *The Reform of Pension and Health Care Systems in Latin American: Do Options Exist?*. Pittsburgh, PA: University of Pittsburgh.

Deacon, B.(2000). *Globalisation and Social Policy: The Threat to Equitable Welfare*. Occasional

Paper 5. Geneva: United Nations Research Institute for Social Development.

_____(2003). Supranational agencies and social policy. In P. Alcock, A. Erskine, & M. May(eds), *The Student's Companion to Social Policy*(2nd edn)(pp. 241~249). Oxford: Blackwell.

_____(2005a). Global social policy: from neo-liberalism to social democracy. In B. Cantillon, & I. Marx(eds), *International Cooperation in Social Security: How to Cope with Globalisation?*(pp. 157~182). Antwerp: Intersentia.

_____(2005b). From safety nets back to universal social protection: is the global tide turning?. *Global Social Policy, 5(1)*, 19~28.

_____(2007). *Global Social Policy and Governance*. London: Sage Publications.

Deacon, B., & Hulse, M.(1996). *The Globalisation of Social Policy*. Leeds: Leeds Metropolitan University.

Deacon, B., Hulse, M., & Stubbs, P.(1997). *Global Social Policy: International Organisations and the Future of Welfare*. London: Sage Publications.

Deacon, B., Ollila, E., Koivusalo, M., & Stubbs, P.(1997). *Global Social Governance*: Themes and Prospects. Helsinki: Globalism and Social Policy Programme.

Dixon, J.(1999). *Social Security in Global Perspective*. Westport: CT Praeger.

Ferrera, P., Goodman, J., & Matthews, M.(1995). *Private Alternatives to Social Security in Other Countries*. National Centre for Policy Analysis Policy Report 200(www.ncpa.org).

Fultz, E., & Ruck, M.(2001). Pension reform in central and eastern Europe: emerging issues and patterns. *International Labour Review, 140(1)*, 19~43.

George, V., & Wilding, P.(2002). *Globalization and Human Welfare*. Basingstoke: Palgrave.

Hage, J., & Foley Meeker, B.(1988). *Social Causality*. London: Unwin Hyman.

Hall, A., & Midgley, J.(2004). *Social Policy for Development*. London: Sage Publications.

Hay, C., & Watson, M.(1999). Globalisation: sceptical notes on the 1999 Reith Lectures. *Political Quarterly, 70(4)*, 418~425.

Holzmann, R., Orenstein, M., & Rutowski, M.(eds)(2003). *Pension Reform in Europe: Process and Progress*. Washington DC, WA: World Bank.

ILO(2000). *World Labour Report 2000 Income Security and Social Protection in a Changing World*. Geneva: ILO.

Kay, S.(2000). Recent changes in Latin American welfare states: is there social dumping?. *Journal of European Social Policy, 10(2)*, 185~203.

Leibfried, S., & Pierson, P.(1996). Social policy. In H. Wallace, & W. Wallace(eds), *Policy-Making in the European Union*(pp. 185~207). Oxford University Press.

Mehrotra, S., & Delamonica, E.(2005). The private sector and privatisation in social services: is the Washington consensus dead?. *Global Social Policy, 5(2)*, 141~174.

Müller, K.(2003). *Privatising Old-Age Security: Latin America and Eastern Europe Compared.* Aldershot: Edward Elgar.

Orenstein, M.(2005). The new pension reform as global policy. *Global Social Policy, 5(2),* 175~202.

Otting, A.(1994). The International Labour Organization and its standard-setting activity in the area of social security. *Journal of European Social Policy, 4(1),* 51~57.

Pierson, P.(1998). Irresistible forces, immovable objects: post-industrial welfare states confront permanent austerity. *Journal of European Public Policy, 5(4),* 539~560.

Pollock, A., & Price, D.(1999). Rewriting the regulations. *The Lancet, 356,* 9 December, 1995~2000.

Sexton, S.(2001). *Trading Health Care Away? GATS, Public Services and Privatisation.* Corner-House Briefing 23, The Cornerhouse, Sturminster Newton, Devon(www.thecorner-house.org.uk/briefing/index.shtml).

van Ginneken, W.(1999). *Social Security for the Excluded Majority Case Studies of Developing Countries.* Geneva: International Labour Organization.

Whiteford, P.(2003). From enterprise protection to social protection: pension reform in China. *Global Social Policy, 31(1),* 45~77.

World Bank(1994). *Averting the Old Age Crisis: Policies to Protect the Old and Promote Growth.* New York, NY: Oxford University Press.

Yeates, N.(2001). *Globalization and Social Policy.* London: Sage Publication.

_____(2005). The General Agreement on Trade in Services: what's in it for social security?. *International Social Security Review, 58(1),* 3~22.

_____(2007). Globalisation and social policy. In J. Baldock, N. Manning, & S. Vickerstaff(eds), *Social Policy*(3rd edn). Oxford: Oxford University Press.

11장

Beck, U.(1992). *Risk Society.* London: Sage Publications.

Blears, H.(2003). *Communities in Control.* London: Fabian Society.

Burchardt, T.(1997). *Boundaries between Public and Private Welfare.* CASEpaper 2, London: London School of Economics.

Burchardt, T., Hills, J., & Propper, C.(1999). *Private Welfare and Public Policy.* York: Joseph Rowntree Foundation.

Burns, D., Hambleton, R., & Hoggett, P.(1994). *The Politics of Decentralisation.* Basingstoke: Macmillan.

Cabinet Office(2006). *The UK Government's Approach to Public Service Reform.* London: Cabinet

Office.

Clarke, J.(2004). Dissolving the public realm?. *Journal of Social Policy, 33(1)*, 27~48.

Crouch, C.(2003). *Commercialisation or Citizenship. Education Policy and the Future of Public Services*. London: Fabian Society.

Dahlberg, L.(2005). Voluntary and statutory social services provision in Sweden. *Social Policy and Administration, 39(7)*, 740~763.

Deakin, N., & Wright, A.(1990). Introduction. In N. Deakin, & A. Wright(eds), *Consuming Public Services*(pp. 1~16). London: Routledge.

Drakeford, M.(2000). *Privatisation and Social Policy*. Harlow: Pearson.

Esping-Andersen, G.(1990). *The Three Worlds of Welfare Capitalism*. Cambridge: Polity Press.

_____(1999). *Social Foundations of Postindustrial Economies*, Oxford: Oxford University Press.

Finlayson, G.(1994). *Citizen, State and Social Welfare in Britain 1830~1990*. Oxford: Clarendon Press.

Fraser, D.(2003). *The Evolution of the British Welfare State*(3rd edn). Basingstoke: Palgrave Macmillan.

Freedland, J.(1998). *Bring Home the Revolution*. London: Fourth Estate.

Gabriel, Y., & Lang, T.(2006). *The Unmanageable Consumer*(2nd edn). London: Sage Publications.

Giddens, A.(1994). *Beyond Left and Right*. Cambridge: Polity Press.

_____(1998). *The Third Way*. Cambridge: Polity Press.

Harris, B.(2004). *The Origins of the British Welfare State: Social Welfare in England and Wales, 1800~1945*. Basingstoke: Palgrave Macmillan.

Hewitt, M., & Powell, M.(1998). A different "Back to Beveridge"? Welfare pluralism and the Beveridge welfare state. In E. Brunsdon, H. Dean, & R. Woods(eds), *Social Policy Review 10*(pp. 85~104). London: Social Policy Association.

Hills, J.(2004). *Inequality and the State*. Oxford: Oxford University Press.

Hirst, P.(1994). *Associative Democracy*. Cambridge: Polity Press.

Howard, C.(1997). *The Hidden Welfare State*. Princeton, NJ: Princeton University Press.

IPPR(Institute for Public Policy Research) Commission on Public Private Partnerships(2001). *Building Better Partnerships*. London: IPPR.

Kemshall, H.(2002). *Risk, Social Policy and Welfare*. Buckingham: Open University Press.

Klein, R., & Millar, J.(1995). Do-it-yourself social policy: searching for a new paradigm. *Social Policy and Administration, 29(4)*, 303~316.

Knapp, M.(1989). Private and voluntary welfare. In M. McCarthy(ed), *The New Politics of Welfare*(pp. 225~252). Basingstoke: Macmillan.

Le Grand, J.(1982). *The Strategy of Equality*. London: Allen and Unwin.

_____(2005). Inequality, choice and public services. In A. Giddens, & P. Diamond(eds), *The New Egalitarianism*(pp. 200~210). Cambridge: Polity Press.

Le Grand, J., & Robinson, R.(eds)(1994). *Privatisation and the Welfare State*. London: Allen and Unwin.

Leys, C.(2001). *Market-driven Politics*. London: Verso.

London Edinburgh Weekend Return Group(1980). *In and Against the State*. London: Pluto.

Marquand, D.(2004). *Decline of the Public*. Cambridge: Polity Press.

Mayo, M.(1994). *Communities and Caring. The Mixed Economy of Welfare*. Basingstoke: Macmillan.

Mishra, R.(1990). *The Welfare State in Capitalist Society*. Hemel Hempstead: Harvester Wheatsheaf.

Moran, M.(2003). *The British Regulatory State*. Oxford: Oxford University Press.

Morgan, P.(ed)(1995). *Privatization and the Welfare State*. Aldershot: Dartmouth.

Osborne, D., & & Gaebler, T.(1992). *Reinventing Government*. Reading, MA: Addison-Wesley.

Papadakis, E., & Taylor-Gooby, P.(1987). *The Private Provision of Public Welfare*. Brighton: Wheatsheaf.

Pensions Commission(2004). *Pensions: Challenges and Choices: The First Report of the Pensions Commission*. London: The Stationery Office.

Peter, B. Guy(2005). I'm OK, you're (not) OK: the private welfare state in the United States. *Social Policy and Administration, 39(2)*, 166~180.

Pollock, A.(2004). *NHS plc: The Privatisation of our Health Care*. London: Verso.

Powell, M.(1995). The strategy of equality revisited. *Journal of Social Policy, 24(2)*, 163~185.

Powell, M., & Glendinning, C.(2002). Introduction. In C. Glendinning, M. Powell, & K. Rummery(eds), *Partnerships, New Labour and the Governance of Welfare*(pp. 1~14). Bristol: The Policy Press.

Powell, M., & Hewitt, M.(1998). The end of the welfare state?. *Social Policy and Administration, 32(1)*, 1~13.

_____(2002). *Welfare State and Welfare Change*. Buckingham: Open University Press.

Rhodes, R.(1997). *Understanding Governance*. Buckingham: Open University Press.

Rose, R., & Shiratori, R.(1986). Introduction. In R. Rose, & Shiratori(eds), *The Welfare State East and West*. Oxford: Oxford University Press.

Shalev, M.(ed)(1996). *The Privatization of Social Policy? Occupational Welfare and the Welfare State in America, Scandinavia and Japan*. Basingstoke: Macmillan.

Sinfield, A.(1978). Analyses in the social division of welfare. *Journal of Social Policy, 7(2)*, 129~156.

Smithies, R.(2005). *Public and Private Welfare Activity in the United Kingdom, 1979 to 1999.* CASEpaper 93. London: London School of Economics.

Taylor, A. J. P.(1970). *English History 1914~1945.* Harmondsworth: Penguin.

Titmuss, R.(1963). *Essays on the Welfare State*(2nd edn). London: Allen and Unwin.